*Europäische Union
für Dummies*

Alexander Simons

Europäische Union für Dummies

Mit einem Vorwort
von Dr. Silvana Koch-Mehrin, MdEP

Übersetzung aus dem Niederländischen
von Claudia Gatzweiler
Fachkorrektur
Marcel Ferner und Reinhard Scherer

WILEY-VCH Verlag GmbH & Co. KGaA

Bibliografische Information Der Deutschen Bibliothek
Die Deutsche Bibliothek verzeichnet diese Publikation
in der Deutschen Nationalbibliografie;
detaillierte bibliografische Daten sind im Internet über
http://dnb.ddb.de abrufbar.

1. Auflage 2005

© 2005 WILEY-VCH Verlag GmbH & Co. KGaA, Weinheim

Original Dutch language edition Copyright © 2004 by Alexander Simons
All rights reserved including the right of reproduction in whole or in part in any form. This translation published by arrangement with John Wiley and Sons, Inc.

Copyright der englischsprachigen Originalausgabe © 2004 by Alexander Simons
Alle Rechte vorbehalten inklusive des Rechtes auf Reproduktion im Ganzen oder in Teilen und in jeglicher Form. Diese Übersetzung wird mit Genehmigung von John Wiley and Sons, Inc. publiziert.

The For Dummies trade dress and trademarks are registered trademarks of Wiley Publishing, Inc. in the United States and/or other countries. Used by permission.

»For Dummies« sind Marken oder eingetragene Marken von Wiley Publishing, Inc. in den USA und in anderen Ländern. Benutzt mit Genehmigung.

Das vorliegende Werk wurde sorgfältig erarbeitet. Dennoch übernehmen Autoren und Verlag für die Richtigkeit von Angaben, Hinweisen und Ratschlägen sowie eventuelle Druckfehler keine Haftung.

Printed in Germany

Gedruckt auf säurefreiem Papier

Korrektur   Petra Heubach-Erdmann und Jürgen Erdmann
Satz   Typomedia GmbH, Ostfildern
Druck und Bindung   Media-Print
Cartoons   Jos Collignon
Cover-Foto   European Community, 2005

ISBN-13:   978-3-527-70171-1
ISBN-10:   3-527-70171-0

Europäische Union für Dummies – Schummelseite

Was bringt mir Europa?

- **Frieden.** Noch nie haben Länder, die Mitglied der Europäischen Union sind, Krieg gegeneinander geführt. Die Zusammenarbeit stellt eine Garantie für Frieden dar. Der einzige Streit, den man in der EU sieht, ist ein verbaler.
- **Sicherheit.** Durch ihre Zusammenarbeit haben die EU-Länder einen sicheren Raum geschaffen. Die Staatsoberhäupter der europäischen Länder haben sich darauf festgelegt, dass Europa seinen Bürgern einen Raum für Freiheit, Sicherheit und Gerechtigkeit bieten muss.
- **Wohlstand.** Jedes Land, das Mitglied der EU wird, kann einen Anstieg des Wohlstands verzeichnen. Vielleicht ist das im 21. Jahrhundert sogar der wichtigste Grund, um Mitglied zu werden oder zu bleiben: Die EU kommt uns allen zugute.
- **Gute Nahrung.** Sichere Nahrungsmittel stellen eines der praktischen Dinge dar, für die die EU sorgt. Wenn mit Tieren etwas nicht stimmt, greift Brüssel ein. Die Kontrolle für Nahrungsmittel ist so gut, dass Sie (fast) nie Angst haben müssen, von etwas, das Sie in einem europäischen Land essen, krank zu werden.
- **Der Euro.** Die neuen Münzen sind für viele Menschen noch immer recht neu und unvertraut. Klammheimlich rechnen die Bürger immer noch die Euroangaben in ihre alte Währung um. Der Euro sorgt jedoch für eine sich schneller abwickelnde Wirtschaft. Diese Effizienz soll für Unternehmen wie auch gewöhnliche Bürger auf lange Sicht Vorteile bringen.
- **Keine Grenzen.** Wir können in Europa frei reisen, ohne Grenzkontrollen. In Zukunft soll es möglich werden, ohne Einschränkungen auch in einem anderen als dem eigenen Land die wohlverdiente Rente zu beziehen oder ein Haus zu kaufen.
- **Eine saubere Umwelt.** Europa hat sehr strenge Umweltregeln. Wenn jeder sich daran hält – und so weit ist es leider noch lange nicht –, leben wir bald in einem Teil der Welt, der nicht nur reich und modern ist, sondern auch noch sauber.

Die wichtigsten europäischen Institutionen

- **Das Europäische Parlament.** Die Volksvertreter, die alle fünf Jahre gewählt werden. Ihre Macht wird immer größer.
- **Die Europäische Kommission.** Das ausübende Regierungsorgan, das alle Vorschriften und Bestimmungen erarbeitet, deren Umsetzung kontrolliert und darauf achtet, dass sich alle Mitgliedsstaaten an die Verträge halten.
- **Der Gerichtshof der Europäischen Gemeinschaft.** Die Richter in Luxemburg, an die sich Unternehmen, Staaten und Bürger wenden können.
- **Der Rat der Europäischen Union.** Die Versammlung von Regierungschefs, die einmal pro Halbjahr festlegen, mit welchen Themen sich die EU befassen soll.

Europäische Union für Dummies – Schummelseite

Welche Veränderungen in der EU standen für 2004 an?

- ✔ Zehn osteuropäische Länder sind beigetreten.
- ✔ Nach den Wahlen gab es neue Parlamentarier
- ✔ sowie eine neue Europäische Kommission.

Was kostet Europa?

- ✔ Gesamtetat: 100 Milliarden Euro
- ✔ davon 40 Milliarden für die Landwirtschaft ...
- ✔ ... und 33 Milliarden für unterentwickelte Gebiete
- ✔ Kosten pro Bürger: etwa 200 Euro pro Jahr

Welches sind die »alten« Mitglieder der EU? (2004, vor der Erweiterung)

- ✔ Belgien
- ✔ Dänemark
- ✔ Deutschland
- ✔ Finnland
- ✔ Frankreich
- ✔ Griechenland
- ✔ Großbritannien
- ✔ Irland
- ✔ Italien
- ✔ Luxemburg
- ✔ Niederlande
- ✔ Österreich
- ✔ Portugal
- ✔ Schweden
- ✔ Spanien

Welche Länder sind seit dem 1. Mai 2004 Mitglied?

- ✔ Estland
- ✔ Lettland
- ✔ Litauen
- ✔ Malta
- ✔ Polen
- ✔ Slowakische Republik
- ✔ Slowenien
- ✔ Tschechische Republik
- ✔ Ungarn
- ✔ Zypern

Welche Länder haben den Euro?

- ✔ Belgien
- ✔ Deutschland
- ✔ Finnland
- ✔ Frankreich
- ✔ Griechenland
- ✔ Irland
- ✔ Italien
- ✔ Luxemburg
- ✔ Niederlande
- ✔ Österreich
- ✔ Portugal
- ✔ Spanien

Cartoons im Überblick
von Jos Collignon

Und sie dachten, sie könnten einfach mitfahren ...

Seite 31

Seite 119

Seite 219

Seite 303

Seite 355

Vorwort

Europa beginnt am Frühstückstisch: Es gibt französische Marmelade, irische Butter, italienischen Kaffee und deutsches Brot. Das klingt ganz wunderbar vielfältig und ist dabei doch: ganz normal. Möglich ist das, weil es die Europäische Union gibt. Europa ist eine Erfolgsgeschichte!

Die Freiheit des Einzelnen, Demokratie und Rechtsstaatlichkeit, soziale Marktwirtschaft und freier Handel - das sind die Grundlagen des Erfolges. Frieden, Freiheit und Wohlstand müssen indes Tag für Tag neu errungen und gesichert werden. Viele der Entscheidungen, die unseren Alltag verändern und prägen, werden mittlerweile nicht mehr in den nationalen Hauptstädten, sondern in Brüssel und Straßburg gefällt. Dass es dabei mitunter auch zu Fehlentwicklungen kommt, liegt vor allem daran, dass die europäischen Institutionen bis heute nicht ausreichend demokratisch sind: Allein das Parlament wird direkt gewählt. Gleichwohl dürfen einzelne Rückschläge das positive Gesamtbild nicht trüben. Die Europäische Union steht nämlich auch in Zukunft vor entscheidenden Herausforderungen: einer möglichen Erweiterung, der Steigerung der Wettbewerbsfähigkeit, der Sicherung eines Lebensraumes in Freiheit, Sicherheit und Recht sowie einer gemeinsamen Außen- und Sicherheitspolitik. Es bedarf der Anstrengung und der Begeisterung eines jeden, um sich diesen Aufgaben erfolgreich stellen zu können. Europa ist aus der kühnen Idee einiger Frauen und Männer entstanden. Sie hatten den Mut, das Unmögliche zu denken. Heute, so scheint es oft, haben die Mutlosen die Herrschaft übernommen: Sie sträuben sich gegen jede noch so kleine Veränderung. Eine bessere Europäische Union setzt Engagement, Mut und Tatendrang voraus!

Das gemeinsame Ziel muss ein gelebtes Europa der Bürger sein. Die Menschen sollen die vielen Vorteile der EU jeden Tag spüren und erleben können. Sichtbare Erfolge gibt es genug: Zum ersten Mal in der Geschichte sind die Deutschen mit allen Nachbarn verbündet. Grenzkontrollen oder Zölle gibt es nicht mehr. Geld müssen wir bei Reisen nicht mehr umständlich umtauschen. Und wir können frei wählen, wo wir in Europa leben und arbeiten wollen. Europa ist ein Lebensgefühl!

Nur wenn es auf Dauer Vertrauen und Unterstützung in die gemeinsamen europäischen Institutionen gibt, kann die Union letztlich erfolgreich sein. Mir liegt es sehr am Herzen, dass die Menschen die unschätzbare Bedeutung Europas erkennen. *Europäische Union für Dummies* leistet dazu einen großartigen Beitrag. Eine amüsante und informative Lektüre!

Dr. Silvana Koch-Mehrin

MdEP

Drei Männer und ein Baby

Diese Aufzählung hat nicht den Anspruch erschöpfend zu sein. Viele wichtige, bedeutende Politiker werden hier vollkommen zu unrecht übergangen. Dieses Buch soll jedoch über die Europäische Union und nicht ausschließlich über deren Geschichte informieren. Außerdem wäre die schöne Überschrift futsch und zu vier, fünf oder zehn Vätern gibt es keine schmissigen Sprüche.

Konrad Adenauer wurde 1876 in Köln geboren, studierte dort und wurde 1917 Oberbürgermeister der Stadt. Ein echter kölsche Jung' eben. Die folgenden turbulenten Jahre verliefen auch für unseren späteren Bundeskanzler recht turbulent. Adenauer blieb seiner Heimat treu, was als solches ja noch nicht besonders spektakulär ist, wird Ordnungsbeauftragter der Arbeiter- und Soldatenräte in Köln, Vorsitzender eines »Wohlfahrtsausschusses«, spielte mit dem Gedanken Reichskanzler zu werden, oder aber auch das Rheinland vom Deutschen Reich abzuspalten, verzockte ein Vermögen an der Börse, legte sich mit den Nazis an, wurde abgesetzt und zog sich nach Rhöndorf zurück. 1949, eigentlich schon im Rentenalter, wurde er mit einer Stimme Mehrheit im Bundestag zum Bundeskanzler gewählt. So dünn die Mehrheit zu Beginn war, so lange blieb er im Amt. Adenauer trat erst 1963 mit 87 Jahren als Bundeskanzler zurück und man kann wohl mit Fug und Recht behaupten, dass er sich seinen Spitznamen »Der Alte von Rhöndorf« redlich verdient hatte. Adenauer war aber nicht nur Bundeskanzler, sondern auch für eine zeitlang Außenminister. Als solcher und auch als Bundeskanzler, das lässt sich nicht so ohne weiteres trennen, verhandelte er über die »Montanunion«, die Keimzelle der Europäischen Union. Mit dem Franzosen Charles de Gaulle bemühte er sich, wie man jetzt sieht auch durchaus erfolgreich, um die deutsch-französische Freundschaft. Das war nach Jahrhunderten der Feindschaft schon eine beträchtliche Leistung. Er schob also auf unterschiedlichen Ebenen die Union an. Leider ist hier kein Platz für seine markigen Sprüche, seine Trinktricks und andere Anekdoten, die gibt es in rauen Mengen: ein echtes »Original« eben, der Mann.

Alcide de Gasperi stammte ursprünglich aus Trient und wurde zu einer Zeit geboren, als Istrien noch zu Österreich-Ungarn gehörte. Das war am 3. April 1881, am Rande sei bemerkt, dass auf den Tag genau 49 Jahre später in Ludwigshafen am Rhein Helmut Kohl das Licht der Welt erblickte. Aber zurück zu de Gasperi: Er studierte Philosophie und Literatur und wurde Abgeordneter, Fraktionsvorsitzender und Generalsekretär der italienischen Volkspartei. Als Antifaschist sperrte man ihn unter Mussolini 16 Monate ein. Danach arbeitete er als Bibliothekar im Vatikan, der ja seit 1929 endgültig ein anerkannter eigenständiger Staat war. Nach dem Zweiten Weltkrieg war er Premierminister in acht italienischen Regierungen. Das hört sich nach einer langen aufreibenden Tätigkeit an, aber in Italien ist man mit den Regierungswechseln etwas flinker bei der Hand als in Deutschland: Es waren acht Regierungen in acht Jahren, also von 1945 bis 1953. Genau in diese Zeit fielen die Verträge über die Montanunion. Sein Wirken für Europa und seinen Einsatz kann man wohl kaum besser zusammenfassen, als es auf der Urkunde des Karlspreises geschah, der ihm 1952 in Aachen verliehen wurde: »Seiner Exzellenz dem Herrn Ministerpräsidenten und Außenminister der Republik Italien, ALCIDE DE GASPERI, wurde der Internationale Karlspreis der Stadt Aachen für das Jahr 1952 im Krönungssaal des Rathauses, der ehemaligen Kaiserpfalz, überreicht in Anerkennung seiner steten Förderung der europäischen Einigung. Seine von Wirklichkeitssinn getragene unermüdliche Hingabe an die politische und wirtschaftliche Zusammenarbeit der europäischen Völker mit dem endlichen Ziel der überstaatlichen Bindung hat bedeutende praktische Ergebnisse erzielt. Aachen, den 24. September 1952.« De Gasperi starb 19. August 1954 in Sella di Valsugana.

Robert Schuman wurden die besten Voraussetzungen ein guter Europäer zu werden bereits in die Wiege gelegt. Er wurde 1886 als Sohn einer luxemburgischen Mutter und eines Vaters aus Lothringen, das damals noch zum Deutschen Reich gehörte, in Clausen geboren. Er studierte Jura in Bonn, München, Berlin und Straßburg, es zeigte sich also schon in seinen jungen Jahren, dass er ein recht agiler Bursche war. Nachdem Lothringen 1918 an Frankreich gefallen war, wurde Schuman französischer Staatsbürger und ließ sich 1919 in die Nationalversammlung wählen. Hier trat er besonders für die Eigenständigkeit Elsaß-Lothringens in sprachlichen und religiösen Belangen ein. Auch er war ein Lokalpatriot, kein Wunder, dass er später mit Konrad Adenauer auf einer Wellenlinie lag. Während der Besetzung Frankreichs durch die Deutschen wurde er inhaftiert, konnte aber 1942 fliehen und so überstand er den Krieg unbeschadet. 1947/1948 versuchte Schuman sich als Premierminister, aber ihm war wohl kein Glück auf diesem Posten beschieden, und so ging er als Außenminister (1948–1953) in die Geschichte ein. Er bemühte sich sehr um eine Verständigung zwischen den Völkern, denen er ja schon durch seine Herkunft verbunden war und gilt deshalb als einer der Väter, wenn nicht sogar als der Vater, der Europäischen Union. Er erhielt 1958 den Karlspreis. Kurz, knapp und treffend stehen seine Verdienste auf der ihm zu diesem Anlass verliehenen Medaille niedergeschrieben: »Karlspreis der Stadt Aachen 1958. Für Robert Schuman. Für die Einheit Europas.« Schuman starb 1963 in Chazelles bei Metz. Er war also ein Europäer, der seiner Heimat Lothringen bis in den Tod verbunden blieb.

Inhaltsverzeichnis

Vorwort   **9**

    Drei Männer und ein Baby   11
    Über den Autor   25
    Dank   25

Einführung   **27**

    Über dieses Buch   27
    Törichte Annahmen über den Leser   27
    Wie dieses Buch aufgebaut ist   28
    Symbole, die in diesem Buch verwendet werden   29
    Wie es weitergeht   29

Teil I
Europa: Was genau macht eigentlich die EU?   31

Kapitel 1
Wie die Europäische Union aufgebaut ist   33

    Deutschland braucht Europa, aber Europa braucht auch Deutschland   33
    Die Vereinigten Staaten von Europa   33
    Wer tut was?   34
        Die Kommission   35
        Das Parlament   35
        Der Gerichtshof der Europäischen Gemeinschaft   36
    Brüssel macht die Regeln, Regierungen führen sie aus   36
        Eine Richtlinie wird erstellt   36
        Eine Richtlinie wird diskutiert   37
        Eine Richtlinie wird Gesetz   37
    Woher kommt das Geld, und wo geht es hin?   37
        Beiträge   38
        Ich will mein Geld zurück!   38
        Jeder muss bezahlen   39
        Aber jeder kriegt auch was   39
        Auch die Dritte Welt bekommt etwas   40
    Konsumenteninteressen   40
    Grenzenlos   41
    Die Union wird immer größer   41
        Alles begann mit sechs Ländern   41

Dann waren es 15 ...	42
Jetzt sind es 25	42

Kapitel 2
Die Vorteile der EU für die Bürger — 43

Es fing alles nach dem Krieg an	43
Ein halbes Jahrhundert Frieden	44
Manchmal rückt der Krieg doch näher	45
Ein stabiler Erdteil	46
EU-Mitglieder führen keinen Krieg gegeneinander	47
Bis 1989: Eine Scheidelinie durch Europa	48
Nach 1989: Europa will den Osten einbeziehen	48
Größerer Wohlstand	49
Wir sind um einiges reicher geworden	49
Es geht um langfristige Ziele	50
Preise und Reise(n)	51
Verbraucherinteressen	52
Umwelt und Sicherheit von Nahrungsmitteln	52
Sichere Produkte	54
Strafen für Firmen	55
Lebensqualität	56
Große Worte in der Verfassung	57
Ein besserer Arbeitsplatz	58
Überall zum Arzt gehen	59

Kapitel 3
Was mit Ihrem Geld passiert — 61

Warum subventioniert die EU die Bauern?	61
Die Lebensmittelversorgung hat sich verändert	62
Hin zum Weltmarkt	64
Geld für rückständige Gebiete	65
»Rückständig« ist ein dehnbarer Begriff	66
Es geht um die Verteilung des Wohlstands	67
Geld zirkuliert	69
Die Regierung der EU kostet weniger, als man denkt	71
Gesamtbudget: 100 Milliarden	71
Kosten der Organisation: Fünf Milliarden	73
Auf ein paar tausend Euro soll es nicht ankommen	75
Die Erweiterung kostete schon vorher Geld	77
Heranführungshilfe: Einige Dutzend Milliarden	77
Das Parlament: Es mussten ungefähr 100 Sitze hinzukommen	77
Nicht zu erweitern wäre teurer, sagt das Parlament	79

Europa hilft auch der Dritten Welt 80
    Gesamtkosten: Noch keine 15 Euro pro Europäer 80
    Hilfe in Krisensituationen 81
    (Fast) Jeder Kontinent bekommt etwas 83

Kapitel 4
Ein Markt, eine Währung, Ein-heit?   85

Wirtschaftliche Stabilität 85
    Euro und Dollar: Zwei Weltwährungen 87
Die Europäische Zentralbank 88
    Ein guter Chef für die EZB 91
Zehn Jahre später: Der Euro wird eingeführt 92
    Vom Ecu zum Euro 92
    Alle geraten in Verwirrung 93
Alles wird für alle besser 94
    Weg mit Francs, Peseten und Lire 95
    Die Suche nach der billigsten Jeans 96
    Mehr Einkommen, weniger Arbeitslosigkeit 97
Die Preise stiegen, die Bürger murrten 98
    Alles doppelt teuer 98
    Die Gastronomie lässt die Kunden zur Ader 99
    Vorteile für Unternehmen 99
    Die Briten: Lasst uns mal lieber beim Pfund bleiben 100

Kapitel 5
Die komplizierte Agrarpolitik   103

Warum Subventionen für die Landwirtschaft? 103
    Sicherstellen der Nahrungsmittelproduktion 103
    Schutz vor dem erbarmungslosen Markt 105
    Garantierte Preise, garantierter Betrug 105
    Für den Rest der Welt geschlossen 107
    Protektion von Europa 107
    Sinkende Preise auf dem Weltmarkt 108
    Die hohen Preise hierzulande 108
Abschaffung der Subventionen: In zehn Jahren sind wir noch immer
nicht damit fertig 109
    Die Agrarpolitik hat sich überlebt 110
    Die Protektion von Unternehmern ist un-europäisch 111
    Auf einen Schlag abschaffen geht nicht 112
Die Folgen freier Preise 114
    Europäische Bauern müssen sich dem Wettbewerb stellen ... 114
    Die Dritte Welt kann hier verkaufen 114

Es hilft der ganzen Welt	115
Das Leben der Bauern verändert sich	116
Weniger Bauern	116
Weniger landwirtschaftlich genutztes Land, größere Gärten	117

Teil II
Die europäischen Institutionen — 119

Kapitel 6
Die Kommission macht Politik — 121

Jedes Land hat mindestens einen Kommissar, jedenfalls noch	122
Eine Regierung mit 20 Mitgliedern	122
Vielleicht wird auf 16 Kommissare reduziert	123
Wer hat hier das Sagen?	124
Jedem Kommissar untersteht eine Generaldirektion	126
Die Generaldirektionen	126
Unterstützende Dienste der Kommission	137
Interne Dienste der Kommission	140
Die Kommission sorgt fürs Tagesgeschäft	143
Die Kommission bestimmt die Politik	143
Die Kommission gibt das Geld aus	145
Die Kommission repräsentiert die EU nach außen	146
Die Kommission als Hüter der Verträge	147
Wer nicht mitmacht, wird bestraft	147
Wer nicht mitmacht, bekommt es mit dem Gerichtshof zu tun	148
Die Kommission darf direkt eingreifen	148
Die Kommission hat keine unbegrenzte Macht	149
Das Parlament kann unangenehm werden	149
Der Gerichtshof kann bissig werden	150
Die Länder können unangenehm werden	151

Kapitel 7
Europa im Kleinen: Das Europäische Parlament — 153

Die ersten 50 Jahre: Das Parlament hat keine Zähne	153
Was das Parlament konnte	154
Was das Parlament nicht konnte	154
Die Befugnisse heute	156
Schwierig zu führende Debatten	157
Umschwung im Jahr 1999: Die Kommission muss weg	158
Die Kommission treibt's zu bunt	158
Ein Beamter schlägt Krach	158

Die Kommission macht einen Rückzieher	159
Die Arbeit eines Parlamentariers	160
Vorbereitung von Gesetzen	161
Die Arbeit in den Ausschüssen, die Arbeit der Berater	163
Die Basis ruft auch schon mal an	165
Europa im Miniformat	166
Schmelztiegel der Kulturen	166
Der südliche Lebensstil gewinnt	167
Herumlaufen im Parlament – wie spannend!	169
Wahlen – zurück zum eigenen Land	169

Kapitel 8
Der Rat der Europäischen Union   **173**

Der Rat der Europäischen Union sitzt am Drücker	173
Der Rat ist der tatsächliche Chef der Union	173
Einmal im halben Jahr regeln wir unsere Angelegenheiten	174
Und zwischendurch finden die Fachminister die Lösungen	175
Gegensätze zwischen den Ländern	177
Misch dich nicht in unsere Angelegenheiten ein	177
Das Alte gegenüber dem Neuen	178
Die Macht der Großen	179
Meist sind wir uns nicht einig ...	180
... aber manchmal dann plötzlich doch	180
Die Gegensätzlichkeiten gewinnen	182
Kleine Mitgliedsstaaten, kleine Querulanten	182
Der Einfluss der EU auf die Mitgliedsstaaten	184
Bring deine Finanzen in Ordnung!	184
Kampf den Tierseuchen!	185
Sorgt für Wettbewerb!	186

Kapitel 9
Der Europäische Gerichtshof spricht Recht   **189**

Vom nationalen Richter zum Europäischen Gerichtshof	189
Die Angelegenheiten, über die der Gerichtshof urteilt	190
Wer kann sich an den Gerichtshof wenden?	190
Der Gerichtshof berät die nationalen Richter	192
Es dauert einige Jahre, aber dann hat man auch etwas in der Hand	193
Die Prozesse dauern Jahre	193
Das Gericht erster Instanz hilft	193
Urteile gelten für alle Einwohner, überall	194
Die höchsten Richter in Europa	195
Der Bürger wird besser geschützt	197

Von Fußballtransfer bis Schalldämpfer	198
Das Bosman-Urteil	199
Unternehmen und Niederlassungen	200
Steuerfragen und Schalldämpfer	201
Die Zukunft des Europäischen Gerichtshofs	202
Die Anzahl der Richter hat sich vergrößert	202
Das Arbeitsaufkommen wird größer	203
Der Gerichtshof in der neuen Verfassung	204

Kapitel 10
Europa als Wanderzirkus — 205

Warum das Parlament zwei Sitzungssäle hat	205
Das neue Gebäude in Straßburg musste her	206
Doppelte Einrichtungen	206
Die Presse und die Lobbyisten rennen hinterher	207
Ich kenne Sie irgendwo her!	208
Alle gehen mit	208
Alle Siebensachen reisen mit	209
Zehn Millionen Kilometer	209
Leben aus dem Koffer	210
Was kostet das alles?	211
Wo Europa auch noch »wohnt«	211
Luxemburg	212
Deutschland	213
Niederlande	213
Andere Länder	214
... und wieder zurück nach Brüssel	215
Grüße aus Prag	216
Wir kommen alle aus Polen	216
Eines Tages haben die Belgier vielleicht genug davon	216

Teil III
Wie Europa funktioniert — 219

Kapitel 11
Vorschriften, Vorschriften, noch mal Vorschriften — 221

Das Entstehen einer Richtlinie	221
Die Kommission denkt sich etwas aus	221
Die Regierungen knien sich rein	223
... und dann weiter zum Parlament	223
So sind die Verfahren aufgebaut	224

Von der europäischen Richtlinie zum nationalen Gesetz	226
Die Mitgliedsstaaten übernehmen die Richtlinie	227
Preußischer als die Preußen darf man sein, ruhiger als die Stoiker aber nicht	228
Wer regelt zu spät durch Nacht und Wind?	229
Die Rolle der Ausschüsse	230
Hier findet die wirkliche Diskussion statt	230
Hier werden Angelegenheiten geregelt	231
Man kann die EP-Mitglieder anfassen	231
Die Rolle der Außenwelt	232
Unternehmen	232
Non-Profit-Organisationen	233
Bürger	233

Kapitel 12
Beratung, Beratung und noch mehr Beratung — 235

Beratungen in der eigenen Partei	235
Die Wahl der politischen Richtung	235
Das Verhältnis zu anderen Parteien	236
Die Partei zu Hause	237
Beratungen in den Gängen	238
Frage: Mit wem berät man sich? Antwort: Mit jedem!!!	238
Beamte	239
Beratung im eigenen Land	240
Nationale Interessen oder Europainteressen	240
Zu Hause kapieren sie's manchmal einfach nicht	241
Mehr als die Hälfte der Gesetzgebung kommt jetzt schon aus der EU	242
Beratungen in den Ausschüssen des Parlaments	243
Die Verhandlungen fangen hier an	244
Die Besprechung von Details	244
Beratungen im Plenum des Parlaments sind nicht möglich	244

Kapitel 13
Kompromisse, Kompromisse und nochmals Kompromisse — 247

Jedes Land hat ein Vetorecht	247
Die Idee der Einstimmigkeit	247
Der französische »Sitz-Streik«	248
Ein einziges Land kann alles blockieren	248
Einen Kompromiss zu finden kostet Zeit – viel Zeit	250
Wie Kompromisse zustande kommen	250
Wieder keine Einigung	251
Der Bürger versteht kein Wort	252

Der Wert eines Kompromisses	253
Nach dem Kompromiss geht jeder seinen eigenen Weg	254
Die Minister erklären es für den inländischen Gebrauch	254
Ein schönes Beispiel: der Stabilitätspakt	255
Klammheimlich nach eigener Lust und Laune	255
Die Kompromisse werden zum Teil verschwinden	256
Aber das kann nur einstimmig beschlossen werden	256
Die Folgen der Abschaffung des Vetorechts	257
Dominanz der großen Länder	258

Kapitel 14
Politiker, Journalisten, Lobbyisten — 259

Rund 700 EP-Mitglieder	259
Sozial- und Christdemokraten sind die größten Gruppen	260
Die anderen 35 Prozent: Von allem ein bisschen	261
Jung und alt, Frau und Mann, meist weiß	262
Noch mehr Journalisten	263
Wissen die Zeitungen wohl, dass es Europa gibt?	263
Schade, dass die Berichterstatter so negativ eingestellt sind	264
Die Kommission präsentiert ihre Fakten selbst	265
Rund zehntausend Lobbyisten	266
Was ein Lobbyist tut	268
Die Arbeitsweise von Lobbyisten	269
Für und Wider heben einander auf	271
Wer noch so alles herumläuft	272
Studenten und Schüler	272
He, ein Bürger!!!	273
Wütende Bürger in Brüssel	274
Die Lobbygruppe des Tages	274
Nehmen Sie sich eine Heugabel und holen Sie sich Ihr Recht!	275

Kapitel 15
Beamte in Europa — 277

Wie man Europabeamter wird	277
Reagiere ruhig in deiner eigenen Sprache	278
Eine befristete Anstellung kann Jahre gelten	278
Dieser schreckliche Concours	279
Die Fragen und die unmöglichen Antworten	279
Nordeuropäer können es nicht so gut	281
Manche Menschen machen Jahr für Jahr mit	282
Da sitzt man dann in seinem Büro	283
Hochwertige Denkarbeit	283

In einer Zelle von drei mal vier Metern mit geschlossener Tür ... 284
Man hat Einfluss auf über 500 Millionen Menschen ... 284
    Was sich ein Einzelner ausdenkt, geht viele Menschen an ... 285
    Die Beamten arbeiten mit an der Formgebung Europas ... 286
Als Beamter verdient man viel Geld ... 288
    Die Lohnskala (aber keine großen Sprünge) ... 288
    Die Vergütungen (aber kein Dienstwagen) ... 289
    Die Steuern (aber keine Abzüge) ... 291

Kapitel 16
Die Sprachen   293

Ich verstehe Sie nicht – oder doch ... 293
    Alles wird übersetzt ... 293
    In Wort und Schrift ... 294
Jeder findet sich wieder in Europa ... 295
    Menschen mit einer Leidenschaft ... 297
    Ein Millionenunternehmen ... 298
Die unendlichen Möglichkeiten ... 298
    Wie funktioniert's? ... 298
    Bald wird es Hunderte von Kombinationen geben ... 299
Die Kosten ... 300
    Ein paar Hundert Millionen pro Jahr ... 300
    Fast drei Millionen Euro pro Tag ... 301

Teil IV
Die Zukunft Europas   303

Kapitel 17
Die Erweiterung   305

Neuankömmlinge müssen alle Regeln akzeptieren ... 305
    Der acquis communitaire ... 305
    Die neue Verfassung ... 306
    Ganz schön schwierig in der Umsetzung, die neuen Regeln ... 308
Die Messlatte liegt in jeglichem Sinne höher ... 309
    Besonders die Umwelt ist ein Problem ... 310
    Die Länder bemühen sich aufzuholen ... 310
    Europa hilft ihnen schon seit Jahren ... 311
Korruption ist fehl am Platz ... 313
    Der Korruptionsindex ... 313
    Die EU und die böse Außenwelt ... 314
Die Armee darf sich nirgends einmischen ... 315

In einigen Ländern regiert die Armee ein bisschen mit	315
Die Menschenrechte müssen eingehalten werden	316
Alte Strukturen bleiben	318
Die Außengrenzen	318
Wo hört es auf?	319
Türkei	319
Russland	321
Rumänien und Bulgarien	321

Kapitel 18
Die neuen Mitgliedsstaaten und Europa arbeiten schon seit Jahren zusammen — 323

Die Union und die Neulinge: Heranführung	323
Brüssel redet und zahlt	324
Können wir den Termin einhalten?	324
Die Regierungen sind sehr beschäftigt	325
Parteien knüpfen schon im Vorfeld Kontakte	325
Der private Sektor macht ebenfalls mit	326
Arbeitgeber	326
Gewerkschaften	327
Aktivisten	327

Kapitel 19
Die Verfassung — 329

Die Hauptstreitpunkte	329
Gott im Verfassungstext oder nicht?	330
Ein europäischer Präsident	332
Die Streichung des Prinzips Einstimmigkeit	333
Ein zusammengewürfelter Haufen von Verträgen	333
Von 1952 bis 2003	333
Angepasst ans 21. Jahrhundert	334
Doch ein paar neue Dinge	335
Schön zu lesen, aber schwer zu handhaben	336
In der Verfassung geht es um wirklich alles	336
Die dahinter liegenden Ideen sind wunderschön	337
Papier ist geduldig	338
Das mühselige Zustandekommen	339
Der Konvent: ein großer Redeclub	339
Länder, Regierungen und Parlamente mischen mit	340
Giscard d'Estaing ging seinen eigenen Weg	340
Wann kommt die Verfassung?	342

Kapitel 20
Europa in der Welt — 343

- Die Amerikaner wissen es nicht so recht — 343
  - Europa und die Verteidigung — 343
  - Wer spricht im Namen Europas? — 344
  - Hass-Liebe zwischen der EU und den USA — 346
- Die Entwicklungsländer lieben Europa sehr wohl — 346
  - Förderung des Friedens — 346
  - Flüchtlinge — 348
- Beziehungen zu anderen Ländern — 349
  - Mittelmeergebiet — 349
  - Der Mittlere Osten — 350
- Der Rest der Welt — 351

Teil V
Der Top-Ten-Teil — 355

Kapitel 21
Zehn Vorurteile über die EU — 357

- Die EU kostet zu viel Geld — 357
- Die EU streitet sich ständig — 358
- Die EU ist zu bürokratisch — 359
- Die EU mischt sich in alles ein — 360
- Die EU wird nie was Vernünftiges — 361
- Die EU hilft den Bauern — 362
- Die EU macht die Reichen reicher — 363
- Die EU hat zu viele Beamte — 363
- Die EU ist ein sozialistisches Projekt — 364
- Die EU sorgt für Einheitsbrei — 365

Kapitel 22
Zehn Zweifel an der Europäischen Verfassung — 367

- Sie ist zu christlich — 367
- Sie ist zu sozialistisch — 368
- Sie ist zu kapitalistisch — 368
- Sie ist zu kompliziert — 369
- Sie tut zu wenig gegen die internationale Kriminalität — 369
- Sie kostet den Bürger zu viel Geld — 370
- Sie könnte besser sein — 371
- Sie gibt den großen Ländern die Macht — 371

Sie macht das Leben schwieriger	372
Sie wird nie in Kraft treten	373

Kapitel 23
Zehn neue Länder der EU — 375

Estland	375
Lettland	376
Litauen	376
Polen	377
Tschechische Republik	378
Slowakische Republik	379
Ungarn	380
Slowenien	380
Malta	381
Zypern	381

Stichwortregister — 383

Über den Autor

Alexander Simons (geb. 1962) ist Inhaber einer Beratungsfirma für Öffentlichkeitsarbeit und publiziert daneben zu den Themenbereichen Kommunikation und Politik. Er war 17 Jahre lang als Journalist für Radio und Fernsehen tätig. Seine Arbeit führte ihn regelmäßig nach Brüssel, was seine Begeisterung für das Projekt geweckt hat, das wir »Europäische Union« nennen. Er fand schnell heraus, wie wenige Menschen wissen, was in Brüssel alles passiert, und beschloss in Absprache mit dem Verlag, den vorliegenden Band *Europäische Union für Dummies* zu schreiben.

Dank

Es gibt Dutzende von Menschen, die zu diesem Buch beigetragen haben. Beamte, Lobbyisten, Journalisten und Politiker.

Die Beamten haben mir Einsicht in ihre Arbeit gewährt, so dass ich sehen konnte, was in Brüssel »unter der Motorhaube« passiert. Die Lobbyisten haben mir erzählt, wie sie die europäischen Entscheidungsprozesse aufmerksam begleiten und beeinflussen.

Auch den Journalisten habe ich viel zu verdanken. Nicht nur das, was sie mir erzählt haben, sondern auch, weil Korrespondenten, die schon seit Jahren in Brüssel herumlaufen, wunderbare Geschichten schreiben, die mein Verständnis gefördert haben. Vor allem die Artikel im *NRC Handelsblad* und im *Financieel Dagblad* waren lohnende Quellen.

Politiker aller Couleur haben mich von Anfang an stimuliert und mir geholfen, wo sie nur konnten. Max van den Berg (PvdA), Michiel van Hulten (PvdA), Joost Lagendijk (GroenLinks), Toine Manders (VVD), Jules Maaten (VVD), Arie Oostlander (CDA) und Alt-Eurokommissar Frans Andriessen (CDA) haben sich Zeit genommen, um ihre Einsichten mit mir zu teilen.

Zwei Menschen, die mir in der Phase der Recherchen zur Seite gestanden haben, möchte ich noch ganz besonders danken: Ottilia von Chrismar und Sjef Swinkels, Mitarbeiter von Toine Manders, standen mir jederzeit zur Verfügung, um Dinge für mich zu erledigen oder Informationen zu beschaffen. Auch Mireille van der Meij und Blanka de Bruyne haben mir genau zur rechten Zeit wichtige Informationen zur Verfügung gestellt.

Auch bei Wardy Poelstra, Verleger bei Pearson Education, möchte ich mich bedanken, weil er mich mit dem Schreiben des ersten in Niederländisch herausgebrachten Dummies-Buch betraut hat. Seine Lektoren Marloes van Beersum und Wilbert Leistra haben das Buch Wort für Wort betrachtet und redigiert.

Auch ein ganz großes Dankeschön an Michiel van Hulten und Mireille van der Meij, die das Manuskript gelesen und mich vor Irrtümern bewahrt haben. Ein weiteres Dankeswort geht zu guter Letzt an den Europafonds des Außenministeriums, der ebenfalls einen wichtigen Beitrag zum Buch geliefert hat. Mit Nachdruck möchte ich darauf hinweisen, dass sich der Zuschussgeber in keinster Weise in Inhalt oder redaktionelle Entscheidungen eingemischt hat.

Einführung

Im letzten halben Jahrhundert ist Europa immer wichtiger geworden. Unterschiedlichste Dinge in unserem Leben sind durch die Gesetzgebung beeinflusst worden, die in den europäischen Institutionen entstanden ist. Brüssel ist für die meisten Menschen weit weg vom alltäglichen Leben, aber was man sich dort ausdenkt, betrifft uns alle.

Durch ein verfeinertes System von Entscheidungsprozessen kommt immer mehr zustande.

Wie funktioniert Europa? Und wo liegt die Macht? Was sind die Folgen der Erweiterung? All diese Fragen und ihre Antworten sind in diesem Buch im Angebot. Die Institutionen der Europäischen Union werden entwirrt, und es wird erklärt, warum in Brüssel manchmal so komplex sein muss.

Über dieses Buch

Apropos Komplexität: In diesem Buch werden Fachjargon und schwierige Wörter vermieden. Wo möglich, erkläre ich »Eurolingo« in gewöhnlicher Alltagssprache. Ich habe versucht, so gut wie möglich deutlich zu machen, wofür die EU steht, wie sie aufgebaut ist und was wir Normalsterblichen von ihr haben.

Natürlich gibt es einige Dinge, die in diesem Buch nicht oder nur begrenzt ausgeführt werden. Wer mehr wissen will, findet im Buchhandel eine Menge an einschlägiger Literatur. Auch sind im gesamten Buch Hinweise auf Websites enthalten, auf denen zu einigen Themenbereichen weitere Informationen zu finden sind.

Dieses Buch ist genau wie die anderen der *... für Dummies*-Reihe geschrieben; das heißt, Sie müssen nicht notwendigerweise bei Kapitel 1 anfangen und sich der Reihe nach bis Kapitel 23 durcharbeiten. Sie können natürlich gern die Reihenfolge beim Lesen einhalten, die ich beim Schreiben aufgebaut habe, aber nötig ist es nicht. Sie können jedes Kapitel auch unabhängig von den anderen lesen, wenn Sie mögen. Mit Hilfe des Inhaltsverzeichnisses und des Stichwortverzeichnisses können Sie leicht jede Information zu genau den Themen finden, die Sie interessieren.

Ich habe für dieses Buch mit vielen Menschen gesprochen. Unter ihnen waren auch Beamte, die nicht immer direkt zitiert werden können. Nur bei Aussagen von Menschen, die wörtlich zitiert werden dürfen, sind Auslassungshinweise zwischen Anführungszeichen gesetzt. Wenn ich andere Quellen, wie Zeitungen, zitiere, sind die Quellenangaben aufgeführt.

Törichte Annahmen über den Leser

Ich gehe mal davon aus, dass Sie kein Eurokrat sind, der jeden Tag in sein Büro in Brüssel, Luxemburg oder Straßburg hetzt, um dort Berge von Akten zu verschlingen. Vielmehr gehe ich davon aus, dass Sie von Zeit zu Zeit einmal eine Zeitung lesen und dabei über Begriffe wie »Vertrag von Maastricht« und »Stabilitätspakt« stolpern, die Ihnen zumindest vage bekannt vorkommen. Und dann unterstelle ich, dass es Sie interessiert, wie wir in Europa seit dem Zweiten Weltkrieg zu immer mehr Zusammenarbeit gekommen sind, wie diese Zusammenarbeit Gestalt angenommen hat und welchen Einfluss die EU auf normale Bürger hat. Wenn Sie ein radikaler Gegner der EU sind, hoffe ich, dass Sie das vorliegende Buch doch unvoreingenommen lesen und dass Sie anschließend Ihre Meinung vielleicht sogar revidieren. Wenn Sie schon völlig pro EU sind, finden Sie in diesem Buch vielleicht ein paar Gründe, um doch ab und zu ein wenig Ihre Stirn zu runzeln.

Wie dieses Buch aufgebaut ist

Das Buch besteht aus fünf Teilen, die zusammen ein so vollständiges Bild wie möglich davon vermitteln, was die EU ist und was sie tut, jetzt und auch zukünftig.

In Teil I beschäftigen wir uns damit, was die EU alles tut und was das kostet. Wir betrachten die Institutionen und schauen uns an, woher das europäische Geld kommt und wohin es fließt. Teil I gibt uns eine Übersicht der EU, sozusagen aus der Vogelperspektive.

In Teil II geht es dann um die wichtigsten europäischen Institutionen: die Europäische Kommission, das Europaparlament, den Gerichtshof der Europäischen Gemeinschaft und den Rat der Europäischen Union, wie die Versammlungsorgane der Regierungsoberhäupter offiziell heißen. Legislative, Exekutive und Judikative der EU sind damit dann abgehandelt, ebenso wie die größte Macht innerhalb der EU: die Mitgliedsstaaten. Das macht die »Regierung« von Europa zu einem einzigartigen Gesamten.

In Teil III werfen wir einen Blick »unter die Motorhaube«: Was passiert hinter den Fassaden, bevor Vorschriften und Gesetze zustande kommen, und wie erledigen Beamte und Politiker in Brüssel ihre Arbeit? Das komplexe und fein abgestimmte System von Beratung, Entscheidungsfindung und dem Erstellen von Anordnungen wird analysiert und erklärt. Auch die anderen Mitspieler im Europaspiel kommen an die Reihe: Lobbyisten und Journalisten. In diesem Teil des Buches erfahren Sie auch, wie man Europabeamter wird, und wie es ist, bei einer der europäischen Institutionen beschäftigt zu sein.

Im Teil IV beschäftigen wir uns mit der Zukunft Europas. 2004 wurden zehn neue Mitgliedsstaaten in die Union aufgenommen, in denen insgesamt beinahe 100 Millionen Menschen leben. Europa wird damit immer mehr zum größten ökonomischen Machtblock der Welt. Die Erweiterung der EU hat Folgen, die zum derzeitigen Zeitpunkt noch nicht vollständig abzusehen sind. Die Verhältnisse in Europa selbst und die zwischen Europa und dem Rest der Welt werden sich verändern. Wie, wissen wir noch nicht. Das wird auch davon abhängen, wie die neuen und alten Mitgliedsstaaten zusammenarbeiten werden.

Teil V ist der Top-Ten-Teil. Hier nehmen wir die häufigsten Vorurteile über Europa, die Zweifel an der Europäischen Verfassung und die zehn neuen Mitgliedsstaaten unter die Lupe.

Symbole, die in diesem Buch verwendet werden

Auf vielen Seiten in diesem Buch werden Sie auf eines der folgenden Icons treffen, die auf einen bestimmten Aspekt dessen hinweisen, was in diesem Buch erörtert wird.

Wenn Sie schon völlig vom EU-Virus ergriffen worden sind, wollen Sie natürlich mehr wissen. Dieses Icon weist Ihnen den Weg im Internet.

Was müssen Sie nun wirklich über die EU wissen? Alle wirklich wichtigen Informationen im Buch sind mit diesem Icon versehen – harte Fakten und Wissenswertes.

Wahre Geschichten und nette Anekdoten aus dem Reich der europäischen Geschichte sind mit diesem Icon gekennzeichnet. Einige stammen aus dem Nähkästchen, andere frisch aus der Zeitungsdruckerei.

Sie werden gut mit Informationen über Europa gefüttert, aber manchmal können die Dinge ziemlich verwirrend sein. Wenn Sie dieses Icon sehen, sollten Sie besonders gut aufpassen.

Wie es weitergeht

Ich hoffe natürlich, dass Sie nach dem Lesen (von Teilen) dieses Buches besser verstehen, wie die Europäische Union aufgebaut ist und was sie alles tut. Ich hoffe auch, dass dieses Buch dazu beiträgt, dass die EU den Menschen, die in ihr leben, ein bisschen vertrauter wird und weniger häufig nur wie ein Geld verschlingender Bürokratenapparat wirkt.

Natürlich ist die EU noch immer ein Rohbau. Wenn Sie das Buch lesen, sind einige Dinge vielleicht schon wieder verändert oder einige haben sich schon überholt. Das müssten wir dann in einer eventuellen Neuauflage berücksichtigen.

Wenn Sie Fragen oder Anmerkungen zu diesem Buch haben, würde ich es sehr zu schätzen wissen, wenn Sie mich das wissen ließen. Kritik – und ganz sicher auch Komplimente – sind mir immer willkommen! Sie können alles, was Sie loswerden wollen, an folgende Adresse mailen: dummies@wiley-vch.de.

Viel Spaß auf der Reise durch die Europäische Union!

Teil I

Europa: Was genau macht eigentlich die EU?

von Jos Collignon

Und sie dachten, sie könnten einfach mitfahren ...

In diesem Teil ...

In diesem Teil des Buches beschäftige ich mich mit der Entstehungsgeschichte der EU, die mit sechs Ländern begann und sich nun auf 25 Mitgliedsstaaten und mehr ausweitet. Wir schauen uns auch an, wie das Geld verwendet wird. Brüssel gibt viel aus, aber wenn man genau hinsieht, fällt die »Verschwendung« weniger dramatisch aus, als manchmal behauptet wird. Ich richte mein Augenmerk ebenso auf die Agrarpolitik: Vor einem halben Jahrhundert war das Ganze noch eine gute Idee, heute will jeder etwas vom Kuchen abhaben.

Wie die Europäische Union aufgebaut ist

In diesem Kapitel

- Wie die EU entstanden ist
- Welche Institutionen zur Europäischen Union gehören
- Wie die EU an das nötige Geld kommt und wofür es ausgegeben wird

In Kapitel 1 bringe ich die wichtigsten Fakten auf eine Reihe: Wie ist die EU entstanden, welches sind ihre wichtigsten Institutionen, was machen sie, und wovon wird das alles eigentlich bezahlt? Die EU ist noch immer im Wachstum begriffen. 2004 sind zehn Länder hinzugekommen und noch mehr potenzielle Mitgliedsstaaten scharren schon mit den Hufen, um auch mitmachen zu dürfen.

Deutschland braucht Europa, aber Europa braucht auch Deutschland

Mit diesen Worten fasste 1946 der spätere Bundespräsident Theodor Heuss die Bedürfnisse und auch die Verantwortung Deutschland im Verhältnis zu den anderen europäischen Nationen zusammen. Zu diesem Zeitpunkt war die Europäische Union noch nicht einmal angedacht. Der Ausgangspunkt bei der Entstehung der EU sah so aus: Das Leben der Europäer und des Rests der Welt sollte besser werden. Um das zu erreichen, wird mit so vielen Ländern wie möglich zusammengearbeitet. Wir treiben Geld auf und verwenden es, so gut es geht. Das ist der Grundgedanke, das »big picture«, das Ziel der Länder der Union, wie es im Entwurf der Europäischen Verfassung geschrieben steht: » ... dass die Völker Europas, wiewohl stolz auf ihre nationale Identität und Geschichte, entschlossen sind, die alten Trennungen zu überwinden und immer enger vereint ihr Schicksal gemeinsam zu gestalten«.

Die Vereinigten Staaten von Europa

Nach dem Zweiten Weltkrieg lagen große Teile von Europa in Schutt und Asche, es hatte viele Tote gegeben und die Politiker schworen feierlich: Das darf nie wieder geschehen! Die Amerikaner wollten Europa beim Wiederaufbau mit dem Marshall-Plan helfen, und die Europäer beschlossen, zusammenzuarbeiten. Der britische Premierminister Winston Churchill bringt die Idee von den »Vereinigten Staaten von Europa« auf. Die europäischen Länder beginnen mit der Zusammenarbeit bei der Produktion von Kohle und Stahl. Der Hintergrund dieser Zusammenarbeit besteht darin, dass diese Sektoren während des Krieges strategischen Wert hatten.

So wurden 1951 die Verträge für die Gründung der EGKS unterzeichnet, die Europäische Gemeinschaft für Kohle und Stahl, auch »Montanunion« genannt. Am 23. Juli 1952 traten sie in Kraft. 1957 gründeten die sechs EGKS-Mitgliedsstaaten mit dem Vertrag von Rom die EWG, den direkten Vorläufer der Europäischen Union. Weitere wichtige historische Daten der EU finden Sie in Tabelle 1.1.

Wer tut was?

Um besser begreifen zu können, wie die EU funktioniert, müssen wir zuerst einen Blick auf die Institutionen der Union und deren Tätigkeiten werfen. Zuallererst das Europäische Parlament, das Kontrollfunktionen hat, dann folgt die Europäische Kommission, das Regierungsorgan. Dann gibt es noch den Rat der Europäischen Union, in dem die Regierungen der Mitgliedsstaaten gemeinsame Beschlüsse fassen. Und schließlich gibt es noch den Europäischen Gerichtshof, der Recht spricht. Diese Aufteilung ist vielen Menschen bekannt, aber es gibt auch noch eine Ansammlung weiterer Institutionen, die wir später betrachten werden. Auf den ersten Blick scheint das Ganze ziemlich komplex, aber wenn man genauer hinsieht, entdeckt man leicht die Logik dahinter. Die Institutionen, denen man tagtäglich in den Nachrichten begegnet, sind die Kommission und das Parlament.

Jahr	Ereignis
1950	Robert Schuman und Jean Monnet (beide Franzosen) schlagen eine Europäische Allianz vor.
1951	Sechs Länder schließen sich zur EGKS zusammen (Belgien, Bundesrepublik Deutschland, Frankreich, Italien, Luxemburg, Niederlande).
1952	Die Verträge zur Gründung der EGKS (Montanunion) treten auf 50 Jahre befristet in Kraft.
1957	Die sechs EGKS-Mitglieder gründen mit dem Vertrag von Rom die EWG, Europäische Wirtschaftsgemeinschaft, und EURATOM, die Europäische Gemeinschaft für Kernenergie.
1967	EKGS, EWG und EURATOM werden zur EG, Europäischen Gemeinschaft zusammengefasst.
1973	Die EG wird auf neun Mitgliedsstaaten erweitert: Dänemark, Großbritannien und Irland kommen hinzu.
1981	Griechenland tritt bei: zehn Mitgliedsstaaten.
1986	Portugal und Spanien kommen hinzu: zwölf Mitgliedsstaaten.
1993	Die Europäische Gemeinschaft wird umgetauft in Europäische Union.
1995	15 Mitgliedsstaaten: Finnland, Österreich und Schweden treten bei.
2004	Erweiterung um weitere zehn Mitglieder auf 25 Mitgliedsstaaten: Estland, Lettland, Litauen, Malta, Polen, Slowakische Republik, Slowenien, Tschechische Republik, Ungarn und Zypern werden aufgenommen.

Tabelle 1.1: Einige wichtige Jahreszahlen

Die Kommission

Die Europäische Kommission wird auch Regierung der EU genannt. Die Kommission sitzt in Brüssel und besteht aus Mitgliedern aller Teilstaaten. Die größeren Länder haben zwei, die kleineren einen Vertreter. Diese Regierungsmitglieder dürfen ausschließlich europäischen Interessen dienen und nicht auf Vorteile für ihr eigenes Land bedacht sein. Den Europakommissaren stehen Beamte zur Verfügung, die in Generaldirektionen – so einer Art Ministerien – beschäftigt sind.

Das Parlament

Das Europäische Parlament (EP) bestand bis zur Erweiterung 2004 aus 626 Mitgliedern aus allen 15 EU-Ländern. Nach der Erweiterung hat das EP eine Anzahl von 732 Mitgliedern, die bis 2009 auf 786 Mitglieder anwachsen wird. Das Parlament tagt drei Wochen pro Monat in Brüssel und eine in Straßburg.

Die Macht des Parlaments hat im Laufe der Jahre stetig zugenommen. Das EP kann Erweiterungen der Gemeinschaft ablehnen und die Europäische Kommission – die mit den täglichen Regierungsaufgaben betraut ist – nach Hause schicken. Dies führt dazu, dass die Mitglieder der Kommission mehr Rücksicht auf die Wünsche des Parlaments nehmen müssen.

Seit einigen Jahren kann das Parlament im *Mitentscheidungsverfahren* mit über die Gesetzgebung bestimmen. Hierbei kann das Parlament Änderungen der Bestimmungen vorschlagen, die von der Kommission erarbeitet wurden. Das Ganze ist eine ziemlich komplizierte Angelegenheit, aber die Gelehrten sind sich einig, dass die Macht des Parlamentes dadurch vergrößert wurde. Die hier erwähnte Prozedur wird im Kapitel *Vorschriften, Vorschriften und noch mal Vorschriften* näher erklärt.

Die Erweiterung der EU bedurfte auch im Parlament logistischer Anpassungen. So wurden die Sessel für die neuen Mitglieder in den Versammlungssälen in Brüssel und Straßburg schon vorher angebracht. Die Vertreter der beitretenden Länder mussten für ihren neuen Job auch üben, deshalb hörten sie bei den Versammlungen schon vor der Erweiterung ab und an zu. Sie wärmten sich also schon ein bisschen für später auf.

Das Parlament ist sozusagen Europa im Miniformat. Es laufen nicht nur die Politiker und ihre Mitarbeiter dort herum, sondern auch Journalisten, Lobbyisten und ganz ab und zu auch mal ein Bürger. Oder eine Gruppe von Bürgern, die zum Demonstrieren angereist ist. Oder eine Gruppe von Studenten, die mal einen Tag lang alles ansehen kommt. 25 Nationalitäten (schon vor der Erweiterung sprachen die Neuankömmlinge mit) diskutieren und arbeiten miteinander: ein faszinierendes Schauspiel.

Der Gerichtshof der Europäischen Gemeinschaft

Der Gerichtshof der Europäischen Gemeinschaft (EuGH) hat seinen Sitz in Luxemburg. Er ist für die Auslegung der europäischen Gesetzgebung zuständig. Was bedeutet ein Gesetz in einem bestimmten Fall und woran müssen sich die Parteien halten? Bürger, Unternehmen und Regierungen können sich an den Gerichtshof wenden, um ein Urteil zu erwirken, das fortan für ganz Europa gilt. Jeder Mitgliedstaat hat einen Richter am Gerichtshof. Bis zur Erweiterung gab es also 15 Richter, inzwischen sind es 25. Die Prozeduren dauern lange, weil der Gerichtshof überlastet ist. Es werden ständig mehr Vorschriften verabschiedet, die in den nationalen Gesetzgebungen umgesetzt werden müssen. Das bedeutet, dass dem Gerichtshof immer mehr Fragen vorgelegt werden. Durch diese Überlastung kann es sein, dass eine Antwort häufig mehrere Jahre auf sich warten lässt. Aber lassen Sie sich um Gottes willen durch diese langwierige Prozedur nicht davon abhalten, dem Gerichtshof Ihre Anfragen vorzulegen. Es ist durchaus die Mühe wert, ein Urteil dieser höchsten Richter Europas zu erbitten: Zu einer höheren Instanz können Sie nicht gehen! Wenn die Richter ein Urteil gefällt haben, kann niemand Berufung bei weiteren Instanzen einlegen, um Recht zu bekommen.

Seit 1989 wird der Gerichtshof durch das Gericht erster Instanz unterstützt, an das sich Bürger und Unternehmen zuerst wenden können. Wenn diese Richter ein Urteil fällen, kann man sehr wohl noch eine Stufe höher gehen: zum Gerichtshof der Europäischen Gemeinschaft.

Brüssel macht die Regeln, Regierungen führen sie aus

Die Grundidee der Brüsseler »Gesetzgebung« besteht darin, dass Regeln erstellt werden, die durch die Mitgliedsstaaten in ihrer nationalen Gesetzgebung umgesetzt werden. Die nationalen Parlamente haben daher bei jedem Gesetzesentwurf eine »Liste« von Europaregeln, an denen sie nichts mehr verändern können. Diese Regeln müssen auf jeden Fall in ihren Mindestanforderungen für alle Länder gültig sein. Ein nationales Parlament kann die Gesetze sehr wohl strenger umsetzen, aber keinesfalls abschwächen.

Eine Richtlinie wird erstellt

Die Initiative für eine Richtlinie ergreift die Europäischen Kommission. Richtlinie klingt vielleicht nicht besonders verpflichtend, aber das ist sie durchaus! Die nationalen Parlamente müssen sie in ihre Gesetzgebung aufnehmen. Beschlossene Richtlinien gelten nicht sofort – meist haben die Mitgliedsstaaten ein bis zwei Jahre Zeit, um sie umzusetzen. Machen sie das nicht, können sie durch den Gerichtshof dazu gezwungen werden, und in manchen Fällen erlangt eine Richtlinie auch schon Verbindlichkeit, wenn sie noch nicht in der nationalen Gesetzgebung verankert ist.

Die Europäische Kommission kann auch eine Verordnung erlassen, die sofort in der gesamten Union gültig wird und die wortwörtlich befolgt werden muss.

Aber wie funktioniert das Ganze? Zuerst macht der verantwortliche Kommissar in der wöchentlichen Versammlung der Kommission einen Vorschlag, der von seinen Beamten ausgearbeitet wurde. Danach wird über diesen Vorschlag diskutiert.

Eine Richtlinie wird diskutiert

Bevor eine Idee zu einer Richtlinie wird, muss eine lange und komplexe Prozedur eingehalten werden. Es gibt verschiedene Wege, die ein Vorschlag der Kommission nehmen kann. Immer gilt, dass er verschiedene Institutionen durchlaufen muss, die sich mit dem Vorschlag auseinander setzen und Einfluss darauf ausüben können.

Die Ministerräte (Fachminister aus den Ländern, zum Beispiel Landwirtschafts- oder Finanzminister) beleuchten die Richtlinie, ebenso wie Parlamentsausschüsse, Beratergremien und Interessengruppen.

Der Vorschlag geht dann zurück zur Kommission, die Veränderungsvorschläge machen kann. In manchen Fällen kann das Parlament dann erneut Veränderungen vorschlagen (wenn eine so genannte *zweite Lesung* stattfindet), wonach der Entwurf wieder zurück an die Kommission geht. Es scheint ein endloses Hin- und Her-Geschiebe zu sein, aber auf diese Weise ist sichergestellt, dass alle Parteien die Punkte einbringen können, die ihnen wichtig sind.

Eine Richtlinie wird Gesetz

Wenn alle Diskussionen abgeschlossen sind und die Richtlinie vom Rat der Europäischen Union angenommen wird, ist die Arbeit in Brüssel erledigt. Die Mitgliedsstaaten müssen die Richtlinie dann in ihre Gesetzgebung einfließen lassen. Die Europäische Kommission kann einem Mitgliedsstaat auf die Finger klopfen, wenn er es nicht so genau nimmt. Länder können mit einer Buße belegt werden, wenn sie sich eines Verstoßes schuldig machen. In einem solchen Fall hat sich der Mitgliedsstaat nicht an die verabschiedete Richtlinie gehalten. Wenn eine solche Richtlinie verabschiedet wird, steht auch darin, wie viel Zeit die Mitgliedsstaaten haben, um sie umzusetzen. Das geht nicht immer gut. Manche Länder bleiben zurück, andere halten brav die Zeitvorgaben ein. Die Europäische Kommission veröffentlicht von Zeit zu Zeit so etwas wie eine »Trefferanzeige«, aufgeschlüsselt nach politischem Gebiet. Hier können Sie nachsehen, welche Länder schludern.

Woher kommt das Geld, und wo geht es hin?

Lassen Sie uns mal die finanzielle Haushaltsführung der EU ansehen. Wie kommt die EU zu Geld und wofür wird das viele Geld – rund 100 Milliarden Euro pro Jahr – ausgegeben?

Das meiste, rund 40 Prozent, fließt in die Agrarpolitik, ein Drittel in Gebiete, die bei ihrer Entwicklung ein bisschen Extrahilfe brauchen können, und der Rest zu einer Anzahl unterschiedlichster Bestimmungen.

Bürger, die mit Europa nicht viel am Hut haben, meinen manchmal, dass die Union eine Geld verschlingende Maschinerie sei. Wenn man die Zahlen aber ein bisschen ordnet, stellt sich heraus, dass die Regierung der EU gar keine so teure Angelegenheit ist. Auch scheint es, dass nicht unvernünftig viel Personal bei der EU angestellt ist. Zum Vergleich: Eine Großstadt hat mehr Personal in ihren Diensten als die ganze EU.

Die EU wird in den kommenden Jahren erweitert. Es fließt nun schon Geld in die Länder, die bald der EU beitreten werden, die so genannte Heranführungshilfe. Und die EU hilft auch der Dritten Welt.

Beiträge

Die Einkommensquellen der EU bestehen größtenteils aus »Eigenmitteln«, wie das im offiziellen Sprachgebrauch heißt. Damit sind die Beiträge gemeint, die jedes Land an Brüssel bezahlt. Jeder Mitgliedsstaat muss einen Teil seiner Steuereinnahmen an die EU abführen. Jedes Jahr wird festgestellt, was die EU braucht, und anhand dessen werden die Beiträge der Länder festgelegt.

Eine andere wichtige Einkommensquelle ist die *Umsatzsteuer*, auch Mehrwertsteuer genannt, die für alle Güter und Dienstleistungen erhoben wird. Ein Teil der Umsatzsteuereinkünfte wird an die EU abgegeben.

Diese zwei Einkommensquellen – Beiträge der Mitgliedsstaaten und Umsatzsteuer – bilden etwa 70 Prozent der Einkünfte der Europäischen Union.

Der Rest kommt unter anderem aus Zöllen: 15 Prozent der Einkünfte der EU bestehen aus Einfuhrzöllen, die an den Außengrenzen der EU auf Importgüter erhoben werden. Das sind also Gelder, die von Unternehmen aus nicht der EU zugehörigen Ländern an die EU gezahlt werden. Intern ist die EU ein Binnenmarkt, aber Unternehmen aus Ländern, die außerhalb des gemeinschaftlichen Marktes liegen, müssen für bestimmte Güter, die sie in die EU einführen, Zoll bezahlen.

Und dann hat die Union noch einige andere kleine Einkommensquellen, unter denen die wichtigste der Überschuss aus dem vorherigen Haushaltsjahr ist. Mit anderen Worten: Die EU verbraucht den Jahresetat nicht völlig! Zwölf Prozent des Etats im Jahr 2001 bestanden aus Mitteln, die im Vorjahr nicht verbraucht worden waren.

Ich will mein Geld zurück!

Einige Länder sind so genannte *Nettozahler*: Sie bezahlen mehr an die EU, als sie bekommen. Es braucht nicht viel Fantasie, um sich vorzustellen, dass sie damit nicht wirklich glücklich sind.

»I want my money back!«, war in den 80ern das geflügelte Wort der britischen Premierministerin Margaret Thatcher. Auch zu Beginn des 21. Jahrhundert gibt es Länder, die murren, weil sie an die Grenzen ihres Solidaritätswillens stoßen.

Sie sind wohl bereit, sich finanziell an der Entwicklung der Landwirtschaft anderer Länder zu beteiligen oder Unterstützungsgelder für rückständige Gebiete zur Verfügung zu stellen, aber das sollte nicht aus dem Ruder laufen.

Die deutsche Regierung mault schon einige Zeit, weil Deutschland in der Gesamtsumme der größte Nettozahler der EU ist. Mehr zu bezahlen als zu bekommen ist nie wirklich nett, und so drängt sich die Frage auf: Was haben wir von der EU, wenn wir immer bloß zahlen müssen?

Die Union stellt sich hierauf ein: Länder, die jahrelang mehr bezahlen als erhalten, bekommen Rabatt. Jedenfalls ist das der Plan. Das Problem ist: Die anderen Länder müssen damit einverstanden sein, dass man den Nettozahlern entgegenkommt. Die Nettoempfänger sehen natürlich keinen Vorteil darin, denn sie erhalten weniger Geld, wenn man den Nettozahlern Ermäßigungen zugesteht. Das Ganze ist ein ziemlich verwickeltes Verhandlungsspiel zwischen Zahlern und Empfängern, großen und kleinen Ländern. Um die Angelegenheit noch etwas komplizierter zu machen, spielen auch sachfremde Themen eine Rolle: Wenn du mich jetzt unterstützt, unterstütze ich dich später bei etwas, das dir wichtig ist. Verhandlungen dieser Art fahren sich leicht fest. Dann dauert es Jahre, bis sich etwas verändert.

Jeder muss bezahlen

Jedes Mitglied der Europäischen Union muss die Kosten der Erweiterung mittragen. Zuerst wird festgestellt, wie hoch die Gesamtsumme der Beiträge ist, nämlich 1,27 Prozent des Bruttoinlandsproduktes der EU, also 1,27 Prozent von allem, was wir alle in der EU verdienen. Diese Obergrenze von 1,27 Prozent darf nicht überschritten werden, unterhalb dürfen die Ausgaben natürlich liegen.

Die absolut gesehen größten Beiträge kommen von Spanien, Frankreich, Deutschland und Italien. Die größten und reichsten Länder zahlen also das meiste Geld. Deutschland zum Beispiel bezahlt ganz allein ungefähr 23 Prozent (also beinahe ein Viertel!) der europäischen Erweiterung.

Es geht um viel Geld, Beträge, die kaum vorstellbar sind. In den letzten Jahren gibt die EU jährlich mal so eben 100 Milliarden Euro aus. Oder ausgeschrieben: 100.000.000.000 Euro. Ein unvorstellbar hoher Betrag. Aber wenn man das auf die Einwohner verteilt, bezahlt jeder Europäer ungefähr 200 Euro pro Jahr – geht doch eigentlich noch, oder?

Aber jeder kriegt auch was

Jedes Mitgliedsland der Union erhält auch Geld. Frankreich bekommt wegen der vielen Landwirtschaft einen Großteil der Subventionen für Landwirte. Die südlichen Länder bekommen einen großen Anteil der so genannten *Strukturfonds*, die als Hilfe für die Entwicklung bestimmter rückständiger Gebiete bestimmt sind.

Die Subventionen für die Landwirtschaft verschlingen enorm viel Geld, ungefähr 40 Milliarden Euro. Man kann sich natürlich fragen, warum Landwirte in einem reichen Gebiet in Westeuropa noch immer unterstützt werden müssen. Die Subventionen sind in einer Zeit der Knappheit entstanden. Die europäischen Länder wollten die Nahrungsversorgung sicherstellen und die Bauern vor dem »harten« Weltmarkt schützen. Mehr über die Agrarpolitik können Sie im Kapitel *Die komplizierte Agrarpolitik* nachlesen.

Ein anderer großer Posten der Erweiterungskosten sind die Strukturfonds: etwa 30 Milliarden Euro. Diese Gelder werden eingesetzt, um Unterschiede im Wohlstand in Europa auszugleichen. Die reichen Gebiete unterstützen die armen. Dabei kann es um ein Projekt für Arbeitslose gehen oder um das Anlegen neuer Straßen und Brücken. Auch in reichen Ländern gibt es rückständige Gebiete, die Gelder aus den Strukturfonds erhalten. In Deutschland bekommen beispielsweise Gebiete wie der Bayerische Wald oder die neuen Bundesländer Mittel aus diesen Fonds. Die Grenzregionen zu Polen und Tschechien in Bayern, Sachsen und Mecklenburg-Vorpommern werden und wurden von 2000 bis 2006 mit 16,3 Milliarden Euro aus diesem Topf gefördert.

Auch die Dritte Welt bekommt etwas

Die EU unterstützt die Dritte Welt mit stattlichen Beträgen. Zumindest scheinen sechs Milliarden Euro viel Geld zu sein. Aber die Dritte Welt ist natürlich viel größer als der reiche Westen. Wenn man es so betrachtet, ist es wieder nicht so viel. Und schon gar nicht, wenn man bedenkt, dass dieser Betrag nur ungefähr sechs Prozent der Kosten für die EU-Erweiterung ausmacht.

Viele Gebiete in der ganzen Welt erhalten Geld von der EU. Mit 77 afrikanischen Ländern gibt es Übereinkünfte. Die europäischen Länder wollen etwas gegen die Armut in der Welt tun, und gleichzeitig will die EU den Entwicklungsländern die Chance geben, am Weltmarkt teilzuhaben.

Letzteres ist ein heikler Punkt. Die EU hat einen freien Binnenmarkt, schützt sich jedoch auch gegen außerhalb liegende Länder. Das bedeutet, dass Produkte aus der Dritten Welt nicht einfach so nach Europa importiert werden können. Agrarprodukte aus Entwicklungsländern sind oft billiger als europäische Produkte, also wären die Bauern hier erledigt, wenn zum Beispiel billiger Zucker einfach so in der EU verkauft werden könnte. Für diese Art von Produkten gibt es zurzeit noch Übergangsregelungen. Ab 2005 soll der Handel dann frei sein.

Konsumenteninteressen

Nun, da der Wohlstand angestiegen ist, wird nicht mehr in erster Instanz an Frieden und Sicherheit gedacht, sondern an mehr Wohlstand. Die EU legt großen Wert auf die Interessen von Verbrauchern. Wer ungerechtfertigt keinen gebuchten Platz in einem Flieger bekommt, weil der überbucht ist, hat Anrecht auf Entschädigung. Die Kinder in Europa spielen mit sicherem Spielzeug und wir schwimmen in sicherem Wasser, weil man in Brüssel festlegt, wann Wasser in die Kategorie »gesundheitsschädigend« fällt.

Grenzenlos

Der Wegfall der Binnengrenzen in Europa am Ende des 20. Jahrhunderts stellt das vielleicht Wichtigste dar, was die Union erreicht hat. Ein freier Verkehr von Gütern, Personen, Dienstleistungen und Kapital – das ist das Ideal. Der Handel darf durch Grenzen nicht behindert werden, Reisen muss einfacher werden und man muss ohne Schikanen eine Versicherung bei einer ausländischen Gesellschaft abschließen können.

Klingt klasse, aber in vielen Punkten ist der freie Markt noch nicht vollständig in seiner Freizügigkeit. Ja, wir können einfach so über die Grenze eines anderen EU-Landes fahren, aber die wohlverdiente Rente im Ausland zu beziehen ist komplizierter. Die Einführung des Euro hat es einfacher gemacht, Transaktionen zwischen Unternehmen in den EU-Ländern durchzuführen, aber tagtäglich zeigt sich immer wieder aufs Neue, dass es doch noch reichlich viele Beschränkungen gibt. Es gibt als noch alle Hände voll zu tun im Europageschäft.

Die Union wird immer größer

Es begann alles 1952 mit sechs Ländern. Damals traten die Verträge zur Gründung der »Montanunion«, der Europäischen Gemeinschaft für Kohle und Stahl (EGKS) in Kraft. In der Zeit zwischen den 60er Jahren und dem Ende des 20. Jahrhunderts ist die Gemeinschaft auf 15 Mitgliedsstaaten angewachsen. 2004 standen 13 neue Staaten in den Startlöchern, um beizutreten. Die EU wurde durch zehn dieser Staaten auf 25 Länder erweitert. Später werden es dann vielleicht noch mehr. Vielleicht, denn ein Land kann nur unter bestimmten Voraussetzungen Mitglied werden. Eine davon ist die Akzeptanz aller bestehenden Richtlinien der EU.

Die Idee hinter einer sich weiter vergrößernden EU: Je mehr Länder sich anschließen, desto besser ist das für die Stabilität und für den Wohlstand der Bürger.

Alles begann mit sechs Ländern

Nach dem Zweiten Weltkrieg hatten die europäischen Länder das Bedürfnis, sich zu organisieren, und zwar aus zwei Gründen: Sie wollten einen weiteren Krieg verhindern, und die verwüstete Wirtschaft sollte wieder aufgebaut werden.

 Darum wurde in einem strategisch wichtigen Wirtschaftsgebiet ein Bündnis zur Zusammenarbeit geschmiedet, nämlich für die Produkte Kohle und Stahl. Der Begründer der EGKS war der französische Außenminister Robert Schuman. Ziel war eine Versöhnung zwischen Frankreich und Deutschland. Gemeinsam mit vier weiteren Ländern wurde die Produktion von Kohle und Stahl vereinigt. Die Mitglieder der EGKS waren Belgien, Frankreich, Italien, Luxemburg, die Niederlande und die Bundesrepublik Deutschland. Diese sechs Länder sind die ältesten Mitglieder des Clubs, der heute Europäische Union heißt.

Die sechs unterzeichneten auch eine Übereinkunft bezüglich der Atomenergie, wodurch die Europäische Gemeinschaft für Kernenergie (EURATOM) entstand. Das war der zweite große Schritt, um die europäische Wirtschaft zu einer Einheit zusammenzuschmieden.

Dann waren es 15 ...

Der Krieg ist schon 60 Jahre vorbei, und die Gefühle hatten sich grundlegend verändert. Es geht nun nicht mehr darum, einen weiteren Krieg zu verhindern; jedenfalls denkt daran niemand mehr. Vielmehr geht es jetzt um den freien Verkehr von Gütern, Personen, Dienstleistungen und Kapital. Der Wohlstand ist gewachsen, und in unseren Köpfen geht es deutlich mehr um Geld als um Krieg und Frieden.

Die EU ist zu einem Verwaltungszentrum geworden, das sich mit sehr unterschiedlichen und auseinander klaffenden Dingen beschäftigt, die im täglichen Leben auftauchen: Kindersitze in Autos, Inhaltsstoffe von Nahrungsmitteln, die Qualität von Wasser und der Euro, um nur einige wenige Beispiele zu nennen.

Die 15 Länder hatten zusammen beinahe vierhundert Millionen Einwohner. Die lasen in den Zeitungen, wie Europa so ziemlich alles für sie regelt, und in der Folge fühlen sie sich nicht nur als Franzose oder Portugiese, sondern auch als Europäer.

Jetzt sind es 25

Im Wartezimmer saßen bis 2004 13 Länder, die liebend gern zur EU gehören wollten. Liebend gern, denn sie sehen, wie der Wohlstand in ihr gewachsen ist. Die meisten Beitrittsländer sind osteuropäische Länder, die einst zum sozialistischen Ostblock des Warschauer Pakts gehörten. Nun, da sie von diesem befreit sind, wollen sie sich entwickeln und an der Weltwirtschaft teilnehmen.

Die EU erzählt ihren Bürgern ständig, dass die Erweiterung gut für Europa ist, auch für die Bürger in den 15 »alten« Mitgliedsstaaten. Ein Europa, das nicht vom Eisernen Vorhang geteilt wird – das klingt richtig gut! Aber viele Menschen haben Angst, dass die Erweiterung zu viel Geld kosten wird. Die »reichen« Länder müssen nämlich den weniger reichen Beitrittsländern finanzielle Unterstützung zukommen lassen. Nur keine Sorge, es kommen 100 Millionen Konsumenten dazu; lang lebe der Handel! Dem Europäischen Parlament zufolge würde es die Union teurer zu stehen kommen, sich *nicht* zu erweitern.

Die Vorteile der EU für die Bürger

In diesem Kapitel
- Die EU sorgt für Frieden, Stabilität und Wohlstand
- Die Auswirkungen der EU auch auf alltägliche Dinge

Die Idee, dass die EU für einen friedlichen Kontinent ohne Krieg sorgt, erscheint vielen Menschen weit hergeholt. Krieg? Das kennen wir hier nicht, das passiert woanders. Doch war die Idee »Nie wieder Krieg« der Ursprung der europäischen Zusammenarbeit, die zwischen Frankreich und Deutschland begann und sich nun sogar auf die ehemals kommunistischen Länder ausweitet.

Es fing alles nach dem Krieg an

Wer hätte gedacht, dass es ausgerechnet ein Brite sein würde, der als Erster die Idee von einem vereinten Europa hätte? Premierminister Winston Churchill sprach direkt nach dem Krieg über christliche Werte und Ethik und das kulturelle Erbe, das die europäischen Länder verbindet. Er brachte die Idee von den »Vereinigten Staaten von Europa« auf, in deren Interessensmittelpunkt die menschliche Freiheit zu stehen habe. Und er fordert die ehemaligen Feinde Frankreich und Deutschland dazu auf, sich Mühe zu geben.

Der Franzose Jean Monnet erhält von Präsident de Gaulle den Auftrag, die Industrie zu modernisieren, die hoffnungslos antiquiert war. Monnet bringt die Idee auf, die Produktion von Kohle und Stahl unter einer supranationalen Autorität zusammenzufassen und entwickelt dafür eine entsprechende Planung.

Der französische Außenminister Robert Schuman findet das gut und tauscht sich mit dem deutschen Bundeskanzler Konrad Adenauer aus. Die beiden Männer sind heftige Antikommunisten und verstehen sich blendend. Belgien, Italien, Luxemburg und die Niederlande wollen auch mitmachen in diesem starken Verband, der ein Gegengewicht zu dem kommunistischen Block sein soll, der in Osteuropa im Entstehen begriffen war.

Die EGKS war geboren: die Europäische Gemeinschaft für Kohle und Stahl. Kohle, weil das der wichtigste Brennstoff war, und Stahl, weil daraus Waffen gemacht werden konnten. Beide Sektoren stellten strategisch wichtige Industriezweige dar. Weil es sich bei Kohle und Stahl um Rohstoffe handelt, die im Bergbau gewonnen werden, nennt man diesen Zusammenschluss auch »Montanunion«.

Durch die EGKS wurde verhindert, dass ein Mangel an Kohle und Stahl entstand. Die Organisation sorgte für eine gleichmäßige Entwicklung von Produkten und ihre entsprechende Verteilung. Die so genannte *Hohe Behörde* war das Verwaltungsorgan, das die Politik ausführte.

Noch wichtiger war das Fundament, das für die europäische Zusammenarbeit gelegt wurde. Zum ersten Mal traten die teilnehmenden Länder ein wenig von ihrer Landeshoheit an eine Organisation ab, die über den einzelnen Ländern stand. Die Idee dahinter war, dass ein gemeinschaftliches Interesse Vorrang vor den einzelnen Interessen der Staaten hat und dass es sich darum lohnen würde, Machtbefugnisse zu übertragen. Diese Idee bildet noch immer die Grundlage der EU, wie wir sie heute kennen. In der EU regeln wir Dinge, die wir besser auf einem supranationalen Niveau regulieren können als einzeln.

Die EGKS

Die EGKS scheint eine Reliquie des vorigen Jahrhunderts zu sein. Das ist sie eigentlich auch, denn die EGKS ist in der Tat im 20. Jahrhundert gegründet worden, und sie besteht schon lange nicht mehr. Obwohl ...? Die Gründungsakte der EGKS wurde am 18. April 1951 in Paris unterzeichnet. Die Organisation sollte im Juli 1952 mit einer Laufzeit von 50 Jahren starten. Das heißt, dass die EGKS bis vor nicht allzu langer Zeit noch bestand. Erst am 23. Juli 2002 hörte sie auf zu existieren.

Wer den EGKS-Vertrag näher untersuchen oder in anderen Dokumenten ein bisschen herumschnüffeln möchte, muss nach Florenz, wo sich das EGKS-Archiv befindet. Beim Europäischen Hochschulinstitut gibt es 30.000 historische Dokumente der EU, die man einsehen kann, vorausgesetzt, man kann darlegen, welchem Interesse dadurch gedient wird. Auf den Websites der EU können noch immer Informationen über die EGKS gefunden werden: www.europa.eu.int/ecsc.

Ein halbes Jahrhundert Frieden

Es hat im geeinten Europa seit dem Fall des Dritten Reiches im Mai 1945 keinen Krieg mehr gegeben. Wer zusammenarbeitet, zieht nicht in den Kampf gegeneinander. Es hat durchaus Krieg in Europa gegeben, wobei man vor allem an den Balkan und das auseinander gefallene Jugoslawien denken muss. Hierüber mehr im folgenden Abschnitt. Aber wenn es zwischen EU-Mitgliedern Kämpfe gab, dann nur mit Worten statt Waffen.

Im Gründungsvertrag der EGKS steht unter den ersten drei Sätzen: Die Länder sind »entschlossen, an die Stelle der jahrhundertealten Rivalitäten einen Zusammenschluss ihrer wesentlichen Interessen zu setzen, durch die Errichtung einer wirtschaftlichen Gemeinschaft den ersten Grundstein für eine weitere und vertiefte Gemeinschaft unter Völkern zu legen, die lange Zeit durch blutige Auseinandersetzungen entzweit waren, und die institutionellen Grundlagen zu schaffen, die einem nunmehr allen gemeinsamen Schicksal die Richtung weisen können«.

2 ▶ Die Vorteile der EU für die Bürger

Die Erinnerung an den »blutigen Krieg« scheint heute weit hinter uns zu liegen. An der Wiege der europäischen Einswerdung stand der französische Außenminister Robert Schuman. Am 9. Mai 1950 hielt er eine Rede, die als die Geburtsurkunde der Europäischen Union gilt.

Schumans Geschichte war gespickt mit Gedanken zum Frieden. Er begann seine Rede mit der Aussage, dass der Weltfrieden nur durch das Zusammenwirken positiver Kräfte erreicht werden könne. Die jahrhundertelangen Gegensätze zwischen seinem Land Frankreich und Deutschland müssten überbrückt werden. Dies könne dadurch erreicht werden, dass der Kriegsindustrie eine Wende gegeben werde: Die Gebiete, in denen Stahl und Kohle produziert worden seien, hätten sich jahrelang für die Produktion von Kriegswaffen einsetzen müssen, wodurch sie in der Folge auch zu Opfern geworden seien.

Hier ging es also um Menschen, nicht um abstrakte Ideen! Schuman war davon überzeugt, dass der »Geist« der Menschen eine positive Wende nehmen würde, wenn sie nicht länger für den Krieg zu arbeiten hätten.

Durch die Solidarität, die entstand, als Kohle- und Stahlindustrie vereinigt wurden, wurde es nicht nur undenkbar, sondern auch in der Praxis unmöglich, dass man Krieg führte. Die Produktion sollte der ganzen Welt zur Verfügung stehen, so dass auch Länder außerhalb Europas in das Streben nach Frieden einbezogen wurden. Zweimal pro Jahr erstellte die Hohe Behörde (das Ausführungsorgan der EGKS) zur Vorlage bei den Vereinten Nationen einen Bericht, der nachdrücklich die friedlichen Ziele der Zusammenarbeit darzulegen hatte.

Der Europatag

Der Europatag wird (seit 1985) jedes Jahr am 9. Mai gefeiert, am selben Datum, an dem Robert Schuman seine Erklärung über ein gemeinschaftliches Europa abgab. Eigentlich ist es ziemlich viel sagend, dass wir erst nach 35 Jahren anfingen, diesen Tag zu feiern.

Die Erklärung Schumans war sehr vorausblickend, mehr als man damals erkannte, denn er sagte, dass die EGKS die Grundlage einer europäischen Völkergemeinschaft formen müsse, die unabdingbar für den Frieden sei.

Diese Worte sind auch heute noch aktuell, nun, da die EU auf 25 Mitgliedsstaaten angewachsen ist, die auch ehemalige Ostblockländer umfasst, die weniger als 15 Jahre zurück noch unsere »Feinde« waren.

Manchmal rückt der Krieg doch näher

Nun sagen wir zwar immer, dass es in Europa seit dem Zweiten Weltkrieg keinen Krieg mehr gegeben hat, aber das gilt vorwiegend für die EU-Mitglieder.

Seit 1945 sind ein paar Konflikte gefährlich nahe ans vereinte Europa herangekommen. Die wichtigsten Konfrontationen – in einer groben Darstellung – auf dem europäischen Kontinent waren die folgenden:

- ✔ **1989 – der Fall der Berliner Mauer.** Das lief verhältnismäßig friedlich ab, ebenso wie der Zusammenbruch der sozialistischen Regimes in den anderen Ostblockländern. In der Tschechoslowakei spricht man sogar von der »samtenen Revolution«. Lediglich in Rumänien wurde der Diktator Ceausescu exekutiert, und anschließend wurde seine Leiche weltweit im Fernsehen gezeigt.

- ✔ **1991 – das Auseinanderfallen Jugoslawiens.** Slowenien und Kroatien erklärten 1991 ihre Unabhängigkeit, sehr zum Missfallen Serbiens. Es entstanden Grenzkonflikte zwischen den Republiken. Das kroatische Militär geriet mit der serbischen Miliz in Kämpfe. Bosnien-Herzegowina und Mazedonien wollten unabhängig bleiben, wurden jedoch auch in den Konflikt verwickelt.

  20.000 Menschen wurden getötet, zwei Millionen wurden zu Flüchtlingen. 1995 wurde in Dayton im US-Staat Ohio ein Friedensabkommen zwischen Bosnien-Herzegowina, Kroatien und (dem neuen) Jugoslawien, das man auch Restjugoslawien nennt, unterzeichnet.

  Dieser Konflikt rückte bedenklich nah an Europa heran und hat es insofern hineingezogen, dass sich in den Reihen der UNO-Friedenstruppen Soldaten aus EU-Staaten befanden, mit allen damit verbundenen Gefahren. Außerdem hat der Krieg einen Flüchtlingsstrom in Richtung Westeuropa verursacht.

- ✔ **1999 – Krise im Kosovo.** Die vormalige serbische Provinz wurde einige Zeit unter die Führung der Vereinten Nationen gestellt, um den Frieden zu wahren.

- ✔ **2001 – Mazedonien.** Ein bewaffneter Konflikt zwischen albanischen Nationalisten und Regierungstruppen, durch den eine humanitäre Katastrophe entstand.

Noch immer stellt die Europäische Union den Balkanländern Hilfe zur Verfügung. Im Jahr 2000 waren das etwa 100 Millionen Euro. Der Betrag wird, wenn es der Region wieder besser geht, nach und nach abgebaut. Die Kriege haben enorme Flüchtlingsströme, in die EU und auch innerhalb des Balkans, in Bewegung gesetzt.

Ein stabiler Erdteil

Mitglieder der Europäischen Gemeinschaft werden nicht so schnell zu den Waffen greifen, um gegeneinander Krieg zu führen. Das heißt aber nicht, dass es keine Konflikte gäbe. Es gibt genug Zündstoff für Zankereien zwischen den europäischen Ländern, aber die werden friedlich beigelegt.

EU-Mitglieder führen keinen Krieg gegeneinander

Es gibt viele Beispiele für größere und kleinere Konflikte zwischen den EU-Ländern. Dabei kann es zum Beispiel um Drogenpolitik oder fragwürdige Grenzverläufe gehen.

Die Franzosen und Deutschen ärgern sich schon seit Jahren über die niederländische Drogenpolitik. In den Niederlanden ist der Verkauf von Haschisch und Marihuana in kleinen Mengen erlaubt. Menschen können unangefochten in »Coffeeshops« marschieren und weiche Drogen für den eigenen Gebrauch kaufen. Der Einkauf an der Hintertür läuft natürlich sehr wohl im großen Rahmen ab und wird geduldet. Die Drogenfahndung richtet ihre Anstrengungen nicht auf weiche Drogen, obwohl diese gesetzlich natürlich durchaus verboten sind. Wenn ein »Coffeeshop« eine echte Belästigung verursacht, kann also jederzeit eingegriffen werden, und der Staat kann die »Duldungserlaubnis« einziehen.

Die deutsche und französische Jugend kennt den Weg in die Niederlande. Im Sommer kommen sie scharenweise nach Amsterdam oder Rotterdam, um einen Joint zu rauchen. Und für Deutsche, die in der Nähe der niederländischen Provinz Limburg wohnen, ist es noch einfacher: Sie gehen mal eben über die Grenze nach Heerlen und kaufen da ein.

Vor allem der französische Präsident Chirac hat sich des Öfteren kritisch über den niederländischen Langmut geäußert. Aber auf europäischer Ebene bleibt es für die Niederlande möglich, ihre Duldungspolitik gegenüber den »Coffeeshops« fortzusetzen. Die EU (und die anderen Regierungen) zwingen die Niederlande also nicht, die strengen Richtlinien der anderen Länder zu übernehmen. Jedenfalls noch nicht. Mit der Drohung von Terrorismus und Kriminalität nähert sich die Justiz der EU-Länder immer mehr einander an. Das kann bedeuten, dass die Niederlande in Zukunft die »Coffeeshops« doch schließen müssen.

Ein anderes Beispiel größeren Kalibers: Zypern. Die Insel ist zwischen Griechenland und der Türkei aufgeteilt. In der Mitte sind die Militärs der Vereinten Nationen stationiert, um eine Eskalation zu verhindern.

In der langen Geschichte der Insel haben sowohl Türken als auch Griechen schon jahrhundertelang dort gelebt. 1963 kam es zu Spannungen, die in einem Bürgerkrieg ausarteten. 1964 wurden Friedenstruppen der Vereinten Nationen eingeschaltet, um ein Gleichgewicht zu erreichen. Seitdem ist die Zukunft von Zypern ungewiss: Gehört die Insel zu Griechenland, zur Türkei oder sollte sie ganz unabhängig werden?

Griechenland ist bereits Mitglied der EU, die Türkei will es werden. Das bedeutet, dass die Zypernfrage gelöst werden muss, denn zwei EU-Staaten, die sich um ein Stück Land streiten – das kann nicht sein. Aber wie auch immer die Frage gelöst wird: Keinesfalls wird das mit Waffen geschehen. Griechenland ist sich darüber im Klaren, dass es undenkbar ist, Mitglied der EU zu bleiben, wenn es eine bewaffnete Auseinandersetzung mit der Türkei eingeht. Und die Türkei wiederum weiß, dass sie niemals Mitglied werden kann, wenn im Streit um Zypern die Kanonen sprechen sollten.

Noch bevor also die Türkei Mitglied wird, zeigt die EU ihren Nutzen und ihre Existenzberechtigung: Die zwei Länder werden durch Verhandlungen den Konflikt lösen müssen. So verwirklicht die EU auf jeden Fall ihr Ziel, den Frieden zu fördern.

Bis 1989: Eine Scheidelinie durch Europa

Nach dem Zweiten Weltkrieg zeigte gerade in Europa der Kalte Krieg zwischen den USA und der Sowjetunion seine Konsequenzen. Beide Großmächte bauten ein Atomwaffenarsenal auf, das die ganze Welt mehrfach hätte vernichten können. Europa saß in vorderster Front: Die westliche Hälfte »gehörte« zu den USA, die östliche zur Sowjetunion. Es lief eine Trennlinie durch Europa, die ein Land, Deutschland, sogar in zwei Hälften schnitt: der Eiserne Vorhang. Berlin hatte einen kommunistischen und einen kapitalistischen Teil, die durch die »Berliner Mauer« getrennt wurden. Die Mauer wurde zum Symbol des getrennten Europas.

Erst als Michail Gorbatschow 1986 an die Macht kam, veränderte sich etwas in der Sowjetunion. Er wollte das System umformen und strebte nach Transparenz (Glasnost) und Umgestaltung (Perestroika), auch in Richtung des Westens. Der amerikanische Präsident Reagan verstand sich gut mit Gorbatschow. Das erste Gipfeltreffen 1986 in Reykjavik misslang. »Mr. Gorbatsjov, tear down this wall«, sagte Reagan 1987 in Berlin, und zwei Jahre später war es so weit: Die Mauer fiel, und nach und nach schworen die anderen Staaten Osteuropas dem Kommunismus ab.

Inzwischen finden wir es schon wieder ganz normal, dass all die Länder Demokratien sind und im Wartezimmer sitzen, um Mitglied der EU zu werden, aber noch vor weniger als 20 Jahren hatten viele Menschen wirklich Angst vor dem Kommunismus.

Nach 1989: Europa will den Osten einbeziehen

Nach dem Fall der Berliner Mauer hat die EU die ehemaligen sozialistischen Länder im Prozess der Demokratisierung unterstützt und beschlossen, dass sie als zukünftige Mitglieder in der Union willkommen sind.

Die Idee dahinter ist, dass die EU kein exklusiver Club reicher Länder sein soll, sondern sich öffnet und den Wohlstand teilen will. Dabei wird stets eine Verbindung zwischen einem Ideal (Frieden) und Geld (mehr Wohlstand) hergestellt. Die EU wird Wertegemeinschaft genannt, weil in ihr alle Bürger Demokratie, Freiheit und Gleichheit genießen. Wenn der Osten Europas bei der Vereinigung mit einbezogen wird, wird dieser Teil des Kontinents auch stabil und friedlich werden und bleiben.

Daneben gibt es ein gemeinsames Interesse für Ost und West: Der Markt wird immense Ausmaße annehmen und eine halbe Milliarde Konsumenten umfassen. Wenn die alle miteinander Handel treiben, entsteht ein großer wirtschaftlicher Machtblock, der allen nutzen wird.

Das Europäische Parlament nennt den Beitritt osteuropäischer Länder »eine moralische Pflicht, eine strategische Notwendigkeit und ein politisch erreichbares Projekt«. Klingt gut, oder? Bevor es so weit ist, also bevor dieses »Projekt« zum Erfolg wird, muss aber noch viel geschehen, worüber es mehr im Kapitel *Europa im Kleinen: Das Europäische Parlament* zu lesen gibt.

Hier schon mal eine kleine Liste von Dingen, die zu erfüllen sind:

✔ Die neuen Länder müssen demokratisch sein.

✔ Sie müssen alle bestehenden Richtlinien der EU akzeptieren.

✔ Die EU wird die neuen Länder noch jahrelang finanziell unterstützen müssen.

Diese Aufzählung ist sehr kurz und nennt nur die »großen« Dinge. Dass der Weg lang und (nach Meinung von Skeptikern) der Erfolg nicht sicher ist, erklärt die Tatsache, dass viele Bürger in Westeuropa Zweifel an der Erweiterung haben. Der Beitritt wurde aber inzwischen vollzogen, es gibt also keinen Weg zurück.

Größerer Wohlstand

Politiker, die an Europa glauben, sagen immer, dass die EU gut für den Wohlstand ist. Die Zahlen geben ihnen Recht. Der Wohlstand ist in der Tat gestiegen, und das kann man besonders gut in den Ländern erkennen, die noch nicht so lange mit von der Partie sind.

Wir sind um einiges reicher geworden

In den 90er Jahren ging es der Weltwirtschaft gut (mit Ausnahme von Japan und einigen anderen asiatischen Ländern, den »Tigerstaaten«). Beispielsweise durchs Internet und den Erfolg in den Kommunikationstechnologien wurden wir im Westen reicher und wohlhabender. Die Börsenindizes stiegen, Kapital in Wertpapieren anzulegen war »in«, Sparen war »out«. Wir fingen an, mehr zu verdienen, Immobilien stiegen im Wert, die Geldströme schienen nie zu versiegen.

Der Wohlstand stieg in Europa und Nordamerika um Dutzende von Prozent. Das kann man nicht der EU zuschreiben, aber jetzt kommt's: Im selben Zeitraum stieg der Wohlstand in den Ländern, die gerade erst Mitglied der EU geworden waren, viel stärker als irgendwo sonst! Der Lebensstandard in Spanien und Portugal verdoppelte sich, in Irland war auch fast von einer Verdoppelung die Rede. Das Wirtschaftswachstum in den neuen und relativ neuen EU-Mitgliedsstaaten ist groß; schauen Sie sich einmal Abbildung 2.1 an, in der die Teilstaaten in der Reihenfolge ihres Eintretens in die EU aufgeführt sind.

Die ältesten EU-Länder stehen links, die jüngsten rechts. Die sechs ersten EU-Mitglieder haben ein mittleres Wirtschaftswachstum von drei Prozent. Die Länder, die später hinzukamen, hatten ein Wachstum von 3,7 Prozent. Dieser Unterschied wirkt auf den ersten Blick nicht so groß, aber er bedeutet, dass die Wirtschaft der Neuankömmlinge 22 Prozent schneller wächst als die der alten Mitglieder.

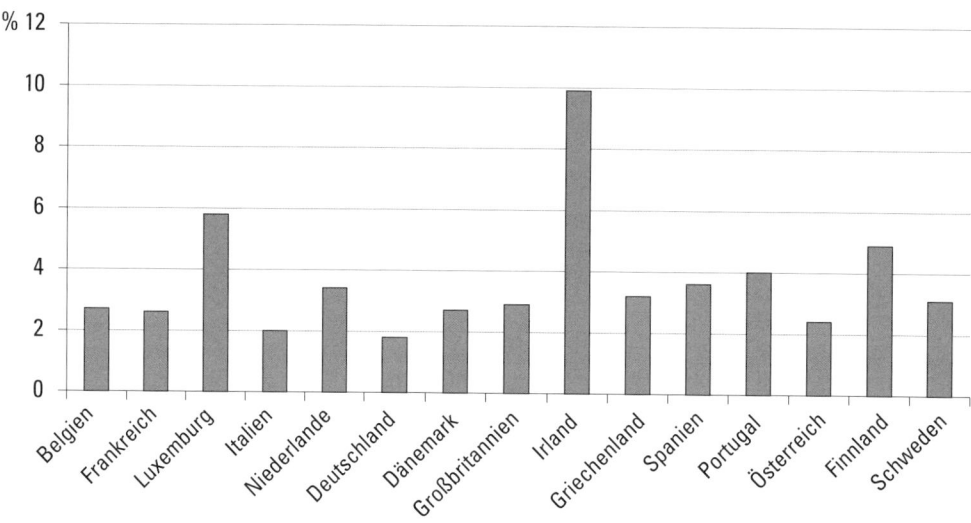

Abbildung 2.1: Das Wirtschaftswachstum in der Zeit von 1995 bis 2001 in den 15 EU-Staaten

Es geht um langfristige Ziele

Wer Europa beurteilen will und danach schaut, ob es den Bürgern der EU nun besser geht oder nicht, muss immer danach sehen, wie sich die Dinge langfristig entwickeln. Man kann viel Gutes über Brüssel sagen, aber selten, dass dort alles sehr schnell geht.

Eines der Mitglieder des Europäischen Konvents – der Gruppe von Politikern, die den Textentwurf für die neue Verfassung Europas erstellt hat –, vergleicht Europa mit einem Rasenplatz: Wenn man ihn ansieht, sieht man nichts wachsen, aber am Ende der Woche muss man den Rasen mähen. So geht es auch in Europa: Man sieht nichts, was sich von einem Tag zum anderen verändern würde, aber wenn man sich die Entwicklungen über einen längeren Zeitraum ansieht, sieht man sehr wohl Resultate.

Was sind nun die langfristigen Vorteile? Ich will sie noch einmal auflisten. Zum Teil sind sie in den vorherigen Abschnitten schon vorgestellt worden, teils kommen sie später an die Reihe.

- ✔ Frieden und Sicherheit
- ✔ Größerer Wohlstand
- ✔ Eine bessere Umwelt
- ✔ Sicherheit der Nahrungsmittel
- ✔ Sichere Produkte

2 ► Die Vorteile der EU für die Bürger

✔ Keine Grenzen:
- Freier Verkehr von Personen
- Freier Verkehr von Gütern
- Freier Verkehr von Dienstleistungen
- Freier Verkehr von Kapital

Die letzten Punkte kommen in den folgenden Abschnitten an die Reihe. Im Kapitel *Ein Markt, eine Währung* geht es um den Euro und die Vor- und Nachteile der neuen Währung.

Allgemein kann man sagen, dass das Wegfallen der Grenzen für Bürger und Firmen doch alles einfacher macht. Früher waren Reisen in ein anderes europäisches Land ein großes Ereignis, bei dem man manchmal an der Grenze warten musste. Lkw-Fahrer mussten manchmal ganze Tage warten und eine Unmenge von Formularen ausfüllen. Früher waren jedes Jahr etwa 60 Millionen Zollpapiere nötig, um den ganzen Frachtverkehr abzuwickeln.

Als Überbleibsel sieht man heutzutage nur noch verfallene Grenzhäuschen am Rand der Autobahn, wenn überhaupt noch etwas steht.

Preise und Reise (n)

Wir fahren in den Urlaub nach Spanien. Wir fahren früh los, trinken in Luxemburg einen Kaffee, zur Mittagszeit sind wir schon bei Paris, und am nächsten Abend können wir schon unser erstes Glas Rioja trinken.

Vor wenigen Jahren bedeutete das noch: luxemburgische Francs (wie viel?) für den Kaffee, französische Francs (wie viel?) fürs Brötchen am Mittag, spanische Peseten für den Aufenthalt dort. Eine ganz schön knifflige Angelegenheit mit all diesen verschiedenen Münzen und Geldscheinen im Portemonnaie, ganz zu schweigen von der ganzen Umrechnerei in DM.

Das ist nun nicht mehr nötig. Selbst mit der Bankkarte kann man überall in der EU ohne Mehrkosten Geld holen. Dass man dafür zwei Jahre brauchte, ist eigentlich traurig, aber am Ende hat es ja doch geklappt, und der Traum vom Europa ohne Grenzen ist wieder ein wenig näher gerückt.

Ein großer Vorteil der neuen Währung ist die Einfachheit im Preisvergleich. Wenn Sie in einem anderen Land sind, wissen Sie sofort, ob der Preis für ein Glas Wein oder ein belegtes Brötchen höher oder niedriger ist als in der Heimat. Der Euro als Referenz gewinnt an Boden. Es stellt sich zwar immer wieder heraus, dass die Menschen immer noch in ihre eigene Währung umrechnen, aber trotzdem gilt, dass Sie in Luxemburg, Frankreich und Spanien mit den gleichen Münzen bezahlen können, statt mit drei verschiedenen Währungen.

In unserem Beispiel reisen wir per Auto. Auch dabei zeigen sich viele Elemente der EU-Politik. Alle europäischen Autos müssen zum Beispiel Verbundglasscheiben haben und ein standardisiertes Bremssystem. Das macht die Autos sicherer.

Wollen wir mit dem Bus nach Spanien, dann hat dieser einen eingebauten Standard-Geschwindigkeitsbegrenzer.

Flugzeuge müssen ebenfalls den Vorschriften für Wartung und Konstruktion genügen. Das gilt übrigens auch für Flugzeuge, die von außerhalb in die EU kommen.

Verbraucherinteressen

In einer ganzen Menge von Bereichen (laut Aussage einiger bei zu vielen) kümmert sich Brüssel um Produkte und Dienstleistungen. Sie könnten sich nichts vorstellen, was verrückt genug wäre, um nicht durch eine Regelung aus Brüssel betroffen zu sein, die größere Sicherheit und Schutz der Verbraucherinteressen sicherstellen soll. Unternehmen ächzen schon mal richtig, wenn sie mit der x-ten Richtlinie aus Brüssel konfrontiert werden.

Denken Sie daran: Die wichtigen Entscheidungen in Brüssel müssen einstimmig getroffen werden. Der Rat der Europäischen Union kniet sich da schon mal in die Arbeit. Beispiel: Tiefgreifende Änderungen bezüglich des Transports von Gütern müssen von den europäischen Verkehrsministern abgestimmt werden. Ohne ihre Zustimmung kann eine Richtlinie nicht einfach so verabschiedet werden.

Umwelt und Sicherheit von Nahrungsmitteln

Bei Umweltthemen ist die EU sehr aktiv. Es gibt eine ganze Reihe von Bestimmungen für Wasser, Luft und Energieverbrauch. Hier eine kleine Auswahl solcher Bestimmungen:

- ✔ Haushaltsgeräte müssen ein Etikett haben, das ihren Energieverbrauch angibt.
- ✔ Gefährliche Industriebetriebe müssen einen Katastrophenplan haben.
- ✔ Die Qualität von Wasser ist vorgeschrieben.
- ✔ Im Grundwasser darf nicht zu viel Nitrat vorkommen.
- ✔ Europäische Städte müssen Abwässer auffangen.
- ✔ (Neue) Öltanker müssen eine doppelte Schiffswand haben.
- ✔ Abgase von Autos sind Maximumwerten unterworfen.
- ✔ Benzin muss bestimmten Qualitätsansprüchen genügen.
- ✔ Alte Elektrogeräte müssen vom Verkäufer zurückgenommen werden.

Wenn Sie eine Waschmaschine in dem Laden zurückgeben wollen, in dem Sie das Gerät gekauft haben, muss dieser das Gerät wieder zurücknehmen. Die Maschine ist schließlich aus vielen recyclingfähigen Materialien zusammengebaut worden. Wenn Sie die Waschmaschine, den Kühlschrank oder den Fernseher ausrangieren, zerlegt man die Apparate in Einzelteile, um sie besser wiederverwerten zu können.

In einem kleinen Land wie beispielsweise den Niederlanden werfen die Menschen jährlich 134 Millionen Kilo elektrische Haushaltsgeräte weg, in Deutschland sind es etwa 350 Millionen Kilo.

Brüssel kontrolliert auch die Sicherheit von Nahrungsmitteln. Wachstumsfördernde Hormone bei der Tiermast sind in der gesamten EU verboten. Auch Fleisch, das in die EU importiert wird, muss frei von Hormonen sein. Wenn Fleisch gefunden wird, das nicht in Ordnung ist, kann Brüssel den Verkauf stoppen.

Für Obst und Gemüse gilt, dass sie frei von Schädlingsbekämpfungsmitteln sein sollen oder zumindest gibt es Bestimmungen über Grenzwerte an vorhandenen Giftstoffen. Auch Farbstoffe und Konservierungsmittel dürfen nicht uneingeschränkt eingesetzt werden.

Auf sehr vielen Produkten finden Sie Informationen über Herkunft, Inhaltsstoffe, Produktionsmethode und vieles mehr. Das wurde teilweise von der EU erzwungen. Außerdem können es sich Nahrungsmittelproduzenten nicht leisten, hinter den Anforderungen zurückzubleiben, weil die Konsumenten immer mehr darauf achten, welche Nahrungsmittel auf ihren Tisch kommen. Ein Geschäft oder eine Fabrik, die keine Informationen auf den Etiketten zur Verfügung stellt, gerät so schnell ins Hintertreffen.

Welches Huhn hat dieses Ei gelegt?

Mittlerweile können Sie an einem Ei erkennen, woher es kommt. Auch hierfür hat die EU gesorgt, immer den Konsumenten im Blickfeld. Auch Huhn und Ei müssen die Regeln erfüllen!

Das Herkunftsland ist auf jedem Ei vermerkt, genau wie die Haltungsmethode der Hühner. Der Betrieb und sogar der Stall, in dem das Ei gelegt wurde, können so identifiziert werden.

Jedes Ei ist mit einem Stempel versehen, aus dem diese Informationen hervorgehen. Wenn auf einem Ei zum Beispiel 2-DE-4218202 steht, dann heißt das, dass das Ei von einem Huhn in Bodenhaltung (2) in Deutschland (DE) gelegt wurde, und zwar im Betrieb mit der Nummer 42182 und im Stall mit der Nummer 02.

Nur – und das ist das, was ein bisschen hinter den Erwartungen zurückbleibt – das genaue Huhn, das für das Legen des Eis verantwortlich zeichnet, ist nicht angegeben.

Die Codierungen auf einem Ei: 0 Öko/biologisch

  1 Freilandhaltung

  2 Bodenhaltung

  3 Käfighaltung

Sichere Produkte

Verbraucherpolitik wurde zu einem der wichtigsten Bereiche in der Politik der EU erklärt. Das wurde 1992 in Maastricht vereinbart.

Wenn ein Produkt überall erhältlich ist und uneingeschränkt exportiert werden kann, dann muss der Verbraucher überall sicher sein können, dass er dieselbe Qualität bekommt, so die Argumentation. Der Konsument soll optimal geschützt werden und so viele Informationen wie möglich erhalten, bevor er sich für ein Produkt entscheidet.

Sicherheitsbestimmungen für alle Produkte haben zu einer Standardisierung geführt, nicht nur bezüglich der Sicherheit, sondern in einigen Fällen auch in der Form. So können wir jetzt in ganz Europa einheitliche Stecker benutzen, während man früher allerlei Adapter für die unterschiedlichen Steckdosen brauchte, wenn man ein Elektrogerät im Ausland in Betrieb nehmen wollte. So haben die häufig belächelten EU-Normen, die auch die zulässige Größe von Kondomen und Salatgurken regeln, auch ihre praktischen Vorzüge.

Auf vielen Produkten in Europa ist das CE-Symbol angebracht. Diese Buchstaben stehen für »Conformité Européenne«. Das französische Wort *conformité* bedeutet Einheitlichkeit. Das Symbol gibt an, dass der Artikel den Bestimmungen zu Sicherheit und Gesundheit entspricht. Das CE-Symbol ist auf den unterschiedlichsten Produkten zu finden: Spielzeug, Computer, Elektrogeräte. Die CE-Markierung gilt auch für Island, Liechtenstein und Norwegen (alle drei keine EU-Mitglieder).

Trotz aller Gewährleistungen kann natürlich doch noch etwas schief gehen mit dem Artikel oder Gerät. In dem Fall kommt dann die Produkthaftung, also Garantie, zum Tragen. Der Hersteller, aber auch der Lieferant des Produkts, haftet für Schäden oder Mängel, selbst wenn nicht direkt von Schuld die Rede sein kann.

Der Vorteil für den Verbraucher besteht darin, dass er sich an den Geschäftsinhaber wenden kann, und nicht vom Laden über den Großhandel zum Fabrikanten geschickt wird, ohne dass er weiß, von wem er entschädigt wird.

Weg mit der Wippe!

Manchmal geht Brüssel nach Ansicht der Bürger auch ein bisschen zu weit. Es gibt Regelungen für Kinderspielplätze, die im Lauf der Jahre immer strenger geworden sind. Rutschbahnen mussten erst tiefer werden, damit Kinder nicht herausfallen konnten, und nun müssen sie überdacht sein.

Wipptiere (ein Sitz auf einer großen Feder, auf dem ein Kind hin und her wippen kann) wurden für untauglich erklärt, weil sie auf den Boden aufknallen können, wenn ein Kleinkind zu hart wippt. Die Prüfungsfunktionäre hatten schon beim kräftigen Ziehen an dem Gerät festgestellt, dass der Sitz den Boden berühren kann: zu gefährlich. Aber, wie sich ein Elternteil äußerte: Das Kleinkind, das *das* schafft, muss erst noch geboren werden.

Eine andere Folge ist, dass Verkäufer von Produkten besser aufpassen, was sie in die Regale stellen, weil sie wissen, dass sie sich verantworten müssen, wenn sie Schrott verkaufen.

Strafen für Firmen

Wenn Firmen in ihren Methoden nicht aufrichtig sind, können sie hart bestraft werden. Das findet zum Beispiel Anwendung bei Telefonverkäufen. Der Käufer kann nicht feststellen, von wem er ein Produkt oder eine Dienstleistung kauft, deshalb sind solche Transaktionen von einer Vielzahl von Bestimmungen umgeben. So muss ein Verkäufer, der telefonisch an Kunden herantritt, sofort sagen, wer er ist und warum er anruft. Wenn der Käufer hinterher seinen Kauf bereut, kann er innerhalb einer Frist vom Vertrag zurücktreten. Der Lieferant ist dann verpflichtet, die Kaufsumme zurückzubezahlen.

Der Staat auf der Strafbank

Die irische Fluggesellschaft Ryanair bietet Flüge zu Schleuderpreisen an und nutzt lokale Flughäfen, die zum Teil im Besitz des Staates sind. Die Europäische Kommission vermutete, dass die französischen Behörden der Fluggesellschaft »halfen«, unter anderem durch günstige Landebedingungen und Subventionen, zum Beispiel wenn die Besatzung in Hotels übernachten musste. Das ist alles nicht erlaubt, also beraumte die Kommission eine Untersuchung an. Ryanair hätte so im Vergleich zu anderen Fluggesellschaften einen Wettbewerbsvorteil. Das ist aber nicht zulässig, denn der Markt muss jedem die gleichen Chancen bieten.

Hier noch einige weitere Beispiele für Sanktionen, von denen Unternehmer getroffen werden können:

- ✔ Brüssel hat geregelt, dass sich Konsumenten auch in einem anderen Land als in dem, in dem sie etwas gekauft haben, an die Gerichte wenden können, wenn sie sich übervorteilt fühlen.

- ✔ Wenn ein Unternehmen irreführende Aussagen in seiner Werbung macht, kann verlangt werden, dass dies unterlassen wird.

- ✔ Von einem so genannten »Timesharing-Vertrag«, durch den eine Ferienwohnung oder ein Ferienhaus mit anderen Miteigentümern geteilt wird, kann man innerhalb von zehn Tagen nach Abschluss zurücktreten.

- ✔ Wenn die Informationen in einem Vertrag nicht eindeutig oder im Kleingedruckten versteckt sind, sind die Bedingungen manchmal ungültig.

- ✔ Die Europäische Kommission kann den Verkauf nicht sicherer Nahrungsmittel unterbinden.

> ### Nicht mitfliegen heißt: Verdienen
>
> Wenn ein Passagier Opfer von Überbuchungen wird und nicht mehr mitfliegen kann, muss die Fluggesellschaft Schadensersatz zahlen. Je länger die Strecke, desto höher der Betrag:
>
> ✔ Bis 1.500 km: € 250,–
>
> ✔ Bis 3.500 km: € 450,–
>
> ✔ Über 3.500 km: € 600,–
>
> Wenn Sie ein billiges Ticket gekauft haben, bekommen Sie so manchmal mehr zurück als Sie ursprünglich bezahlt haben. Abgesehen davon hat der Reisende Anspruch auf Rückerstattung des Tickets.
>
> Diese Regelung gilt für alle Flüge von, nach und innerhalb von Europa. Wenn das Flugzeug wegen Nebels oder aufgrund technischer Probleme nicht starten kann, muss den Passagieren kostenloses Essen oder eine Übernachtung angeboten werden.

✔ Wenn eine Fluggesellschaft mehr Tickets verkauft, als Sitze vorhanden sind (Überbuchung), dann muss der betroffene Kunde Schadensersatz erhalten.

In Brüssel können auch Regelungen getroffen werden, die durch die Behörden der Mitgliedsstaaten auszuführen sind. Die Europäische Kommission erstellt dann eine Richtlinie, die Eingang in die Gesetzgebung der einzelnen Länder findet. Wie das funktioniert, wird im Kapitel *Vorschriften, Vorschriften und noch mal Vorschriften* erläutert.

Ein Beispiel hierfür ist die Telekommunikationsbranche. Die Welt der Kommunikation und mobilen Telefonitis verändert sich täglich, und Brüssel tut sein Bestes, um zu verhindern, dass Verbraucher benachteiligt werden. Die Behörden der Länder müssen dafür sorgen, dass die großen Spieler (häufig sind das ehemalige staatliche Betreiber) sich fair gegenüber neuen Mitbewerbern verhalten. Wenn ein großes Unternehmen den Tarif niedriger ansetzt als die Kosten, kann ein kleines Unternehmen Pleite gehen. Die nationale Regulierungsbehörde muss dann dafür sorgen, dass die Tarife im Rahmen bleiben. Die Richtlinien, die nationale Behörden dann anwenden, werden durch Brüssel bestimmt.

Lebensqualität

Wenn man sich die Internetseiten der Europäischen Union ansieht und die Broschüren, die für die Bürger zur Verfügung stehen, dann scheint es, dass Brüssel alles tut, um unser Leben zu verbessern.

 Unter der Internetadresse http://europa.eu.int/citizens steht auf der Homepage: Dialogue with Citizens. Hier können Sie jede gewünschte europäische Sprache anklicken und finden dann länderspezifisch eine Reihe von Bereichen, die die Rechte der Bürger betreffen.

2 ➤ Die Vorteile der EU für die Bürger

Präambel der Europäischen Verfassung

In dem Bewusstsein, dass der Kontinent Europa ein Träger der Zivilisation ist und dass seine Bewohner, die ihn seit Urzeiten in immer neuen Schüben besiedelt haben, im Laufe der Jahrhunderte die Werte entwickelt haben, die den Humanismus begründen: Gleichheit der Menschen, Freiheit, Geltung der Vernunft,

Schöpfend aus den kulturellen, religiösen und humanistischen Überlieferungen Europas, deren Werte in seinem Erbe weiter lebendig sind und die zentrale Stellung des Menschen und die Unverletzlichkeit und Unveräußerlichkeit seiner Rechte sowie den Vorrang des Rechts in der Gesellschaft verankert haben,

In der Überzeugung, dass ein nunmehr geeintes Europa auf diesem Weg der Zivilisation, des Fortschritts und des Wohlstands zum Wohl all seiner Bewohner, auch der Schwächsten und der Ärmsten, weiter voranschreiten will, dass es ein Kontinent bleiben will, der offen ist für Kultur, Wissen und sozialen Fortschritt, dass es Demokratie und Transparenz als Wesenszüge seines öffentlichen Lebens stärken und auf Frieden, Gerechtigkeit und Solidarität in der Welt hinwirken will,

In der Gewissheit, dass die Völker Europas, wiewohl stolz auf ihre nationale Identität und Geschichte, entschlossen sind, die alten Trennungen zu überwinden und immer enger vereint ihr Schicksal gemeinsam zu gestalten,

In der Gewissheit, dass Europa, »in Vielfalt geeint«, ihnen die besten Möglichkeiten bietet, unter Wahrung der Rechte des Einzelnen und im Bewusstsein ihrer Verantwortung gegenüber den künftigen Generationen und der Erde dieses große Abenteuer fortzusetzen, das einen Raum eröffnet, in dem sich die Hoffnung der Menschen entfalten kann,

In dankender Anerkennung der Leistung der Mitglieder des Europäischen Konvents, die diese Verfassung im Namen der Bürgerinnen und Bürger und der Staaten Europas ausgearbeitet haben,

Sind die Hohen Vertragsparteien nach Austausch ihrer in guter und gehöriger Form befundenen Vollmachten wie folgt übereingekommen: ...

... und hier folgt dann der Text der Verfassung.

Große Worte in der Verfassung

In der neuen Europäischen Verfassung, deren Text im Sommer 2003 fertig gestellt wurde, finden sich schöne Worte über unsere Lebensqualität. Ganz feierlich steht dort:

✔ Europa strebt nach Fortschritt und Wohlstand.
✔ Das Leben aller Bürger muss besser werden.

- ✔ Europa ist ein stolzes Unterfangen.
- ✔ Europa ist ein Raum, in dem Menschen ihre Ideale verwirklichen können.
- ✔ Europa strebt eine sichere Umwelt an.
- ✔ Europa strebt nach sozialer Gerechtigkeit.

Das ist die Wiedergabe in normaler Sprache, doch der ursprüngliche Text ist so schön, dass wir ihn auch wiedergeben wollen. Im folgenden Kasten finden Sie die Präambel des Textentwurfs der Europäischen Verfassung.

Ein besserer Arbeitsplatz

Die EU hat für alle Mitgliedsstaaten Regeln für Gesundheit und Sicherheit am Arbeitsplatz erstellt. Arbeitgeber müssen dafür sorgen, dass Menschen ihre Arbeit erledigen können, ohne sich in Gefahr zu bringen. So müssen beispielsweise die Bestimmungen des Brandschutzes erfüllt werden. Genauso müssen Arbeitgeber, die zum Beispiel eine Autowerkstatt betreiben, eine Liste der Risiken für ihre Beschäftigten erstellen. Die sind für eine Autowerkstatt natürlich anders als für ein Büro.

Über alle Unfälle müssen Unternehmen Bericht erstatten und die Mitarbeiter informieren. Sie müssen ihren Angestellten Schulungen zur Unfallvermeidung anbieten. Denken Sie zum Beispiel nur ans Baugewerbe, wo viele Unglücke geschehen. Arbeitnehmer haben ebenfalls Verpflichtungen: Sie müssen Maschinen gewissenhaft bedienen, einander helfen, Unfälle zu verhindern, und bei ihren Vorgesetzten Meldung darüber machen, wenn etwas schief geht.

 Die Europäische Union hat einen Fachbereich, der sich ausschließlich mit Arbeitssicherheit und -gesundheit beschäftigt, die Europäische Agentur für Sicherheit und Gesundheitsschutz am Arbeitsplatz.

Unter der Internetadresse `http://osha.eu.int` finden Sie weitere Informationen.

Kein Stress!

Die EU befasst sich auch mit dem Thema »Stress am Arbeitsplatz«. Es hat sich gezeigt, dass ein Drittel aller Arbeitnehmer in der EU unter Stress leiden. Dabei spielen zum Beispiel Deadlines, mangelnde Kontrolle über die Arbeit und deren Umstände, Druck, der von Kunden ausgeht (manchmal bis hin zur Bedrohung), und schlechte Planung der Arbeit eine Rolle. Was tut die EU dafür, Stress zu verringern? Nun, beispielsweise Informationen durch Aufklärungskampagnen zur Verfügung stellen oder auch ein Preisausschreiben ins Leben rufen, bei dem Ideen zum Stressabbau am Arbeitsplatz belohnt werden. Auch die Sammlung guter Praxisbeispiele ist eine Methode, um den Abbau von Stress und anderen schlechten Arbeitsbedingungen anzuregen.

Die EU setzt sich auch für bessere Arbeitsplätze für Behinderte ein. Dabei muss man nicht nur an Menschen denken, die im Rollstuhl sitzen, sondern auch an solche, die nicht gut hören oder sehen können. Oder an Leute, die nicht gut lernen können. Solche Personen sind häufig auch anderen Gesundheitsrisiken ausgesetzt.

Überall zum Arzt gehen

Freier Verkehr von Gütern, Dienstleistungen und Personen – Sie erinnern sich? Das heißt zum Beispiel, dass Sie in Frankreich zum Zahnarzt gehen (also eine Dienstleistung in Anspruch nehmen) können und dass Ihre Krankenversicherung dies bezahlt. Bis vor kurzem funktionierte das noch nicht, aber inzwischen hat der Europäische Gerichtshof ein Urteil gefällt, das die nationalen Versicherungsunternehmen verpflichtet, eine Behandlung im Ausland zu vergüten. Das kann nicht nur im Urlaub Vorteile bringen, sondern auch, wenn jemand eine Operation, auf die er im eigenen Land wegen langer Wartelisten warten müsste, in einem anderen Land durchführen lassen kann, das noch Kapazitäten frei hat.

Europa kann hier eine ausgezeichnete und zentrale Rolle spielen: Es wird an einem System gearbeitet, das es erlaubt, schnell festzustellen, wo in Europa eine bestimmte Behandlung durchgeführt werden kann oder welche Spezialisten in einem Land vorhanden sind, wenn eine komplizierte »Hightech-Behandlung« nötig ist.

Die EU hat ein Informationszentrum für Infektionskrankheiten, wo Informationen zusammenlaufen. So ist an einer zentralen Stelle schnell bekannt, dass eine Infektionskrankheit ausgebrochen ist, die lokalen Gesundheitsdienste können schnell informiert werden und entsprechende Maßnahmen treffen.

Auch hält die Europäische Kommission Kontakt zur WHO, der Weltgesundheitsorganisation, die die größten Gesundheitsrisiken aufgelistet hat:

1. Neuropsychiatrische Erkrankungen
2. Herz- und Gefäßerkrankungen
3. Krebs
4. Unbeabsichtigte Verletzungen
5. Erkrankungen der Atemwege

Die Union sammelt solche Daten, um den Bürgern eine gute Aufklärung zur Verfügung stellen zu können. Es ist auch ein Ziel der EU, dass in der ganzen Union Gleichwertigkeit im Gesundheitswesen gegeben ist, damit Sie keine Nachteile haben, nur weil Sie vielleicht in einem weniger reichen Gebiet leben.

Auch die Regierungschefs sind sehr daran interessiert, dass alle Bürger Informationen bezüglich ihrer Gesundheit erhalten. Im Jahr 2000 trafen die Regierungen die Aussage, dass es eigentlich ein System geben muss, in dem alle Europäer die Möglichkeit haben, sich über Prävention oder medizinische Versorgung zu informieren.

Ein einheitliches Gesundheitswesen für alle Europäer ist natürlich ein großartiges Ziel, aber selbst ein Blinder mit Krückstock merkt schnell, dass Papier geduldig und die Umsetzung des Vorhabens nicht wirklich einfach ist.

Nach der Erweiterung der EU wird es sicher noch eine Weile dauern, bis Zahnärzte und Chirurgen überall die gleiche Qualität liefern. Auch kulturelle Unterschiede spielen eine Rolle: Die Ernährung ist von Land zu Land unterschiedlich. Und das wirkt sich natürlich auf den Gesundheitszustand der Bevölkerung und damit auch auf die Bedürfnisse dem Gesundheitswesen gegenüber aus.

Was mit Ihrem Geld passiert

3

In diesem Kapitel

- Was Europa kostet
- Ein Geld verschlingender Moloch?
- Schon vor der Erweiterung floss Geld an die neuen Mitglieder

Als die europäische Zusammenarbeit begann, war der Kontinent noch sehr störanfällig. Der Zweite Weltkrieg war noch ganz frisch im Gedächtnis der Menschen. Eine Grundversorgung, wie die mit Nahrungsmitteln, verdiente Unterstützung; Hunger sollte es nie wieder geben. Darum wurde der Landwirtschaft geholfen. Noch immer fließt der größte Teil des EU-Geldes in die Subvention der Landwirtschaft: 44 Milliarden Euro in 2002 und in 2003 und 2004 liegt der Betrag ebenfalls um die 40 Milliarden. Die Welt hat sich verändert, und es herrscht weitgehend die Meinung, dass diese Art von Unterstützung nicht mehr zeitgemäß sei, aber: Wie kommt man davon wieder weg? Man kann nicht von einem Tag auf den anderen die Subventionsinfusionen einfach beenden. Darum soll diese Unterstützung allmählich bis zum Jahr 2013 abgebaut werden.

Warum subventioniert die EU die Bauern?

Europa wollte in den mageren 50ern des vorigen Jahrhunderts dafür sorgen, dass die Bevölkerung ausreichend Essen hat: Nahrungsmittelknappheit sollte ein für alle Mal der Vergangenheit angehören. Es sollte immer Nahrung zu einem vernünftigen Preis geben.

Den Landwirtschaftsunternehmen musste geholfen werden, um die Produktion sicherzustellen. Für die Bauern sollte ein vernünftiges Einkommen gesichert werden. Jahrelang war dies ein enormer Erfolg. Die Bauern konnten genug produzieren, um die Ernährung der wachsenden Bevölkerung von Europa zu sichern. Die EU garantiert den Bauern einen Mindestpreis für ihre Produkte. Einerseits bietet das den Landwirten Sicherheit, andererseits sichert das in den Geschäften einen Minimalpreis, der nicht so ohne weiteres unterschritten werden kann. Diese Politik wird bei einer ganzen Reihe von Produkten angewandt.

Subventionierte Agrarprodukte:

1. Getreide
2. Rindfleisch
3. Milchprodukte
4. Oliven
5. Reis
6. Tabak
7. Baumwolle
8. Kartoffeln
9. Zuckerrüben

Die Landwirtschaftsminister legen die Preise fest. Sollten die Marktpreise für ein bestimmtes Produkt sinken, gibt es einen garantierten Preis, den die Bauern erhalten. Die EU kann Produkte zum garantierten Preis aufkaufen, den Preis erhöhen und auf dem Weltmarkt verkaufen oder als Entwicklungshilfe verschenken.

Wenn ein Bauer seine Produkte ausführt, bekommt er den Unterschied zwischen dem Marktpreis und dem festgelegten EU-Preis erstattet. So muss er niemals draufzahlen, wenn der Preis auf dem Weltmarkt einmal niedriger liegt.

Wenn umgekehrt dazu ein anderes Land Produkte an ein EU-Land verkaufen will, wird darauf Zoll erhoben. So wird der europäische Markt geschützt.

Auf dem Weltmarkt sind Agrarprodukte meistens zu einem viel niedrigeren Preis zu bekommen. Wenn man die Kräfte des Marktes frei walten lassen würde, würde dies dazu führen, dass zwar kurzfristig die Preise für die Konsumenten sinken, aber Millionen von Bauern in Europa würden dann große Probleme bekommen und schließlich Bankrott gehen.

Trotzdem verlangt der Weltmarkt Anpassungen in der europäischen Agrarpolitik. Der Erfolg der Subventionen war so groß, dass Überschüsse entstanden. Und in der Folge wurde der Weltmarkt durcheinander gewürfelt.

Die neuen EU-Länder wollen selbstverständlich auch gerne Unterstützung für ihre Landwirtschaft, doch das wäre viel zu teuer. Deshalb kommen die Bauern in den Beitrittsländern »stufenweise« in den Genuss der Agrarsubventionen, Schritt für Schritt. Und später werden die Subventionen dann genauso Schritt für Schritt wieder abgebaut.

Die Lebensmittelversorgung hat sich verändert

Landwirtschaftliche Betriebe sind effiziente Unternehmen geworden, die mit immer weniger Personal und niedrigeren Kosten immer mehr Produkte liefern. Das gilt sicher für die großen Landwirtschaftsbetriebe in Europa, denen die meisten Subventionen zufließen.

Schon seit Jahrzehnten kann von Nahrungsmittelknappheit keine Rede mehr sein, sondern eher von Überschüssen. In den 70ern und 80ern wurde das Ausmaß der Überproduktion deutlich. Die EU saß auf einem Butterberg, einem Fleischberg und in einem Milchsee. Es lief darauf hinaus, dass Europa enorme Vorräte finanzierte, sehr zum Unmut der nichteuropäischen Länder. Die konnten deshalb wenig oder sogar gar nichts nach Europa exportieren. Die Entwicklungsländer schauten mit kummervollem Blick zu, wie die Überschüsse in Lagerhäusern vergammelten, während unzählige Menschen außerhalb Europas nicht genug zu essen hatten.

Nach den 80ern wurden Quoten aufgestellt, die festlegten, wie viel ein Bauer maximal produzieren darf. Ein Bauer, der Milchkühe hat und Subventionen erhält, darf seine jährliche Milchquote nicht überschreiten. Wenn diese erreicht ist, ist Schluss mit lustig.

Der Trend geht dahin, dass es immer weniger Bauern gibt. In den letzten 40 Jahren hat sich die Anzahl der Bauern in den reichen Ländern in etwa halbiert. Das bedeutet, dass ein immer kleiner werdender Bereich eine unverhältnismäßig große Menge Geld von der Allgemeinheit erhält.

2003 wurde die deutsche Landwirtschaft mit fast elf Milliarden Euro subventioniert. Zwei Drittel – für die ganz Genauen, es waren 6,8 Milliarden Euro – zahlte die EU, den Rest musste der Bund hinlegen.

Durch die Massenproduktion von Nahrungsmitteln sind Probleme entstanden, insbesondere dort, wo es um die Haltung von lebenden Tieren geht: In Großbritannien brach BSE , besser bekannt als Rinderwahnsinn,, aus. Die Krankheit hatte zur Folge, dass Kühe nicht mehr laufen konnten und schließlich in Massen geschlachtet werden mussten. (BSE steht für »Bovine Spongiform Encephalopathy«, eine Entzündung im Hirn der Kuh, durch die das Gehirn löchrig wie ein Sieb wird.)

Europa hatte mit der Schweine- und Geflügelpest zu kämpfen. Auch diese Krankheit erforderte das massenhafte. Abschlachten von Tieren, auch Keulen genannt Und dann noch Maul- und Klauenseuche. Durch diese Krankheiten werden nicht nur die Viehbestände in Europa angegriffen, sondern ihre Verbreitung ist eine Katastrophe, führt sie doch dazu, dass die USA und andere Exportmärkte ihre Grenzen für das Fleisch aus Europa dichtmachen.

José Bové – der weltberühmte Anführer der Bauernstreiks

Der Franzose José Bové ist einer der bekanntesten Aktivisten gegen Globalisierung und die »Disziplin des Marktes«, wenn es um Landwirtschaftprodukte geht. Lebensmittel sind nicht einfach nur ein Produkt mit einem Preis. Lebensmittel müssen mit Liebe behandelt werden.

Bové findet, dass die Landwirtschaft geschützt werden muss, und richtet seine Pfeile unter anderem auf »malbouffe«, minderwertige Lebensmittel. So verteilte er original französischen Roquefortkäse an Besucher von McDonald's, um ihnen zu zeigen, dass ein solches Nahrungsmittel Junkfood haushoch überlegen ist.

Bové hat einen Schnurrbart und raucht Pfeife, und er hat ein flottes Mundwerk; das alles macht ihn zum Liebling der Medien. Auch unter den Politikern hat er viele Sympathisanten. Bové will wieder zurück zu Bauernhöfen in kleinerem Maßstab, die eine umweltfreundliche Landwirtschaft betreiben.

Wer hätte dabei wohl nicht ein richtig gutes Gefühl, werden Sie sich fragen. Bové selbst weiß, dass die Realität anders aussieht: Europäische Bauern bekommen durchschnittlich mehr als 15.000 Euro an Subventionen pro Person, genauso wie Bauern im Rest der Welt. Ein amerikanischer Bauer verdient etwa 24.000 Euro, ein Schweizer Bauer kann mit mehr als 30.000 Euro pro Jahr rechnen. Heimelige kleine Bauernhöfe? Von wegen: Landwirtschaft ist »big business«!

Hin zum Weltmarkt

Ungeachtet der Proteste gegen eine Globalisierung gibt es einen weltweiten Trend, auch die Landwirtschaft zu einem Teil des Weltmarkts zu machen und die schützenden Subventionsmaßnahmen abzubauen.

Die Zeiten haben sich geändert, aber die Subventionen sind geblieben. Viele Wirtschaftsbereiche müssen ohne Unterstützung durch den Staat oder die EU überleben, aber die Landwirte können immer noch mit Einkommenszulagen rechnen. Das wird von mehr und mehr Menschen als ungerecht angesehen.

Die Subventionen haben den Markt in eine Schieflage gebracht, aber auch für eine enorme (Über-)Produktion und Betrug gesorgt. Allerlei Mittelsmänner, die den Bauern zu Subventionen verhelfen, streichen Gelder ein und regen die Bauern an, ihre Aktivitäten darauf auszurichten, EU-Gelder kassieren zu können.

Und dann ist da die Dritte Welt. Produkte aus »armen« Ländern können die EU (und andere reiche Gebiete) nicht erreichen, weil der Markt durch Zölle abgeschirmt ist. Wer aus Indien oder einem südamerikanischen Land Produkte in die EU exportieren will, bekommt es an den Grenzen mit Schutzzöllen zu tun. Wenn Produkte aus den Entwicklungsländern frei in den Westen gelangen könnten, würden die Preise hier fallen und die kleinen Bauern in der Dritten Welt könnten ein anständiges Einkommen verdienen.

Subventionen für die Landwirtschaft: Pro oder Kontra?

Kontra:

- ✔ Sie kosten die Gemeinschaft (zu) viel Geld.
- ✔ Massenproduktion verursacht Tierkrankheiten.
- ✔ Die Preise für die Konsumenten können nicht sinken.
- ✔ Bauern aus der Dritten Welt können nicht an den europäischen Markt liefern.

Pro:

- ✔ Viele Bauern würden ohne Subventionen Bankrott gehen.
- ✔ Für Landschaftspflege und -verwaltung kann man keinen Preis festlegen.
- ✔ Es hält einen Bereich am Leben, der mehr umfasst als nur die Landwirte.

Es gibt auch Befürworter der Subventionen für die Bauern. Noch immer. In den Landwirtschaftsbetrieben gibt es eine enorme Menge an Sachverstand auf dem Gebiet von Umwelt- und

Landschaftspflege. Wenn man den Bauern die Verantwortung für das Management ländlicher Gebiete überträgt, kann man daran kein Preisschild hängen.

Es gibt in Europa Millionen von Bauern mit Familien und einem ökonomischen Umfeld. Die ganze Struktur würde sich in dem Maße verändern, wie die Subventionen verschwinden: Es gäbe weniger Bedarf an Tierfutter, Landwirtschaftsmaschinen und aller anderen Notwendigkeiten für den Betrieb eines Bauernhofes. Die Subventionen werden sich nicht im Handumdrehen abschaffen lassen. Die EU wird dafür wohl mindestens zehn Jahre brauchen.

Inzwischen steht die EU mit der WTO (der Welthandelsorganisation, World Trade Organization) in Verhandlungen, die fordert, dass die Subventionen abgebaut werden. Die Verhandlungen gestalten sich sehr kompliziert, da die Interessen der reichen Länder (Europa und Amerika) sich diametral entgegenstehen, genau wie die der Gebiete auf der Nord-Süd-Achse der Welt (im Norden liegen die reicheren, im Süden die ärmeren Gebiete der Welt).

Ein Beispiel: Die Abschaffung der Landwirtschaftssubventionen wäre für große und mächtige brasilianische Landwirtschaftsbetriebe, die auf dem Weltmarkt aktiv werden können, gut, aber schlecht für die kleinen brasilianischen Bauern. Das ist europäischen Bauern nur schwer verständlich zu machen – wir nehmen euch die Subventionen ab und ein multinationaler Agrarbetrieb in Südamerika fängt danach an, mehr Geld zu verdienen.

Tabak: Jeder hat was davon!

Auch die Tabakindustrie wird von der EU unterstützt. Vor allem die südlichen Länder sind beim Anbau von Tabak aktiv, allen voran Italien, Griechenland und Spanien. Aber auch in Deutschland wird Tabak angebaut. Die nördlichen Länder haben die größten Tabak verarbeitenden Betriebe, spielen also bei dieser ökonomischen Aktivität auch mit. Will die EU nun armen Ländern Zugang zum europäischen Tabakmarkt geben, müssen die Subventionen weg. Aber der Staat verdient auch nicht schlecht an der Tabakindustrie. Für jedes Päckchen Zigaretten fällt Tabaksteuer an, und die bringt Milliarden ein. Unabhängig von Gesundheitsfragen rauchen die Menschen fröhlich weiter, was heißt, dass dies für die europäischen Staaten eine garantierte Einkunftsquelle darstellt. Da klingelt die Kasse! Wer also dachte, dass Rauchen schlecht wäre, hat sich gründlich geirrt: Ihre Regierung freut sich!

Geld für rückständige Gebiete

Die Europäische Union strebt nach wirtschaftlichem und sozialem Zusammenschluss. Das klingt sehr schön. Es bedeutet, dass ein Gebiet nicht steinreich sein darf, während das andere bettelarm ist. Gebiete, die ein wenig rückständig sind, müssen unterstützt werden.

Wie geschieht das? Das kann zum Beispiel in Form eines großen Projektes stattfinden, wie bei der Anlage einer Straße oder dem Bau einer Brücke. Es kann aber auch ein Projekt kleineren

Maßstabs sein, in Form eines Arbeitslosen- oder Schulprojekts zum Beispiel. Subventionen für Gründer kleinerer Unternehmen sind eine weitere Möglichkeit.

Insgesamt verwendet die EU ein Drittel ihres Budgets für diese Art von Projekten in den so genannten Strukturfonds. Kosten: 33 Milliarden Euro pro Jahr.

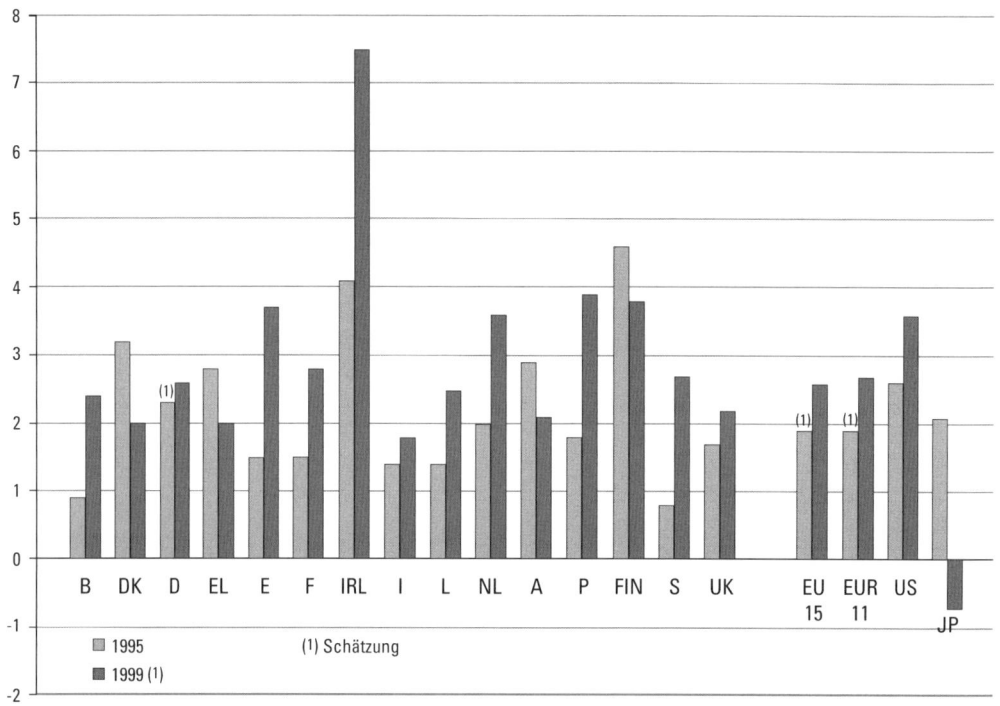

Abbildung 3.1: Das Wachstum des Wohlstands in den EU-Ländern in Prozent

»Rückständig« ist ein dehnbarer Begriff

Wann ist ein Gebiet rückständig? Über diese Frage kann man lange streiten, und man könnte sogar sagen, dass kein Gebiet in Europa im Vergleich mit wirklich armen Ländern als rückständig zu bezeichnen ist. Aber gut, alles ist bekanntlich relativ. Ein Gebiet in einem Land, wo die Arbeitslosenrate höher liegt als im Rest dieses Landes, kann durchaus für die Ausschüttung von Geldern aus den Strukturfonds in Frage kommen.

Der Wohlstand in einigen Mitgliedsstaaten scheint geringer zu sein als in anderen. Also hat die EU in Griechenland, Irland, Portugal und Spanien Geld investiert. Urlauber sehen dann auf einmal ein Schild am Straßenrand, auf dem steht, dass der Bau dieser Straße von der EU bezahlt worden ist.

Am Beispiel Irland zeigt sich, dass die Unterstützung nicht nutzlos verplempert wurde: Irland hat ein enormes Wirtschaftswachstum erlebt. Der Wohlstand ist um Dutzende von Prozenten gestiegen. Das gilt auch für Spanien und Portugal. Der durchschnittliche Spanier ist zwischen 1995 und 2000 doppelt so reich geworden, wie er vorher war. In Abbildung 3.1 steht E für Spanien, S für Schweden, EL für Griechenland und A für Österreich.

Die Strukturfonds haben drei Ziele oder besser gesagt: drei Gruppen von Zielen für das Geld aus den Fonds:

1. Gebiete, in denen die Bevölkerung weniger als der Durchschnitt verdient
2. Gebiete mit strukturellen Schwierigkeiten, zum Beispiel weil der Bereich des Schiffsbaus Probleme hat
3. Gebiete, die nicht unter Punkt 1 fallen, wo es aber viele Arbeitslose gibt, die ein bisschen Hilfe brauchen können

Der größte Teil des Geldes (94 Prozent) fließt in die Länder der EU zurück, aber diese müssen schriftlich erklären, was sie damit vorhaben, und die Europäische Kommission (das ausführende Organ der EU, das die Tagesgeschäfte abwickelt) muss die Planungen genehmigen. Nach dem Einreichen der Unterlagen wird noch verhandelt, und erst dann darf das Geld verwendet werden. Was nicht heißt, dass das jeweilige Land das Geld auf einen Schlag bekommt. Zuerst gibt es einen Vorschuss von sieben Prozent, und danach wird ausschließlich auf der Basis nachgewiesener Ausgaben ausgezahlt – erst die Quittung abliefern, dann gibt's auch Geld. Alle Mitgliedsstaaten der Europäischen Union erhalten Geld aus den Strukturfonds, auch die reichen: Deutschland und Italien gehören zu den größten Empfängern, beide Länder bekommen im Zeitraum zwischen 2000 und 2006 rund 30 Milliarden Euro. An der Spitze steht Spanien mit fast 45 Milliarden Euro.

Es geht um die Verteilung des Wohlstands

Der Grundgedanke hinter den Strukturfonds ist der, dass wir in Europa alle mit Blick auf unseren Wohlstand gleich dastehen müssen. Eine Region darf nicht bedeutend reicher sein als eine andere, denn jeder Bürger in der EU soll gleichermaßen von den Vorteilen der Union mitprofitieren. Klingt wie ein soziales Ideal, wenn nicht sogar wie ein sozialistisches Ideal.

Eine Partei, die mehr auf soziale Themen ausgerichtet ist, wird die Verteilung des Wohlstands anders angehen als eine, die eher marktorientiert ist. Entsprechend gehen dann auch die Meinungen darüber auseinander, wie weniger gut entwickelten Gebieten zu helfen ist: Stopft man Geld in die Ausbildung von Arbeitslosen oder baut man eher eine Straße?

Wie bereits angemerkt, bekommt ja auch Deutschland Geld aus diesen Töpfen. So wurden im Rahmen des EU-Förderprogramms URBAN II, das versucht soziale Brennpunkte zu »löschen«, allein in Mannheim und Ludwigshafen 18 Existenzgründungen unterstützt und so über 100 Arbeitsplätze geschaffen beziehungsweise gesichert.

Auch Unternehmen, die in den neuen Bundesländern investieren, erhalten EU-Fördermittel. Das geht sogar so weit, dass es Unternehmen wie Porsche besonders hervorheben, dass sie diese Gelder nicht in Anspruch nehmen.

Die EU hat vier Fonds eingerichtet:

- ✔ den Europäischen Sozialfonds (ESF) – dieser Fonds fördert Arbeitsplätze
- ✔ den Europäischen Ausgleichs- und Garantiefonds für die Landwirtschaft (EAGFL) – dieser Fonds unterstützt rückständige Agrargebiete
- ✔ den Europäischen Fonds für regionale Entwicklung (EFRE) – dieser Fonds hilft Gebieten, die von einer Wirtschaftsaktivität auf eine andere umstellen müssen
- ✔ das Finanzinstrument für die Ausrichtung der Fischerei (FIAF) dieser Fonds unterstützt den Bereich der Fischerei

Die Union ist sehr um soziale Angelegenheiten bemüht und hat ihre Ziele in Verträgen festgelegt: 2010 muss die Armut in Europa verbannt sein. Europa muss nicht nur in der Weltwirtschaft vorwärts kommen, sondern das muss auch auf eine sozial verträgliche Art und Weise geschehen, die niemanden ausschließt.

Im März 2000 haben sich die europäischen Politiker in Lissabon darauf geeinigt, dass Europa die konkurrenzfähigste und dynamischste wissenschaftsbasierte Wirtschaftskraft der Welt werden soll, in der dauerhaftes Wirtschaftswachstum mit mehr und besseren Arbeitsplätzen und einem größeren sozialen Zusammenhalt einhergeht.

Nur zu! Die folgenden Punkte wurden vereinbart:

- ✔ Wissensbestimmte Wirtschaft
- ✔ Konkurrenzfähigkeit
- ✔ Dynamik
- ✔ Nachhaltiges Wachstum
- ✔ Mehr Arbeitsplätze
- ✔ Bessere Arbeitsplätze
- ✔ Großer sozialer Zusammenhalt

Geht das alles gleichzeitig? Die Zeit wird es zeigen: Häufig gehen wirtschaftliche und soziale Interessen nicht Hand in Hand, so sehr man das auch wollen mag. Es wird darauf hinauslaufen, dass die Kräfte, die eher an Marktwirtschaft glauben, und die, die soziale Angelegenheiten wichtiger finden, sich gegenseitig im Gleichgewicht halten müssen.

Geld zirkuliert

Alle EU-Länder tragen die Kosten der Strukturfonds gemeinsam, und alle EU-Länder bekommen Geld aus diesen Fonds. Was mit der einen Hand gegeben wird, wird mit der anderen wieder genommen. Diese Zirkulation des Geldes wird häufig heftig kritisiert, vor allem von denen, die finden, dass Europa sich nicht in so viele Dinge einmischen sollte. Wenn ein Land sich entschließt, ein rückständiges Gebiet ein bisschen anzuschieben, weshalb muss das Geld dann erst nach Brüssel, um dann – nach einer komplizierten Prozedur – wieder zurückzufließen?

In Abbildung 3.2 ist zu sehen, welche Länder am meisten bekommen. Was auffällt, ist, dass einige Länder, die das meiste an die Union bezahlen, auch recht stattliche Beträge zurückbekommen. Das gilt für Italien, Deutschland, Frankreich und Großbritannien.

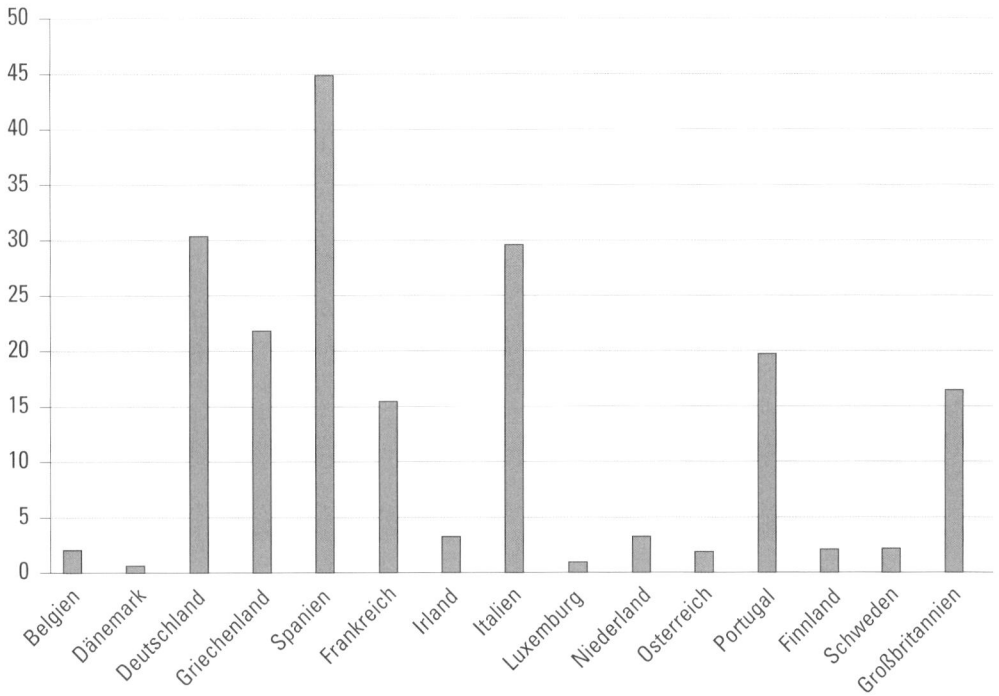

Abbildung 3.2: Was die Länder aus den Strukturfonds erhalten (Angaben in Euro)

Die Europäische Kommission kontrolliert mit einem komplizierten System die Ausgaben der Strukturfonds. Alle Programme müssen vor Beginn, in der Mitte und zum Abschluss ausgewertet werden. Eine Reihe von Arbeits- und Steuerungsgremien sorgt hierfür. Die beiden ersten Auswertungen werden von den Mitgliedsstaaten selbst vorgenommen, die zum Schluss von der Europäischen Kommission.

Es wird darauf geachtet, dass die Unterstützung von Brüssel keine Projekte ersetzt, die bereits bestehen. Es muss eine wirkliche Ergänzung des Bestehenden sein. Aber es gibt natürlich auch einige Graubereiche und das führt dazu, dass der Begriff »zusätzlich« unterschiedlich ausgelegt wird. Der Europäische Rechnungshof (die finanzielle Kontrollinstanz der EU) möchte, dass die Kommission deutlicher festlegt, was es mit der »Zusätzlichkeit« auf sich hat.

Ungeachtet all dieser Kontrollinstrumente hat die Europäische Kommission die Ausgaben nicht völlig in der Hand. Man kann nun mal nicht in jeder Region nachsehen, ob alles gut geht, und so findet Kontrolle vor Ort dementsprechend kaum statt.

Auch die neuen EU-Länder, die Beitrittsländer also, bekommen schon Geld aus den Strukturfonds. Zusammen ungefähr drei Milliarden Euro pro Jahr. Dieses Geld ist vor allem für Straßenbau und Umweltschutz gedacht, auf Gebieten, wo das frühere Osteuropa ein bisschen Unterstützung gut brauchen kann.

Auch was die Infrastruktur angeht, ist es im Interesse der alten wie der neuen EU-Länder, dass Osteuropa ein bisschen angeschoben wird. Es hat für Transporte durchaus etwas für sich, wenn sich die Straße nicht plötzlich verschlechtert, nur weil man die Grenze nach Polen passiert. Auch hier gilt: Besser jetzt investieren, als später auf holpriger Piste fluchen.

Abbildung 3.3: Diese idyllischer Kanal wird mit EU-Geldern instand gehalten.
(Quelle: © Europäische Kommission/Rat der Europäischen Union)

Die Regierung der EU kostet weniger, als man denkt

Auf die eine oder andere Art sind viele Menschen davon überzeugt, dass die Europäische Union viel Geld kostet: große Gebäude, teure Gipfeltreffen und ein riesiger Bürokratieapparat. Wenn man sich etwas in die Materie vertieft, stellt man fest, dass es halb so schlimm ist. Pro Einwohner sind die Kosten nicht hoch, und die Kosten der Institutionen stellen nur einen kleinen Prozentsatz des Ganzen dar.

Gesamtbudget: 100 Milliarden

Sehen wir uns erst einmal das Gesamtbild an: Alles in allem kostet die EU ungefähr 100 Milliarden Euro (2001 waren es 97 Milliarden, 2003 waren es 99,7 Milliarden).

Zum Vergleich: Die Bundesrepublik Deutschland hat einen Haushalt von knapp 260 Milliarden Euro. Das ist lediglich der Haushalt des Bundes. Die Länder und Kommunen geben ja auch noch den einen oder anderen Euro aus. Verglichen damit sind die 100 Milliarden von Brüssel nicht so hoch. Der Betrag verteilt sich auf drei große Bereiche: Landwirtschaft, Strukturfonds und der Rest.

45 Prozent des Geldes fließen in Subventionen für die Landwirtschaft: Unterstützung für die Bauern in den 25 Ländern der EU.

34 Prozent des Geldes fließen in die Strukturfonds, die dafür gedacht sind, den Regionen in der EU zu helfen, die sich weniger schnell entwickeln.

Der Rest (21 Prozent) verteilt sich auf kleinere Posten: innenpolitische Maßnahmen, externe Maßnahmen, administrative Ausgaben, Rücklagen und Heranführungshilfen. Hierauf werde ich zurückkommen.

Wie das Ganze in einem Diagramm aussieht, können Sie in Abbildung 3.4 sehen.

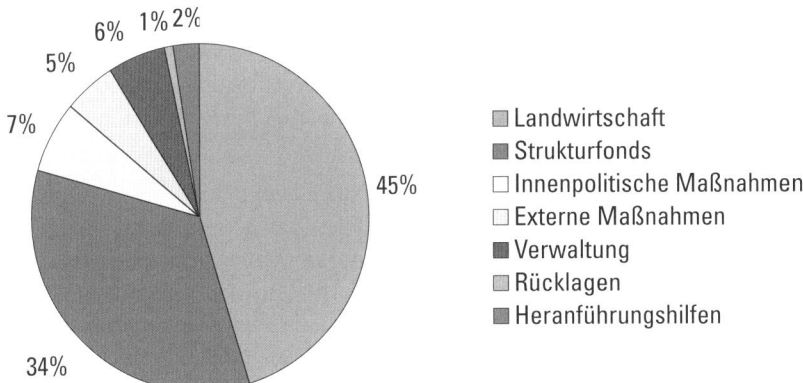

Abbildung 3.4: Verteilung des EU-Budgets auf die diversen Bereiche (Zahlen: vom Europaparlament genehmigter Haushaltsplan des Jahres 2002)

Geldstreit auf hohem Niveau

Schon seit Jahren ertönt von Bürgern wie Journalisten gleichermaßen der Ruf, dass Brüssel mit Geld nur so um sich werfe. Inzwischen hat sich diesem Ruf auch das Europäische Parlament angeschlossen. Die Haushaltskommission des Parlaments erbost sich über die Tatsache, dass OLAF (das Europäische Amt für Betrugsbekämpfung) seine eigenen Angelegenheiten nicht so recht auf die Reihe bekommt. Und das ist doch wohl nötig, bevor OLAF die anderen Behörden der EU unter die Lupe nehmen kann. Es wird noch Jahre dauern, bis die finanzielle Kontrolle innerhalb der EU Schlampereien mit Geld verhindern kann. Und das, obwohl die Kommission schon 1999 gesagt hat, dass eine strenge Kontrolle Top-Priorität hat. Der Europäische Rechnungshof hat keine Verlässlichkeitserklärung mehr abgegeben und damit den anderen EU-Behörden ein schlechtes Zeugnis ausgestellt. Der Rechnungshof kontrolliert, ob die Erweiterung korrekt ausgeführt wird, also ob das Geld zur Verfügung gestellt und auf kontrollierbar rechtmäßige Weise ausgegeben wurde. Antwort: Wir wissen es nicht, denn wir bekommen keine ausreichenden Informationen geliefert. Kurzum: Die Europäische Kommission bezieht Prügel vom Rechnungshof, die Betrugsbekämpfer erhalten einen Rüffel vom Parlament und jeder ist sauer auf jeden.

Noch mal kurz zurück zu den kleineren Kostenpunkten:

- ✔ Innenpolitische Maßnahmen (ungefähr sechs Milliarden Euro): Dieses Geld wird unter anderem für Untersuchungen und technologische Entwicklungen ausgegeben. Die EU strebt eine wissenschaftsbasierte Wirtschaft an, die in der ganzen Welt tonangebend sein soll. Auch Verbraucherbelange werden aus diesem Budget finanziert, ebenso wie Jugendmaßnahmen.

- ✔ Externe Maßnahmen (fast fünf Milliarden Euro): Dieses Geld geht an Länder außerhalb der EU, zum Beispiel in Form von Lebensmittelhilfe für Entwicklungsländer. Auch Hilfsmaßnahmen bei Naturkatastrophen werden aus diesem Budget bestritten. Die EU hilft beim Wiederaufbau der Balkanländer nach dem dortigen Krieg, und auch das fällt unter den Punkt externe Maßnahmen.

- ✔ Verwaltungskosten (ungefähr fünf Milliarden Euro): Hier gibt es immer viel zu tun. Dieses Geld für die Organisation der Union fließt vor allem in die Gehälter der Beamten und Politiker sowie die Unkostenvergütungen. Die Bürger in Europa regen sich immer so über den Luxus auf, in dem sich die europäischen Mitarbeiter sonnen, dass ich auf diesen Punkt im folgenden Kapitel *Ein Markt, eine Währung, Ein-heit?* näher eingehen werde. Aber an dieser Stelle sei schon einmal gesagt: Bewahren Sie sich den Blick aufs Ganze – dieser Teil des Haushalts macht nur 5,5 Prozent aus!

- ✓ Rücklagen (beinahe 700 Millionen Euro): Aus diesem Reservetopf wird Geld für Nothilfemaßnahmen entnommen. Hier befinden sich die so genannten *monetären Rücklagen*, mit denen unerwartete Schwankungen des Wechselkurses zwischen Dollar und Euro aufgefangen werden.
- ✓ Heranführungshilfen (ungefähr drei Milliarden Euro): Dieses Geld ging an die Länder, die 2004 der EU beitraten. Schon bevor es so weit war, floss Geld von der EU an diese Länder, unter anderem, um die Infrastruktur (Straßen, Brücken etc.) zu verbessern und Umweltschutzmaßnahmen zu ergreifen.

Kosten der Organisation: Fünf Milliarden

Außenstehende regen sich schon seit Jahren über die skandalöse Geldverschwendung auf, die angeblich in Brüssel stattfindet und die geradezu ein Fass ohne Boden sein soll.

Man kann sich dem Problem auf zwei Arten zuwenden:

1. Jeder Eurocent muss genauestens verantwortet werden, jeder Euro muss auf eine Art ausgegeben werden, die den Interessen der Bürger dient, und der Bürger muss dies auch ganz präzise kontrollieren können.
2. Das Gesamtbild zählt – ob ein Europaparlamentarier nun in einem billigen oder teuren Hotel schläft, ist so ziemlich egal, Hauptsache, er macht seine Arbeit gut.

Es spricht etwas für jede dieser beiden Betrachtungsweisen. Es gibt einige Probleme, die viele Fragen aufwerfen, weil sie Geld kosten, ohne dass man es für jedermann einsehbar machen könnte:

- ✓ Das Europäische Parlament tagt an zwei Orten. Das kostet Geld, weil es zwei Gebäude geben muss (in Brüssel und in Straßburg), und es bringt Reisekosten mit sich.
- ✓ Die Mitglieder des Europäischen Parlaments erhalten eine hohe Vergütung. Sie bekommen etwa 50.000 Euro pro Jahr, die sie nach eigenem Gutdünken verwenden, also auch als Extra-Einkommen nutzen können.
- ✓ Die Beamten der EU bekommen hohe Gehälter und zahlen geringe Steuern, durchschnittlich etwa 25 Prozent, die so genannte Gemeinschaftssteuer.

Für alle diese Punkte gibt es eine Erklärung. Die Tatsache, dass es zwei Tagungsorte gibt, ist historisch bedingt. Frankreich stellte ein Gebäude in Straßburg hin, und in Brüssel wurde einige Zeit später auch gebaut. Im einen Saal finden Plenarsitzungen statt, an denen alle EP-Mitglieder teilnehmen, im anderen (Brüssel) tagt die Kommission. Um es noch ein bisschen komplizierter zu machen: Das war die ursprüngliche Idee; aber in Brüssel gibt es auch einen Tagungssaal für Plenarsitzungen, und der wird auch benutzt.

Dieses ganze Hin- und Herreisen ist das Ergebnis von Kompromissen. Politiker, Regierungsoberhäupter und Richter beschäftigen sich schon seit Jahren mit dieser verrückten Situation. Das Europaparlament ist das einzige Parlament der Welt, das reist. Jetzt, da es zwei Tagungsorte gibt, scheint es unmöglich zu sein, das wieder zu verändern.

Die ganze Herumreiserei kostet Geld, wie viel kann keiner genau sagen, aber es könnten leicht um die 200 Millionen Euro sein. Ein ganz schöner Betrag, aber verglichen mit dem Gesamtbudget von 100 Milliarden ist das mal gerade zwei Promille, also der zweitausendste Teil des Geldes, das die EU insgesamt kostet. Alles ist relativ.

Was die Vergütungen für die Parlamentarier angeht: Auch das ist eine Angelegenheit, die man von verschiedenen Standpunkten aus betrachten kann. Ein Politiker muss die Freiheit haben, seine Tätigkeiten selbst zu gestalten. So findet der eine es wichtig, Zeit in seinem eigenen Land zu verbringen, damit er seinen Wählern nahe bleibt; das kostet Geld, denn er muss reisen und ein weiteres Büro unterhalten. Der andere Politiker möchte gerne etwas bequemer reisen, um gut ausgeruht seine Arbeit erledigen zu können. Ein anderer will lieber zwei billigere Mitarbeiter und wieder ein anderer lieber eine gut ausgebildete und deshalb teurere Kraft. Kurzum: Es bleibt dem Politiker überlassen, wofür er seine Vergütung ausgibt. Wenn alles gut geht, wird das Geld zur Unterstützung der parlamentarischen Arbeit eingesetzt.

Jedem Europaparlamentsmitglied seine eigene Dusche

Die Mitglieder des Europaparlaments haben eigene Arbeitszimmer. Die sind nicht besonders groß, ungefähr vier mal sechs Meter, und müssen manchmal mit einem Mitarbeiter geteilt werden. EP-Mitglieder haben zwei Gebäude, eins in Brüssel und eins in Straßburg, also auch zwei Büros.

Jedes Arbeitszimmer hat neben dem üblichen Büromobiliar auch eine eigene Dusche, Toilette und eine Schlafcouch. Was nicht heißen soll, dass von den EP-Mitgliedern erwartet würde, dass sie in ihrem Arbeitszimmer übernachten. Es gab wohl einmal Überlegungen, das Parlamentsgebäude in Straßburg, das als vorübergehende Bleibe gedacht war, später zu einem Hotel umzubauen. Daher die sanitären Einrichtungen. Als das Gebäude in Brüssel gebaut wurde, musste dieses dieselben Bedingungen erfüllen wie das in Straßburg, also auch in Brüssel musste jedes Zimmer mit eigener Dusche ausgestattet sein.

Die Kosten haben damals viel Staub aufgewirbelt, vor allem die der Duschen in Straßburg, und es hat einiges an Debatten sowohl im Parlament als auch außerhalb plus einiges an Publikationen in Büchern und Zeitungen deswegen gegeben. Bezüglich der Kosten für die Nasszellen (die übrigens sehr klein sind) unterscheiden sich die Berichte, und es ist von Beträgen von 10.000 bis 13.000 Euro die Rede. Was auch immer richtig ist, billig ist es sicher nicht. Die meisten Parlamentarier benutzen ihre Dusche nie. Und das, obwohl nachdrücklich bestimmt wurde, dass sie mindestens einmal pro Woche etwas tun müssen für ihr Geld (die Duschen, nicht die Parlamentarier), weil sonst alles verrostet. Ein Mitglied der Grünen im Europäischen Parlament löst das Problem, indem er einmal pro Woche seine Pflanzen unter die Dusche stellt.

Vielleicht ist es ja doch eine gute Idee, dass die Politiker ab und an die Sanitäreinrichtungen benutzen: Ist es nicht viel besser, von sauberen und frischen Abgeordneten vertreten zu werden als von 732 ungewaschenen Zauseln?

Und dann die Beamten: Die verdienen viel Geld. Zu viel, wie einige finden. Ein Akademiker, der einige Jahre für die Europäische Kommission tätig ist, verdient leicht fünf- bis sechstausend Euro. Davon bleiben netto etwa 4.000 Euro pro Monat übrig. Das ist viel Geld, jedenfalls ist es sicher ein überdurchschnittliches Gehalt. Demgegenüber steht, dass die Beamten schwierige Aufgaben in unterschiedlichen Sprachen zu erledigen haben und manchmal weit weg vom eigenen Land wohnen und arbeiten müssen. Im nächsten Abschnitt beschäftigen wir uns etwas näher mit den Gehältern.

Auf ein paar tausend Euro soll es nicht ankommen

Europäische Beamte werden besser bezahlt als die Mitglieder des Europäischen Parlaments, die letztendlich ihre politischen Bosse sind. Das gilt sicher für die so genannten *A-Beamten* (die höchstrangigen), die mit sehr hohen Gehältern rechnen können. Man muss hier von etwa 9.000 bis 12.000 Euro ausgehen. Netto, pro Monat! Das kommt zum Teil daher, dass Beamte keine Steuern an den Fiskus ihres eigenen Landes bezahlen, sondern eine spezielle EU-Steuer, die ungefähr 25 Prozent ausmacht.

Die A-Beamten sind größtenteils keine Manager, die Hunderte von Mitarbeitern führen. Die hohen Gehälter sind auch schon von einem Juristen oder Finanzexperten zu erzielen, der als Fachspezialist in seinem Büro Gesetzesvorlagen vorbereitet.

Diese hohen Gehälter führen dazu, dass von den 30.000 Beamten in Brüssel eine ansehnliche Anzahl in großen, freistehenden Häusern mit riesigen Gärten wohnt. Schon das Rasenmähen kostet den halben Samstag!

Viele Beamte haben mehr als ein Haus und vermieten ihre Immobilien an andere, die in Brüssel arbeiten und für kürzere oder längere Zeit ein Dach über dem Kopf brauchen.

Die Einkommensschwächsten unter den Europabeamten verdienen immer noch 1.640 Euro netto monatlich. Das ist vielleicht nicht viel, aber es ist das absolute Minimum, das ein Europabeamter bekommt.

Ende 2003 wollte das Europäische Parlament die Gehälter aller Mitglieder auf 104.000 Euro pro Jahr festlegen. Es ist so, dass die EP-Parlamentarier Gehälter bekommen, die an das Einkommen eines nationalen Parlamentariers angepasst sind. Die einzige Ausnahme sind die niederländischen EP-Mitglieder, die 6.200 Euro brutto pro Monat verdienen, während Mitglieder der Zweiten Kammer 7.000 Euro brutto monatlich erhalten. Ein deutsches oder italienisches Mitglied bekommt 10.000 Euro pro Monat, ein spanisches ungefähr 3.000 Euro. Die Unterschiede waren also sehr groß.

Das Parlament wollte die Gehälter angleichen, aber die Regierungen haben diesen Vorschlag nicht angenommen; alles blieb beim Alten.

Aber die Gehälter sind nicht der Stein des Anstoßes. Es sind die Vergütungen, die die Presse und die Öffentlichkeit auf die Palme bringen. Ein Europaparlamentarier bekommt die folgenden Unkosten vergütet:

Erst die Prügel, dann die Moral

2004 enthüllte der parteilose österreichische Abgeordneten Hans-Peter Martin, dass deutsche EU-Parlamentarier sich an sitzungsfreien Tagen in die Anwesenheitslisten eintrugen, um Sitzungsgelder zu kassieren. Nachdem die Medien das Thema dankbar aufgegriffen hatten und sich das Ansehen der Parlamentarier auf einem historischen Tiefpunkt befand, sahen die Abgeordneten Handlungsbedarf, zumal ja eine Europawahl anstand. So legten sie sich einen Verhaltenskodex auf, der sie zu Sparsamkeit und Ehrlichkeit verpflichtet

Im Kodex steht, dass Vergütungen für echte Kosten gebraucht werden müssen. Reisekosten werden also nur deklariert, wenn sie auch wirklich angefallen sind. Die Tagessätze (für Essen, Hotel etc., wenn die EP-Mitglieder zum Beispiel in Straßburg sein müssen) werden nur akzeptiert, wenn sie auch tatsächlich angefallen sind. Und die Unkostenvergütung darf nur für die parlamentarische Arbeit abgerechnet werden.

- ✔ Kosten für Mitarbeiter: 50.000 Euro pro Jahr.
- ✔ Andere Unkosten/Reisekosten: 100.000 Euro pro Jahr.
- ✔ Tagessätze: ungefähr 250 Euro pro Tag.

Ein EP-Mitglied bekommt viel Geld, um seine Unkosten zu decken. Es gibt keine Kontrolle seitens des Parlaments; ein Mitglied muss selbst wissen, was es mit dem Geld tut. Ob ein EP-Mitglied seine Vergütungen für das benutzt, wofür sie gedacht sind, wird ihm selbst überlassen.

Die Frage der Anwesenheitslisten

Eine Wende wurde durch eine Anzahl von Fernsehdokumentationen Mitte der 90er erreicht. Mit versteckter Kamera wurde gefilmt, wie Europaparlamentarier mit dem Flugzeug in Brüssel ankamen, per Taxi zum Parlament fuhren, schnell ihre Unterschrift auf ein Dokument setzten, wieder ins Taxi sprangen und zurück nach Hause flogen.

Die Fernsehjournalisten hatten sowohl im Parlament als auch am Flughafen Kameras installiert, damit sie sehen konnten, dass einige EP-Mitglieder nur anreisten, um die Anwesenheitsliste zu unterzeichnen.

So erhielten sie die 250 Euro Tagesgeld, ohne auch nur auf ihrem Stuhl Platz genommen zu haben.

Die Dokumentationen wurden in ganz Europa ausgestrahlt und brachten die Politiker in ziemlich große Verlegenheit.

Das alte System hat zu kleineren und größeren Skandalen geführt. Die Parlamentarier kamen mit folgender Antwort: Man müsse einen Verhaltenskodex aufstellen und die Parlamentarier veranlassen, sich vor der Öffentlichkeit zu verantworten.

Es gibt EP-Mitglieder, die sich wirklich kein Bein ausreißen. Einige von ihnen sind niemals in ihren Büros, zum Beispiel, weil sie im eigenen Land auch einen politischen Job in einem Volksvertretungsorgan, wie beispielsweise einem Gemeinderat, innehaben.

Auf der anderen Seite bleibt folgende Frage offen: Wollen sich unsere Politiker in Brüssel und Straßburg nur einen schönen Lenz machen oder wollen sie wirklich etwas erreichen? Wenn man danach geht, zeigt sich, dass die Parlamentarier, die nach Brüssel oder Straßburg kommen und ihre Arbeit erledigen, viel mehr Einfluss in den Diskussionen (und damit auch mehr Macht) haben als ihre Kollegen, die nicht mitmischen. Ein schwacher Trost.

Die Erweiterung kostete schon vorher Geld

Schon einige Zeit vor dem Beitritt neuer Länder wendet die Union Geld für diese neuen Mitglieder auf. Das hat nichts mit Wohltätigkeit zu tun. Die EU will, dass der Beitritt neuer Länder reibungslos verläuft, und das ist nur gegeben, wenn sich die neuen Mitglieder gut auf den Beitritt vorbereiten können.

Heranführungshilfe: Einige Dutzend Milliarden

2002 flossen rund drei Milliarden Euro aus dem Haushalt in die neuen Länder, aber dieser Betrag stieg schnell an. Schon 1999 hatten die Regierungsoberhäupter der alten EU-Länder beschlossen, Geld für die Beitrittsländer zur Verfügung zu stellen. In der Periode von 2000 bis 2006 sind hierfür 70 bis 80 Milliarden Euro eingeplant.

Der Gesamthaushalt der EU darf nicht erhöht werden. Die 15 Länder, die die Erweiterung beschlossen haben, bezahlen das alles aus der eigenen Tasche. Der Steuerzahler wird pro Kopf für die EU nicht mehr bezahlen.

Die »Generaldirektion Erweiterung« hat auch ein Budget für die Aufklärung in den alten Mitgliedsstaaten bestimmt, mit dem Ziel, die öffentliche Meinung zum Beitritt von zehn weiteren Ländern positiv zu stimmen. »Vorurteile und irrationale Ängste abbauen« ist ein explizites Ziel. Über Radio, Fernsehen und Zeitungen wird der Öffentlichkeit deutlich gemacht, dass die Erweiterung nun mal Geld kostet, aber später auch viel einbringt und dass es keinen Grund gibt, unkontrollierte Zuströme von Immigranten aus Osteuropa zu befürchten.

Das Parlament: Es mussten ungefähr 100 Sitze hinzukommen

Für die neuen Länder wurden neue Stühle im Parlament angebracht. Die Sitzverhältnisse veränderten sich ein wenig, aber die Gesamtzahl der Sitze stieg von bisher 626 auf 732.

Hinten im Sitzungssaal ist eine neue »Lage« Stühle hinzugefügt worden, wodurch der Halbkreis in beiden Sälen schlicht ein bisschen dicker geworden ist.

In den Sitzungssälen in Brüssel und Straßburg konnte man ganz kurz anhand der Plastikhüllen sehen, dass 2003 mehr Sitze angebracht worden waren. Aber ansonsten sehen die neuen Sitze genauso aus wie die bereits vorhandenen.

Selbst der Teppich, auf den die neuen Mitglieder ihre Füße setzen, ist mit dem identisch, was unter den Füßen der alten Mitglieder liegt.

Land	Anzahl Sitze vor der Erweiterung	Anzahl Sitze nach der Erweiterung 2004–2007	Anzahl Sitze nach der Erweiterung 2007–2009	Veränderung der Sitzanzahl
Belgien	25	24	24	–1
Bulgarien	0	0	18	+18
Dänemark	16	14	14	–2
Deutschland	99	99	99	0
Estland	0	6	6	+6
Finnland	16	14	14	–2
Frankreich	87	78	78	–9
Griechenland	25	24	24	–1
Großbritannien	87	78	78	–9
Irland	15	13	13	–2
Italien	87	78	78	–9
Lettland	0	9	9	+9
Litauen	0	13	13	+13
Luxemburg	6	6	6	0
Malta	0	5	5	+5
Niederlande	31	27	27	–4
Österreich	21	18	18	–3
Polen	0	54	54	+54
Portugal	25	24	24	–1
Rumänien	0	0	36	+36
Schweden	22	19	19	–3
Slowakei	0	14	14	+14
Slowenien	0	7	7	+7
Spanien	64	54	54	–10
Tschechische Republik	0	24	24	+24
Ungarn	0	24	24	+24
Zypern	0	6	6	+6
Gesamt	**626**	**732**	**786**	**+160**

Tabelle 3.1: Die Verteilung der Sitze im Europäischen Parlament

Was fällt auf? Einige Beitrittsländer bekommen ziemlich viele Sitze. Polen allen voran, aber auch Ungarn und die Tschechische Republik. Zwei alte Mitgliedsstaaten geben keine Sitze ab: Deutschland und Luxemburg. Die größten Verlierer sind Frankreich, Großbritannien und Italien.

Die Zunahme der Sitze – sowohl in Zahlen als auch im tatsächlichen Sinn der physisch vorhandenen Stühle – ist sehr gut sichtbar. Aber es gibt auch unsichtbare Veränderungen. Die Anzahl der Büros wird genauso zunehmen wie die der Mitarbeiter und Beamten. Genau wie die alten Mitgliedsländer werden auch die neuen Wert darauf legen, dass sich Fachleute aus ihrem Land an der EU-Regierung beteiligen.

Die Europäische Kommission wird sich ebenfalls durch den Zustrom an Personal aus Polen, Slowenien und allen anderen neuen EU-Ländern ganz schön verändern. Es wird sogar von einer völligen Neuorganisation gesprochen.

Und es gibt noch eine weitere Veränderung, die sicht- und hörbar sein wird: die Zunahme bei der Anzahl der Sprachen. Es werden Dolmetscher und Übersetzer dazukommen, und die Sprachen, die man in den Gängen hört, werden zahlreicher werden, von derzeit elf hin zu mehr als 20. Über die Folgen für den Übersetzungsdienst später mehr, im Kapitel *Die Sprachen*.

Nicht zu erweitern wäre teurer, sagt das Parlament

Die EU-Erweiterung kostet Geld. Die Organisation breitet sich aus, aber vor allem wird die Unterstützung der neuen Mitglieder einiges kosten.

Die größten Ausgaben betreffen Landwirtschaft und Strukturfonds, und auf beide Kostenpunkte im Budget werden die neuen Mitglieder Ansprüche erheben. Große Teile der Bevölkerung arbeiten in der Landwirtschaft, und Dinge wie Infrastruktur und Arbeitslosigkeit sind in Osteuropa schwerwiegendere Problemfelder als im Westen.

Wie viel das alles kosten wird, weiß eigentlich niemand. Die Gegner der Erweiterung weisen darauf hin, dass Europa nicht weiß, was es da eigentlich anfängt. Die Diskussion wurde im Europaparlament schon vor Jahren geführt und ist nicht mehr wirklich aktuell. Es gibt keinen Weg zurück. Darum rückt das Parlament lieber die Gewinne der Erweiterung in den Vordergrund. Europa wird große Fortschritte machen, sagt das Parlament. Ja, die EU als Organisation bezahlt dafür, aber die Bürger werden viele Vorteile davon haben.

Wenn alle neuen Länder beigetreten sind, entsteht ein Gesamtmarkt von 500 Millionen Konsumenten, eine halbe Milliarde! Das ist ein Markt, der beinahe doppelt so groß ist wie der der USA. Kurzum: Am Handel allein wird Europa sehr viel verdienen. Die vorherige Erweiterung (auf Südeuropa) hat auch so funktioniert, also wird es nun genauso laufen.

Das Prinzip ist eigentlich recht einfach: Zuerst investiert man in die Länder, die weniger reich sind, diese Länder entwickeln sich dann und in der Folge hat jeder etwas davon, wenn nach einigem Hin und Her der Handel in Gang kommt.

Hier die wirtschaftlichen Vorteile der Erweiterung, wie das Europäische Parlament sie sieht:

- ✔ 500 Millionen Konsumenten
- ✔ Wettbewerb, also niedrigere Preise für alle
- ✔ Ein besserer Umweltschutz
- ✔ Mehr Demokratie
- ✔ Frieden in Europa
- ✔ Zunehmendes Wirtschaftswachstum
- ✔ Eine gemeinsame Währung für alle

Wer nun noch wagt zu sagen, dass er gegen die Erweiterung sei, soll sich melden.

Europa hilft auch der Dritten Welt

Manchmal scheint es, als ob die Länder der Europäischen Union nur mit sich selbst beschäftigt sind. Die weniger entwickelten Teile der Welt erhalten jedoch auch Unterstützung von der EU. Alle Regionen werden bedacht, und es gibt umfangreiche Programme, um den Entwicklungsländern zu helfen.

Wenn es irgendwo eine Krise gibt, wie eine Naturkatastrophe oder einen Krieg, kommt die EU ebenfalls zu Hilfe. Das ist zum Beispiel auf dem Balkan in den 90ern geschehen, aber auch weiter weg in Afghanistan und Kolumbien. Ein anderes Beispiel wäre die Tsunami-Katastrophe in Asien Anfang 2005, bei der die EU ebenfalls Soforthilfe bereitstellte.

Die EU ist der größte Spender der Welt: Die Hälfte aller Hilfsmittel für die Entwicklungsländer kommt aus Europa.

Gesamtkosten: Noch keine 15 Euro pro Europäer

Die Union verwendet ungefähr sechs Milliarden Euro pro Jahr für Entwicklungshilfe. Dabei ist übrigens nicht nur die Rede von »Hilfe«, sondern auch von Zusammenarbeit. So werden beispielsweise mit afrikanischen Ländern Verträge über Fischereirechte in ihren Gewässern geschlossen: Europäische Fischer dürfen dort hinschippern und ihre Netze auswerfen, wofür die EU Geld an die Regierungen dieser Länder bezahlt.

Externe Hilfsprogramme:

- ✔ Wiederaufbau auf dem Balkan
- ✔ Nothilfe bei Naturkatastrophen
- ✔ Lebensmittelhilfe

- ✔ Förderung des Friedensprozesses im Mittleren Osten
- ✔ Gesundheitsfürsorge und -aufklärung in Asien und Lateinamerika
- ✔ Erhalt der tropischen Regenwälder

Die Union ist auf vielen verschiedenen Gebieten aktiv. Der wichtigste Grund hierfür, der rote Faden sozusagen, ist Solidarität im Kampf gegen Armut. Das ist gut für die Empfängerländer, aber auch gut für die EU selbst: In dem Maße, wie der Wohlstand dort zunimmt, kann Handel getrieben werden, und die Menschen werden nicht mehr so schnell zu Flüchtlingen.

Übrigens gab es Kritik bezüglich der Entwicklungshilfepolitik der EU, weil alle Projekte von Brüssel aus geleitet werden, und das kann nicht angehen: Man kann von Westeuropa aus nur schlecht durchschauen, wie Geld in Indien ausgegeben wird. Deshalb hat sich die Organisation verändert: Inzwischen werden die Hilfsaktionen von EU-Büros in den jeweiligen Ländern geleitet.

Abbildung 3.5: Mit Hilfe der EU erhält Papua-Neuguinea Tanks für die Aufbewahrung von Trinkwasser. (Quelle: © Europäische Kommission/Rat der Europäischen Union)

Hilfe in Krisensituationen

Orkane, Kriege, Hungersnöte – die EU kommt zur Hilfe. Im Budget sind 200 Millionen Euro für Nothilfemaßnahmen vorgesehen. Das ist das Geld, das bereitliegt, um bei Notfällen in der Welt eingesetzt zu werden.

Südafrika: Die EG ist schizophren

In den 80er Jahren bestand in Südafrika noch die Apartheid, die von Organisationen und Regierungen in der ganzen Welt heftig bekämpft wurde.

Die Antiapartheid-Bewegung übte damals heftige Kritik an der Europäischen Gemeinschaft (so hieß die EU damals noch), weil die Einstellungen der einen Generaldirektion gegenüber Südafrika eine andere war als die einer anderen Generaldirektion. GD 8 für Entwicklungszusammenarbeit hatte Verständnis für die Antiapartheid-Aktivisten, aber GD 1, das für den Handel zuständig war, machte Geschäfte mit Südafrika. Über Großbritannien bekam Südafrika einige Handelsvorteile, durch die sich der Export von Südafrika nach Europa verdreifachte, so schrieb die Antiapartheid-Bewegung 1984 in einem Flugblatt.

In Broschüren der EG stand damals: Die Mitgliedsstaaten »sollten beträchtlichen Druck auf die Republik Südafrika ausüben, um das Regime in Pretoria dazu zu bewegen, das Apartheidsystem aufzugeben«. Gleichzeitig stand in derselben Broschüre: »Die Europäische Gemeinschaft ist der größte Handelspartner Südafrikas.«

Die Antiapartheid-Bewegung fand daran wenig Gefallen: Die europäischen Bürger sind gegen die Apartheid, aber die Brüsseler Beamten helfen Pretoria. Eine schizophrene Situation.

20 Jahre später, nach dem Ende der Rassentrennung, ist der Zustand ein völlig anderer: Mit dem demokratischen Südafrika gibt es inzwischen Absprachen, dass der Handel mit der EU ab 2012 völlig frei sein muss.

Ferner hat die Europäische Union nach den Kriegen in den 90ern viel Geld in den Wiederaufbau der Balkanländer gesteckt. Jugoslawien fiel auseinander, und die Teilstaaten begannen, einander zu bekriegen: Serbien, Kroatien, Bosnien, Kosovo – das sind alles Namen auf der Landkarte, die Assoziationen zu Krieg und Gewalt wecken.

Für den Kosovo hat die EU nach 1999 einen Betrag von 360 Millionen Euro zur Verfügung gestellt. Die gesamte Hilfe für das ehemalige Jugoslawien war viel höher: In einem Zeitraum von zwölf Jahren (1991 bis 2003) flossen 2,3 Milliarden Euro dorthin: Hilfe für Kriegsopfer, für das Räumen der Minen und die Unterbringung von Flüchtlingen. Das war eine der größten Hilfsoperationen in der Geschichte der Europäischen Union. Für Nothilfemaßnahmen hat die EU eine Organisation eingerichtet, die *ECHO* heißt: European Centre of Humanitarian Operations (Europäisches Zentrum für humanitäre Hilfe). Hierbei handelt es sich um ein Koordinationszentrum, das vor allem Geld in Hilfsmaßnahmen steckt, jedoch immer auf indirektem Weg: ECHO spendet EU-Gelder an andere Organisationen, wie die Vereinten Nationen, Ärzte ohne Grenzen oder das Rote Kreuz.

Ein weiteres Beispiel für Nothilfemaßnahmen ist die Türkei, wo 1999 ein großes Erdbeben 15.000 Menschen das Leben kostete. Die EU hat sofort zwei Millionen Euro zur Verfügung gestellt, später noch mehr.

Das südliche Afrika ist ein Gebiet, in dem sich die EU schon seit mehr als 20 Jahren engagiert. Heutzutage ist die Hilfe vorwiegend auf AIDS-Hilfe und allgemeine Gesundheitsfürsorge-Projekte gerichtet. Die Länder dort werden auch durch Lebensmittel- und Flüchtlingshilfe unterstützt. Die Länder, die Hilfe erhalten, sind Angola, Botswana, Lesotho, Malawi, Mozambique, Namibia, Sambia, Simbabwe und Swaziland. Seit 2001 sind 86 Millionen Euro dorthin geflossen.

Einige Länder sind langfristig in Not. Afghanistan ist dafür ein Beispiel. 20 Jahre Krieg, wodurch Millionen von Menschen unter anderem ins Nachbarland Pakistan geflüchtet sind. Dazu kommen Dürreperioden und Erdbeben – und die Katastrophe ist vollständig. Die EU hat dort in Zusammenarbeit mit den Afghanen selbst beim Aufräumen von Minen und mit Lebensmittelprojekten geholfen.

Nach dem Tsunami in Südostasien erklärte sich die EU bereit, 100 Millionen Euro Soforthilfe und 350 Millionen Euro an längerfristigen Unterstützungen zur Verfügung zu stellen. Zusammen mit den Zahlungen der einzelnen EU-Mitgliedsstaaten beliefen sich die Zusagen für das Katastrophengebiet aus dem Gebiet der EU auf rund 1,5 Milliarden Euro.

Die vergessene Krise in Tadschikistan

Viele Europäer wissen nicht einmal, wo dieses Land liegt. Tadschikistan liegt nördlich von Afghanistan, eingeklemmt zwischen China und der ehemaligen Sowjetunion. Es ist verdorrt und bergig und hat keinen Zugang zum Meer. Sechs Millionen Menschen leben dort und sind zum größten Teil bettelarm. Es gibt kein Trinkwasser und keine Elektrizität (außer für einige privilegierte Einzelne). Alles in allem kann man zwischen einer Notsituation und einer »normalen« Situation keinen Unterschied feststellen.

Man ist bestürzt, wenn man etwas über Tadschikistan liest. Die meisten Menschen wollen lieber gar nichts wissen. Doch im Namen der Europäer ist die EU der größte Spender für dieses vergessene Land. Schon seit zehn Jahren. Nach Informationen, die die EU über Tadschikistan zur Verfügung stellt, macht der Rest der Welt nicht viel, also muss die EU vorläufig noch ein bisschen am Ball bleiben.

(Fast) Jeder Kontinent bekommt etwas

Die Liste der Länder, die Hilfe von der EU erhalten, ist lang: Mehr als 80 Nationen in Afrika, Asien und Lateinamerika können auf humanitäre Hilfe vertrauen. Solidarität ist das Hauptmotiv, und jenseits davon hat die EU die folgenden Ziele deklariert:

✔ Menschenleben zu retten

✔ Menschen in einer Krisensituation zu helfen

- ✔ Flüchtlingen zu helfen
- ✔ Gebiete nach einer Katastrophe wieder aufzubauen
- ✔ Katastrophen zu verhindern.
- ✔ »Vergessene Krisen« im Auge zu behalten

Europa will den Welthandel vorantreiben und dabei auch ärmere Länder einbeziehen. Die Idee dahinter: Freier Handel führt letztendlich zu Wohlstand für alle Beteiligten. Die EU sagt deshalb, dass Produkte aus der Dritten Welt auf dem Weltmarkt zugelassen werden müssen, und hat beschlossen, Europa für alles außer Waffen zu öffnen. Die Schutzzölle auf Produkte aus der Dritten Welt wurden 2001 aufgehoben. Allerdings noch nicht alle: Die Einfuhrrechte für Bananen, Zucker und Reis werden schrittweise bis 2009 angepasst.

Wo liegen die 25 Milliarden Euro Entwicklungshilfe herum?

Die Europäische Union hilft also der Dritten Welt, aber nicht einfach so! Im betreffenden Land muss es ein solides System geben, so dass man in Brüssel überprüfen kann, dass das zur Verfügung gestellte Geld ordnungsgemäß verwendet wird. Wenn ein Projekt acht Millionen Euro oder mehr kostet, muss ein Bericht erstellt werden (in elf Sprachen), damit die Spenderländer ebenfalls Einblick haben.

Die örtlichen Führungskräfte in den Entwicklungsländern beklagen sich lauthals, weil Geldspenden an einen fürchterlich bürokratischen Aufwand mit einer schier endlosen Zahl von Formularen gekoppelt sind. »Für den Kauf eines Bleistiftes braucht man 120 Tage«, beklagte jemand im Senegal. Man kann sich lebhaft vorstellen, wie lange ein größeres Projekt wie zum Beispiel eine Schnellstraße wohl dauert.

Die Entwicklungsländer halten sich nicht immer brav an die Regeln einer ordentlichen Buchhaltung, aber Brüssel verlangt das, sonst wird der Geldhahn zugedreht. Mit dem Resultat, dass 25 Milliarden Euro bereitstehen, aber nicht abgerufen werden. Liegt das Geld wirklich so herum? Gibt es einen Kontoauszug, auf dem der letzte Kontostand mit einem Saldo von 25.000.000.000 Euro angegeben ist? Nein, natürlich nicht. Das Geld ist überall und nirgends: bei den Mitgliedsstaaten. 25 Milliarden ist die Gesamtsumme an Zusagen, die Mitgliedsstaaten gegeben haben. Das ist der Betrag, der abrufbar ist. Brüssel schickt viermal pro Jahr einen Bericht an die Mitgliedsländer, aus dem hervorgeht, welcher Betrag reserviert werden muss, und wenn das Geld benötigt wird, ruft man es ab.

Ein Markt, eine Währung, Ein-heit?

In diesem Kapitel

- Der Euro soll Bürgern und Unternehmen das Leben erleichtern
- Die Währung muss für Einheit am Markt sorgen
- Letztendlich führt der Euro zu mehr Wohlstand

Das europäische Gipfeltreffen in Maastricht 1992 war ein Wendepunkt, weil dort beschlossen wurde, die europäischen Binnengrenzen abzuschaffen. Das Ideal von Europa wurde konkret: freier Verkehr von Gütern, Dienstleistungen, Personen und Kapital.

Und in der Tat: Die Kontrollen an den Grenzen sind verschwunden. Die Autobahn geht einfach weiter, wenn eine Landesgrenze überschritten wird, und an vielen Flughäfen braucht man keinen Pass mehr zu zeigen, wenn man innerhalb der EU reist.

Auch der Euro gehört zur Abschaffung der Grenzen. Geschäfte zu machen ist einfacher, wenn man überall in der EU in derselben Währung kaufen und verkaufen kann. Für Unternehmen, die international arbeiten, ist das eine Frage des Preisschildchens am Artikel, der so überall in Europa ins Regal einsortiert werden kann.

Wirtschaftliche Stabilität

Schon bevor der Euro eingeführt wurde, waren die Währungen der EU-Länder aneinander gekoppelt, um Kursschwankungen zu verhindern. Nun, da der Euro da ist, gibt es keine Kursschwankungen mehr. Aber wenn ein Land ein großes Haushaltsdefizit hat, betrifft das auch die anderen Länder.

Das verhält sich so: Ein Haushaltsdefizit bedeutet, dass ein Land mehr Geld ausgibt, als es einnimmt. Wenn eine Regierung das macht, muss sie sich Geld leihen und dafür natürlich auch Zinsen bezahlen. Wenn die Staatsschulden zu hoch werden, muss die Regierung immer mehr Kredite aufnehmen, wodurch die Zinsausgaben steigen, so dass der Staat, wie auch seine Bürger, in eine Schuldenfalle geraten kann. Wenn so ein Staat nun auf die Idee käme, die Steuern zu erhöhen, um die Schulden bezahlen zu können, würde das Land weniger attraktiv für Investoren. Die Folge hiervon: Das Wirtschaftswachstum wird gebremst.

Eine andere große Gefahr sind Inflation und Preissteigerungen: Für einen Euro können Sie immer weniger kaufen. Die Inflation darf in Euroländern nicht über 1,5 Prozent pro Jahr liegen. Wenn die Inflation in einem Land zunimmt, wird der Euro auch jenseits seiner Grenze weniger wert. Deshalb müssen sich alle Länder an Regeln halten.

Die europäischen Regierungschefs haben abgesprochen, dass die Länder, die den Euro eingeführt haben, kein Haushaltsdefizit über drei Prozent haben dürfen. Das ist im Stabilitätspakt festgelegt. In wirtschaftlich schwierigeren Zeiten scheint es alles andere als leicht zu sein, diese Absprache einzuhalten. Als Portugal und Italien vor einigen Jahren die Drei-Prozent-Grenze überschritten, bekamen sie prompt von Brüssel eine Buße aufgebrummt.

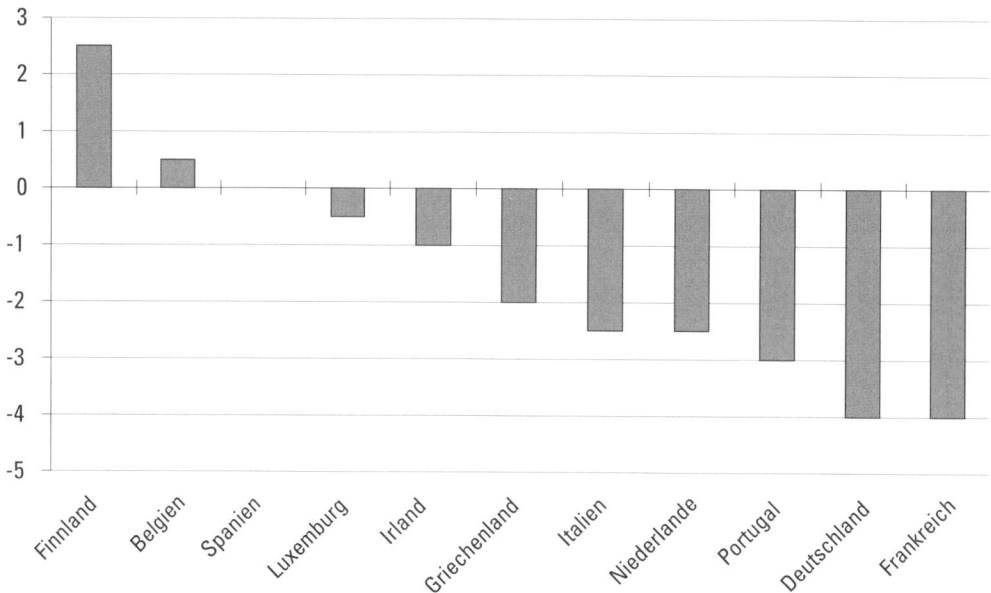

Abbildung 4.1: Haushaltsdefizite in Prozent: Welches Land befindet sich in der Gefahrenzone? (Quelle: Eurostat)

Ende 2003 gelang es Frankreich und Deutschland nicht, ihr Haushaltsdefizit unter den geforderten drei Prozent zu halten, und es passierte ... rein gar nichts. Andere Regierungschefs waren erbost, aber die EU zwang Frankreich und Deutschland nicht, sich an den Stabilitätspakt zu halten.

Sowohl die Europäische Kommission als auch die Europäische Zentralbank (EZB) wollen nicht am Stabilitätspakt rütteln, der schon von vielen für tot erklärt wurde, als Frankreich und Deutschland Ende 2003 ungeschoren davonkamen, als sie die Absprachen brachen.

»Wenn man den Stabilitätspakt verändert, öffnet man die Büchse der Pandora«, sagte EZB-Präsident Jean-Claude Trichet. Für dauerhaftes Wachstum müssen extreme Defizite korrigiert werden, findet Trichet.

Aus der Grafik wird ersichtlich, dass Deutschland und Frankreich ein viel zu hohes Finanzierungsdefizit haben. Aber auch Portugal und die Niederlande geraten gefährlich dicht an die drei Prozent. Das ist genau der Punkt: Man weiß nie hundertprozentig, wie sich die Wirtschaft entwickelt – und man weiß auch nicht bis auf die Stellen hinter dem Komma, wie groß das Finanzierungsloch ist. Die (abgerundeten) Zahlen in der Grafik geben den Stand von Ende 2003 an.

Euro und Dollar: Zwei Weltwährungen

Als der Euro Anfang 2002 eingeführt wurde und alle Einwohner der Euroländer ihre Einkünfte in Euro erhielten und auch Euro ausgaben, wurde es spannend: Wie würde sich das Verhältnis zwischen Euro und Dollar entwickeln?

Am Anfang war der Dollar mehr wert als der Euro. Langsam, aber sicher krochen die Werte aufeinander zu, um im letzten Quartal 2002 Parität zu erreichen: Sie waren gleich viel wert.

2003 fing der Euro an zu klettern: Er war jetzt mehr wert als die anderen Weltwährungen und wuchs sich so zu einem vollwertigen Konkurrenten für den Dollar aus.

»Il Teuro« warnt die großen Länder

Die Haushaltsdefizite in Frankreich und Deutschland steigerten sich, und die beiden Länder drohten über die magische Drei-Prozent-Schwelle des Stabilitätspaktes zu geraten. Der niederländische Finanzminister Gerrit Zalm schimpfte im November und Dezember 2003 vor allem auf den großen Bruder Deutschland, so dass sein deutscher Kollege Hans Eichel öffentlich äußerte, dass er ruhig ein bisschen mehr Zurückhaltung üben dürfe mit all den großen Worten über Sanktionen aus Den Haag.

Wegen seiner unbeugsamen Haltung wird Zalm in europäischen Kreisen auch gerne »Il duro« genannt (frei zu übersetzen als »Il Teuro«). Die strikte Einhaltung der Regeln ist gar nicht so wichtig, vielmehr gehe es um gute Absichten, meinte die Bundesregierung: Wie soll man noch sparen, wenn man schon mitten in einer Wirtschaftskrise steckt?

Der niederländische Ministerpräsident Balkenende, telefonierte offensichtlich ein wenig mit dem französischen Präsidenten Chirac, der aber deutlich machte, dass er wohl schlecht die Rolle des Schulmeisters übernehmen könne und seinem deutschen Pendant Bundeskanzler Schröder die Leviten lesen könne. Die Uneinigkeit zwischen Zalm und Eichel war für Chirac eigentlich ganz praktisch, denn dadurch fiel nicht auf, dass Frankreich ja auch ein wenig Dreck am Stecken hat.

Europäische Juristen zerbrachen sich den Kopf über die Frage, ob der Stabilitätspakt bindend für die Euroländer sei: Kann man vielleicht auch davon abweichen, wenn man das untereinander abspricht? Wie dem auch sei, der Niederländer musste klein beigeben. Auf Parteitreffen in den Niederlanden bekam er Applaus für seine unbeirrbare Haltung (»I speak softly but carry a big stick«, verkündete er großspurig), aber in den ausländischen Zeitungen wurde sein Name nicht einmal genannt. Deshalb wollen wir ihm die Ehre jetzt noch einmal erweisen, der Herr heißt Gerrit Zalm.

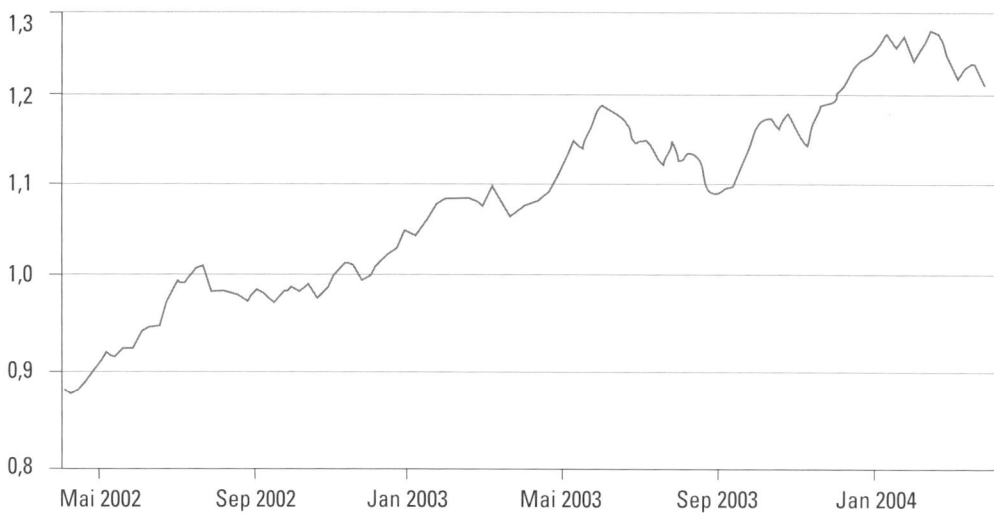

Abbildung 4.2: Der Eurokurs im Vergleich zu dem des US-Dollars im Mai 2002 (Quelle: http://finance.yahoo.com)

Der Vormarsch des Euro ist in Abbildung 4.2 schön zu sehen: Langsam, aber sicher stieg in den ersten zwei Jahren seines Bestehens sein Wert an.

Die Tatsache, dass der Euro eine starke Währung ist, gibt Hoffnung und Vertrauen für seine Zukunft, auch wenn es europäische Länder gibt, deren Haushaltsdefizit zu hoch ist. Der Streit hierüber relativiert sich, wenn man bedenkt, dass der Euro auf dem Weltmarkt eine solide Position einnimmt.

Die Frage ist: Kann man die Wirtschaft steuern, indem man für ein nur kleines Haushaltsdefizit sorgt; kann man erzwingen, dass ein Land wirtschaftliche Maßnahmen ergreift, um den Wert der Währung hoch zu halten? Die einen Wirtschaftwissenschaftler werden leidenschaftlich für Regierungsmaßnahmen (oder Maßnahmen seitens Brüssel) plädieren, die anderen werden sich mehr für das Spiel der Kräfte des freien Marktes einsetzen. Die Amerikaner kennen es, wenn ihr Haushaltsdefizit nicht den europäischen Regulierungen entspricht. Ende 2003 wurde eine Vier-Prozent-Marke diskutiert, und das Defizit wuchs weiter. Trotzdem wird die US-amerikanische Wirtschaft als eine der stärksten der Welt angesehen.

Die Europäische Zentralbank

Die wichtigste Aufgabe der in Frankfurt gegründeten Europäischen Zentralbank ist die Handhabung der Preisstabilität und damit auch die Aufrechterhaltung der Kaufkraft des Euro. In allgemein verständlicher Sprache: Sie soll verhindern, dass man beispielsweise heute für einen Euro zwei Tüten Milch kaufen kann und kurze Zeit später nur noch eine. Das alles ist mit einer Zahl beziffert und festgelegt: Die Preise dürfen pro Jahr um nicht mehr als zwei Prozent steigen.

4 ➤ Ein Markt, eine Währung, Ein-heit?

Welche Instrumente hat nun die EZB, um das hinzukriegen? Zuerst hält die Zentralbank vor allem die Euroländer im Auge. Man schaut auf »wirtschaftliche Indikatoren«, also Zahlen, die etwas über den Stand der Wirtschaft aussagen.

Beispiele dafür sind:

- ✔ die Löhne
- ✔ der Wechselkurs
- ✔ die Zinsen
- ✔ die wirtschaftliche Aktivität
- ✔ Haushaltsführung
- ✔ Preise
- ✔ Kosten der Unternehmer
- ✔ Meinungsumfragen bei Bürgern und Unternehmen

All diese Informationen werden analysiert. Auf der Basis des Gesamtbildes bestimmt die EZB ihre Zinspolitik: Welche Zinsen berechnet die EZB den Banken in den Euroländern, die Geld brauchen? Diese Zinsen, die so genannten Leitzinsen, haben Einfluss auf die Zinsen, die die Banken ihren Kunden berechnen, den Marktzinssatz. So kann die EZB steuernd in die Menge Geldes eingreifen, die in Umlauf ist. Große Schwankungen bei den Zinsen und der Geldmenge werden hierdurch aufgefangen.

Die Banken legen sich quer

Merkwürdigerweise arbeiten die Banken nicht sehr engagiert am reibungslosen Ablauf des Geldverkehrs mit. Wenn man darüber nachdenkt, ist das nicht so befremdlich. Banken konnten immer ganz beachtlich an internationalen Transaktionen verdienen. Die sind kompliziert, und der Kunde kann nie wissen, wie das Ganze genau abläuft. Die Bank konnte also immer allerlei Kostenpunkte in Rechnung stellen. Die Europäische Kommission hat geäußert, dass das vorbei sein muss und dass Bürger und Unternehmen genauso unkompliziert auf internationaler Ebene bezahlen können müssen wie auf nationaler.

Die Banken jammern, denn sie werden zu mehr Offenheit gezwungen. Damit wird es auch schwieriger zu »valutieren«. Das funktioniert so: Wenn Geld überwiesen wird, hält die Bank dieses ein oder mehr Tage lang fest. Sie brauchen dann keine Zinsen für den Betrag auszuzahlen, können aber selbst damit arbeiten. Wenn man all diese Beträge zusammenzählt, kommt eine Menge Geld heraus, das täglich »unterwegs« ist. Die Banken werden sich an die europäischen Regeln gewöhnen müssen, die ihren kleinen Tricks ein Ende bereiten.

Die Zentralbank hat neben der Anpassung von Zinssätzen noch weitere Mittel, um den Eurokurs zu beeinflussen. Wenn der Wert der Währung sinkt, kann die EZB Stützungskäufe tätigen. Die Nachfrage nach dem Euro steigt dann und damit auch der Kurs. Für diese Art von Eingriffen ist sehr viel Geld nötig. Ich spreche hier von Dutzenden von Milliarden.

Im Verwaltungsrat der EZB haben alle Präsidenten der Zentralbanken der teilnehmenden Länder einen Sitz.

Die Euroländer sind:

- Belgien
- Deutschland
- Finnland
- Frankreich
- Griechenland
- Irland
- Italien
- Luxemburg
- Niederlande
- Österreich
- Portugal
- Spanien

Die EZB formt zusammen mit den Zentralbanken der zwölf Euroländer das *Eurosystem*. Das ist die Bank der Banken. Finanzielle Institutionen, die das Geld ihrer Kunden verwalten, müssen einen bestimmten Prozentsatz der Guthaben auf eine Rechnung des Eurosystems setzen. So hat die EZB Einfluss auf die Nachfrage nach Geld.

Die EZB hat noch eine weitere wichtige Aufgabe: die Förderung des guten Funktionierens des Zahlungsverkehrs. Das ist ungeheuer wichtig für das Vertrauen, das der Bürger in den Euro setzt. Stellen Sie sich vor, da wäre eine Region, die noch mit dem »alten Geld« arbeiten und den Euro nicht akzeptieren würde. Das wäre fatal. Auf höherem Niveau müssen finanzielle Transaktionen reibungslos laufen. Im Moment ist es noch eher recht aufwändig, Geld von einem Land ins andere zu überweisen, aber in Zukunft wird das keine Probleme mehr machen.

Die Beamten der Zentralbanken erfüllen ihre Rolle unabhängig: Die Regierungen dürfen sich nicht in die Leitung der Europäischen Zentralbank einmischen. Das versuchen sie übrigens sehr wohl. Manchmal ertönt der Ruf eines Politikers, dass unbedingt die Zinsen sinken müssen, um die Wirtschaft anzukurbeln. Dann wedelt er mit den Ergebnissen einer Untersuchung des einen oder anderen renommierten Instituts und ruft, dass die Exportposition der europäischen Länder bei niedrigeren Zinssätzen weit besser wäre. Es wird auch schon mal dafür plädiert, dass die EZB Strukturen erhalten soll, bei denen Regierungsoberhäupter auch ein Wörtchen mitzureden hätten. Aber Frankfurt bleibt hart: Die EZB darf keine Instruktionen von Politikern entgegennehmen, was sie auch immer lauthals rufen mögen.

Einmal im Monat erläutert der Präsident der EZB in einer Pressekonferenz die Unternehmensführung. Zwischen Anfang 1999 und Ende 2003 sahen wir regelmäßig den weißen Haarschopf des Niederländers Wim Duisenberg, nun ist der grauhaarige, distinguierte Franzose Jean-Claude Trichet der Spitzenmann der EZB.

Der Präsident der EZB nimmt auch an Sitzungen der Finanzminister der Euroländer und den Sitzungen des Rats Wirtschaft und Finanzen teil, kurz *Ecofin* genannt, dem die Wirtschafts- und Finanzminister der Mitgliedsstaaten angehören. Aber Achtung: Das ist nicht dasselbe Gremium, denn nicht alle EU-Länder haben auch den Euro eingeführt.

Die EU-Länder, die noch nicht mitmachen wollen, sind:

✔ Großbritannien

✔ Dänemark

✔ Schweden

Die eine Zentralbank ist nicht wie die andere

Häufig wird die EZB mit der »Federal Reserve« verglichen, dem US-amerikanischen System von Zentralbanken. Alan Greenspan, der legendäre amerikanische Zentralbanker, hat die Zinsen immer mehr gesenkt, womit er nach Ansicht einiger an der Schaffung einer »Blase« mitgewirkt hat: Es schien alles gut zu gehen mit der Wirtschaft, während sie eigentlich schon längst nicht mehr so reibungslos funktionierte.

In Europa war man unter der Führung von Duisenberg immer zurückhaltender mit dem Instrument der Zinssätze. Es gibt aber noch mehr Unterschiede: Greenspan gibt keine Pressekonferenzen und niemals Interviews. Duisenberg veröffentlicht die Protokolle der Verwaltungsratssitzungen nicht, das wiederum tut Greenspan sehr wohl, genau wie die Bank of England.

Ein guter Chef für die EZB

Die Amerikaner haben's leicht: Der Vorsitzende der Federal Reserve muss den Interessen nur eines Landes dienen: Onkel Sam. Für die EU ist das ein ganzes Stück komplizierter, da geht es um 25 Länder.

Bezüglich der Benennung des Präsidenten der EZB müssen sich alle Länder einig sein, und das war beim Antritt Duisenbergs ein Diskussionspunkt. Die Franzosen wollten, dass er nach vier Jahren für einen anderen Kandidaten Platz macht, nämlich Jean-Claude Trichet. Ob das zugesichert wurde, wird wohl immer ein Geheimnis bleiben. Fakt ist, dass Duisenberg für acht Jahre berufen wurde und nach fünf Jahren zurücktrat. Auf Ersuchen der Finanzminister ist er etwas länger geblieben, weil in Frankreich eine gerichtliche Untersuchung gegen Trichet stattfand.

Duisenberg ist in der Öffentlichkeit mit dem Wirbel um seine Position immer höflich umgegangen. Aber als er Abschied nahm, konnte er sich eine zynische Bemerkung nicht verkneifen: In einer Dokumentation sah man ihn sein Büro räumen. Bei einem Schrank, der voll stand mit Werbegeschenken, sagte er, auf das eine oder andere unförmige Figürchen weisend: »Manche Dinge sind so hässlich, die will ich nicht haben. Das hier ist also für Trichet.«

Der nüchterne Niederländer hat die EZB die ersten vier Jahre ihres Bestehens geleitet. Er hat dafür gesorgt, dass der Verwaltungsrat mit allen europäischen Zentralbank-Präsidenten eine Einheit wurde. Als Niederländer hat er einen Führungsstil, der auf Konsens gerichtet ist, und das hat – auch auf europäischem Niveau – gut funktioniert.

Vor allem aber wird er als »Mister Euro« in die Geschichte eingehen: der Mann, der den Euro reibungslos in Europa eingeführt hat. Im Nachhinein hat er erzählt, dass die Bank mehr als 25 Katastrophenpläne bereitliegen hatte, aber es ist keine einzige Katastrophe eingetreten. Es hat keine groß angelegten Fälschungsaktionen gegeben, Eurotransporte wurden nicht überfallen und die Länder haben alle den Euro ordentlich eingeführt. Auch bei den Banken ging nichts oder fast nichts schief.

In der Finanzpresse bekam Duisenberg auch Lob für seine unabhängige Haltung: Wenn man wachsen will, muss man auch wirtschaftliche Reformen durchführen und nicht nur auf die EZB schielen. Er erklärte das immer wieder in aller Ruhe: Die Zentralbank kann nicht für etwas wie einen flexiblen Arbeitsmarkt oder Reformen teurer Rentensysteme sorgen.

Zehn Jahre später: Der Euro wird eingeführt

Schauen wir noch mal zurück auf den Moment der Einführung des Euro. Jetzt, wo er da ist, denken nicht mehr viele Menschen an den Anfang zurück, aber damals musste man sich schon in jeder Hinsicht umgewöhnen: der Name, das Rechnen, die anfängliche Unsicherheit bezüglich der Preise. Das Geld sah anders aus, die Münzen fühlten sich anders an und klangen anders. Jeder fühlte sich am Anfang ein wenig unbehaglich.

Vom Ecu zum Euro

Anfang 2002 war es dann so weit: Die Währung kam als Geld in die Geldbörsen der Bürger, als gesetzliches Zahlungsmittel, wie das in der Banksprache heißt. Das bedeutet: als Münzen und Scheine. Die Geldautomaten gaben ab dem 1. Januar 2002 nur noch Euro aus. Die alten europäischen Geldsorten konnten noch bei den Banken eingereicht werden, aber nach einer gewissen Zeit nur noch bei den Zentralbanken. Wer einen alten Sparstrumpf mit Geld findet, braucht sich jedoch keine Sorgen zu machen: Das »alte Geld« wird nie ungültig!

Der Euro wurde am 1. Januar 1999 eingeführt, zunächst als bargeldlose Währung. Die Wechselkurse mit den »alten« Währungen wurden festgelegt, und der Euro konnte benutzt werden. Es gab noch keine Münzen oder Banknoten, der Euro galt erst einmal nur als Recheneinheit im Geldverkehr zwischen den Banken. So konnten die Geldinstitute ihre Systeme umbauen und sich schon mal an die neue Währung gewöhnen.

Um die nationalen Gefühle nicht allzu sehr zu verletzen, haben die Euromünzen auf einer Seite ein nationales »Gesicht«: Das Staatsoberhaupt oder ein wichtiges nationales Symbol ist abgebildet. In Deutschlands sind es der Adler, das Brandenburger Tor, ein Eichenblatt und auf der 2-Euro-Münze die Worte »Einigkeit«, »Recht«, »Freiheit«, in den Monarchien die entsprechenden Königinnen oder Könige, auf dem französischen Euro liest man das aus der Französischen Revolution vertraute »liberté«, »egalité«, »fraternité« (Freiheit, Gleichheit, Brüderlichkeit).

Der Ecu kam nicht an, dann muss eben der Euro her

Bevor der Euro da war, wurde mit dem Ecu gerechnet. Das steht für »European Currency Unit«. Alle Geldbeträge der europäischen Institutionen wurden in Ecu angegeben. Das war so eine Art Mittelwert aus den Währungen der Mitgliedsstaaten.

Ursprünglich wollte man die neue Währung ebenfalls Ecu nennen, aber das wäre in Deutschland aus verschiedenen Gründen nicht gut angekommen: Ecu klingt französisch (eine alte französische Münze hieß Ecu). Und wenn man das Wort nicht Französisch »Ecü«, sondern Deutsch »Ecu« ausspricht, lässt es irgendwie an »Kuh« denken, was wiederum zu unerwünschten Assoziationen mit »Kuhhandel« oder auch »blöder ...« führen könnte. Also entschieden sich die Staatsoberhäupter schließlich für Euro.

Alle geraten in Verwirrung

Um den Bürgern Gelegenheit zur Umgewöhnung zu geben, wurde viel getan: Es gab umfangreiche Informationskampagnen, die Leute bekamen Probesets, damit sie die neuen Münzen während der letzten Monate vor der Umstellung ansehen und anfassen konnten, und in den Medien wurden die neuen Banknoten gezeigt.

Das größte Problem befand sich aber in den Köpfen der Menschen: Wie viel ist der Euro wert? Am Anfang hatten Konsumenten die größte Mühe, »in Euro zu denken«. Man hatte noch kein Gefühl für den Euro, und nach zwei Jahren war das immer noch so: Ende 2003 zeigte sich, dass die meisten Leute immer noch im Kopf in die alte Währung zurückrechnen, vor allem, wenn es um große Ausgaben wie beispielsweise beim Kauf eines Hauses ging. In ganz Europa machen das immer noch 51 Prozent der Menschen.

Deshalb war es in einigen Ländern Pflicht, die Preise für eine gewisse Zeit nach der Umstellung in beiden Währungen anzugeben.

Die Hälfte der Bürger in den Euroländern sagt, dass die Benutzung des Euro nicht im Geringsten ein Problem sei. Heißt im Klartext: Die andere Hälfte der Bevölkerung hat sich immer noch nicht völlig umgewöhnt!

Mehr als 70 Prozent der Verbraucher finden, dass die Münzen gut erkennbar sind, für die Banknoten wird diese Aussage sogar von 90 Prozent der Konsumenten gemacht.

Zalm rechnet vor

Als der Euro in Deutschland eingeführt wurde, hatten viele Menschen Schwierigkeiten mit dem Umrechnen. Der Euro war 1, 95583 DM wert, aber das rechnet sich beim Einkaufen im Laden ziemlich mühselig. Woher weiß man nun, wie der Betrag in Mark lautet, wenn man beispielsweise eine Jeans für 60 Euro sieht?

Man machte es sich recht einfach mit der Umrechnung, der Euro war ja 1,95583 DM. Da konnte man dann fröhlich mit zwei multiplizieren und sich ganz heimlich freuen, dass das, was man kaufen wollte, ein ganz kleines bisschen günstiger war, als was diese Grobberechnung ergab.

Wer es ganz genau wissen wollte, konnte sich spezieller Umrechner im Internet bedienen.

Schwieriger gestaltete sich die Umrechnerei in den Niederlanden. Dort erhielt man für 2,20371 Gulden einen Euro. Dort musste man so rechnen: Man multipliziert 60 mit 2, dann erhält man 120, und dann rechnet man noch zehn Prozent dazu, also zwölf. Macht 132 Gulden.

Diese Berechnung in zwei Schritten verhindert, dass man alles schlichtweg mal zwei rechnete und dann zu Unrecht glaubte, billiger wegzukommen, als es der Fall war. Die zehn Prozent drauf, sonst wäre man am Ende des Monats bei der Gehaltsabrechnung nur enttäuscht gewesen.

Alles wird für alle besser

Die europäischen Politiker und Sprecher sagen es schon seit Jahren: Der Euro ist für alle gut. Man kann überall mit ihm bezahlen, man kann überall die Preise vergleichen. Der Wettbewerb wird in ganz Europa gefördert, so dass die Preise sinken, und es bringt die Europäer einander

Abbildung 4.3: Mit dem Euro kann man jede Richtung einschlagen ...
(Quelle: © Europäische Kommission/Rat der Europäischen Union)

näher, weil wir alle mit derselben Währung arbeiten. Das sind unstrittige Vorteile. Fakt bleibt aber, dass viele Europäer einige Zeit brauchten, um sich umzugewöhnen.

Weg mit Francs, Peseten und Lire

Als die Einführung des Euro noch zur Diskussion stand, gab es Wirtschaftswissenschaftler und Journalisten, die Unheil prophezeiten. Die Völker Europas würden es nicht wollen, dass man ihnen ihre Währungen wegnehme, Geld würde von reichen in arme Regionen fließen, es würde ein großer Fehlschlag werden.

Die Menschen, die an den Euro glaubten, sagen: Die Währung garantiert eine niedrige Inflationsrate, Disziplin in der Budgetführung und eine unabhängige Zentralbank. Menschen, die an einen starken Staat glaubten, sagen: Wir haben lieber Anreize durch Wirtschaftswachstum, Kampf gegen Arbeitslosigkeit, mehr staatliche Ausgaben. Das ist eine mehr sozialdemokratische Herangehensweise.

Es scheint, dass die erste Gruppe – nach Ansicht einiger die eher Konservativen – gewonnen hat. Der Euro ist da und die Währung muss sich auf dem Weltmarkt beweisen. Der Bürger reist im »Euroland« herum, ohne fremde Münzen in seinem Portmonee, und kann leicht Preise vergleichen.

Vor allem ältere Menschen fanden es ärgerlich, dass die vertrauten Francs, Lire, Gulden oder D-Mark plötzlich verschwunden waren. Münzsammler versuchten noch schnell, ein komplettes Set aus allen Ländern zusammenzubekommen.

Geschichten aus dem Nähkästchen? Für die zwölf Euroländer schon, für ein Land wie Schweden, das noch seine vertrauten Kronen hat, nicht. In einem Referendum lehnte die schwedische Bevölkerung die Einführung des Euro ab. Selbst als schon klar war, dass der Euro im Rest von Europa schon seit zwei Jahren funktionierte, dachte die Mehrheit dort: Lieber nicht.

Die schwedischen Unternehmer schreien Zeter und Mordio und wollen Maßnahmen von der Regierung, um die Exportposition sicherzustellen. Sie können nun in Europa nicht mehr unter denselben Bedingungen mit Unternehmen konkurrieren, die im Eurogebiet ansässig sind.

Übrigens sagen nicht alle Unternehmen, dass das Festhalten an der vertrauten Währung schlecht sei. Die schwedische Firma Electrolux, weltgrößter Fabrikant von Haushaltsgeräten, findet es wunderbar: Schweden hat nichts mit den Bürokraten in Brüssel am Hut, und schwedische Unternehmen können ohne lästige Euroregelungen in einem freien Markt operieren. So kann man es auch sehen: Der Euro hat Europa zu einem Land gemacht, einem großen wirtschaftlichen Machtblock.

Banknoten-Überschuss

Als alle Länder noch ihre eigene Währung ausgaben, mussten sie selbst für die Prägung der Münzen und den Druck der Banknoten sorgen. Italien sorgte für seine Lire, Deutschland druckte DM-Noten. Während der Einführung des Euro standen die Druckereien nicht mehr still; es mussten ja ungeheure Mengen neuer Banknoten hergestellt werden. Ungeheure Mengen? Etwa vier Milliarden Noten werden pro Jahr benötigt. Und doch gibt es ein kleines Problem: Die Kapazität der Druckereien liegt bei 15 Milliarden Banknoten pro Jahr. Es muss also abgespeckt werden, wohlgemerkt 70 Prozent – und welches Land wird seine staatlichen Druckereien aufgeben wollen?

Die Suche nach der billigsten Jeans

Ein großer Vorteil des Euro, so wird den Bürgern vermittelt, sei die Einfachheit des Preisvergleichs. Wenn Sie in einem anderen Land sind, können Sie auf einen Blick feststellen, was dort teurer oder billiger ist. Und so können Sie genau da einkaufen, wo Sie den besten Preis bekommen. Durch den Wegfall der Grenzen dürfen Sie Einkäufe durch die gesamte EU machen, ohne wie früher Einfuhrzoll bezahlen zu müssen.

Aber nun die Gretchenfrage: Tun wir das denn wirklich? Fahren wir in ein anderes Land, um unsere Einkäufe zu machen? Nein, wie Untersuchungen der Europäischen Kommission feststellen. Einige wenige Menschen kaufen zwar schon einmal im Ausland ein, aber das war auch schon so, als es den Euro noch nicht gab.

Der Grund: Die Konsumenten haben doch etwas weniger Vertrauen in die Produkte und Händler im Ausland. Das findet die Europäische Kommission gar nicht gut, also werden nun Maßnahmen ersonnen, um mehr Vertrauen bei den Verbrauchern für den Einkauf im Ausland zu schaffen.

Wenn es darauf ankommt, wenden die EU-Bürger ihre Augen ins eigene und nicht in andere Länder. Beinahe die Hälfte der Menschen (48,5 Prozent) fühlt sich als Konsument im eigenen Land gut geschützt, nicht jedoch außerhalb; da hat nur ein Fünftel (20,3 Prozent) der Verbraucher das Gefühl, gut geschützt zu werden.

Mehr Einkommen, weniger Arbeitslosigkeit

Einer der Vorteile des Euro besteht darin, dass eine gemeinsame Währung das Wachstum fördert. Unternehmen können mit niedrigeren Kosten produzieren, und wenn der Euro am Weltmarkt eine starke Währung ist, ist es auch interessant, Kapital in Euro anzulegen. Das sind günstige Faktoren.

Ein Beispiel: Eine Firma in Deutschland bestellt Ersatzteile in Spanien. Vor ein paar Jahren musste man dabei berücksichtigen, dass die Peseta an Wert gewinnen konnte und dass man demzufolge mehr D-Mark für die Bestellung auf den Tisch blättern musste. Das konnte einen empfindlichen Rückschlag in der Kalkulation bedeuten, gegen den Unternehmen sich absichern mussten, indem sie komplizierte Transaktionen über die Banken durchführten. Das entfällt inzwischen, was eine deutliche Kostenersparnis zur Folge hat.

Weil Preise im ganzen Eurogebiet verglichen werden können und dann zum günstigsten Preis eingekauft werden kann, wird der Wettbewerb angeregt und die Preise werden entsprechend fallen.

Hat der Euro denn keine Nachteile? Doch, doch. Die Gegner finden es gar nicht lustig, dass die Währung an Wert verliert, wenn ein paar Länder ihr Haushaltsbuch nicht ordentlich führen. Die starken Länder riskieren, von den wirtschaftlich schwächeren Staaten mit nach unten gezogen zu werden.

Auch die strengen Regularien und die so genannte *keynesianische Politik* stellen Behinderungen dar. In schlechteren Zeiten kann eine Regierung die Wirtschaft ankurbeln, indem sie ordentlich Geld in die Hand nimmt, um so den Markt wieder in Gang zu setzen. Dieser Politik liegen die Ideen des britischen Nationalökonomen John Maynard Keynes zugrunde. Diese Art der Politik bedeutet allerdings, dass das Haushaltsdefizit anwachsen kann. In der EU darf das nicht sein, oder zumindest darf das Defizit nicht größer als drei Prozent sein. Das bedeutet, dass eine Regierung nur sehr wenig Spielraum hat, um die Wirtschaft durch höhere Ausgaben anzukurbeln.

Wie das in Zukunft funktionieren wird, bleibt abzuwarten. Nach Ansicht einiger ist der Stabilitätspakt ja jetzt schon tot, weil Frankreich und Deutschland 2003 nicht für ihre zu hohen Defizite bestraft wurden. Vielleicht werden die Regeln in der Praxis einfach etwas flexibler, so dass Regierungen sehr wohl mehr Spielraum haben und mehr Geld ausgeben können, wenn die Wirtschaftslage es erfordert.

Die Preise stiegen, die Bürger murrten

Viele Menschen bekamen ein ungutes Gefühl nach der Einführung des Euro: Hatten die Geschäfte heimlich, still und leise die Preise erhöht? Anfang 2002 war die Inflationsrate hoch, wodurch viele Bürger den Eindruck bekamen, dass das mit der Einführung des Euro zu tun hätte; jeder hatte schließlich nach dem 1. Januar 2002 den Euro in seinem Portmonee.

Regierungsinstitutionen und Verbraucherorganisationen stellten Untersuchungen an – und stellten fest, dass der Eindruck täuschte. Auf Papier lässt sich das verstehen, aber viele Menschen murren noch immer, dass sie auf den Arm genommen wurden.

Im Nachhinein stellte sich heraus, dass die Inflation schlimmer wurde, tatsächlich aber nicht durch den Euro, sondern durch andere Dinge wie schlechte Ernten in Südeuropa, durch die Gemüse und Obst teurer geworden waren.

Alles doppelt teuer

Haben die Geschäfte und das Gaststättengewerbe ehrlich umgerechnet oder haben sie schlicht die alten Preise stehen lassen und ein Eurozeichen davor gesetzt? Der Verbraucherverband in den Niederlanden hat untersucht, welche Preise tatsächlich in den ersten Monaten nach Einführung des Euro gestiegen sind.

Das ist die schwarze Liste:

- Parkgebühren: +8,4 Prozent
- CDs: +7,2 Prozent
- Restaurants: +6,2 Prozent
- Cafés: +8,8 Prozent

Nach Angaben des Verbraucherverbands haben die Unternehmen die Einführung des Euro genutzt, um die Preise zu erhöhen. In der Folge hatte das Gaststättengewerbe dramatische Einbußen bei den Umsätzen zu verbuchen. Und das war genau die Absicht: Wer die Preise erhöht, soll dafür büßen. Die Regierung brauchte nichts dagegen zu tun, die Konsumenten sollten selbst wählen, indem sie zu teure Produkte nicht mehr kauften. Verbraucherorganisationen plädierten zwar dafür, dass der Staat in die Preisgestaltung eingreift, aber das hat bis dato wenig Effekt gehabt. Es ist übrigens auch die Frage, ob sie das überhaupt soll: Wenn die Regierung die Preise bindet, greift sie in den Markt ein. Und das war ja für Europa ganz und gar nicht geplant.

Wenn man ein Bußgeld bekommt, ist das bestimmt nicht schön, und je höher das Bußgeld, desto weniger schön ist es. Bei der Einführung des Euro musste die Justiz auch Bußgelder umrechnen. Die Bundesregierung beschloss hier, sozusagen als eine Art Vorbild gegen die Preistreiberei, ins Feld zu ziehen und ließ die Bußgelder 1:2 umrechnen, ohne nach oben aufrunden zu lassen. Also kann man jetzt dank des Euro in Deutschland billiger rasen.

Die Gastronomie lässt die Kunden zur Ader

Nach Einführung des Euro stiegen in der Gastronomie die Preise. Ein Glas Bier kostete auf einmal zwei Euro. Wir werden aufs Kreuz gelegt, dachten sich viele Kunden.

Die Verbraucherverbände machten sich daran, das Ganze unter die Lupe zu nehmen. Tatsächlich: Die Preise waren um fast sieben Prozent gestiegen. Empörung machte sich breit. Nein, nein, sagte die Gastronomie, alles nicht wahr: Unsere Kosten sind auch gestiegen, wir geben die Einkaufspreise nur an die Kunden weiter, unsere Preiserhöhungen sind also völlig gerechtfertigt. Das Ganze entwickelte sich sogar noch zu einem Politikum. Der Kanzler sprach davon, dass die Selbstregulierung in Gastronomie und Handel versagt hätte. Sein Finanzminister Hans Eichel stand ihm in dieser Kritik in nichts nach. Das brachte wiederum den Hauptverband des Deutschen Einzelhandels (HDE) auf die Palme, denn der machte unter anderem die von der Bundesregierung eingeführte Ökosteuer für die Preissteigerungen verantwortlich. Die besonders in die Kritik geratenen Gastronomen warfen den Politikern populistische Stimmungsmache vor und führten Ergebnisse des Statistischen Bundesamts an. Das hatte ermittelt, dass die Preise für Lebensmittel und Getränke um 4,8 Prozent gestiegen seien, die der Restaurants und Hotels aber lediglich um 3,7 Prozent. Es war also ein großes Hauen und Stechen.

Aber im Endeffekt ist gleich, wer Recht hat, denn der Konsument entscheidet und der zog seine Rückschlüsse. Die Kunden blieben weg. 2002 gaben Familien 4,3 Prozent weniger für Restaurant- und Cafébesuche aus, 2004 noch einmal 4,1 Prozent. Die Umsätze gingen zurück und vor allem an Wochentagen blieben die Leute zu Hause. Wenn sie das getan haben, weil sie wegen der Preiserhöhungen erbost waren, sind sie präzise den Aussagen bei der Einführung des Euro gerecht geworden: Wenn ein Unternehmer heimlich seine Preise erhöht, wird er schnell entlarvt werden. Die Regierung muss gar nichts tun, die Kunden schlagen ganz von selbst den Weg zu einem Konkurrenten ein, der nicht schummelt.

Vorteile für Unternehmen

Für Unternehmen hatte die Ankunft des Euro sehr viele Vorteile. Traditionellerweise haben Unternehmen, die nach Amerika exportieren, schon immer den Dollarkurs genauestens im Auge behalten. Wenn der Dollar fällt, fallen auch die Einkünfte. Das ist eine fortwährende Sorge, die auch für den europäischen Kontinent galt: Wenn man nach Italien oder Spanien exportierte und die Lire oder die Peseta brachen ein, dann hieß das: Zack, weg ist der Gewinn.

Durch den Euro ist der internationale Handel viel effizienter geworden, weil es einen Standard für ganz Europa gibt. Kosten können viel leichter verglichen werden, Gewinne auch. Wie macht das Tochterunternehmen in Portugal das? Kosten unsere Materialien in Deutschland dasselbe wie in Finnland?

Auch die Rechnungsstellung ist nun einfacher, alle Rechnungen werden in einer Währung erstellt. Und die Verwaltung eines Unternehmens muss nicht mehr ständig mit unterschiedlichen Währungen rechnen.

Für Banken ist auch alles ein ganzes Stück einfacher geworden. Sie können ihren Kunden in allen Ländern Konten anbieten und eine Übersicht aller Geschäftsvorgänge und Transaktionen in einer Standardwährung erstellen. Demgegenüber steht natürlich, dass die Finanzinstitute nicht länger die Kosten für den Umtausch verschiedener Währungen in Rechnung stellen können. Aber die Zunahme an Effizienz und Kostenersparnisse sowohl für Unternehmen als auch für ihre Finanzdienstleister gewinnt jede Argumentation über die Nachteile des Euro.

Eine Buchhaltung für alle Rechnungen

Firmen mit Niederlassungen in einzelnen oder allen Euroländern können kräftig Kosten sparen. Vor dem Euro mussten gesonderte Rechnungen in Francs, D-Mark und Gulden gestellt werden, nun wird standardmäßig alles in Euro berechnet. Die Rechnung muss zwar noch in der Landessprache erstellt werden, doch all die Rechnerei und der dazugehörige Administrationsaufwand können standardisiert werden.

Das gilt sowohl für die Buchhaltung als auch für alle Computersysteme, die dafür eingesetzt werden. Das ist auch der Grund, weshalb viele Unternehmen dazu übergegangen sind, ein zentrales Servicecenter für ganz Europa einzurichten.

Die Briten: Lasst uns mal lieber beim Pfund bleiben

Viele Briten wollen nichts mit dem Euro zu tun haben. Häufig wollen sie auch mit Brüssel im Ganzen nichts zu tun haben – die ganze EU kann ihnen einfach gestohlen bleiben. Warum soll jemand vom Kontinent bestimmen, wie groß unsere Busse zu sein haben?

Traditionell sind die Briten mehr auf die USA ausgerichtet. Ob sie sich nun gen Westen oder Osten verbeugen, sie sitzen sowieso genau in der Mitte, und viele wollen auch gern, dass das so bleibt.

Der britische Premierminister Tony Blair schwankt. Er ist ein Bündnispartner der Amerikaner, setzt sich aber auch sehr für Europa ein und ist für den Euro, genau wie die »City«, die Finanzwelt in London.

Im Sinne der Wirtschaft haben die Euroskeptiker im Vereinigten Königreich vielleicht durchaus ein Argument. Die britische Wirtschaft ist schon immer stark gewesen, eine der leistungsstärksten der westlichen Welt. Das kommt unter anderem daher, dass konservative Regierungen sie reformiert und äußerst flexibel gemacht haben.

Das Haushaltsdefizit ist gering, genau wie die Inflationsrate. Das Pfund ist eine harte und gesunde Währung, und die Bank of England, die britische Zentralbank, fährt einen eigenen Kurs.

Trotzdem gibt es viele Diskussionen über den Beitritt zur Eurozone. Finanzseiten im Internet und einschlägige Zeitungen führen regelmäßig die Vor- und Nachteile auf. Wenn das Pfund im Vergleich zum Euro stark ist, ist der mögliche Beitritt eine ganz andere Geschichte, als wenn das Pfund gerade schwach ist. Im letzten Fall ist es für das kontinentale Europa günstig zu importieren, weil Güter und Dienste dann relativ billig sind. Das ist nur ein Beispiel, aber es wird deutlich, dass auf der anderen Seite des Ärmelkanals noch viel diskutiert werden wird, bevor es so weit ist. Die Briten werden denselben Prozess von Unsicherheiten und Gewöhnung durchlaufen müssen, den die anderen Europäer schon hinter sich haben.

Zurzeit wollen sie noch ihr Pfund behalten, aber in Brüssel zweifelt niemand daran, dass zu guter Letzt auch die Briten für die Vorteile des Euro stimmen werden.

Die Bank of England beobachtet den Euro sehr genau. Das monetäre Leitungskomitee der Bank hält monatliche Sitzungen ab, und die Protokolle dieser Sitzungen können Sie im Internet einsehen (siehe www.bankofengland.co.uk). Dort finden Sie die Protokolle des Monetary Policy Committee.

Die komplizierte Agrarpolitik

In diesem Kapitel

- Die umfangreichen Subventionen für die Landwirtschaft
- Die Folgen für den Rest der Welt
- Die Reformen, die nur mühsam funktionieren

Wenn die europäischen Regierenden heutzutage eine Entscheidung über die Unterstützung der Landwirtschaft treffen müssten, würden sie es lassen. Sie würden Bauern nicht für die Produktion von zu viel Milch oder Getreide belohnen und würden ihnen kein zusätzliches Einkommen aus Steuergeldern geben.

Warum Subventionen für die Landwirtschaft?

Heute wird Regierungen von Brüssel auf die Finger geklopft, wenn sie einem Wirtschaftssektor oder einem Unternehmen Geld zuschießen, während die EU selbst noch immer einer der Motoren der staatlichen Unterstützung ist. Die Landwirtschaft schluckt 45 Prozent des EU-Haushalts: ungefähr 44 Milliarden Euro. Deswegen nehme ich in diesem Kapitel die Agrarpolitik unter die Lupe.

Sicherstellen der Nahrungsmittelproduktion

Nach dem Zweiten Weltkrieg gab es Lebensmittelmangel und Hunger, und um das in Zukunft zu verhindern, hat Europa die Landwirtschaft unterstützt. Die Regierungen wollten auch verhindern, dass Bauern auf dem harten Weltmarkt untergehen. Sie sollten ein vernünftiges Einkommen haben, denn wenn man sie auf dem freien Markt operieren lässt, kommt es immer wieder zu Konkursen von weniger erfolgreichen Landwirten.

Wenn man sich die ursprünglichen Zielsetzungen ansieht, ist die Agrarpolitik ein voller Erfolg. Die EU ist eine der produktivsten und dominantesten Teilnehmer des Weltmarkts, wenn es um die Landwirtschaft geht.

Die Europäische Union ist nicht die erste Organisation, die ihre eigene Landwirtschaft mit Subventionen schützt. Der Erste war der »Eiserne Kanzler« Otto von Bismarck (1815–1898). Bismarck hat Mitte des 19. Jahrhunderts Zölle für aus der Ukraine importiertes Getreide eingeführt, um das Eindringen in den deutschen Markt zu erschweren. Das hat die deutsche Agrarpolitik bestimmt.

Im Laufe der Zeit entstand eine aufwärts strebende Spirale: Die Preise stiegen und stiegen. In der Folge der Subventionen von Brüssel wurden Produkte teurer. Jedes Land, das Mitglied der Union wurde, sah seine Preise klettern. Großbritannien hatte immer niedrige Getreidepreise, doch als das Land 1973 Mitglied der EG geworden war, war es damit vorbei. Spanien trat 1985 bei, und die Getreidepreise stiegen in den Himmel.

 Im Gründungsvertrag der Europäischen Gemeinschaft, dem Vertrag von Rom (siehe auch Kapitel 1), ist ein gesonderter Teil der Landwirtschaft gewidmet. Die Stabilisierung des Marktes war ein Ziel, ein anderes das, die Preise auf einem »vernünftigen« Level zu halten.

Das Ziel war, bezüglich der Nahrungsmittelversorgung autark zu sein, also unabhängig von Ländern außerhalb Europas zu werden. Die (städtische) Bevölkerung sollte Zugang zu einer abwechslungsreichen Ernährung haben, in ausreichender Menge und zu niedrigen Preisen. Das konnte nur sichergestellt werden, wenn der Markt reguliert wurde. Darum wurde im Vertrag von Rom das Eingreifen von oben in den Agrarmarkt abgesprochen. Es sollte eine europäische Marktorganisation geben, die nationale Aktivitäten in der Landwirtschaftspolitik ersetzen sollte.

*Abbildung 5.1: Sicco Mansholt, der niederländische Gründungsvater der EU-Agrarpolitik in den 50er Jahren
(Quelle: © Europäische Kommission/Rat der Europäischen Union)*

Schutz vor dem erbarmungslosen Markt

Preise kommen durch Angebot und Nachfrage zustande. Wenn es viel Fleisch gibt, sinkt der Preis. Will jeder Fleisch kaufen, aber es ist nicht genug da, steigt er.

Der Markt sorgt also dafür, dass jemand verschwindet, der etwas produziert, wofür kein Bedarf besteht. Ein Bauer, der Getreide produziert, während es einen Getreideüberschuss gibt, wird am freien Markt nicht überleben.

Dieser Mechanismus wird allgemein immer mehr akzeptiert. In der Zeit nach dem Zweiten Weltkrieg, als es mehr darum ging, genug Nahrungsmittel zu haben, und weniger darum, einen freien Markt zu haben, wurde die Disziplin des Marktes als zu hart und erbarmungslos befunden, um die Landwirtschaft ihm auszusetzen.

Es gibt immer noch Menschen, die das Funktionieren des Marktes nicht unkontrolliert zulassen wollen. Konkurse nicht erfolgreicher Unternehmer – in einem freien Markt als gesunder Korrekturmechanismus angesehen – werden von vielen für unsozial gehalten. Der Markt und die Preise von Produkten nehmen ja keine Rücksicht auf Personen und soziale Aspekte.

Garantierte Preise, garantierter Betrug

Die Folge des Eingreifens in den Markt besteht darin, dass die EU sich in alles einmischt: die Preise, die Einkommen der Bauern, die Größe der Betriebe und den Viehbestand.

Der Preis von Milch und Brot im Supermarkt ist garantiert. Es gelten Minimalpreise. Das bedeutet, dass ein Bäcker oder Milchbauer nicht einfach mal eben den Preis senken kann. Das aber ist genau das Kennzeichen eines freien Marktes: Der Verbraucher kann suchen, bis er den niedrigsten Preis findet, und das Produkt kaufen, das er kaufen will. Wenn er sich dafür entscheidet, mehr zu bezahlen, bekommt er auch mehr: mehr Service, eine schönere Verpackung oder was auch immer einen höheren Preis rechtfertigt. Einen Markt gibt es, wenn es auch Preisunterschiede gibt. Nicht aber beim »Markt« für Agrarprodukte (siehe auch *Die hohen Preise hierzulande* weiter unten in diesem Kapitel).

Brüssel verteilt das Geld, ist der Boss und muss auch kontrollieren, dass es den Bauern in Europa im Großen und Ganzen gut geht. Dafür gibt es ein System von Büros in der ganzen Union, das vor Ort kontrolliert, ob die Landwirtschaft auf die richtige Art betrieben wird, und nicht auf eine Weise, die den Regeln zuwiderläuft. Zum Beispiel: Wenn eine Subvention für Baumwolle gegeben wird, wird kontrolliert, ob auch tatsächlich Baumwolle auf dem Feld steht.

Das Problem dabei ist, dass es Bauern gibt, die ihre Aktivitäten völlig auf die Subventionen ausrichten. Mit anderen Worten: Sie tun, was entsprechend der EU-Richtlinien Geld bringt, und das ist nicht der Sinn der Sache. Wenn die EU das spitzkriegt, können die Subventionszahlungen eingestellt werden.

Es kann ziemlich viel schief gehen. Der Europäische Rechnungshof (der Kontrolleur der Ausgaben) zeigt in Jahresberichten auch, wo die Agrarpolitik für Betrug anfällig ist, zum Beispiel, wenn es um Viehzucht und die Haltung lebender Tiere geht. Da fließen in der gesamten EU schnell mal eben etwa sieben Milliarden Euro an Subventionen hin, auf der Basis der Anzahl an Tieren. Und hier eine kleine Liste der Betrugsmöglichkeiten:

- ✔ Es grasen weniger Kühe auf dem Land als angegeben.
- ✔ Es gibt keine gut funktionierende Registrierung von Tieren (also gibt es auch keine Kontrollmöglichkeiten).
- ✔ Die »Pässe« von Tieren sind futsch.
- ✔ Die Tiere haben nicht zwingend vorgeschriebene Ohrmarken.
- ✔ Tiere werden häufig umgestellt, so dass Fehler beim Zählen entstehen können.

Viele Menschen finden, dass ein Kälbchen mit einem großen gelben Plastikschild am Ohr einen unschönen Anblick bietet. Sieht ja wirklich nicht hübsch aus, aber die Ohrmarken sind unter anderem dafür da, Betrug in Form von Missbrauch von Steuergeldern zu verhindern.

Die Subventionen werden den Bauern von ihren nationalen Regierungen ausgezahlt. Brüssel bezahlt einen Vorschuss und die Bauern bekommen das Geld dann von ihrer eigenen Regierung, die auch kontrolliert, ob der Empfänger die EU-Richtlinien erfüllt.

Olivenöl hält jung (auf Kosten der EU)

Olivenöl erhält man logischerweise durch das Auspressen frischer Oliven. Das kontrolliert die EU in Griechenland, Italien, Portugal und Spanien. Brüssel macht das nicht selbst, sondern hat lokale Agenturen mit den Kontrollen beauftragt. Was zeigte sich? Wenn man die Produktion von Olivenöl mit der Anzahl ausgepresster Oliven verglich, stimmte das Ergebnis bei einem von acht Betrieben von vorne bis hinten nicht.

In Italien war es sogar so, dass die Anzahl ausgepresster Oliven, für die Subventionen beantragt worden waren, größer war als die aller in Italien im Jahr 2002 produzierten.

Und was passiert in einem solchen Fall? Die Subventionen werden eingezogen. Ein halbes Prozent der Betriebe wurde kontrolliert, und auf der Basis dessen haben die Kontrolleure vorgeschlagen, einem von acht Bauern die Subventionen zu entziehen.

Na ja, was sagt man noch gleich in der Werbung: Wissen Sie, warum die Menschen in Südeuropa so lange jung und vital bleiben? Das kommt vom Olivenöl! Und ewige Jugend darf man sich doch was kosten lassen, oder?

Auch der Europäische Rechnungshof kontrolliert die Ausgaben später. Kontrolleure überprüfen zum Beispiel, ob die Anbauflächen wirklich korrekt angegeben wurden oder ob ein Viehhalter wirklich die Anzahl Tiere im Stall stehen hat, die auf dem Papier stehen.

Das geht nicht immer gut: Während der Maul- und Klauenseuchen-Krise mussten jede Menge Tiere geschlachtet werden, und manchmal stellte sich bei der Räumung von Betrieben heraus, dass kein einziges Tier im Stall stand, während die Bauern sehr wohl welche angegeben hatten. So einen Fall gab es zum Beispiel 2001 in Irland. 16 Betriebe hatten überhaupt keine Schafe und 106 Betriebe hatten weniger, als registriert war. Um diese Zustände zu verhindern, müssen Viehhalter darüber Buch führen, welches Tier wann umgestellt wird und wohin.

1998 hielt das Phänomen Teledetektion seinen Einzug. Mit Luft- und Satellitenfotos wurde kontrolliert, wie groß die Anbauflächen wirklich sind. So können Bauern erwischt werden, die mehr Anbauflächen angeben, als sie wirklich bewirtschaften, um mehr Subventionsgeld zu bekommen.

Manchmal sind Kontrollen nicht möglich, weil das jeweilige Land nicht kooperiert. So wollten Kontrolleure einmal in Spanien ein bisschen beim Pressen der Oliven zusehen, erhielten aber keine Gelegenheit dazu.

Für den Rest der Welt geschlossen

Jeder weiß es: Die EU steht für einen freien Verkehr von Gütern und Dienstleistungen; einen freien Markt, auf dem man genauso einfach im eigenen Land etwas verkaufen (oder kaufen) kann wie außerhalb. Ein prächtiger Plan – bis man die »Außengrenze« überschreitet. Wenn man Geschäfte mit einem Land außerhalb der Europäischen Union machen will, sieht alles sofort ganz anders aus.

Ein Bauer aus Argentinien oder Südkorea kann seine Produkte nicht einfach so in einem EU-Land verkaufen. Der interne Markt von Europa hat sich gegen das Eindringen von Produkten von außerhalb geschützt.

Protektion von Europa

Die EU hat die Landwirtschaft immer schon protegiert. Wie funktioniert das eigentlich? Was kann ein Land (oder eine Gruppe von Ländern wie die Union) tun, um Produkte von außerhalb draußen zu halten?

Hierfür gibt es ein paar Instrumente:

- ✔ **Abgaben.** Man kann Steuern oder Zölle auf Güter erheben, die importiert werden. Diese werden dadurch teurer und weniger interessant als die »eigenen« Produkte, auf die keine zusätzlichen Abgaben erhoben werden.
- ✔ **Subventionen.** Man gibt lokalen Produkten finanzielle Unterstützung, damit ihre Produktion weniger kostet.
- ✔ **Quoten.** Man legt ein Maximum für importierte Güter fest, damit der Marktanteil der lokalen Produkte konstant bleibt und ausländische Produkte den Markt nicht beherrschen können.

Man sieht in der ganzen Welt, dass mächtige Länder oder Ländergruppen all diese Mittel einsetzen, um ihren Markt zu schützen. Selbst Länder, die für einen freien Welthandel sind, machen das. Als die USA keine Bananen nach Europa exportieren durften, erhoben sie Importzölle auf europäische Produkte wie französischen Käse und italienischen Wein.

Sinkende Preise auf dem Weltmarkt

Inzwischen werden Lebensmittel immer billiger. Landwirtschafsbetriebe können mit weniger Personal viel mehr produzieren, und zwar durch:

- ✔ Einsatz von Maschinen
- ✔ Einsatz von Kunstdünger
- ✔ Einsatz von Unkraut- und Schädlingsbekämpfungsmitteln
- ✔ Einsatz von Hormonen und Antibiotika
- ✔ Verkleinerung der Fläche, die pro Tier zur Verfügung steht

Viele Menschen sind gegen diese Entwicklungen, weil die intensive Landwirtschaft nicht umwelt- und tierfreundlich ist. Glücklicherweise gibt es dafür in diesem Jahrhundert ein gestiegenes Bewusstsein, und auch die EU geht auf die Fragen der Bürger nach einer zukunftsorientierten Landwirtschaftspolitik ein.

Bei den Agrarreformen werden Bauern belohnt, wenn sie ökologisch verantwortlich handeln. Die Ansichten haben sich geändert und Europa ändert sich mit, auch wenn es langsam geht.

Aber es ging hier ja um die Preise: Viele Hühner im Stall bedeuten, dass mehr Eier produziert werden und der Bauer mehr verdienen kann. Dieses Prinzip gilt natürlich auch für Schweine und Kühe. Schädlingsbekämpfungsmittel vergrößern den Ertrag, weil Schädlinge keine Chance bekommen, das zu machen, womit sie sich ihren Namen verdient haben, zu schaden. Kunstdünger sorgt dafür, dass pro Quadratmeter mehr Pflanzen angebaut werden können. Mit Antibiotika behandelte Tiere werden schneller gesund. All diese Entwicklungen haben Bauernhöfe zu wahren Produktionsmaschinerien gemacht, super-effizient, so dass – im wirtschaftlichen Sinn – alles aus dem Land und den Tieren herausgeholt wird, was herauszuholen ist.

Die hohen Preise hierzulande

Durch die europäische Agrarpolitik zahlen die Konsumenten in der EU zu hohe Preise für alle Produkte, die subventioniert sind. Für Zucker, Butter und Fleisch bezahlen wir in den Geschäften fast den dreifachen Marktpreis. Auch Weizen (Brot) ist zu teuer, selbst im billigsten Supermarkt, den Sie finden können.

Der Ladenpreis ist für die Bauern garantiert und demzufolge zu hoch. Stellen Sie es sich vor: Es wird zu viel Weizen produziert, also sollte der Preis bei einem solch großen Angebot eigentlich sinken. Bei Knappheit wird etwas teuer, durch Überschüsse (mehr Angebot als

Nachfrage) muss der Preis sinken. Die EU sorgt dafür, dass dieser Mechanismus nicht funktioniert, sie greift in den Markt ein (indem sie Minimalpreise festlegt), und dadurch bezahlen wir als Verbraucher zu viel. »Wir haben aus Luft Vermögen geschaffen«, sagt der ehemalige Landwirtschaftskommissar Frans Andriessen. Wenn Sie wöchentlich Ihre Einkaufstasche mit den in Tabelle 5.1 aufgeführten Produkten füllen, bezahlen Sie jedes Mal 10,33 Euro zu viel. Das sind 537,15 Euro pro Jahr!

Und da kommt noch etwas anderes hinzu: Alle 300 Millionen Europäer zahlen für die Agrarpolitik. Über die Steuern und die Umsatzsteuer fließt unglaublich viel Geld nach Brüssel. Die Kosten: 146 Euro pro Person pro Jahr. Wenn Sie die hohen Ladenpreise dazuzählen, kostet die Agrarpolitik jeden von uns gut 683 Euro pro Jahr.

Mit der Erweiterung der EU auf 25 Länder werden eine halbe Milliarde Menschen im vereinigten Europa wohnen, während die Subventionen für die Landwirtschaft etwas sinken, auf 40 Milliarden Euro. Ziel ist, dass der Gesamtbetrag nicht steigen soll. Damit sinken die Kosten für jeden einzelnen Europäer dann auf 80 Euro pro Jahr. Macht also einen ganz schönen Unterschied. Wir sind auf dem richtigen Weg.

Produkt	heutiger Preis	Preis ohne Subventionen
1 Liter fettarme Milch	€ 0,65	€ 0,32
1 Kilo Rindfleisch	€ 15,00	€ 7,50
1 Kilo Zucker	€ 1,02	€ 0,41
1 Päckchen Butter (250 g)	€ 1,09	€ 0,55
1 Kilo Bananen	€ 1,69	€ 0,94
1 Brot	€ 1,80	€ 1,20
Gesamt	**€ 21,25**	**€ 10,92**

Tabelle 5.1: Das müssten Sie bezahlen, wenn die Subventionen abgeschafft würden.

Abschaffung der Subventionen: In zehn Jahren sind wir noch immer nicht damit fertig

Ein Markt, der sich in der Entwicklung befindet, darf ruhig unterstützt werden, ein gesunder, »erwachsener« Markt nicht, so jedenfalls die allgemein verbreitete Auffassung. Links und rechts, innerhalb wie außerhalb dieses Bereiches findet man, dass die Agrarpolitik dringend der Reform bedarf. Bloß wie?

Eines ist sicher: In zehn Jahren werden wir ein paar Schritte weiter sein, aber noch lange nicht fertig. Europa wird die Landwirtschaft noch eine ganze Weile unterstützen müssen. In zehn bis 15 Jahren geben wir wahrscheinlich ein paar Milliarden weniger für Subventionen aus, aber das Problem wird noch nicht gelöst sein.

Die Agrarpolitik hat sich überlebt

Wir haben in Europa schon lange keine Nahrungsmittelknappheit mehr, sondern seit Jahren enorme Überschüsse. Lebensmittel sind ein alltägliches Produkt geworden und haben den symbolischen Wert verloren, den sie kurz nach dem Zweiten Weltkrieg hatten. Der Verbraucher im 21. Jahrhundert verwendet nur einen kleinen Teil seines Budgets für Nahrungsmittel.

 Durch diese Veränderungen in Europa und der Welt ist die Agrarpolitik der EU nicht mehr aufrechtzuerhalten, schon allein wegen einer Anzahl externer Kräfte. Dabei muss man an folgende Faktoren denken:

- ✔ Die Dritte Welt klopft an unsere Türen. Arme Länder, in denen sich ein relativ großer Agrarsektor befindet und die Zugang zum europäischen Markt wollen, werden jedoch durch Zölle fern gehalten.

- ✔ Die WTO stellt Forderungen. Die Welthandelsorganisation fördert den freien Welthandel, auch bei Landwirtschaftsprodukten. Kein Land sollte seinen eigenen Markt nach außen abschirmen. Die Amerikaner dürfen nach Ansicht der WTO ihre Stahlindustrie nicht subventionieren, die Europäer nicht ihre Bauern.

- ✔ Die Erweiterung der EU macht die Agrarpolitik in ihrer heutigen Form unmöglich. Neue EU-Länder wie Polen wollen auch eine kräftige Subventionierung ihrer Agrarwirtschaft. Auf lange Sicht lässt sich das finanziell nicht mehr tragen, und es würde einem neuen Mitgliedsland einen völlig falschen Impuls geben: Unterstützung, während das vornehmlichste Ziel doch gerade darin besteht, von den Subventionen wegzukommen.

- ✔ Durch die Subventionen ist Überproduktion entstanden. Europa produziert viel mehr Nahrungsmittel, als es braucht. Umwelt und Tiere werden überlastet, und das Ganze wird durch die Subventionen immer mehr geschürt.

Hinzu kommt, dass die Landwirtschaft es mit Krisen zu tun bekommen hat, vor allem Tierkrankheiten. Die Landwirtschaft ist dermaßen intensiv, das heißt, sehr viele Tiere befinden sich auf engstem Raum und sind in kürzester Zeit schlachtreich, dass Krankheiten sich sehr schnell ausbreiten können. Dadurch ist es zu solchen Seuchen wie Geflügelpest, Schweinepest und BSE (Rinderwahnsinn) gekommen, die Massenschlachtungen notwendig machten, wodurch die Viehhaltung immense Rückschläge erlitten hat.

Es gibt heftige Diskussionen über das Wohlergehen von Tieren. Die Bauern bewirtschaften ihre Betriebe in immer größerem Maßstab und immer intensiver. Tieren werden Antibiotika verabreicht, um sie »gesund« zu halten. Trotzdem wurden Tiere krank und lebten mit zu vielen Artgenossen auf viel zu engem Raum. So entstand auch ein gigantisches »Mistproblem«, das schlecht für die Umwelt ist. Im Ackerbau wurde intensiver Gebrauch von Schädlingsbekämpfungsmitteln gemacht. Die sind nicht nur schlecht für die Umwelt, sondern auch unserer Gesundheit abträglich.

Kurzum: Die subventionierte Landwirtschaft hat sich zu einer gigantischen Maschinerie ausgewachsen, die langsam doch einige Mängel zeigt.

Schweinepest: 10 Millionen Tiere tot und eine Geldbuße dazu

1997 brach in Deutschland und den Beneluxstaaten die Schweinepest aus. Eine extrem ansteckende Krankheit, die ein sofortiges Eingreifen erforderlich macht. Das ist auch geschehen: Tausende Schweinebetriebe wurden geräumt. Heißt im Klartext: Alle Tiere wurden getötet, mehr als zehn Millionen Stück. In den Niederlanden sogar die Hälfte aller Schweine. Die Emotionen schwappten über. Die Bauern fanden es furchtbar und die Öffentlichkeit auch. Monatelang waren im Fernsehen in den Nachrichten Greifer zu sehen, in denen tote Tiere hingen, die abtransportiert wurden.

Ein großer Teil der Maßnahmen war präventiv mit dem Ziel, die Ansteckung einzudämmen. Trotzdem haben die Niederlande eine Geldbuße in Höhe von 37 Millionen Euro aufgebrummt bekommen. Der Grund: Es wurde zu spät reagiert und die Schlachtungen wurden nicht konsequent genug angepackt. Außerdem wurde der Wert der getöteten Tiere zu hoch geschätzt, wodurch die geschädigten Bauern zu viel Geld von Brüssel gefordert hatten. Die Kommission verhängte deshalb eine Kürzung von etwa 25 Prozent.

Die Protektion von Unternehmern ist un-europäisch

Europa verbietet die Förderung von Unternehmen. Wenn ein Sektor oder ein Unternehmen Schwierigkeiten auf dem Markt hat, darf der Staat nicht einfach mit Geld aushelfen. Ironischerweise ist die EU selbst jedoch einer der weltgrößten Zuteiler von staatlichen Zuwendungen!

Millionen von Bauern in Europa erhalten Geld aus Brüssel. 1992 gab es eine Agrarreform, die den Akzent von Subventionen für Produkte auf solche für Einkommen verschob. Ein Bauer erhält maximal 200.000 Euro an Subventionen pro Jahr.

Subventionen für Einkommen statt für Produkte heißt, dass der Bauer nicht Geld für den Anbau von Weizen oder die Haltung von Milchkühen erhält, während es Überschüsse gibt. Die Kehrseite der Medaille besteht darin, dass durch Einkommenszuschüsse Ungleichheit zwischen den Landwirten entsteht: Einige Bauern sind in ihrem Einkommen von Brüssel abhängig geworden, während andere gar nichts bekommen.

Das gilt auch für Produkte, die subventioniert werden. Die Betriebe zum Beispiel, die Blumen und Blumenzwiebeln produzieren, bekommen keinerlei Zuschüsse aus Brüssel, sie müssen selbst dafür sorgen, dass ihre Betriebe gesund bleiben. Die Hilfe, die ihre Kollegen aus Brüssel bekommen, empfinden sie als ungerechtfertigte Unterstützung, die den Wettbewerb behindert.

Der Butterberg

Jeder bisherige Landwirtschaftskommissar hat Versuche unternommen, den Auswüchsen ein Ende zu bereiten.

Frans Andriessen, der von 1985 bis 1989 Landwirtschaftskommissar war, empfand die Tatsache, dass die EU enorme Kosten aufbrachte, um Kühlhäuser instand zu halten, schwer verdaulich. Die Überschüsse an Milch und Butter wurden gelagert, das waren Hunderttausende von Tonnen. Andriessen bat um Geld, das er nach langen Diskussionen auch bekam, um den Butterberg abzubauen. Aus Butter kann man Seife und andere Dinge herstellen, und Andriessen wollte die Butter zum Spottpreis verkaufen, um die dämlichen Kühlhäuser loszuwerden. Das ist ihm gelungen, und seine Vorgehensweise ging in die Geschichte ein.

Auf einen Schlag abschaffen geht nicht

Die Reform der Agrarpolitik ist ein komplexer Vorgang, weil die Interessen so groß sind. Und natürlich, weil auf europäischem Niveau Einigungen erzielt werden müssen, die sicherstellen, dass jedes Land für seine eigenen Landwirte sorgt.

Wie würden Sie es finden, wenn Ihre Familie schon seit Generationen auf demselben Stück Land einen Bauernhof betreibt, und dann müssen Sie damit aufhören, weil der Markt Ihre Produkte nicht mehr braucht und Brüssel Ihnen nicht mehr hilft? Schön ist anders – aber genau das sind die Aussichten für Millionen von Bauern in Europa, jetzt, da die Subventionen abgebaut werden.

Die Generaldirektion (das Eurolingo-Wort für Ministerium) für Landwirtschaft wird in den kommenden Jahren die Subventionen anders zuweisen. Der Zusammenhang zwischen Produktion und Subventionierung soll verschwinden, damit die Landwirtschaftsbetriebe sich mehr nach dem Markt richten. Vorläufig gibt es weiterhin Zuschüsse, um den Bauern ein Einkommen zu sichern. Das nennt sich »produktionsunabhängige einzelbetriebliche Zahlung«. Die sind an Bedingungen geknüpft: Die Bauern müssen die Regelungen zu Umweltschutz, Nahrungsmittelsicherheit und Tierschutz erfüllen. Wenn sie die vorgegebenen Normen nicht erfüllten, bekommen sie auch kein Geld.

In einigen Fällen gibt es immer noch Subventionen, die mit den Produkten gekoppelt sind, um zu verhindern, dass die Bauern den Anbau bestimmter Produkte komplett einstellen. Das gilt für Tabak, Olivenöl und Baumwolle. Der Grund ist, dass diese Produkte aus Gebieten kommen, die ökonomisch unterentwickelt sind. Wenn man die Subventionen einfach so einstellen würde, wäre der Schaden für diese Regionen größer als der Nutzen.

Ein gutes Beispiel ist das Olivenöl. Würden die Bauern die Olivenhaine aufgeben, wäre das nicht gut für die Umwelt. Auch die lokale Kultur und die soziale Struktur würden leiden. Mit Subventionen für die Betriebe werden die Haine verwaltet, ob dann auch produziert wird, ist den Bauern selbst überlassen.

5 ➤ Die komplizierte Agrarpolitik

Abbildung 5.2: Das Wohlergehen von Tieren ist für die Entscheidungsträger der EU immer wichtiger geworden. (Quelle: © EU-Kommission/Rat der Europäischen Union)

 Jeder, der einmal in Andalusien in Südspanien gewesen ist, erinnert sich an die endlosen, wogenden Olivenhaine. Eine wunderschöne Landschaft, die schon lange nicht mehr existieren würde, wenn die EU den Olivenbauern nicht mit Subventionen beigestanden hätte.

Im Moment legt Brüssel den Preis einer Anzahl von Produkten fest und die Preise liegen höher als die Weltmarktpreise dieser Produkte. Durch Preissenkungen versucht man nun, die Kluft zwischen den europainternen Preisen und denen außerhalb der EU zu verringern.

Die Preissenkungen gelten für:

✔ Butter

✔ Milch

✔ Getreide

✔ Reis

✔ Weizen

✔ Nüsse

✔ Kartoffeln

✔ getrocknete Futterpflanzen

In der Agenda 2000 – dem Konzept der Europäischen Kommission – stehen die europäischen Landwirtschaftspläne für zehn Jahre. Dass es mit der Subventionierung 2010 vorbei wäre, können wir jedoch vergessen. Die Summe, die in die Landwirtschaft fließt, sinkt etwas, summiert sich aber immer noch auf mehr als 40 Milliarden Euro, auch in zehn Jahren.

Doch wird die EU die Regelungen vereinfachen und eine Anzahl von Verordnungen schlichtweg streichen. Im Moment sind die Regeln ziemlich kompliziert und detailliert. Das wird sich ändern, denn alles soll transparenter werden.

Die Subventionen für Produkte werden gesenkt, beispielsweise für Rindfleisch, Olivenöl und Tabak. Es werden Maßnahmen geplant, um Bauern früher in Rente zu schicken. Der ökologische Anbau wird gefördert.

Lauter gute Ideen. Aber auch die EU-Kommission sieht die Gefahr am Horizont aufziehen, dass Reformen wieder zu unerwünschten Folgen führen: Es muss verhindert werden, dass sich die Landwirte auf andere Aktivitäten verlegen, nur um weitere Subventionen einstecken zu können.

So langsam kommt man in Brüssel dahinter: Wenn Geld zu verteilen ist, kommen manche Menschen auf gründlich falsche, wenn auch bisweilen sehr kreative, Ideen.

Die Folgen freier Preise

Ein freier Markt, auf dem die Preise zustande kommen, indem Angebot und Nachfrage aufeinander treffen, ist die Zukunft der Bauern in Europa. Was nun bereits für Kleidung, Spielwaren, Autos und allerlei Alltagsgegenstände gilt, wird langfristig auch für Getreide, Butter und Fleisch gelten.

Europäische Bauern müssen sich dem Wettbewerb stellen

Diejenigen, die auf eine Marktregelung vertrauen, sehen das Engagement von Regierungen als Notwendigkeit an. Das kann weit reichende Folgen haben: Durch die Globalisierung des Welthandels wird es nötig sein, dass Regierungen auf Weltniveau den Markt steuern, also koordiniert auftreten: Die Märkte umfassen ja auch die ganze Welt.

Die Frage ist, wie das geschehen muss. Nicht nur, dass sich der Trend gegen zentrale Steuerung wendet, es ist auch so, dass sie nicht immer funktioniert, weil es das eine oder andere Grüppchen gibt, das sich einer Regulierung entzieht.

Die Dritte Welt kann hier verkaufen

In den Entwicklungsländern ist die Landwirtschaft noch wichtiger als in Europa und Amerika. Mehr als 50 Prozent der Arbeitskräfte in der Dritten Welt sind Bauern. Wenn diese Länder ihre

Nahrungsmittel in Europa verkaufen können, können sie feste Einkommen erzielen und sich weiterentwickeln. In den 50ern zielte die europäische Agrarpolitik darauf, der Dritten Welt zu helfen. Heute können aber Produkte aus Drittweltländern kaum auf den europäischen Markt gelangen, weil alles, was von anderen Märkten importiert wird, mit saftigen Zöllen belegt wird. Das macht die Produkte teuer, ohne dass sie deshalb besser wären.

Die WTO: Der Wachhund beißt sich die Zähne an Stahl aus

Was ist schöner als Freiheit und freier Handel? Die Welthandelsorganisation WTO (World Trade Organisation) steht dafür mit aller Macht ein. Aber die WTO hat sich nicht nur Freunde gemacht. Globalisierungsgegner protestieren, wenn eine Sitzung der Handelsorganisation stattfindet, denn Welthandel soll schlecht für die Allerärmsten sein.

Aber auch die Amerikaner haben bisweilen ihre liebe Mühe mit der WTO, weil sie den USA auf die Finger klopft, wenn sie ihre eigenen Unternehmen oder Marktbereiche begünstigt.

Die Länder der Dritten Welt sind auch ganz schön angefressen, weil die USA und Europa ihre Subventionen nur in kleinsten Schrittchen zurückfahren.

Regelmäßig misslingen WTO-Verhandlungen, alle Beteiligten gehen frustriert und sauer nach Hause und schieben sich gegenseitig den schwarzen Peter für den Misserfolg zu.

Beim letzten Drama dieser Art drehte es sich um das Thema Stahl. Die Amerikaner förderten ihre Stahlindustrie, und der Rest der Welt nahm ihnen das übel. Europa drohte, amerikanische Agrarprodukte mit saftigen Zöllen zu belegen. Schließlich schwenkten die USA im Dezember 2003 um. Die verflixte WTO hatte sie doch tatsächlich gezwungen! Das ist das Schicksal eines Wachhundes, der zugleich einen Tisch zur Verfügung stellt, um den sich die Streitpartner zur Klärung der Konflikte versammeln können. Übrigens: Sehr viele kleine Scharmützel wie der »Apfelkrieg«, der sich um die Ausfuhr amerikanischer Äpfel nach Japan drehte, werden sehr wohl durch die WTO zur Zufriedenheit aller geklärt.

Es hilft der ganzen Welt

Wenn die Preise für landwirtschaftliche Produkte frei sind, bezahlt der Verbraucher weniger und die Dritte Welt kann durch den Verkauf von Produkten an den Westen verdienen.

Nach Meinung des jungen britischen Wirtschaftswissenschaftlers Philip Legrain ist die Subventionierung der Landwirtschaft ein Anachronismus, wenn nicht geradezu kriminell, weil die Dritte Welt vom europäischen Markt verdrängt wird, während drei Viertel der Menschen dort jedoch von der Landwirtschaft leben müssen.

Brasilien konnte 24 Jahre lang keine Geflügelprodukte nach Europa exportieren, obwohl ein brasilianisches Huhn ein Drittel billiger ist als ein europäisches. Die Brasilianer finden es blödsinnig: Wir haben noch nie Fälle von Maul- und Klauenseuche oder Schweinepest gehabt, sagen sie.

Diese Krankheiten und mehr kommen in Westeuropa sehr wohl vor, wie die Beispiele der Geflügelpest und des Rinderwahnsinns gezeigt haben. Diese Krankheiten kosten den Steuerzahler Geld, denn die Bauern werden ja für die Vernichtung ihrer Viehbestände entschädigt.

Philip Legrain glaubt an den freien Handel in Kombination mit Maßregeln bezüglich Umwelt, Nahrungsmittelsicherheit und Tierschutz. Die Folge eines freien Handels wäre der Untergang nicht effizienter Unternehmen in Europa, Amerika, Japan und Südkorea.

Dann könnten wir billigere und vielleicht sogar bessere Nahrungsmittel aus Ländern wie Australien, Argentinien, Brasilien und Thailand kaufen. Wenn westliche Landwirte Bioprodukte anbauen und die Verbraucher dafür mehr Geld zu zahlen bereit wären, würden sie nicht Pleite gehen. Aber wie auch immer: In einer Welt ohne Subventionen müssten sie kämpfen, um sich ihren Platz auf dem freien Markt zu erobern.

Dieses Szenario wurde in Neuseeland vorgeführt, wo 1984 die Subventionen abgeschafft wurden. Einige Unternehmen verschwanden, andere ergriffen Sparmaßnahmen und wieder andere stellten ihre Produktion um.

Der Einsatz von Kunstdünger verringerte sich, weil das nicht mehr »belohnt« wurde, also wurden die Gewässer und der Boden sauberer.

Das Argument der Selbstversorgung zieht nicht mehr: Wenn Westeuropa billigere Nahrungsmittel aus Drittweltländern importieren kann, warum sollte das nicht die bessere Alternative sein?

Das Leben der Bauern verändert sich

Traditionsgemäß waren Bauern immer mit dem Land verbunden und im Gemeindeleben aktiv. Es gab vielfältige Kontakte zwischen den Bauern und der restlichen Gesellschaft.

Bauern strukturierten das Land, gaben ihm Form und erfüllten eine wichtige wirtschaftliche und soziale Rolle.

In Nordeuropa ist das nur noch teilweise so. Dort arbeiten viele Bauern in ihrem oft riesigen und industrialisierten Betrieb oder sie sitzen auf ihrem Trecker und führen ein isoliertes Leben. Griechenland, Italien, Spanien und Portugal dagegen haben noch einen Bauernstand, der in der Gesellschaft verankert ist, und dasselbe gilt für viele der neuen Beitrittsländer.

Weniger Bauern

Weil die Landwirtschaft so intensiv geworden ist, können Betriebe mit weniger Personal mehr produzieren, also sind weniger Bauern nötig. Diese Entwicklung sieht man auf der ganzen

Welt, in Europa, Amerika und Japan. Dort sind drei von vier Bauern in den letzten 40 Jahren verschwunden. Das gilt auch für Deutschland. In der gesamten EU sind nur 4,7 Prozent der Bevölkerung Landwirte.

Die Bauernschaft würde größtenteils verschwinden, wenn der Subventionsgeldhahn zugedreht würde.

Wenn man es rein wirtschaftlich betrachtet, tragen Bauern wenig zum nationalen Einkommen bei. In den meisten Ländern macht das nur wenige Prozent aus. Wenn man die ausgezahlten Subventionen abzieht, bleibt noch weniger übrig.

Die Bauern, die weitermachen, werden zu Managern, sie müssen die richtige Nutzung des Bodens beaufsichtigen, wenn das Gebiet zum Beispiel Erholungszwecken dienen soll. Sie könnten beispielsweise als Sachverständige für die Strukturierung und Bewirtschaftung von Land ihre Erfahrungen einbringen.

Eigentlich kann man also von einer völlig neuen Rolle der Landwirte sprechen, von einer Verschiebung der Akzente in ihrem Berufsleben, die eine neue Generation der Landbevölkerung erfüllen wird. Die Bauern werden nicht verschwinden, die Traditionen werden nicht aufgegeben, aber das Land wird sich einer neuen Zeit anpassen müssen.

Die Bewirtschaftung der Skigebiete in Frankreich fällt unter die Zuständigkeit der europäischen Landwirtschaftsadministration. Die Lifte und Restaurants und jegliche Infrastruktur, die benötigt wird, wird natürlich nicht von Brüssel subventioniert, die Bewirtschaftung der Hänge außerhalb der Skisaison jedoch sehr wohl. Wenn man die Almen einfach brachliegen ließe, würde der Wintersport unmöglich werden.

Weniger landwirtschaftlich genutztes Land, größere Gärten

Mit dem Verschwinden von Bauernhöfen wird es auch immer weniger landwirtschaftlich genutztes Land geben. Aber das Land ist natürlich immer noch da und kann für andere Dinge genutzt werden, wie beispielsweise für Erholungszwecke.

Dadurch, dass immer mehr Wert auf eine ökologisch verantwortliche Handlungsweise gelegt wird, können die Landwirte von heute in Zukunft für die Verwaltung und Bewirtschaftung des Landes eingesetzt werden. Verwaltung ist nötig, um Waldbrände oder das Zuwuchern von Waldwegen zu verhindern. Man sollte auch die Vielfalt der Natur nicht aus den Augen verlieren. Wenn Gebiete für die Öffentlichkeit zugänglich gemacht werden, muss das unter Aufsicht geschehen. Landwirte sind für diese Aufgaben als Fachleute ersten Ranges zu betrachten.

Wenn die Subventionen abgeschafft werden, wird Land für Otto Normalverbraucher frei, so dass mehr Menschen ein Haus mit Garten haben können, sagen die Gegner der Subventionspolitik. Aber so einfach ist es nicht. Man kann landwirtschaftliche Nutzflächen nicht einfach auf einem offenen Markt verkaufen und für die Bebauung freigeben. Optimisten finden, dass man jedermann ermöglichen sollte, ein Stück Land zu kaufen und damit zu machen, was man will, aber die räumliche Struktur bietet dem Widerstand.

In Europa wird – sicher in dicht besiedelten Gebieten – jedes Stück Land von staatlichen Vorschriften beherrscht. Meist können Landeigentümer längst nicht alles tun und lassen, was sie wollen.

Landschaftserhaltung ist wichtig für das Wohlbefinden der Menschen, sagt der ehemalige Landwirtschafts-Kommissar Frans Andriessen. Die Landschaft würde zerstört, wenn man die ganze landwirtschaftliche Nutzfläche zum Verkauf freigäbe. Es muss zwischen Stadt und Land eine Dynamik entstehen, die für eine ausbalancierte Situation sorgt.

Teil II

Die europäischen Institutionen

von Jos Collignon

In diesem Teil ...

Die EU besteht aus einer Anzahl von Organen, die nebeneinander funktionieren. Wie in einem Land gibt es auch in der EU ein ausführendes Organ, die Exekutive (die Europäische Kommission), eine Kontrollinstanz, die Legislative (das Europäische Parlament) und ein Recht sprechendes Organ, Judikative (den Europäischen Gerichtshof). In der EU kommt im Vergleich zu einem Land noch ein Organ hinzu: der Europarat, die Versammlung der Regierungsoberhäupter. Sie werden sehen, dass hier die eigentliche Macht liegt, denn letztendlich sind es die Mitgliedsstaaten, die die Fäden in der Hand halten.

Die Kommission macht Politik

In diesem Kapitel

- Die Arbeit der Europäischen Kommission
- Die Generaldirektionen sind die europäischen »Ministerien«
- Das Parlament, der Gerichtshof und die Regierungen der Mitgliedsstaaten haben auch etwas zu sagen

Die Europäische Kommission ist für das Tagesgeschäft der Europäischen Union zuständig. Sie ist ausführendes Organ und muss dafür sorgen, dass die zwischen den Mitgliedsstaaten getroffenen Vereinbarungen umgesetzt werden.

Die Kommission gilt als höchstes Organ der Union, doch tatsächlich ist es der Rat der Europäischen Union (die Versammlung der Regierungschefs), der wirklich bestimmt, wo die Prioritäten liegen. Das macht die Frage danach, wer mehr Macht hat, ziemlich kompliziert. Tag für Tag zieht die Kommission die Fäden, aber wenn es Probleme gibt, müssen die Knoten von den Ministern und Regierungschefs aufgelöst werden.

Des Weiteren kann der Europäische Gerichtshof einem Bürger oder einem Land Recht geben, wenn ein Verfahren gegen die EU-Kommission angestrengt wird. Und das Europaparlament hat auch etwas mehr zu melden als früher. Der Haushalt kann für untauglich erklärt werden, und über bestimmte Maßnahmen hat das Parlament Mitbestimmungsrecht.

Kommissionsvorsitzender sorgt für Krach in Italien

Ende 2003 konnte Silvio Berlusconi nicht mehr an sich halten: »Weg mit dem Euro! Der durchschnittliche Italiener hat Einbußen von 2.800 Euro erlitten. Mist! Und italienische Produzenten sind zu teuer, um zu exportieren. Das ist alles die Schuld meines Vorgängers Romano Prodi.«

Oh je! Prodi war in der Tat Premierminister gewesen, aber zum Zeitpunkt von Berlusconis Ausbruch war er Mitglied, ja sogar Vorsitzender der EU-Kommission. Unabhängig also. Aber Prodi nahm es sich nicht zu Herzen. Er sagte, dass Berlusconi mit seinen Lügen aufhören solle. Die hohe Inflation in Italien sei nicht durch den Euro gekommen, sondern gehe aufs Konto der amtierenden Regierung. Na ja, auch hohe Europatiere sind halt nur Menschen, die sich manchmal in die Wolle kriegen. Und eines Tages gehen sie zurück in ihr eigenes Land, vielleicht um da wieder Premierminister zu werden.

Jedes Land hat mindestens einen Kommissar, jedenfalls noch

Die europäische Regierung bestand im Zeitraum von 2000 bis 2005 aus 20 Mitgliedern. Jedes Land wurde durch einen Kommissar vertreten, die großen Länder sogar von zweien. Nach der Erweiterung gibt es nun 25 Kommissare, da beschlossen wurde, dass jedes Land nur noch einen Kommissar bestellt.

Eine Regierung mit 20 Mitgliedern

Die Union hatte vor der Erweiterung 15 Mitglieder, doch 20 Kommissare. Das kam daher, dass die großen Länder zwei Kommissare abordnen durften. Fünf Länder hatten dieses Privileg:

- Deutschland
- Frankreich
- Großbritannien
- Italien
- Spanien

Mit der Erweiterung der EU auf 25 Länder änderte sich das. 20 Regierungsmitglieder waren schon ziemlich viel; wenn noch mehr als zehn dazugekommen wären, wäre das Ganze ziemlich unübersichtlich geworden. Das Privileg, zwei Abgeordnete zu entsenden, entfiel daher.

Eine Regierung von einem solchen Umfang, wie wir ihn nun haben, ist schon recht groß. Sie müssen bedenken, dass Kommissare aus aller Herren Länder an einem Tisch sitzen, im Prinzip also alle in der Union vorkommenden Sprachen gesprochen werden können. Dazu bräuchte man dann einen ziemlich großen Übersetzungsdienst, sonst hätte man Zustände wie beim Turmbau zu Babel. Diesem praktischen Problem ist man dadurch begegnet, dass seit Anfang der 80er einige Hauptsprachen bestimmt wurden.

Als Spanien und Portugal 1986 beitraten, gab es 16 Kommissare und damals wurde beschlossen, die Anzahl der Sprachen auf fünf zu begrenzen: Deutsch, Englisch, Französisch, Italienisch und Spanisch. Die Kommissare aus Dänemark, Griechenland, den Niederlanden und Portugal waren damit ein wenig im Nachteil.

Inzwischen ist die Anzahl der Sprachen noch mehr eingeschränkt worden: Die Kommission tagt auf Deutsch, Englisch und Französisch.

Jeder Kommissar kommt also aus einem der Mitgliedsstaaten, und darauf ist jedes Land stolz. Einsetzen müssen sich die Mitglieder der EU-Kommission aber für Europa und nicht für ihr eigenes Land. Sie dürfen in ihrem Herkunftsland keine Funktionen mehr ausüben und selbstverständlich dürfen sie in keinster Weise ihre eigene nationale Regierung begünstigen. Länder haben nun einmal unterschiedliche Interessen, und die Kommission tritt dabei manchmal als Schiedsrichter oder Vermittler auf.

6 ➤ Die Kommission macht Politik

Andererseits ist es von großer Bedeutung, dass die Kommissare aus den Ländern kommen: Die Kommission muss nämlich das Subsidiaritätsprinzip wahren. Das heißt, Brüssel darf keine Dinge regeln, die auch auf nationaler Ebene zu regeln sind. Oft sind die Kommissare ehemalige Minister oder Parlamentarier, wissen also aus Erfahrung, was auf die Ebene des Mitgliedsstaates gehört und was nicht.

Der professionelle Hintergrund der Mitglieder der Kommission ist sehr unterschiedlich. Wir stoßen auf die folgenden Studiengänge:

- ✔ Rechtswissenschaften
- ✔ Geschichtswissenschaften
- ✔ Sprachwissenschaften
- ✔ Wirtschaftswissenschaften
- ✔ Agrarwissenschaft
- ✔ Politologie
- ✔ Mathematik und Naturwissenschaften
- ✔ Philosophie
- ✔ Umweltwissenschaften
- ✔ Verwaltungswissenschaften
- ✔ Betriebswirtschaftslehre
- ✔ Soziologie
- ✔ Technik

Ein Mitglied hat studiert, aber keinen Studienabschluss, ein anderes hat mittlere Reife. Es gibt also noch Hoffnung für diejenigen, die Europakommissar werden wollen, aber keinen Universitätsabschluss haben!

Vielleicht wird auf 16 Kommissare reduziert

Laut des Verfassungsentwurfs der Europäischen Union wird die Kommission zukünftig aus 13 Mitgliedern und einem Vorsitzenden, einem stellvertretenden Vorsitzenden und einem Außenminister bestehen. Macht zusammen 16. Das bedeutet, dass nicht jedes Land einen »eigenen« Kommissar hat. Vor allem die kleinen Länder sind darüber wenig begeistert. Die Beneluxländer, Dänemark und Österreich sehen schon kommen, dass das eine hübsche kleine Clique der großen Mitgliedsstaaten wird.

Es ist schon so gedacht, dass jedes Land an die Reihe kommt. Einem Rotationssystem folgend sollen auch die kleinen Länder einen Kommissar abordnen. Das hieße also, dass zum Beispiel die Niederlande für eine Fünfjahresperiode einen Kommissar stellen, die nächsten fünf Jahre dann nicht.

Wenn demnächst noch mehr Länder beitreten, wird die Anzahl der Sprachen noch einmal tüchtig zunehmen. Es wird erwartet, dass die Kommission auch nach einer möglichen zusätzlichen Erweiterung an den drei Hauptsprachen Deutsch, Englisch und Französisch festhalten wird. Die südlichen Länder werden französisch sprechen, die Länder Mittel- und Osteuropas deutsch und die nördlichen werden Englisch benutzen.

Die Kommission hat in ihren strategischen Zielsetzungen angegeben, dass die Regierung handlungsfähiger werden muss und dezentraler. Mit anderen Worten: Man erkennt, dass man nun ziemlich weit weg von den Bürgern ist, und mit der Erweiterung könnte dieser Effekt noch stärker werden.

Deshalb will die Kommission mehr Maßnahmen in den Ländern selbst durchführen. Das geschieht auch schon jetzt. Was man sich in Brüssel für die Landwirtschaft oder Nahrungsmittelsicherheit ausdenkt, wird von Beamten in Frankreich, Italien oder Dänemark ausgeführt. Die Bürger denken interessanterweise, dass alles in Brüssel stattfindet.

Aber die Kommission sagte in ihren Strategieplänen für den Zeitraum 2000 bis 2005 auch: Brüssel, das sind wir alle, also müssen wir in Brüssel dafür sorgen, dass die 300 Millionen und demnächst 500 Millionen Menschen das auch verstehen.

Personalnot!

Da die EU-Beamten und die Politiker in der Heimat Schriftsätze gerne in ihrer Landessprache lesen, ist es in der EU üblich, sämtliche Dokumente in alle offiziellen Landessprachen der Mitgliedsstaaten zu übersetzen. So weit so gut, eigentlich eine nette Idee, aber die kleinsten Mitglieder stellt das vor ein ernsthaftes Problem. Einerseits sind die Bürokraten fleißige Schreiberlinge, das durchschnittliche Schriftstück aus einer brüsselianischen Beamtenwerkstatt hat immerhin die stattliche Länge von 37 Seiten. Andererseits finden sich zu wenige Menschen, die gleichzeitig Maltesisch, Deutsch, Englisch und Französisch sprechen. Alle Bewerber aus Malta fielen mit Pauken und Trompeten durch den Eignungstest. Da war guter Rat teuer. Aber die EU wäre ja nicht die EU, wenn sie nicht prompt eine Lösung gefunden hätte. Nach der Verordnung 930/2004, der so genannten Lex Malta, müssen die nächsten drei Jahre nicht alle Schriftsätze ins Maltesische übersetzt werden. Also in Brüssel sind noch Jobs zu kriegen.

Wer hat hier das Sagen?

Wer hat die Führungsposition in der EU-Kommission? Die Antwort ist einfach: Die Wahl der Person, die diese hohe Position bekleidet, liegt in den Händen der EU-Mitglieder. Die müssen sich auf einen Namen einigen, und der wird dann als Kandidat dem Europaparlament vorgeschlagen.

Danach formen die Regierungen und der neue Kommissionspräsident zusammen das Kommissionsteam. Kurzum: Jeder ist daran beteiligt, jedes Land darf seinen Senf dazu geben.

Wenn sich die illustre Runde formiert hat, muss das Parlament ihr in seiner Gesamtheit zustimmen. So kam es 2004 zu der Situation, dass die von dem damals noch designierten Präsidenten Barroso vorgeschlagene Kommission in ihrer ursprünglichen Zusammensetzung im EU-Parlament keine mehrheitliche Zustimmung gefunden hätte. Barroso ließ es gar nicht erst zur Abstimmung kommen, sondern zog seine Kommission zurück und stellte eine neue zusammen. In der neuen Besetzung wurde sie vom Parlament am 18. November 2004 bestätigt.

Nach der Bestätigung durch das Parlament kann die Kommission für fünf Jahre ans Werk gehen. Auch das ist Teamwork. Die Kommissare treffen sich jede Woche und machen Vorschläge. Ein Vorschlag, der einmal angenommen ist, muss von allen Kommissaren nach außen vertreten werden, auch wenn sie damit persönlich nicht einverstanden sind. Die Kommission tritt nach außen als Einheit auf.

Sollte ein Kommissar nicht den Anforderungen genügen, kann der Präsident ihn oder sie bitten, zu gehen.

Aber die Kommission als Ganzes hat auch einen Chef, das Europäische Parlament. Wenn das Parlament in der Zwischenzeit zu dem Schluss kommt, dass die Dinge nicht gut laufen, kann die Kommission nach Hause geschickt werden. Das ist aber noch nie vorgekommen. Allerdings ist die EU-Kommission einmal in toto zurückgetreten, und zwar 1999, als ein Misstrauensvotum drohte angenommen zu werden. Hierüber mehr im Kapitel *Europa im Kleinen: Das Europäische Parlament*.

Der Kommissionspräsident beruft die Versammlung ein und legt die Tagesordnung fest. Er kann auch einem Kommissar einen Tätigkeitsbereich zuweisen oder eine Arbeitsgruppe ins Leben rufen. Er hat also direkten Einfluss auf das Tagesgeschäft der Kommissare. Er kann im Laufe der fünf Jahre, in denen die Gruppe zusammenarbeitet, die Aufgabenverteilung verändern oder ein Aufgabenpaket einem anderen Kommissar zuweisen.

Ferner ist der Präsident das Gesicht der Kommission nach außen. Er ist Beisitzer bei den Meetings der wichtigsten Industrieländer (den G8) und er empfängt im Namen der Europäischen Union Regierungschefs, wie den amerikanischen Präsidenten.

Der Kommissionspräsident verfügt über eine eigene Webseite, auf denen Sie etwas über seine offiziellen Aufgaben lesen können. Auch seine Meinungen und Ansichten zu diesem oder jenem finden sich hier. Oder wenn Sie glauben, dass sich ein Portugiese in Brüssel einsam fühlen muss und sie ihm schreiben wollen, oder wenn Sie eine Frage haben, dort erfahren Sie auch, wie man José Manuel Barroso erreicht, der seit 2005 EU-Präsident ist http://europa.eu.int/comm/commission_barroso/president/index_de.htm.

Jedem Kommissar untersteht eine Generaldirektion

In Brüssel spricht man nicht von Ministern, sondern von Kommissaren. Jedem Mitglied der EU-Kommission untersteht eine Generaldirektion, abgekürzt GD. Das ist mehr oder weniger so etwas wie ein Ministerium: eine Gruppe von Beamten in einem Gebäude, die politische Entscheidungen umsetzen.

Früher war es so, dass Kommission und Beamte unterschiedliche Gebäude besiedelten. Heute sitzen die Kommissare und ihre Mitarbeiter in der Regel in einem Bau. Da aber einige Kommissare mehrere Generaldirektionen leiten, ist das nicht immer möglich. Schließlich kann sich auch ein Herr Kommissar nicht aufteilen.

Es geht aber noch komplizierter: Einige Dienste der Kommission fallen unter die Zuständigkeit von zwei oder mehr Kommissaren.

Bitte schön, Ihr neues Büro – diesmal ohne Asbest

Mitten in Brüssel steht das Berlaymont-Gebäude, ein markanter Komplex mit drei großen Ausläufern. Schon aufgrund seiner Höhe ein äußerst imposantes Gebäude. Es wurde extra für die EU und ihre Mitarbeiter gebaut, aber trotzdem stand es zwölf Jahre leer.

1991 stellte sich heraus, dass es Asbest im Gebäude gab, und alle Mitarbeiter mussten ausziehen. Nun war es nicht nur wegen des Asbests brandgefährlich, sondern auch trotz des Asbests nicht feuersicher; so war in den letzten Tagen des Gebäudes vor seiner Aufschminkung permanent die Feuerwehr anwesend und stand bereit, um bei Bedarf einzugreifen. Die Außenfassade wurde komplett abgeschält und das Gebäude gründlich gereinigt, um es der Kommission asbestfrei wieder übergeben zu können.

Die Kosten waren ursprünglich mit etwa 225 Millionen Euro angesetzt worden. Es ist aber etwas teurer geworden: 1,4 Milliarden. Aber dafür gibt es auch nun an drei Seiten Glasfronten, und die direkte Umgebung ist vollständig neu gepflastert. Das Gebäude wurde seinem alten Eigentümer, dem belgischen Staat, für den Betrag von 552 Millionen Euro abgekauft.

Die Generaldirektionen

Es gibt viele Themenbereiche, mit denen die EU befasst ist. Der rote Faden ist, dass in Brüssel das geregelt wird, was nicht in den Mitgliedsländern selbst geregelt werden kann. Sie werden sehen, dass es eine ganze Menge Dinge gibt, für die das gilt. Brüssel befasst sich mit mehr als der Hälfte dessen, was unser tägliches Leben bestimmt. Die Generaldirektionen und die wichtigste Aufgaben werden im Folgenden erläutert.

Steuern und Zollunion

Diese Generaldirektion muss dafür sorgen, dass fein säuberlich die Umsatzsteuern an den Außengrenzen der EU bezahlt werden, zum Beispiel auch für Onlinekäufe. Wenn die Post ein Päckchen an einen Kunden ausliefert, muss brav die Mehrwertsteuer abgerechnet werden.

Die Beamten dieser GD behalten auch die Steuerpolitik in den Mitgliedsstaaten im Auge. Steuern sind größtenteils eine nationale Angelegenheit, aber die Länder dürfen keine Steuern erheben, die den freien Verkehr von Gütern, Personen und Kapital behindern könnten. Ein Beispiel: Jemand, der in Rente geht, muss sein Geld überall in der Union empfangen können. Und jemand, der arbeitet, muss für überall in die Rentenkasse einzahlen können, ohne dass es ein Land durch Steuervorschriften schwieriger macht als ein anderes.

Wettbewerb

In Europa muss ein freier Wettbewerb möglich sein. Deshalb dürfen Unternehmen keine Preisabsprachen miteinander treffen. Sie dürfen auch nicht einfach fusionieren oder ein anderes Unternehmen aufkaufen, dafür bedarf es der Zustimmung der EU-Kommission. Diese GD kontrolliert auch, dass Staaten ihren Unternehmen nicht helfen, denn auch das würde unzulässig den Wettbewerb verzerren.

Wenn ein Unternehmen sich nicht benimmt, kann es eine Geldbuße aufgebrummt bekommen, die bis zur Höhe von zehn Prozent des Gesamtumsatzes festgelegt werden kann. Und wenn eine Firma staatliche Unterstützung bekommen hat, kann sie gezwungen werden, dieses Geld zurückzuzahlen.

Wirtschaft und Finanzen

Diese GD hat Beamte in Brüssel und Luxemburg. Sie erstellen zweimal pro Jahr wirtschaftliche Voraussagen für Europa. Dutzende von Menschen sitzen da und berechnen, was das Zeug hält, wie die Union in Zukunft finanziell dasteht. Sie befassen sich auch mit der Frage, ob der Verbraucher noch Vertrauen in die Wirtschaft hat und ob mehr oder weniger Geld ausgegeben wurde. Sie machen sich Gedanken darüber, ob die Löhne gestiegen sind oder nicht und wie viele Menschen arbeitslos sind.

 Die Resultate all dieser Rechenkünste kann man sich im Internet unter `http://europa.eu.int/comm/economy_finance/indicators/key_euro_area/keyeuroarea_en.htm` ansehen.

Ein anderes wichtiges Arbeitsgebiet dieser GD ist der freie Verkehr von Kapital in der EU. Seriöse Unternehmen und Personen dürfen ihr Kapital frei bewegen, Kriminelle und Terroristen nicht. Diese GD hat deshalb ein Auge auf die Aktivitäten von Organisationen, die mit Terrorismus in Verbindung gebracht werden. So wurde 2002 beschlossen, das Guthaben von Gruppen, die mit der Al-Quaida gekungelt haben, eingefroren werden. Al-Quaida ist das Terrornetzwerk, das verdächtigt wird, für die Anschläge am 11. September 2001 in New York und Washington und am 11. März 2004 in Madrid verantwortlich zu sein.

Die GD hat eine Liste Hunderter Organisationen und Personen aufgestellt, mit denen keine finanziellen Transaktionen mehr vorgenommen werden dürfen.

Verkehr und Energie

Auch diese GD hat Sitze in Luxemburg und Brüssel. Dort arbeiten Tausende Menschen. Energie und Verkehr sind von essenzieller Bedeutung für das menschliche Zusammenleben und spielen überall mit rein: Geld, Umwelt, Gesundheit, wirtschaftliche Aktivität.

So strebt die GD nach einem Verkehrsnetzwerk in Europa, und das soll aber bitte möglichst umweltfreundlich sein. Außerdem müssen die Verkehrswege (also Autobahnen und Schnellstraßen) gut an die Straßennetze der neuen EU-Mitglieder angeschlossen werden.

Es ist auch ein erklärtes Ziel der EU, dass die Straßen von den Menschen gezahlt werden, die sie auch wirklich nutzen. Wir reden also von Straßenbenutzungsgebühren, der so genannten Maut. Die EU arbeitet an einem Standardsystem für das Eintreiben dieser Gelder (siehe Kasten).

Das war aber noch nicht alles, diese GD regelt auch die Verwaltung von Notvorräten an Gas und Öl, die angelegt werden, um die Preise stabil zu halten. Offensichtlich findet die EU das so wichtig, dass der Handel mit Energie nicht völlig dem freien Markt überlassen werden kann.

> ### *Piep! Sie haben Maut bezahlt*
>
> In ganz Europa finden sich Mautstraßen mit den unterschiedlichsten Systemen. Was wäre nun schöner als ein einheitliches System? Jeder ist glücklich! Außer vielleicht die Auto- und Lkw-Fahrer, die bezahlen müssen.
>
> Die EU arbeitet an einem System, das die automatische Abrechnung über Mobiltelefone, Satellit oder UKW-Empfänger ermöglicht. Drahtloses Bezahlen also. Ziel ist, dass alle Lkw ab 2009 ein Kästchen auf ihren Armaturenbrettern haben, das registriert, auf welchen Straßen sie fahren, sobald sie einen Mautposten passieren. Pkws sollen 2014 ein Standardkästchen bekommen. Der Kunde bezahlt an eine Organisation und die sorgt dafür, dass jedes Land seinen rechtmäßigen Anteil erhält. Die europäische Zollbehörde kontrolliert, ob das alles mit rechten Dingen zugeht. Zölle oder Maut bezahlen ist an sich nichts Schönes, aber die Brummifahrer werden froh sein, dass sie nicht wie jetzt für jedes Land eine eigene Vignette kaufen müssen. Die Mautgebühren sollen dann wirklich für den Unterhalt von Straßen eingesetzt und in die Infrastruktur investiert werden. Hoffen wir, dass es nicht ein ähnliches Desaster wird wie bei der Einführung der Maut in Deutschland.

Forschung

Diese Abteilung koordiniert die Forschung in ihrer ganzen Vielfalt: Gibt oder gab es Leben auf dem Mars? Das ist zum Beispiel eine der drängenden Fragen, die diese GD zu beantworten sucht. Mit einem stattlichen Budget wird unter anderem die Arbeit der ESA, der europäischen Weltraumorganisation (European Space Agency), finanziert. Auch die Biotechnologie fällt unter die Zuständigkeit dieser GD. Sie beschäftigt sich auch mit Fragen über das psychische Wohlbefinden der Europäer: Wie viele Menschen bekämpfen ihre Depressionen übers Internet? Ein Drittel aller depressiven Menschen in der EU fand, das Internet biete gute Möglichkeiten, sich über Erfahrungen auszutauschen. Aber auch so profane Angelegenheiten wie die Forschung nach Autoreifen (zusammen mit Fabrikanten), die sicherer und langlebiger sind, gehören in den Arbeitsbereich der GD Forschung.

Gemeinsame Forschungsstelle

Das ist das »Labor« der EU. 2.000 Forscher verteilt auf fünf Orte in Europa erforschen so ungefähr alles: Nahrungsmittel, Gesundheit, Umwelt, Kernenergie. Sie müssen den Politikern Informationen liefern, damit die zu guten Entscheidungen kommen können. Hier wird zum Beispiel erforscht, wie Atomkraftwerke, die nicht mehr gebraucht werden, sicher demontiert werden können. Im Bereich der Nahrungsmittel untersuchen sie genetische Modifikationen. Sie erforschen auch den Einfluss verschiedener Stoffe auf unser Klima. Ein anderes Gebiet ist das Voraussagen von Überflutungen. In Zusammenarbeit mit dem hydrodynamischen Labor in Delft in den Niederlanden versuchen die Forscher Methoden zu entwickeln, die bessere Voraussagen ermöglichen. An diesem Projekt arbeiten auch Institute in anderen EU-Ländern mit, unter anderem auch in derdie Slowakei, Litauen und Bulgarien.

Gesundheit und Verbraucherschutz

Diese GD wacht über die Gesundheit der Bürger und die Sicherheit von Produkten.

Was die Gesundheit angeht: Ein freier Verkehr von Personen bedeutet auch eine schnellere Verbreitung von Krankheiten. Wenn eine ansteckende Krankheit ausbricht, kann die EU ein Team dorthin schicken, um Unterstützung bei der Eindämmung der Seuche zu geben. Brüssel will auch die Gesundheit im Allgemeinen fördern, zum Beispiel mit Anti-Raucher-Kampagnen.

Nahrungsmittelsicherheit und Tierschutz sind wichtige Themen, die eng miteinander verbunden sind. Die gesamte so genannte Lebensmittelkette wird kontrolliert. Ein Tier, das mit minderwertigem Futter gemästet und nicht artgerecht gehalten wird, ist für den Verzehr durch den Menschen, beziehungsweise für dessen Gesundheit, nur noch sehr bedingt geeignet. Die Aufsicht über die Nahrungsmittelsicherheit wird in den Ländern selbst ausgeübt, aber die Europäische Behörde für Lebensmittelsicherheit kontrolliert die nationalen Institutionen und gibt wissenschaftlichen Rat. Außerdem existiert ein Gremium, das bei Bedarf direkt in Aktion treten und die Öffentlichkeit über gesundheitsschädigende Lebensmittel informieren kann.

Auch Bioterrorismus, darunter versteht man Anschläge mit Bakterien und Viren, gehört in den Zuständigkeitsbereich dieser GD, genau wie die Informationsbereitstellung für Tierärzte.

Was sagen Sie? Sie sind Architekt? Kann schon sein ...

 Seit 1992 sind die Grenzen innerhalb der EU »offen«, aber von einem wirklich freien Strom kann noch keine Rede sein. Nehmen Sie zum Beispiel Heinz, einen 65-jährigen Ingenieur aus Deutschland, der Anfang der 70er sein Diplom der Technischen Hochschule Darmstadt bekommen hat, die inzwischen Technische Universität heißt. Sein Titel gibt ihm in Deutschland das Recht, seinen Beruf auch in den Gebieten Städtebau und Architektur auszuüben und – sollte es nötig sein – auch in jedem anderen Mitgliedsstaat der Union. Aber als Heinz in Rente ging und sein Haus in Frankreich umbauen wollte, durfte er nicht die Bauleitung übernehmen, nicht die richtigen Papiere, die Gesetze in Frankreich sind streng, leider!

Die Registrierung als Architekt und Städtebaukundiger in Deutschland war in Frankreich nichts wert. Der »Ordre des Architectes de France« beschließt – entsprechend der französischen Gesetzgebung – über die Zulassung von Architekten. Der französische Architektenverband verlangt, dass ein Architekt, der in Frankreich arbeiten will, Mitglied bei ihm wird. Also wollte der »Ordre« das (beglaubigte) Diplom von Heinz sehen (wer hätte gedacht, dass er je wieder an die TU müsste, um sich einen hübschen, kleinen Stempel abzuholen?) sowie einen Nachweis, dass er in seinem eigenen Land noch nie mit dem »Disziplinarrichter« zu tun gehabt hatte. Nur: In Deutschland gibt es so etwas wie einen »Disziplinarrichter« für solche Sachen gar nicht. Kein Problem, der gute Leumund war schnell nachgewiesen.

Das war aber erst der Anfang: In Frankreich ist ein Architekt gesetzlich verpflichtet, eine Berufshaftpflichtversicherung abzuschließen. Wenn man keinen entsprechenden deutschen Versicherer findet, dann eben eine französische Versicherungsgesellschaft:

Versicherung: Wir wollen Sie gerne versichern, aber sind Sie auch Mitglied im Ordre des Architectes de France?

Architekt: Nein, noch nicht.

Versicherung: Dann können wir Sie nicht versichern.

Architekt: Ja, aber wenn ich nicht versichert bin, kann ich nicht Mitglied des Ordre des Architectes de France werden.

Versicherung: Wir versichern nur dem Ordre angeschlossene Architekten!

Nach langem Hin und Her ließ der Ordre des Architectes wissen, dass ihnen Heinz bekannt sei und dass es wohl gut sei. Der Ordre hat schlussendlich – nach einer Sitzung der regionalen Kommission – einen Zulassungsbescheid erstellt, und nun ist Heinz in Frankreich befugt, als Architekt aufzutreten. Auch in Vassy, dem Dorf mit neun Häusern, in dem auch sein Haus steht, das er jetzt umbauen wird. Vive l'Europe!

Verbraucherschutz ist ein sehr weites Tätigkeitsfeld. Es gibt jede Menge Vorschriften, die Produkte erfüllen müssen, damit sie sicher sind, und es gibt Vorschriften, die Verbraucher gegen bestimmte Verkaufsstrategien und Knebelverträge schützen. Wollen Sie mehr Beispiele? Sehen Sie im Kapitel *Die Vorteile der EU für die Bürger* unter der Überschrift *Verbraucherinteressen* nach.

Informationsgesellschaft

Diese GD lässt sich von der »Lissabonstrategie« leiten. In Lissabon wurde 2000 zwischen den Regierungen abgesprochen, dass Europa zur wettbewerbsfähigsten und dynamischsten wissenschaftsbasierten Wirtschaft werden muss. Die Merkmale einer solchen sind: nachhaltiges Wachstum, mehr und bessere Arbeitsplätze und ein größerer sozialer Zusammenhalt. Dies soll bis 2010 erreicht werden. Informations- und Kommunikationstechnologien müssen dies alles bewerkstelligen. Jeder Bürger muss zu Hause und bei der Arbeit von den neuen Technologien profitieren können. eEurope kommt durch ein großes Netzwerk von Breitbandkabeln zustande, dass für eGovernment, eLearning, eHealth und eBusiness sorgt. Klingt wunderbar. Und die EU-Kommission will das bis 2005 realisiert haben.

Wenn nicht jeder einen Computer zu Hause haben kann oder will, müssen Dienste übers Fernsehen angeboten werden. Es wird noch etwas dauern, bis das realisiert wird, aber eins müssen wir der EU-Kommission lassen: Ihre Websites sehen gut aus und sind sehr vollständig. Wer etwas über Europa wissen will, kann im Internet beinahe alles finden. Die Internetseiten der EU gehören zu den größten der Welt.

Binnenmarkt und Dienstleistungen

Eigentlich geht es beim Binnenmarkt um eine Sache: Europa ohne Grenzen. Fliegen, Telekommunikation und Finanzdienstleistungen sind Sektoren, denen ein Europa ohne Grenzen hilft. Die nächste Herausforderung der Union ist die Erweiterung auf beinahe 500 Millionen Einwohner, die auch vom grenzenlosen Europa profitieren sollen. Es zeigt sich, dass eine permanente Überwachung notwendig ist. Nicht die Überwachung der Grenzen, sondern der strenge Blick auf die Abschaffung dieser Grenzen. Irgendwie absurd, aber Menschen und Unternehmen haben offenbar die Neigung, Grenzen bestehen zu lassen. Brüssel passt auf, dass das nicht passiert.

Justiz, Freiheit und Sicherheit

Worum es bei der Justiz geht, wird jeder sich vorstellen können: Drogenhandel, organisiertes Verbrechen, Zusammenarbeit zwischen Polizei und Gerichten, Grundrechte.

Im Bereich Freiheit und Sicherheit geht es größtenteils um die Freiheit der europäischen Bürger, ungehindert reisen und sich niederlassen zu können. Ein gutes Beispiel wäre eine deutsche Studentin, die in Rom studieren will. Sie muss das Recht haben, selbst zu wählen, wohin sie gehen will, und dieselben Rechte zugestanden bekommen wie jede andere Italienerin auch. Im Moment ist das noch nicht so leicht, denn in vielen Ländern der Union benötigt man noch eine Aufenthaltserlaubnis, auch als EU-Bürger.

Ein anderes Beispiel: Eine belgische Frau will mit ihrem Freund in Dänemark leben. Sie sind nicht verheiratet und die Dänen wollen nicht, dass sie nur einreist, um dem Sozialstaat auf der Tasche zu liegen. Sie muss also beweisen, dass sie ihren eigenen Lebensunterhalt bestreiten kann. Dadurch werden aber ihre Freiheitsrechte verletzt. Die EU-Kommission kann dann ganz schön motzig werden und hängt im schlimmsten Fall dem Land ein Verfahren wegen Verletzung der europäischen Vorschriften an den Hals.

Landwirtschaft und ländliche Entwicklung

Die Generaldirektion Landwirtschaft und ländliche Entwicklung schluckt den größten Teil des EU-Geldes: mehr als 40 Milliarden Euro. Die Bauern in Europa bekommen Subventionen und andere Formen finanzieller Unterstützung, aber davon will (und muss) die EU langfristig wegkommen. Erstens gibt es einen Überschuss an landwirtschaftlichen Produkten, also hat dieser Sektor keine Unterstützung nötig; zweitens darf man als (europäische) Regierung keinen Unternehmer finanziell unterstützen.

Deshalb wird die Landwirtschaftspolitik reformiert. Die GD strebt nachhaltige Entwicklung an, eine bessere Unternehmensführung bezüglich Umwelt und Tierschutz und den Abbau von Subventionen. Ein Teil der Bauern wird verschwinden, ein Teil wird in der Landschaftspflege ehemals agrarischer Gebiete, die in Naturschutzgebiete umgewandelt werden, Arbeit finden können.

Übrigens: Reformieren braucht Zeit. Die Subventionen werden noch Jahre aufrechterhalten und weiter viel Geld schlucken. Die neuen EU-Länder werden am Subventionssystem beteiligt und gleichzeitig werden die Subventionen langsam abgebaut.

Umwelt

Bei dieser GD dreht sich alles um Nachhaltigkeit. Es geht um den Schutz der Umwelt und die auf eine angemessene Art vorzunehmende Übergabe der Natur an zukünftige Generationen. Die GD muss darauf achten, dass alle politischen Entscheidungen hierauf Rücksicht nehmen, aber das ist ziemlich schwierig. Schließlich gibt es hier massive Interessensgegensätze: Einen landwirtschaftlichen Betrieb oder eine Fabrik zu führen, gelingt oft nicht, ohne die Umwelt zu belasten. In den letzten 50 Jahren hat sich viel verändert – im Gründungsvertrag der EU wurde die Umwelt nicht einmal erwähnt, inzwischen ist die Pflege der Umwelt sehr wohl festgelegt, und auch das Interesse der Bürger an diesem Themenkomplex (darf die neue Straße gebaut werden oder nicht?) wird immer größer. Brüssel erlässt Grenzwerte für die Verschmutzung von Wasser. Dabei handelt es sich um harte, wissenschaftlich belegte Werte, die jeder in der EU einhalten muss.

Die GD Umwelt wird mit den neuen Mitgliedsstaaten noch ihre liebe Not haben und die wohl auch mit ihr, denn in den Ländern Osteuropas wurde der Umweltverschmutzung weniger

Aufmerksamkeit geschenkt als im Westen. Die neuen EU-Länder müssen den heutigen EU-Standard erfüllen, und der ist hoch!

Unternehmen und Industrie

Auch diese GD ist der »Lissabonstrategie« verpflichtet: Europa soll die wettbewerbsfähigste Wissenschaftswirtschaft der Welt werden. Europa setzte und setzt sich sehr für die Wirtschaft ein – der Euro, keine Grenzen, freier Wettbewerb; dies alles sind Bedingungen, die Unternehmen gedeihen lassen. Die GD will das Unternehmertum fördern, und innovative Ideen können mit Unterstützung rechnen. Ein Drittel des Budgets dieser GD – etwa 70 Millionen Euro pro Jahr – fließt in Forschung und Entwicklung.

Bildung und Kultur

Europa soll eine Wissenschaftswirtschaft werden und ein Raum für lebenslanges Lernen, sagt diese GD. Um dies zu erreichen, hat die GD eine ganze Reihe von Programmen ins Leben gerufen, an denen Tausende von jungen Menschen beteiligt sind. Sie können auf Kosten der EU in anderen Ländern studieren und Wissen austauschen. Die Idee dahinter: Wissen verändert sich heutzutage schnell, genau genommen wächst es in rasender Geschwindigkeit und niemand kann nach seinem Studium ernsthaft glauben, dass er ausgelernt habe. Wissen muss immer wieder aufgefrischt werden, indem man Kontakte zu anderen Wissenschaftlern pflegt und über neue Ein- und Ansichten diskutiert.

Diese GD bietet auch Austauschprogramme mit amerikanischen Universitäten an, durch die neue, innovative Unterrichtsprogramme entwickelt werden.

Regionalpolitik

Diese GD ist eine Subventionsmaschine. Hier wird Geld verwaltet und an Regionen verteilt, die weniger wohlhabend sind. Die Länder, die für Umweltschutz und Verkehr Unterstützung bekommen, sind in erster Linie Spanien, Portugal, Griechenland und Irland. Sie erhalten Geld für den Bau von Straßen und Brücken. Auch die neuen EU-Länder werden von dieser GD beim Ausbau ihrer Verkehrsnetze unterstützt. Die GD verwaltet Milliarden von Euro, die auch in ferne Gebiete wie die Kanarischen Inseln und Französisch-Guayana fließen. Die »Umverteilung« von Geld ist das Leitmotiv. Die reichen Regionen treten Geld für die weniger reichen ab. Die Finanzmittel der *Strukturfonds* der Union belaufen sich auf ein Drittel des Gesamtbudgets, das sind mehr als 30 Milliarden Euro pro Jahr.

Regionalpolitik bedeutet auch Hilfe bei Katastrophen. Aus dem *Solidaritätsfonds* fließt Geld nach Südeuropa, wenn dort Waldbrände ausbrechen, und nach Zentraleuropa, wenn dort die Flüsse über ihre Ufer treten. Auch die von einem havarierten Tanker in Spanien verursachte Ölpest wurde teilweise von Brüssel aus bekämpft. Für Katastrophenhilfe steht eine Milliarde Euro pro Jahr zur Verfügung. Die EU springt ein, wenn die Katastrophe »zu teuer« für das betroffene Land wird. Das heißt in der Praxis: teurer als drei Milliarden Euro oder mehr als 0,6 Prozent des Bruttoinlandsproduktes des betroffenen Staates.

Fischerei und maritime Angelegenheiten

Gemeinsame Fischereipolitik (GFP), das ist das Anliegen dieser GD. Eine delikate Angelegenheit, denn hier muss häufig zwischen Mensch und Natur abgewogen werden. Wenn das nicht geschähe, wären die Meere schon längst leer gefischt. Aber wenn die Fischer zu sehr an die Leine gelegt werden, gehen sie Bankrott (eine etwas detailliertere Geschichte hierzu finden Sie im Kapitel *Beratung, Beratung und noch mehr Beratung* unter der Überschrift *Beratungen in den Ausschüssen des Parlaments*). Die politische Linie besteht darin, die Anzahl an Fischern, Booten und Flotten durch Einschränkung oder gar Beendigung der Subventionszahlungen zu verringern. Das nennt man *Restrukturierung*. Unter dieses Stichwort fällt auch die bessere Kontrolle. Einige Länder und Fischer nehmen es nicht so genau mit den Fangquoten, also der maximalen Menge Fisch, die gefangen werden darf.

Diese GD beschäftigt sich auch mit außereuropäischen Ländern, deren Gewässer von europäischen Seebären befischt werden. Es gibt Verträge mit Ländern, die nicht gerade vor der Haustür liegen: Senegal, Guinea-Bissau und die Seychellen. Europäische Fischer verlegen ihren Fischfang jetzt dorthin, weil sie die Fangquoten umgehen wollen.

Beschäftigung, soziale Angelegenheiten und Chancengleichheit

Mehr und bessere Arbeitsplätze für Europäer, das ist die Mission dieser GD. Die Arbeitnehmer in der EU müssen mobil und flexibel sein, zugleich muss ein gutes soziales System sichergestellt werden. Der erste Punkt ergibt sich aus marktwirtschaftlichem Denken, der zweite aus sozialem Verantwortungsgefühl. Daraus wird ersichtlich, mit welchem Spannungsverhältnis es diese GD zu tun hat.

Die Beschäftigung von Frauen und Behinderten wird gefördert. Außerdem müssen EU-Bürger auch die Möglichkeit haben, in einen anderen Mitgliedsstaat umzuziehen, um dort Arbeit zu finden. Die Idee vom freien Verkehr von Personen ist noch nicht ausreichend realisiert. Man braucht immer noch eine Arbeitserlaubnis, wenn man in einem anderen EU-Land arbeiten will. Und was ist mit den neuen Mitgliedsländern? Eine Reihe alter EU-Staaten hat den Arbeitsmarkt gegenüber Menschen aus Osteuropa abgeschirmt. Das darf für ein paar Jahre noch so bleiben. Es gibt eine Menge komplizierter Vorschriften, wie die GD auf ihrer Internetseite einräumt. Die Kehrseite ist, dass die Vorschriften flexibel sind, so die GD.

 Wer alles über den freien Verkehr von Arbeitnehmern und ihre Rechte wissen will, kann auf dieser Website das Nötige finden:
`http://europa.eu.int/comm/employment_social/index_de.html`

Außenbeziehungen

Die Außenbeziehungen der EU erstrecken sich über den gesamten Rest der Welt. So soll es auch sein, weil die EU auch weltweite Interessen hat. Von Kernwaffen im Iran bis zu Handelsbeziehungen mit China. Es geht auch um Friedenserhaltung in Mazedonien, den Frieden im Mittleren Osten und die Situation im Irak. Oder um die (Handels-)Beziehungen zu den nordafrikanischen Ländern. Diese Länder werden sicher nicht so schnell Mitglieder der Union (obwohl: Man kann nie wissen), aber Brüssel will unbedingt gute Beziehungen zu ihnen unterhalten, und sei es nur, weil in Europa viele nordafrikanische Immigranten wohnen. Das heißt: Handel muss möglich sein, es muss zusammengearbeitet werden und es muss ein kultureller Austausch stattfinden. Zugleich plädiert die EU für Demokratie und Frauenrechte. Kurzum: Hier haben wir eine sehr arbeitsintensive GD. Mehr zum Thema Außenbeziehungen finden Sie im Kapitel *Europa in der Welt*.

Die Jugend soll Europa sehen

Das klingt wieder so schön und erhaben, aber es geht auch darum, dass die Jugend wieder mehr Glauben an Europa bekommt. Es scheint, dass junge Menschen Brüssel skeptisch gegenüberstehen. Höchste Zeit also, dass die Jugend über Unterricht und Internetseiten wieder mehr Zugang zur Idee Europa findet. Mehr Interesse am Lernen der europäischen Sprachen wäre da schon ein guter erster Schritt. Besonders in Südeuropa und Großbritannien lässt dieses Interesse bei Jugendlichen sehr zu wünschen übrig, konstatiert die GD Bildung und Kultur. In 30 Ländern Europas hat die EU ein Programm für die Jugend zwischen 15 und 25 Jahren. Richtig gelesen: 30! 25 EU-Mitgliedsstaaten, Rumänien sowie Bulgarien, die beide Mitglied werden wollen, und drei Länder, die Mitglied der Europäischen Wirtschaftsgemeinschaft sind, Island, Liechtenstein und Norwegen.

Auch die Jugend in der Türkei wird in die Programme einbezogen. Die Jugend muss am Europa des dritten Jahrtausends mitbauen, heißt es hochoffiziell. Wissen austauschen, Fremdenfeindlichkeit bekämpfen und die Vielfalt der europäischen Kultur verstehen – das sind die Kernziele.

Handel

Die Generaldirektion Handel fördert ... den Handel! Das ist ein ganzes Stück komplexer, als es klingt. Die EU kennt nämlich den freien Handel innerhalb ihrer Grenzen, aber nicht außerhalb. Wer von außerhalb in ein EU-Land importieren will, trifft auf Barrieren. Diese GD führt hierüber Verhandlungen mit der WTO (Welthandelsorganisation). Einerseits will die EU ihre eigene Industrie schützen, andererseits strebt sie einen freien Welthandel an. Hier gibt es also Widersprüchlichkeiten. Die EU hat auch ein Auge auf den *Süd-Süd-Handel*: Entwicklungsländer werden darin bestärkt, miteinander Handel zu treiben. Zugleich behält diese GD die Vereinigten Staaten im Blick, weil sie der wichtigste Handelspartner Europas sind. Wenn die USA ihren eigenen Markt abschotten, kann die EU die WTO einschalten, um dies anzufechten.

Entwicklung

Diese GD ist mit der Entwicklung der Dritten Welt beschäftigt. Das Budget der GD umfasst mehr als sieben Milliarden Euro. Die Europäische Union ist der weltweit spendabelste Geber von Entwicklungshilfe. Diese Hilfsmaßnahmen betreffen so unterschiedliche Dinge wie die Wahlen in Palästina und Hilfe für die UNO-Organisationen im Gazastreifen und in der Westbank bis hin zu Friedensgesprächen in Kenia und der Verbesserung der Lage von Gefangenen in Togo. Jugendarbeitslosigkeit im Libanon, behinderte Kinder in Marokko, Kampf gegen Frauendiskriminierung in Nordägypten – was einem immer einfallen könnte, die EU ist wahrscheinlich schon damit befasst. Alles in allem werden sieben Prozent des EU-Haushalts für Verbesserung der Lebensumstände von »Außenstehenden«, Nicht-EU-Bürgern, gewidmet. Eine noble Geste, von der viele Einwohner Europas wahrscheinlich nichts wissen.

Unter die Zuständigkeit der GD Entwicklung fallen auch zwei Dienste, die ganz eigene Aufgaben haben: ECHO und EuropeAid.

Amt für humanitäre Hilfe – ECHO

Die EU gibt das Geld für Entwicklungshilfe zum Teil über ECHO aus, das Amt der EU-Kommission für humanitäre Hilfe. Die Hilfe fließt an Gruppen in 60 Ländern der ganzen Welt und kostet mehr als 500 Millionen Euro. ECHO arbeitet mit dem Roten Kreuz und den Vereinten Nationen zusammen. Die Mitarbeiter von ECHO arbeiten in der ganzen Welt und schließen Verträge mit lokalen nichtstaatlichen Organisationen, die regierungsunabhängig arbeiten (nicht-regierungsabhängigen Organisationen, NROs; für die Anglophilen non governmental organizations NGOs).

EuropeAid – Amt für Zusammenarbeit

Dieser Dienst hilft in sage und schreibe 150 Ländern. Ein gutes Beispiel: die Entfernung von Landminen und das Training der Bevölkerung in Gebieten, in denen Landminen liegen. Das findet in Ländern des Balkans, Afrikas und Mittelamerikas statt.

Andere Aktivitäten von EuropeAid liegen auf dem Gebiet der Menschenrechte und der Demokratie. In 50 Projekten außerhalb der EU wird hieran gearbeitet. Wie? Nun, zum Beispiel, indem man unterschiedliche ethnische Gruppen im Kosovo miteinander ins Gespräch bringt. Oder indem man in der Ukraine den Roma (das ist das Volk, das zu seinem großen Unmut häufig »Zigeuner« genannt wird) Zugang zur Justiz verschafft. Und in Russland lernen Bürger, wie sie einen Dialog mit der Regierung führen können.

Erweiterung

Von dieser GD werden wir noch viel hören, denn sie muss den Beitritt neuer Mitgliedsstaaten auf den Weg bringen. Mit neuen Mitgliedsländern wird schon jahrelang vorher verhandelt, und sie erhalten auch schon Geld von der Union. Sie müssen die schon bestehenden Europavorschriften einführen, bevor sie Mitglied der EU werden dürfen. Die GD Erweiterung publiziert auf ihrer Website eine Liste von Themen, die geklärt werden müssen. Wenn alles in Ordnung ist, haken sie den Punkt auf der Liste ab. Wenn etwas noch nicht in Ordnung ist, wird eine Übergangsregelung abgesprochen: Ihr müsst innerhalb von drei Jahren die staatliche Unterstützung für Unternehmen A, B und C beendet haben, zum Beispiel.

Die neuen Länder bekommen für einige Dinge Hilfe, wie beim Aufbau eines sicheren Kernenergieprogramms, der Regelung der Landwirtschaft und der Entwicklung rückständiger Gebiete. Zwischen 2004 und 2006 wird sich die Hilfe aus Brüssel von zehn auf 15 Milliarden Euro erhöhen.

Unterstützende Dienste der Kommission

Die Kommission ist ein Verwaltungsapparat und braucht demzufolge eine Reihe von Diensten. Hört sich langweilig und bürokratisch an, ist es aber nicht! Einige dieser Dienste sind schon manches Mal in den Nachrichten aufgetaucht, wie Sie weiter unten lesen können.

Europäisches Amt für Betrugsbekämpfung

Das Europäische Amt für Betrugsbekämpfung heißt OLAF (von Office Européen de Lutte Anti-Fraude). Es ist zuständig für das Aufspüren von Korruption und Misswirtschaft. Ein arbeitsintensives Amt würde man sagen, denn es wird ja so häufig lauthals behauptet, es verschwinde so viel Geld in Brüssel. Alle EU-Bürger können unter einer kostenlosen Telefonnummer Betrugssachen melden. Rund 300 Menschen sind bei diesem Dienst beschäftigt, die jede Menge Erfahrung in ihrem eigenen Land als Polizeibeamte oder bei Untersuchungsgremien gemacht haben. OLAF kontrolliert vor allem die Ausgaben der EU-Kommission und verfolgt dabei eine »Null-Toleranz-Politik«: Alles wird untersucht, und wer korrupt ist, wird rechtlich verfolgt. Wenn zu viel Geld ausgezahlt wurde oder wenn Geld zu Unrecht an ein Land geflossen ist, wird es zurückgefordert. Bei den meisten Problemen dreht es sich um die Entwicklungshilfemaßnahmen und Strukturfonds. Ein Großteil der Betrugsangelegenheiten werden aus Belgien, Deutschland, Italien und Spanien gemeldet, die wenigsten aus Finnland und Schweden.

Noch ein bisschen mehr über OLAF? Hier finden Sie es:
`http://europa.eu.int/comm/anti_fraud/index_de.html`.

OLAF selbst bereitet ein wenig Kopfschmerzen: Der Europäische Rechnungshof hat konstatiert, dass OLAF die eigenen Finanzen auch nicht so richtig im Griff hat.

Eurostat

Wie viele Weihnachtsbäume wurden im Dezember in der EU verkauft? Womit verdienen die Polen ihr Geld? Wie viele Kilometer Autobahn gibt es in der Slowakei? Solche Fragen werden von Eurostat beantwortet. Das Statistikbüro der EU stellt Untersuchungsergebnisse in Tabellen, Grafiken und Diagrammen zusammen. Es erstellt reihenweise Ziffern über alle Sektoren des Zusammenlebens in den EU-Ländern: Transport, Arbeit, Bevölkerung, Einkommen, die Umwelt. Die Mission von Eurostat besteht darin, Daten zu sammeln und diese aufzubereiten, um den Entscheidungsträger ihre Arbeit zu erleichtern. Jeder, der etwas über die EU und ihre Mitglieder wissen will, kann bei Eurostat nützliche Informationen finden.

Die Grafiken und Tabellen von Eurostat sehen sehr ordentlich aus. Schauen Sie sich das mal auf www.europa.eu.int/comm/eurostat an.

Eurostat kam 2003 in die Nachrichten wegen einer Betrugsangelegenheit – siehe Kasten.

Das Eurostat-Drama

Bei Eurostat, dem Europäischen Büro für Statistik, kam 2003 eine Betrugsangelegenheit ans Licht. Wenn man etwas von Eurostat brauchte, eine Broschüre oder eine CD-ROM, bekam man die innerhalb einer Woche nach Hause geschickt.

Eurostat hatte nur ein Problem: Sie hatten zu wenig Geld. Darum haben ein paar schlaue Köpfe sich das Folgende ausgedacht: Wir vergeben Arbeiten an andere gegen einen zu hohen Preis; zusammen mit dem Auftragnehmer setzen wir den Überschuss auf gesonderte Rechnungen, damit wir einen Extratopf haben, aus dem wir die Organisation bezahlen können. Kein Problem, jeder ist's zufrieden. Nur: Das ist verboten!

Als der Betrug ans Licht kam, wurden Beamte bis zur Chefetage gefeuert, es gab eine Untersuchung und alle waren in heller Aufregung. Die wildesten Beträge wurden genannt – Millionen, vielleicht sogar eine Milliarde sollten auf geheimen Rechnungen zur Seite geschafft worden sein.

Laut einem Mitarbeiter war das Extrageld nur für Eurostat, es ist kein Geld in den Taschen von Privatpersonen verschwunden. Ein Problem ist natürlich, dass der Bürger denkt: Siehste, wieder eine europäische Betrugsgeschichte. Das wird wohl alles nichts taugen, da in Brüssel.

Presse und Kommunikation

Dieser Dienst untersteht direkt dem Kommissionspräsidenten. Führungspersonen finden Kommunikation immer äußerst wichtig. Die Mission des Dienstes Presse und Kommunikation ist zweigeteilt: Informationen nach außen tragen und nach innen verteilen. Nach außen bezieht sich vor allem auf die Bürger, die von der Presse informiert werden. Aber auch gegenüber der Kommission hat die GD eine Aufgabe, sie soll die Herren Kommissare wissen lassen, wie es um ihr Ansehen in Europa bestellt ist. Deshalb wird das so genannte Eurobarometer erstellt, eine fortlaufende öffentliche Meinungsumfrage unter den Bürgern der EU – siehe Kasten *Wir trauen euch nicht für einen Cent über den Weg*.

Wir trauen euch nicht für einen Cent über den Weg

Die Europäische Kommission möchte gerne wissen, was die Bürger denken, und vor allem, ob die Bürger noch Vertrauen zu Europa haben.

Darum gibt es jedes Halbjahr eine Meinungsumfrage, das *Eurobarometer*. Es wäre natürlich fatal, wenn die Bürger Europas kein Vertrauen in die EU hätten. Nun, die Stimmung schwankt ja bekanntlich wie ein Schilfrohr im Wind, so ist die EU gelegentlich beliebt und manchmal eben weniger: 2003 fanden 48 Prozent der Gefragten (aus allen EU-Ländern), dass Europa eine tolle Sache sei, 15 Prozent fanden die Mitgliedschaft schlecht.

Die Niederländer denken positiver über die EU als der Durchschnittseuropäer: 62 Prozent glauben immer noch an Europa. Die Anzahl der Gegner beläuft sich auf zwölf Prozent, was eine Verdoppelung im Vergleich zur vorigen Untersuchung darstellt. Die Ursache: die Tatsache, dass die Niederlande Nettozahler sind (also mehr bezahlen als bekommen) und dass Frankreich und Deutschland sich einen feuchten Kehricht um den Stabilitätspakt scheren. Das Haushaltsdefizit dieser Länder beträgt mehr als die abgesprochenen drei Prozent, und dafür müssten sie eigentlich eine Buße aufgebrummt bekommen, aber es scheint, dass sie davonkommen, während andere Länder, wie Portugal, früher sehr wohl eine Buße von Brüssel auferlegt bekamen.

In den Niederlanden wird pro Kopf der Bevölkerung am meisten an die EU bezahlt, und davon halten die meisten Niederländer gar nichts und denken entsprechend negativ über Brüssel. Europa ist ganz nett, aber das Ganze sollte doch nicht zu teuer werden.

Wer sich ansehen will, was die europäischen Bürger so denken, kann im Internet nachsehen: www.europa.eu.int/comm/public_opinion.

Amt für amtliche Veröffentlichungen

Das Amt für amtliche Veröffentlichungen ist das Verlagsunternehmen der EU. Man kann ruhigen Gewissens von einem Unternehmen sprechen, denn hier arbeiten mehr als 500 Menschen, die Hunderttausende von Textseiten herausgeben, in allen 20 Sprachen der Union. Dieser Dienst nutzt immer stärker das Internet: Gesetzgebungsdokumente, Schriftsätze, CD-ROMs und – sehr wichtig – das offizielle Amtsblatt der Europäischen Union. Das ist eine gesetzlich vorgeschriebene Veröffentlichung, in der es um die Entwicklung der EU und die Entscheidungsprozesse geht. Parlament und Rat haben 2001 angeordnet, dass Bürger so einfach wie möglich Zugang zu EU-Dokumenten haben müssen. Das finden alle Parteien in Brüssel ungemein wichtig, denn das stärkt den europäischen Geist.

Generalsekretariat der Kommission

Das Generalsekretariat untersteht direkt dem Präsidenten der Kommission und sorgt für die Koordination zwischen den Generaldirektionen. Hier wird auch die (unglaubliche Menge an) Post bearbeitet, die der Präsident erhält. Dieser Dienst erstellt das Arbeitsprogramm der Kommission (hierüber weiter unten in diesem Kapitel mehr). Mitarbeiter des Generalsekretariats sorgen auch dafür, dass die Regierungskonferenz, das Europäische Konvent, organisiert wird; hier finden die Diskussionen über die neue Europäische Verfassung statt.

Interne Dienste der Kommission

So wie jeder Verwaltungsapparat verfügt auch die Europäische Kommission über interne Dienste. Diese sind anders geartet als in einer »normalen« Organisation: Es wird mit Dutzenden von Sprachen gearbeitet, und alles spielt sich unter den wachsamen Blicken der Öffentlichkeit ab. Diese Dienste tauchen durchaus schon mal in der Zeitung auf, also wollen wir sie etwas näher betrachten.

Haushalt

Diese Abteilung besteht aus »Buchhaltern« auf hohem Niveau, die dafür sorgen, dass das Geld aus den EU-Ländern hereinkommt und dass fein säuberlich darüber Buch geführt wird, wofür es ausgegeben wird. Wir sprechen von hundert Milliarden Euro – 100.000.000! –, was ungefähr dem Umsatz eines sehr großen Unternehmens entspricht. Die Top Ten großer Unternehmen haben einen Umsatz, der nur halb oder noch weniger hoch ist. Es gibt in der Abteilung ungefähr 400 Beamte (die also im Durchschnitt 250 Millionen Euro unter ihren Fittichen haben, ein Betrag, bei dem man durchaus auch noch das Zittern bekommen kann!).

Interner Auditdienst

Diese Abteilung kontrolliert die Finanzen. Das ist etwas anderes als Betrugsbekämpfung. Audit ist nicht auf »Polizeiarbeit« ausgerichtet, sondern auf die Frage, ob die Finanzpolitik konsistent und entsprechend der Absprachen und Vorschriften verläuft. Dazu gehört auch das Risikomanagement. Die EU gibt öffentliche Gelder aus, aber das eher »an der Basis« und nicht in Brüssel. Das Geld wird in den einzelnen Regionen ausgegeben, manchmal irgendwo weit weg auf dem Globus, in Tausenden von Kilometern Entfernung von Brüssel. 2001 hat der Dienst eine Konferenz mit dem Titel »Verstehen« abgehalten und sich mit der Frage beschäftigt, warum so viele Menschen glauben, dass der Umgang mit den Finanzen in Brüssel ein einziges Chaos wäre. Man kam zu dem Schluss, dass alle öffentlichen Einrichtungen in der Welt mit demselben Problem zu kämpfen haben: Der Bürger traut dem Braten nicht. Man kam aber auch dahinter, dass die Buchhaltungsmethoden in Brüssel nicht den modernsten Praktiken entsprechen, vor allem verglichen mit Unternehmen.

Übersetzung

Die Kommission hat einen eigenen Übersetzungsdienst, der nicht für andere Einrichtungen arbeitet. Der Dienst arbeitet mit allen elf offiziellen Sprachen der EU, wenn es um Dokumente – also Geschriebenes – geht. Die Übersetzer der Kommission formen eine zusätzliche Generaldirektion. Diese GD übersetzt Gesetzgebungsdokumente, Hintergrundinformationen (die manchmal auch zusammengefasst werden) und Korrespondenz.

Dolmetschen

Die Dolmetscher erledigen andere Arbeit, nämlich das direkte Übersetzen des gesprochenen Worts in Sitzungen. »Die besten Dolmetscher sitzen bei der Kommission«, sagt ein ehemaliger EU-Kommissar. Sie müssen häufig politisch brisante Themen unmittelbar in eine andere Sprache übertragen. Sehr mühsame Arbeit, die von Menschen ausgeführt wird, die zweisprachig aufgewachsen sind und zusätzlich eine Dolmetscherausbildung abgeschlossen haben.

Dieser Dienst arbeitet im Gegensatz zu den Übersetzern auch für andere EU-Einrichtungen. Er ist der größte Dolmetscherdienst der Welt mit einigen tausend Dolmetschern und einem Budget von mehr als 200 Millionen Euro. Das wird nach der Erweiterung noch um einiges ansteigen, möglicherweise auf über 300 Millionen Euro pro Jahr.

Der große Vorteil dieses Systems besteht darin, dass man auf Finnisch, Dänisch oder Deutsch einen Brief an die EU-Kommission schreiben kann und tadellose Antwort in der eigenen Sprache bekommt. Mehr über den Übersetzerkreislauf gibt es im Kapitel *Die Sprachen* zu lesen, in dem es ausschließlich um Sprachen geht.

Politischer Beraterstab

Die Kommission hat eine Gruppe politischer Berater, die alle Mitglieder mit Informationen und Ratschlägen versorgen. Dieser Stab ist eine Art Denkfabrik mit wissenschaftlichem Einschlag. Es sitzen Juristen und Wirtschaftswissenschaftler in dieser Gruppe und ein Ex-Diplomat, der auch Philosoph ist (diese Angaben beziehen sich auf 2004) – eine bunt gemischte Gruppe von Menschen also, die sich ihre Köpfe über solche Themen zerbrechen wie Globalisierung der Weltwirtschaft oder die Frage, ob Brüssel die Hauptstadt Europas werden sollte und ob dort dann auch alle Gipfeltreffen stattfinden müssen (im Moment finden diese immer in einem anderen Land statt). Um diese Denkfabrik herum sitzen Untergruppen von Experten, die zum Beispiel Wirtschaftsanalysen erstellen oder über die unterschiedlichen Wertesysteme in Europa nachdenken: Können Gottesdienst und Kultur zu sozialem Zusammenhalt beitragen? Auch in diesen Spezialistengruppen trifft man ehemalige Minister und Professoren an. An schlauen Köpfen gibt es in Europa gewiss keinen Mangel!

Ist Brüssel wohl glücklich mit der EU?

Die Stadt Brüssel hat manchmal so einiges zu erdulden. Mitten in der Stadt ist der Verkehr ein einziges Chaos, vor allem zwischen 16 und 20 Uhr. 20.000 Beamte und noch einmal Tausende von Journalisten, Lobbyisten und andere Gäste wälzen sich durch die Straßen der Stadt, um nach Hause oder an andere Orte zu gelangen. Ein täglicher gigantischer Korso von Autos. Wenn ein Gipfeltreffen (also ein Treffen von Regierungschefs) stattfindet, werden Tunnel, Kreuzungen und Straßen auch noch gesperrt, um die VIPs mit Polizeieskorten durchzulassen.

Die Gebäude der EU befinden sich im so genannten *Europäischen Viertel*. Es ist allerdings kein »Viertel«, sondern die Gebäude liegen über das ganze Zentrum der Stadt verstreut. Für den Bau des Parlaments 1992 wurden ganze Häuserblöcke abgerissen. Die Unterkünfte der EU-Kommission waren voller Asbest. Jeder musste sein Büro verlassen und zwischenzeitlich in anderen Unterkünften in Brüssel Zuflucht suchen.

Zwischen den ganzen EU-Gebäuden stehen völlig normale Wohnhäuser. Aber durch die Anwesenheit der EU ist der Wohnraum so teuer geworden, dass gewöhnliche Brüsseler ihn sich nicht mehr leisten können. Mit der Erweiterung der EU wird es noch schlimmer.

Die Stadt Brüssel hat Städteplaner beauftragt, um einen »Masterplan« zu entwickeln, eine strategische Vision der Brüsseler Innenstadt. Die muss wieder bewohnbar werden, und zwar mit deutlich erkennbaren Ergebnissen bis 2020. Das sind 15 Jahre! Auch die Belgier wissen inzwischen, dass man die dicken Bretter bohren muss, wenn es um Europa geht.

Juristischer Dienst

Das sind die Hausjuristen der EU-Kommission. Der Dienst ist in zehn Gruppen aufgeteilt, die jeweils auf ein Gebiet der Kommission spezialisiert sind. Sie erstellen Gesetzestexte und sorgen dafür, dass diese nicht im Widerspruch zu anderen, bereits bestehenden Gesetzen stehen.

Auch vertreten diese Juristen die Kommission nach außen, zum Beispiel am Gerichtshof oder wenn die EU Krach über die eine oder andere Handelsfrage mit den USA bekommt.

Personal und Verwaltung

Dies ist die Abteilung Personalangelegenheiten für die Mitarbeiter der Kommission. Die Mitarbeiter kommen aus 25 Ländern, und wenn Sie durch einen Gang in einem beliebigen Gebäude laufen, werden Sie Namen aus allen Ecken Europas finden und viele unterschiedliche Sprachen hören. Es ist eine ganze Menge Arbeit, das ganze Personal gut zu begleiten. Die Kommission ist »keine Armee gesichtsloser Bürokraten, sondern besteht aus normalen Europäern, die ein gemeinsames Ziel haben: eine starke und von Vielfältigkeit geprägte Union aufzubauen«, so eine Informationsbroschüre der Abteilung Personalangelegenheiten. Schöner kann man es nicht sagen!

Diese Abteilung sorgt auch für IT und Sicherheit. Weil jeder die Sicherheitskontrollen in den Gebäuden passieren muss und weil jeder mit Computern arbeitet, sind das wichtige Aufgaben für die Alltagspraxis.

Und dann gibt es zwei interne Dienste, nämlich »Gebäude, Anlagen und Logistik« und »Informatik«. Da die Namen für sich selbst sprechen, gehe ich hier nicht weiter darauf ein

Die Kommission sorgt fürs Tagesgeschäft

Die EU-Kommission wird häufig als Geschäftsführungsinstanz der EU bezeichnet. Weil die Kommission mit ihren Tausenden von Beamten vielerlei Angelegenheiten überdenkt und regelt, hat sie entscheidenden Einfluss auf das Funktionieren der EU.

Die Kommission übernimmt die Initiative für neue Vorschriften und Gesetze. Über komplexe Prozeduren werden Regierungen und das Europaparlament in diesen Prozess einbezogen, aber die Kommission macht meist den ersten Schritt. Eine andere wichtige Rolle der Kommission besteht darin, die EU gegenüber dem Rest der Welt zu vertreten.

Die Kommission bestimmt die Politik

Die Kommission bestimmt die Politik und was die EU für die Bürger zu regeln hat.

Auf der Website der Kommission kann jedermann nachlesen, wie ihre Pläne aussehen: http://europa.eu.int/comm/index_de.htm.

Von der Kommission wird sowohl ein Fünfjahresplan als auch ein Arbeitsprogramm für jedes einzelne Jahr erstellt.

Im strategischen Plan sind große Worte zu lesen: Europa muss eine wichtige Rolle auf der Weltbühne spielen und mit einer Stimme sprechen. Wir wissen, dass das nicht leicht ist. Europa ist politisch häufiger gespalten als geeint.

Der Kommission macht zu schaffen, dass das Vertrauen der Bürger in die EU nicht so groß ist und dass sie transparenter werden muss. Ein weiteres Ziel ist die Verbesserung der Lebensbedingungen der EU-Bürger, indem für mehr Sicherheit, Wohlstand und Umweltschutz gesorgt wird. Damit spielt die Kommission genau auf die Themenbereiche an, die die Bürger beschäftigen. Die Kommission konstatiert, dass 15 Millionen Europäer ohne Arbeit sind und dass neue Arbeitsplätze geschaffen werden müssen.

Im Plan für das Jahr 2004 waren konkretere Ziele angegeben:

✔ Der Beitritt von zehn neuen Mitgliedsländern muss gut verlaufen. Die Verhandlungen mussten abgeschlossen werden und bis zum 1. Mai 2004 mussten die neuen Mitglieder alle bestehenden Vorschriften der EU erfüllen.

✔ Die Kommission will Stabilität und Sicherheit in Europa: hartes Auftreten gegenüber illegaler Immigration, Kriminalität und Terrorismus.

✔ Europa muss nachhaltig wachsen. Es muss also neben dem Ziel »reicher werden« auch auf soziale Aspekte und die Umwelt geachtet werden. Die Armut in der Welt muss bekämpft werden.

Klingt das nach hohlen Phrasen? Denken Sie dann einmal an die Tatsache, dass die Union 2004 gut 100 Millionen Einwohner mehr bekommen hat, und zwar aus Ländern, in denen Umwelt und soziale Angelegenheiten nicht immer ganz oben auf der Tagesordnung stehen.

Abgesehen davon ist ein »Aktionsprogramm« im europäischen Sinn kein Plan, der präzise bestimmt, was genau passieren soll, es geht immer um das Große und Ganze. In breiten Pinselstrichen wird ein Bild gemalt. Für 2005 bis 2009 klingt das dann beispielsweise so: »Wohlstand, Solidarität und Sicherheit«. 2000 bis 2005 wollte man »Das Neue Europa gestalten«.

Vor dem Umsetzen solcher Pläne in Taten braucht die EU-Kommission, auch von nichtoffiziellen Seiten, wie Lobbyisten und Experten, Hilfe. Die wollen wiederum sehr gern mitreden, denn je eher man in eine Diskussion einbezogen wird, desto größer wird der eigene Einfluss.

Ein mächtiger Ratgeberausschuss: COREPER

Ein zentrales Organ für die Vorbereitung von Gesetzgebungen ist COREPER: Das steht für Comité des Représentans Permanents (Ausschuss der ständigen Vertreter, auch mit AStV abgekürzt).

Hier sitzen die Botschafter der Mitgliedsstaaten. COREPER ist also ein ziemlich hoch aufgehängtes Kollegium. Dieses erledigt sehr wichtige Arbeit: In der Vorbereitungsphase eines Gesetzes finden in diesem Gremium Diskussionen und Verhandlungen statt. COREPER bereitet die Beschlüsse vor, die die Fachminister aus den EU-Ländern vornehmen.

Unter COREPER gibt es Hunderte von spezialisierten Ausschüssen, zum Beispiel auf den Gebieten von Landwirtschaft, Außenpolitik oder Justiz. Alles in allem sind Tausende mit den ganzen Sitzungen beschäftigt. Dort werden neuen Vorschriften in die passende Form gegossen: In den ersten Stadien der Gesetzgebung geht es um den Austausch von Ideen und die Festlegung einer Grundlage. Viele Parteien in Brüssel wollen hierbei miteinbezogen sein, denn wer hier Augen und Ohren offen hält, hat einen Wissensvorsprung. Deshalb sitzen Lobbyisten gerne in solchen Ausschüssen. Von nichts kommt nichts, und Wissen ist schließlich ihr Kapital.

Die Kommission gibt das Geld aus

Die EU-Kommission hat als Geschäftsführung auch die Kasse unter ihrer Obhut: Das sind immerhin 100 Milliarden Euro. Das bedeutet übrigens nicht, dass für jede nette Idee auch gleich Geld fließt.

Wenn Aufgaben vergeben werden müssen, lädt die Kommission entsprechende Unternehmen oder Institutionen ein, ein Angebot abzugeben. Hierbei kann es um eine Untersuchung, das Schreiben eines Berichts oder die Entwicklung einer Informationskampagne gehen. Das nennt sich dann *öffentliche Ausschreibung*, und im Prinzip hat jeder die Chance, den Zuschlag zu bekommen. Die Unternehmen, die sich beteiligen wollen, müssen präzise Angaben darüber machen, was das Projekt kosten wird und wofür wie viel Geld ausgegeben werden soll. Da sich jeder an der Ausschreibung beteiligen kann, ist Vetternwirtschaft nicht so einfach. Ende der 90er Jahre ging da noch so einiges ziemlich schief: siehe Kasten über Kommissarin Cresson und den Zahnarzt.

Die Kommission stellt ein Budget auf, das dem Ministerrat und dem EU-Parlament vorgelegt wird. Sowohl Rat wie auch Parlament können Posten ändern, und schlussendlich muss das Budget vom Parlament verabschiedet werden.

Auf einen großen Teil der Ausgaben, nämlich die für die Landwirtschaft, hat das Parlament keinen Einfluss, das heißt, fast die Hälfte (45 Prozent) des Haushalts wird mehr oder weniger automatisch zugewiesen. Das Parlament kann aber sehr wohl den gesamten Haushalt ablehnen. Wenn das geschieht, wird zunächst mit Zwölfteln gearbeitet: Die Kommission darf monatlich ein Zwölftel des Haushalts des vorangegangenen Jahres ausgeben.

Kommissarin Cresson ruft den Zahnarzt an: Aua!

1999 kam ans Licht, dass Edith Cresson, Mitglied der Europäischen Kommission, einen Freund, der Zahnarzt war, als wissenschaftlichen Ratgeber eingesetzt hatte.

Edith Cresson war ehemalige Premierministerin von Frankreich und bis 1999 Europakommissarin für Forschung und Bildung. 1997 vergab sie den Auftrag für eine Untersuchung zum Thema AIDS an René Berthelot, einen persönlichen Freund. Er sollte ein monatliches Gehalt von fast 7.000 Euro von der Kommission erhalten. Aber Berthelot wurde krank und konnte seine Leistungen nicht erbringen. Beamte schlugen vor, das Gehalt – das weiter ausgezahlt worden war – zurückzufordern, aber davon wollte Cresson nichts wissen. Insgesamt muss Berthelot in zwei Jahren etwa 200.000 Euro an Gehältern und Unkostenvergütungen bekommen haben. Edith Cresson kam ernstlich in Verlegenheit und damit die gesamte EU-Kommission. Bis heute wissen wir noch nicht, warum ausgerechnet ein Zahnarzt der Spezialist par excellence für AIDS sein sollte.

Krieg mit dem Irak – ja, nein, weiß nicht ...

Der Krieg, den die USA 2003 mit dem Irak angefangen haben, wurde vor allem von den Briten unterstützt: Frankreich und Deutschland waren dagegen. Die Amerikaner wurden aus dem Verhalten der Europäer nicht schlau, oder sie wollten es gar nicht werden. Auf jeden Fall fragten sie sich, wie es denn um die europäische Einheit bestellt wäre, wenn der eine Staat sie unterstütze und der andere sich ihnen verweigere. Legendär und in aller Munde, wenn vielleicht nicht im Sinne des Erfinders, ist das Wort des amerikanischen Verteidigungsministers Rumsfeld vom »alten« und vom »neuen« Europa.

Infolge der Uneinigkeit der Europäer gingen die Amerikaner ihren eigenen Weg, genau wie die einzelnen europäischen Staaten auch. Im Sicherheitsrat der Vereinten Nationen, in dem sowohl Frankreich als auch Großbritannien einen ständigen Sitz haben, waren die beiden wieder uneins. Solange die Franzosen und die Briten in der UNO jeweils ihr eigenes Liedchen singen, kann von einer europäischen Stimme wohl keine Rede sein.

Die Amerikaner beschlossen daraufhin, das Heft selbst in die Hand zu nehmen. Der Rest ist Geschichte: Die Invasion verlief wechselhaft. Die Truppen von Saddam Hussein wurden schnell geschlagen, aber die USA konnten das Land nicht befrieden. Von Anschlägen gegen die amerikanische Armee und die neu eingesetzte irakische Regierung konnte man fast täglich in den Nachrichten hören. Die verschiedenen ethnischen und religiösen Gruppierungen des Landes begannen sich gegenseitig zu bekämpfen. Massenvernichtungswaffen wurden nie gefunden, obwohl deren angebliche Existenz einer der Gründe war, das Land anzugreifen.

Die US-Armee fasste Ende 2003 Saddam Hussein, immerhin ein kleiner Erfolg. Ein ständiges Auf und Ab.

Die Kommission repräsentiert die EU nach außen

Die Kommission ist sozusagen das Gesicht der EU für die Außenwelt, also für Amerika, den Mittleren Osten und andere Teile der Welt, wie den Balkan, wo es viele Spannungen gab und gibt. Seit 1999 gibt es einen speziellen außenpolitischen Sprecher. Der erste Mann, der diesen Job hatte, war Javier Solana. Dieser Meister des Kompromisses hatte sich schon als Generalsekretär der NATO einen Namen gemacht.

Es ist extrem schwierig, die gesamte EU zu repräsentieren, ganz einfach deshalb, weil sich die (großen) Länder selten einig sind. Frankreich und Deutschland scheinen sich in den letzten Jahren gut zu verstehen, aber Großbritannien orientiert sich in seiner Linie häufig an den Freunden jenseits des Atlantiks. Eine echte gemeinschaftliche Außen- und Sicherheitspolitik (hier geht es also sowohl um Krieg als auch um Frieden) scheint sehr weit entfernt.

Es ist klar, dass die EU als Zusammenschluss verschiedener Staaten eines einzigen Gesichts nach außen bedarf. Aber ob es jemals zu einer echten politischen Gemeinschaft kommen wird, ist noch fraglich. Alle Länder haben unterschiedliche Interessen. Die neuen Länder wollen ihre Souveränität nicht aufgeben, sie standen schon lange genug unter der Knute einer fremden Macht. Ob die »alten« EU-Länder ihre außenpolitische Souveränität an Brüssel abtreten wollen, ist auch mehr als fraglich. Abgesehen davon könnten sich die neuen, osteuropäischen Länder – wie die Briten – an Amerika statt an Frankreich und Deutschland orientieren.

Wenn man das mit der Neigung der Franzosen, Deutschen und Italiener kombiniert, zumindest aus der Sicht der Kleinen, dominant zu sein, wird es nicht gerade leicht zu einer politischen Einheit kommen.

Wenn die Außenpolitik ein Spiel der großen Länder wird, bedeutet das für die kleinen Staaten wie Belgien, Dänemark oder die Niederlande, dass ihre Stimme nicht oder nur kaum gehört wird.

Die Kommission als Hüter der Verträge

Die EU-Kommission hat eine Art politischer Aufgabe, wenn es um die Verträge geht. Die Absprachen zwischen den Ländern und die Vorschriften, die erlassen werden, werden von der Kommission kontrolliert. Sie ist »Hüter« der Verträge.

Die Kommission kann verschiedene Maßnahmen ergreifen, wenn ein Land aus der Reihe tanzt: Geldbußen oder ein Verfahren beim Gerichtshof.

Wer nicht mitmacht, wird bestraft

Wenn ein Land gegen die Absprachen verstößt, kann ihm eine Buße auferlegt werden. Das passiert nicht sehr oft, denn der Rat der Europäischen Union (die Regierungsoberhäupter) kann festlegen, dass es in einem bestimmten Fall nicht so schlimm ist, wenn eine Absprache nicht eingehalten wird.

Einige Beispiele für Bereiche, über die die EU-Kommission Aufsicht führt:

- ✔ Ein gutes Vorbild für mehr Wollen als Können ist der Stabilitätspakt, in dem festgelegt ist, dass das Haushaltsdefizit eines Landes nicht höher als drei Prozent sein darf. In wirtschaftlich schlechteren Zeiten gelingt das nicht immer. Frankreich und Deutschland überschritten die magische Grenze, doch die Länder haben untereinander abgesprochen, dass keine Strafe folgen wird.

- ✔ Wenn der Kommission bekannt wird, dass ein Unternehmen gegen eine Richtlinie verstößt, wird sie sofort aktiv. Davon kann Microsoft ein Liedchen singen. Dem Unternehmen wurde vorgeworfen, eine dominante Position im Softwarebereich zu besitzen und dies in Form von Kopplungsgeschäften zu missbrauchen: Wenn der Kunde eine bestimmte Software kaufte, musste er eine zweite dazukaufen. Die Kommission vertieft sich in einem solchen Fall in die Materie und bestimmt gegenüber dem Unternehmen, was sich unter Androhung einer empfindlichen Buße ändern muss, die im Fall von Microsoft sehr hoch war: mal eben 500 Milliönchen (Dollar).

Wer nicht mitmacht, bekommt es mit dem Gerichtshof zu tun

Die Kommission nimmt direkten Einfluss, um Unternehmen oder Regierungen zu belangen, die sich einen feuchten Kehricht um europäische Vorschriften kümmern. Sie kann Fusionen verbieten, (zwingend) Erklärungen einfordern und Bußen auferlegen. Manchmal geht die Kommission auch an den Gerichtshof, um einen Staat oder ein Unternehmen in die Schranken zu verweisen.

Das kann unter anderem geschehen, wenn ein Land weiter die Aktienmehrheit bei einem ehemaligen Staatsunternehmen hält. Ein Beispiel: Viele Telekommunikationsunternehmen waren früher Staatsunternehmen. Auch nach der Privatisierung hält manchmal der Staat noch Anteile. Wenn das Aktienpaket bestimmte Vorrechte mit sich bringt oder eine Konstruktion zur Wahrung von Rechten darstellt, steht das dem freien Verkehr von Kapital entgegen. Eine komplexe juristische Fragestellung, die man dem Gerichtshof vorlegte. Diese Art von Geschäften spielt im Energiesektor, bei Flughäfen und einigen Fluggesellschaften eine Rolle. Ein solches Verfahren kann anderthalb Jahre dauern, aber das Ergebnis sieht in allen Fällen so aus, dass der Staat die Anteile verkaufen muss.

Ihrerseits können Regierungen und Unternehmen ebenfalls den Gerichtshof anrufen, um Maßnahmen und Vorschriften anzufechten.

Die Kommission darf direkt eingreifen

Die Kommission kann in Notfällen unmittelbar in einem EU-Land eingreifen. Über eine Verordnung werden Vorschriften aufgestellt, die sofort Gültigkeit haben.

Die bekanntesten Beispiele hierfür betreffen die Landwirtschaft, speziell Tiererkrankungen, die beispielsweise ein Exportverbot zur Folge haben. Diese Beispiele sind nicht nur bekannt, sondern auch zahlreich, zusammen mit der Fischerei ungefähr 6.000 Mal pro Jahr.

Einige Beispiele solcher Verordnungen:

- ✔ Fischer dürfen im Golf von Biskaya ab einem bestimmten Datum keine Anchovis mehr fangen, weil Biologen festgestellt haben, dass der Fischbestand stark rückläufig ist.

- ✔ Eine Verordnung kann auch die Rücknahme einer früheren Regelung betreffen: Die EU hat 2001 das Abladen von Abfallprodukten der Eisen- und Stahlproduktion aus Südafrika und Bulgarien verboten. Also war es nicht mehr nötig, hierfür Vorschriften zu erlassen. In einem solchen Fall wird per Verordnung bestimmt, dass frühere Verordnungen hinfällig sind.

- ✔ Ein Beispiel aus dem Lebensmittelbereich: Es wurde Wein nach Europa eingeführt, der nach einem Verfahren hergestellt wurde, das in Europa nicht erlaubt ist. Die Kommission erlässt in einem solchen Fall Vorschriften, die den Import verbieten, und diese Vorschrift gilt dann sofort für ganz Europa.

✓ Die Kommission erlässt häufig Vorschriften, um die Gesundheit der Bürger zu schützen. Bei der Verpackung von Lebensmitteln zum Beispiel. Es muss sichergestellt sein, dass keine Schadstoffe vom Drumherum ins Innendrin kommen. Sprich: Man muss entsprechende Materialien verwenden.

Die Kommission hat keine unbegrenzte Macht

Die EU-Kommission kann sehr viel. Sie verfügt über einen riesigen Beamtenapparat und weit reichende Befugnisse. Doch bleibt sie ein Geschäftsführungsorgan, das nur mit Zustimmung der Mitgliedsstaaten und des Europaparlamentes funktionieren kann. Sowohl das Parlament als auch die Regierungen können die Kommission ausbremsen. Der Europäische Gerichtshof, als Judikative, kann der Kommission gelegentlich auch ein Bein stellen.

Das Parlament kann unangenehm werden

Das Europaparlament muss den Haushalt genehmigen. Das Budgetrecht ist eines der ureigensten Rechte der Legislative. Schon zu Kaisers Zeiten hatte der damalige Reichstag das Recht, über den Etat des Staats zu entscheiden. Das Prozedere ist folgendes: Zuerst werden die Prioritäten für das folgende Jahr bestimmt, und zwar in Abstimmung zwischen Parlament, Rat und Kommission.

Dann macht sich die Kommission an die Arbeit und erarbeitet einen Vorschlag. Der durchläuft in der Folgezeit mehrere Stadien zwischen Parlament, Rat und Kommission, und vor Ende des laufenden Jahres muss der Haushalt fürs kommende Jahr genehmigt sein.

Das letzte Wort hat dann aber das Parlament.

Das Parlament hat außerdem das Recht, die ganze Kommission nach Hause zu schicken. In den Augen vieler ist das eine gute Sache, weil sich die Kommissare dann mehr in Acht nehmen und sich immer wieder fragen müssen, ob sie noch das Vertrauen des Parlaments haben. Die Kommission stellt in ihrem Strategieplan für den Zeitraum 2000 bis 2005 fest, dass die Bürger Europa skeptisch gegenüberstehen, und die Idee, dass die gewählten Volksvertreter die Geschäftsführung entlassen können, vergrößert die demokratische Legitimation, wie man das nennt: mehr demokratische Kontrolle auf Brüsseler Niveau. Es ist dann eben auch in Brüssel so wie in den meisten westlichen Demokratien auch: Die Legislative, das Parlament, hat das Recht, die Exekutive, die Regierung, abzuwählen.

Auch bei der Bestimmung der Politik hat das Parlament Möglichkeiten im so genannten *Mitentscheidungsverfahren*, bei dem das Parlament mitentscheidet und einen Vorschlag ablehnen kann. Wenn die Standpunkte sich diametral gegenüberstehen, wird ein Vermittlungsausschuss eingeschaltet, in dem Rat, Kommission und Parlament vertreten sind.

Es wird also viel beraten, und das dauert alles einige Monate, aber letztendlich hat das Parlament das letzte Wort.

Wenn keine Übereinstimmung erzielt werden kann, wird der Vorschlag als nicht angenommen betrachtet, und dann muss die Kommission mit einem neuen Vorschlag kommen.

Der Gerichtshof kann bissig werden

Jedes Land und jeder Bürger kann die Kommission vor den Kadi ziehen, genau genommen vor den Europäischen Gerichtshof. Der kann auch zum Vorteil des Bürgers und Unternehmens entscheiden. In der letzten Instanz kann das bedeuten, dass eine Vorschrift nicht in Kraft gesetzt wird, für ungültig erklärt wird oder angepasst werden muss.

Der deutsche Autofabrikant Volkswagen hat 2003 ein Verfahren gegen die Kommission gewonnen. Händler wurden unter Druck gesetzt, den Typ »Passat« nicht unter einem bestimmten Preis zu verkaufen. Brüssel hielt das für unzulässig und vor allem sah man dort eine Übervorteilung der Kunden. Doch was zeigte sich? Der Gerichtshof befand, dass die Kommission zu weit gegangen war. Volkswagen hatte die Händler zwar angewiesen, den Passat zu einem Mindestpreis zu verkaufen, aber die Händler wurden dazu nicht gezwungen. Ein Händler, der trotzdem einen niedrigeren Preis berechnen wollte, konnte das machen. Volkswagen wird das wohl gefallen haben, denn die Geldbuße von 31 Millionen Euro wurde mit dem Entscheid des Gerichtshofs hinfällig.

Rat und Rat

Es gibt zwei Organe in Europa, in deren Bezeichnung das Wort »Rat« auftaucht – verwirrend, weil die Namen sich so ähnlich sind. Hier die Unterschiede:

✔ Der *Rat der Europäischen Union* ist ein anderer Name für die Europaspitze, in der sich die Regierungschefs der Mitgliedsstaaten einmal pro Halbjahr versammeln und Beschlüsse fassen. Die Fachminister der Mitgliedsstaaten tagen ebenfalls im Rahmen des Rates der Europäischen Union. Je nach den Themenbereichen, die auf der Tagesordnung stehen, ist jedes Land mit seinen zuständigen Fachministern vertreten. Ecofin ist die bekannteste Ministerrunde: Hier treffen sich die Finanz- und Wirtschaftsminister der Mitgliedsländer.

✔ Der *Europarat* (Council of Europe) hat seinen Sitz in Straßburg und ist mit den Menschenrechten befasst. Er ist ein Staatenbund mit 46 Mitgliedsstaaten. Das neue politische Mandat der Organisation wurde bei der Gipfelkonferenz des Europarates im Oktober 1993 in Wien definiert. Die Staats- und Regierungschefs beschlossen, dass der Europarat Hüter der demokratischen Sicherheit sein soll, die sich auf Menschenrechte, Demokratie und Rechtsstaatlichkeit stützt. Der Europarat ist also keine Institution der EU!

Die Länder können unangenehm werden

Die Kommission muss auch auf den Rat der Europäischen Union Rücksicht nehmen, die Versammlung der europäischen Regierungschefs. Der Rat gibt der Union neben der Kommission politische Führung. Bis zur Erweiterung war das so geregelt, dass im Turnus immer ein Land den Vorsitz des Rates hat und damit seine eigenen Prioritäten verfolgen konnte.

Die Regierungschefs, die mindestens zweimal im Jahr eine Sitzung abhalten (manchmal auch öfter, wenn ein dringendes Thema ansteht), bilden das mächtigste Organ in der EU.

Beim Stabilitätspakt, den Bestimmungen über das Haushaltsdefizit, das in bestimmten Grenzen bleiben muss, konnte man das sehr gut erkennen. Frankreich und Deutschland brachen den Pakt und die Kommission hätte sie eigentlich abstrafen müssen, aber aus dem Rat kam ein bestimmtes: Njet, lasst mal, Jungs. Man kann sich gut vorstellen, dass sich die Begeisterung der Kommission über diese Machtdemonstration in engen Grenzen hielt.

Europa im Kleinen: Das Europäische Parlament

In diesem Kapitel

- Beim Geld hat das Europäische Parlament (EP) das letzte Wort
- Seit 1952 haben sich die Machtbefugnisse des Parlaments stetig erweitert
- EP-Mitglieder und ihre Arbeit
- Das EP-Gebäude als Miniaturausgabe von Europa

1979 trat das erste gewählte Europäische Parlament an. Seitdem hat sich viel verändert. Die Hälfte aller nationalen Vorschriften stammt nun aus Brüssel. Die Bürger und Politiker sind kritischer geworden und Brüssel wird, je mehr sein Einfluss wächst, umso genauer unter die Lupe genommen: Das führte 1999 zu einem ernsten Konflikt zwischen Parlament und Kommission. Das EP drohte, die Kommission zu entlassen, aber die kam dem Parlament zuvor und löste sich selbst auf.

Parlamentarier vertreten jeweils Hunderttausende von Europäern. Ihre Macht ist auf den ersten Blick gering, aber wenn das Parlament sie zum Beispiel zum Berichterstatter (Spezialist) ernennt, haben sie auf einmal jede Menge Einfluss auf einen Teil der Politik.

Brüssel ist »Europa im Kleinen«: 25 Kulturen kommen hier zusammen, und jeder arbeitet und redet miteinander. Europa ist ein einzigartiges Projekt.

Die ersten 50 Jahre: Das Parlament hat keine Zähne

Das erste gewählte Europäische Parlament trat 1979 an. Davor gab es zwar auch schon ein Parlament, aber die Bürger konnten es noch nicht direkt wählen. Inzwischen können sie das sehr wohl. Die Anzahl der Mitglieder des Parlaments ist nach der Erweiterung neun Mal so hoch, wie sie 1952 war, und das EP hat viele neue Befugnisse, zum Beispiel das Budgetrecht oder der Einfluss auf die Zusammensetzung der Kommission. Das EP hat aber auch noch weitere Mitbestimmungsrechte.

Das Parlament ist inzwischen mehr als ein beratendes Organ, wie es in den 50ern der Fall war, aber von einem vollwertigen Parlament kann immer noch keine Rede sein.

Was das Parlament konnte

Im ersten Vertrag, der die europäische Zusammenarbeit regelte, dem EGKS-Vertrag, war durchaus die Rede von einem Parlament und sogar von Wahlen. Doch es sollte mehr als 25 Jahre dauern, bis es so weit war. In den ersten Jahren seines Bestehens kamen die Abgeordneten aus den nationalen Parlamenten. Das EP konnte zwar seine Meinung äußern, hatte aber keinen Einfluss auf die Entscheidungsträger. Es konnte also eine Stellungnahme über Maßnahmen abgeben, und diese musste von der Kommission auch berücksichtigt werden, doch das Parlament hatte keine Zähne: Die Kommission konnte nicht nach Hause geschickt werden. Auch über den Haushalt hatte das Parlament wenig zu bestimmen.

Im vergangenen halben Jahrhundert ist, wie erwähnt, die Anzahl der Parlamentsmitglieder stark angestiegen (siehe Abbildung 7.1): Sie hat sich beinahe verzehnfacht. Durch entsprechende Verträge wurden auch die Befugnisse des Parlaments um einiges erweitert.

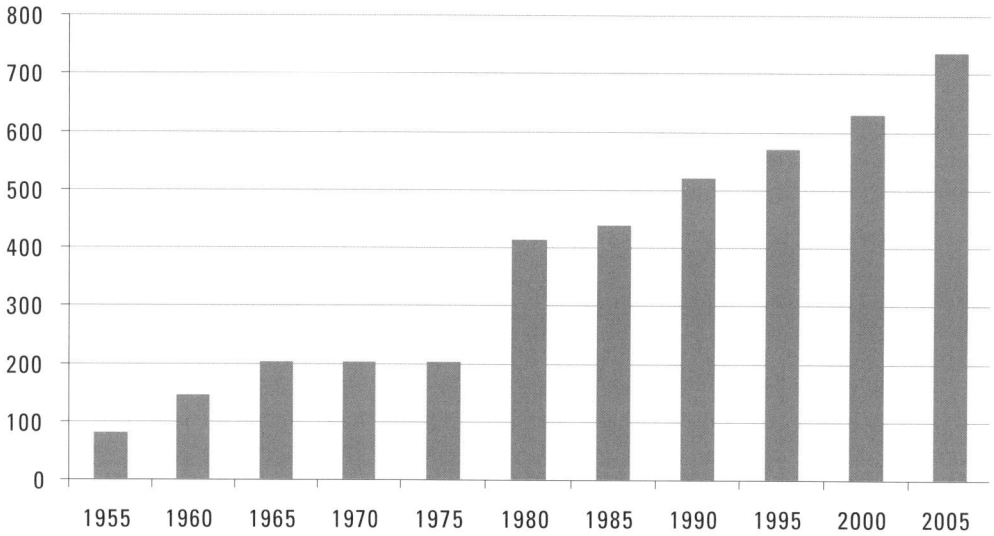

Abbildung 7.1: Die Anzahl der Mitglieder des Parlaments der Europäischen Union ist stark angestiegen.

Was das Parlament nicht konnte

In den ersten 20 Jahren lief alles darauf hinaus, dass das Parlament vor allem Fragen stellen konnte. Dies führte zwar zu Diskussionen, unterstützte die Meinungsbildung und beeinflusste damit die Entscheidungsträger, doch konnte das EP nicht, was ein nationales Parlament sehr wohl kann:

✔ Gesetze verabschieden oder verwerfen

- ✔ Den Haushalt ablehnen
- ✔ Die Regierung nach Hause schicken
- ✔ (Zwingend) Auskunft über die Politik einfordern

Mit anderen Worten: Das Parlament konnte nichts erzwingen. Ein »normales« Parlament kann die Macht bändigen – ein Parlament, das keine Gesetzesmacht ausüben kann, ist machtlos. Ein Parlament, das nicht am Geldhahn sitzt, kann gar nichts. Eine Regierung, die warm und trocken sitzt, ohne Angst haben zu müssen, gefeuert zu werden, braucht sich um ein kontrollierendes Parlament nicht im Geringsten zu kümmern.

Der heiße Haudrauf am kalten Katheder

Natürlich ist es nicht immer langweilig im Parlament. Bisweilen sorgen prominente Redner für hitzige Debatten, die immer gut für eine Schlagzeile sind. Der italienische Ministerpräsident Silvio Berlusconi ist so ein prominenter Redner. Martin Schulz, ein deutscher Europaparlamentarier der SPD, hielt dem italienischen Medienunternehmer und Regierungschef vor, dass er ein seltsames Demokratieverständnis habe. Berlusconi hatte kurz zuvor ein Gesetz, das ihn selbst vor Strafverfolgung schützt, durch das italienische Parlament gebracht. Der Italiener, für seine bisweilen etwas nassforsche Art bekannt, erwiderte: „Signor Schulz, so che in Italia c'è un produttore che sta montando un film sui campi di concentramento nazisti: la suggerirò per il ruolo di kapò. Lei è perfetto!"(Herr Schulz, ich kenne einen Film-Produzenten in Italien, der einen Film über Konzentrationslager der Nazis macht. Ich werde sie für die Rolle eines Kapos vorschlagen. Sie wären dafür wie geschaffen.) Schulz lehnte eine Erwiderung unter tosendem Beifall ab. Das war aber noch nicht das Ende der Geschichte. Der italienische Botschafter wurde ins Kanzleramt bestellt, sein deutscher Kollege in Italien wurde in Rom vorgeladen, und beide Seite forderten jeweils eine Entschuldigung der anderen. Es trug auch nicht gerade zur Entspannung bei, dass der für Tourismus zuständige italienische Staatssekretär Stefani die Deutschen als nationalistische blonde Streber, die zudem unverschämt seien, abqualifizierte.

Der Bundeskanzler sagte daraufhin seinen Italienurlaub ab, Schulz wurde Fraktionsvorsitzender der SPE, das ist die Fraktion der sozialdemokratischen beziehungsweise sozialistischen Parteien Europas, und Stefani verlor seinen Posten. Und Berlusconi? Er blieb ganz er selbst.

Dann kühlte aber die Zeit das heiße Blut auf Normaltemperatur ab und heute haben sich wieder alle lieb.

Das sage mal einer, in einem Parlament werden nur langweilige Sonntagsreden gehalten.

Das alles hat dem Image des Parlaments der Europäischen Union geschadet. Noch immer denken viele Europäer, dass das EP nichts zu melden hat.

Die Europäische Gemeinschaft ist immer ein Verband für Zusammenarbeit gewesen, in dem die Mitglieder Brüssel nicht wirklich Macht übertragen wollten. Das ist heute noch immer ein Diskussionspunkt: Wo darf sich die EU einmischen und wo nicht? Nach 50 Jahren gibt es nun Absprachen zur Subsidiarität (das heißt: Brüssel regelt nur das, was in den Mitgliedsstaaten nicht besser geregelt werden kann), und so haben sich die »Machtfragen« inzwischen etwas besser herauskristallisiert.

In den Anfangsjahren musste dieser Weg erst noch gefunden werden. Daher kam es, dass das Parlament lange Zeit nicht die Kontrollfunktionen innehatte, die nationale Parlamente haben.

Nach den ersten Wahlen 1979 haben die Europapolitiker mehr Spielraum für sich gefordert. In den fünf Jahren, die den Wahlen folgten, hat das EP die folgenden Angelegenheiten an sich gezogen:

- ✔ Mehr und strengere Kontrollen der Ausgaben – 1980 hat das Parlament einen Haushaltsplan abgelehnt.
- ✔ Die Möglichkeit, den Europäischen Gerichtshof anzurufen, um die Kommission zur Räson zu rufen.
- ✔ Mehr Kontakt zum Rat der Europäischen Union: Der Regierungsvertreter, der ein halbes Jahr lang Vorsitzender des Rats ist, berichtet direkt ans Parlament.
- ✔ Das Erstellen neuer Verträge für die künftige Europäische Union

Da das Parlament im Zeitraum von 1970 bis 1984 einige Male seine Zähne gezeigt hat, haben zum Beispiel Journalisten mehr Interesse an Europa bekommen. Bürger schicken öfter Briefe und machen häufiger Eingaben an Parlamentsmitglieder. Auch die nationalen Parlamente arbeiten seit 1984 vermehrt mit dem Europäischen Parlament zusammen.

Die Befugnisse heute

Wie Sie also gesehen haben, ist das Parlament in den ersten 30 Jahren seines Bestehens erwachsen geworden. Die Macht des Parlaments hat stetig zugenommen, und dieser Trend setzt sich fort.

Das Europäische Parlament wird einem echten Parlament mit allen zugehörigen Befugnissen immer ähnlicher. Hier die Gebiete, auf denen das EP Macht ausübt:

- ✔ **Gesetzgebung.** Das EP hat bei einem großen Teil der Gesetzgebung Mitbestimmungsrechte. Also gewährten ihm Rat und Kommission die Bitte in ihrem Bunde zu sein der Dritte.

- **Erweiterung.** Das Parlament muss Erweiterungen zustimmen und kann Änderungen vorschlagen. Als äußerstes Mittel kann es die Erweiterung ablehnen. Im Nachhinein (also nach dem Erweiterungsjahr) müssen die ausführenden Organe vor dem Parlament ihre Ausgaben rechtfertigen, um entlastet zu werden.

- **Ernennung der Kommission.** Das Parlament ernennt die Europäische Kommission – die Geschäftsführung der EU – als Ganzes. Wenn die Kommission nicht funktioniert, kann das Parlament sie entlassen.

- **Untersuchungsausschüsse.** Das Parlament kann Untersuchungen von Missständen in der EU anberaumen. So wurde zum Beispiel eine Untersuchung bezüglich BSE (Rinderwahnsinn) durchgeführt, die zu einer verbesserten Arbeitsweise innerhalb der Kommission geführt hat.

- **Verträge.** Das Parlament entscheidet über die meisten Verträge der EU mit Nicht-EU-Staaten.

In der neuen Europäischen Verfassung sollten die Befugnisse des Parlaments noch stärker erweitert werden.

Schwierig zu führende Debatten

Auch jetzt, da das Europäische Parlament erwachsen geworden ist, bleibt eine Debatte schwierig. Das kennen wir ja schon von den nationalen Parlamenten. Je mehr Einfluss man hat, desto mehr potenzielle Reibungspunkte gibt es.

Ein Problem, das sich durch die ganze Organisation der EU zieht, sind die verschiedenen Sprachen. Wenn ein Finne fragt, was die anderen von seinem Vorschlag halten, müssen die erst auf die Übersetzung warten, bevor sie antworten können. Dann muss die Antwort auch wieder übersetzt werden. Außerdem geht es selten um so einfache Fragen wie: »Sind Sie damit einverstanden oder nicht?«

Eine Resolution (ein Dokument, das eine Entscheidung des Parlaments darstellt) muss Tage vor der Sitzung eingereicht werden, denn sie muss in elf Sprachen übersetzt werden.

Wenn man mal eine Debatte des Europäischen Parlaments anhört, dann fällt auf, dass ein Mitglied am Rednerpult sein Thema darstellt (häufig vom Blatt abgelesen), sich wieder setzt und dann ein anderes Mitglied seinen Kommentar abgibt, ohne auf den vorangegangenen Redner einzugehen.

In den Plenarsälen in Brüssel und Straßburg sind Gespräche oder Diskussionen nicht oft zu hören. Nur auf Anmerkungen aus dem Parlament gehen die Kommissionsmitglieder manchmal direkt ein.

Die wirklichen Diskussionen finden in den Ausschüssen des Europäischen Parlaments statt, die ihre Sitzungen in kleineren Sälen abhalten. Hierzu später in diesem Kapitel mehr.

Umschwung im Jahr 1999: Die Kommission muss weg

Veränderungen kommen häufig aufgrund von Krisen zustande, so auch in Europa. 1999 entstand eine Vertrauenskrise zwischen Europäischer Kommission und Europäischem Parlament.

Es drohte ein Misstrauensantrag, doch die Kommission kam dem zuvor und trat in ihrer Gesamtheit zurück. Das hatte es in der Geschichte der Europäischen Union noch nie gegeben!

Die Kommission treibt's zu bunt

Was war da los? Es gab immer mehr Berichte über Vetternwirtschaft und finanzielle Misswirtschaft. Angeblich lief ziemlich viel schief in der Kommission. Das Parlament stellte eine Untersuchung an: Fünf unabhängige Sachverständige mussten überprüfen, was in der Geschäftsführung Europas vor sich ging.

Die Atmosphäre in Brüssel war extrem angespannt. Im Januar 1999 verteidigte sich der damalige Kommissionspräsident Jacques Santer bei einer Pressekonferenz – der Saal war noch nie so voll gewesen. Hunderte von Journalisten hatten sich versammelt und Dutzende von Kamerateams hatten ihr Equipment aufgebaut, um zu hören, was Santer zu sagen hatte. Alle fühlten, dass etwas Großes im Gange war, etwas, das in dieser Art in Brüssel noch nie vorgekommen war. Santer musste sich für das Verhalten seiner Kommissionskollegin Edith Cresson verantworten, die beschuldigt wurde, Verwandten und Freunden hoch dotierte Pöstchen in der EU zugespielt zu haben. Er hielt seine Hand schützend über sie und drohte, mit der gesamten Kommission zurückzutreten. Zu dem Zeitpunkt konnte er noch nicht ahnen, dass sich das Parlament von diesem Machtwort nicht würde beeindrucken lassen.

Ein Beamter schlägt Krach

Ein niederländischer Beamter der Kommission, Paul van Buitenen, ärgerte sich schon seit Jahren über das finanzielle Gemauschel in den Büros der Europäischen Kommmission und trat 1998 mit seiner Geschichte an die Öffentlichkeit.

Van Buitenen war eine echte Plaudertasche. Die Kommission fasste ihn ziemlich scharf an. In dem Moment, als seine kritischen Äußerungen der Öffentlichkeit bekannt wurden, suspendierte man van Buitenen sofort und halbierte sein Gehalt. Er hatte ein Tabu gebrochen: Ein Beamter, der auspackt – das darf nicht sein! Nach Ansicht von van Buitenen konnte das sehr wohl sein. »Ich berufe mich auf Artikel 21 des Beamtenrechts, der besagt, dass ein Beamter Dienstanweisungen ignorieren darf, wenn es um strafrechtliche Tatbestände geht.«

Was er zu sagen hatte, war nicht von schlechten Eltern:

✔ Unternehmen wurden unrechtmäßig von der Kommission beauftragt, während andere Firmen keine Chance hatten, Aufträge zu bekommen.

✔ Es wurden Zahlungen auf der Grundlage falscher Rechnungen geleistet.

7 ➤ Europa im Kleinen: Das Europäische Parlament

- ✓ Unternehmen, die für die Kommission tätig waren, konnten gegen unangemessen hohe Gehälter Familienmitglieder einstellen.
- ✓ Es wurden Zahlungen ohne Zustimmung der Kommission geleistet.
- ✓ Subventionen wurden ohne Kontrolle und ohne ordnungsgemäße Administration zugeteilt.
- ✓ Beamte, die unrechtmäßige Zahlungen ausgeführt hatten, wurden nicht bestraft.

Diese Enthüllungen waren für die Europäische Kommission natürlich äußerst peinlich. Fürs Parlament und die Öffentlichkeit waren sie extrem alarmierend. Das Parlament hatte schon jahrelang den Verdacht gehegt, dass einige Vorgänge in der Kommission nicht koscher waren. Es waren zahlreiche interne Berichte, Untersuchungen durch die Justiz der Mitgliedsstaaten und schlussendlich jemand, der die Alarmglocke läutete, notwendig, um eine Veränderung zu erzwingen.

Die Kommission macht einen Rückzieher

Nach den Enthüllungen über die Missstände in der Kommission setzte das Parlament eine Untersuchungskommission von fünf unabhängigen Sachverständigen ein, um die Anschuldigungen zu untersuchen. Schon nach wenigen Monaten legte der »Ausschuss der Weisen« seinen Bericht vor. Die Schlussfolgerungen lauteten so: Innerhalb der Kommission arbeitet beinahe niemand, der so etwas wie Pflichtgefühl zeigt. Missstände werden nicht von der Kommission selbst untersucht, und wenn es eine Untersuchung gibt, wird sie nur zögerlich oder lediglich bruchstückhaft durchgeführt. Wenn sich herausstellte, dass ein Beamter sich etwas zuschulden hatte kommen lassen, blieben Sanktionen völlig aus.

Der Bericht wurde auf der Internetseite des Europäischen Parlaments veröffentlicht. Es gab so viele Besucher auf dieser Site, dass die Server überlastet waren.

Der »Läuter der Alarmglocke« hatte Recht bekommen, der Ausschuss hatte in wenigen Monaten sehr viele Menschen befragt, Dokumente gelesen und war zu einem vernichtenden Urteil gekommen.

Die gesamte Kommission unter Santer bot in der Nacht vom 15. auf den 16. März 1999 ihren Rücktritt an. Die Zeitungen schrieben, dass die Kommission keinerlei Kontrolle mehr über ihre eigenen Beamten hätte. Es ging nicht um ein paar faule Äpfel, nein, die ganze Ernte war verrottet.

Der Kommission verblieben nur noch wenige Monate ihrer Amtszeit, denn im Juni 1999 sollten Wahlen fürs Europäische Parlament stattfinden. Einige Kommissare machten aus ihrem Ärger keinen Hehl. Edith Cresson, die am schwersten unter Beschuss stand, sagte in der Presse, dass mit dem Bericht des Ausschusses gepfuscht worden wäre. Sie gab die Schuld den deutschen Konservativen, die sie fallen sehen wollten – sie selbst ist Sozialistin –, und den Gegensätzen zwischen Nord und Süd in Europa.

Kommissionspräsident Jacques Santer kochte ebenfalls vor Wut: »Eine Schande! Und das werde ich sagen, solange ich noch hier sitze!« Der niederländische Kommissar Hans van den Broek nannte die Schlussfolgerungen des Untersuchungsausschusses falsch und ungerechtfertigt: »Ich habe nicht darüber Buch geführt, wie oft ich im Parlament gewesen bin oder an Sitzungen von Ausschüssen des Parlaments teilgenommen habe. Aber was war das anderes, als permanent Rechenschaft abzulegen?«, fragte er erbost.

Im Parlament war ein Misstrauensvotum vorbereitet worden, das mit einer Unterstützung von 40 Prozent rechnen konnte. Das war keine Mehrheit, aber wohl ein Signal, das deutlich genug war, um die Kommission zu veranlassen, von sich aus zurückzutreten.

Die Macht des Parlaments

Die Ereignisse des Jahres 1999 haben die Macht des Parlaments gegenüber der Kommission vergrößert. Die Kommissare sind nun zuvorkommender und höflicher, und sie richten sich mehr nach dem Parlament. Korruption ist beinahe nicht mehr möglich, weil die Kontrollen drastisch zugenommen haben. Die Kommissare sind auf der Hut; sie wissen, dass sie entlassen werden können.

Das Verhältnis zwischen den Mitgliedern der Kommission und dem Parlament ist nun dem zwischen Regierung und Parlament in den meisten Ländern ähnlicher geworden. Es gibt noch keine Fragestunden, aber die Kommissare müssen sich sehr wohl vor den Parlamentsausschüssen verantworten. Dort tagt man mit kleineren Gruppen – Ausschüsse haben maximal 69 Mitglieder –, eine Debatte zu führen ist also einfacher als im großen Plenum.

Die Arbeit eines Parlamentariers

Was macht denn ein Abgeordneter des Europäischen Parlamentes den lieben langen Tag? Es gibt offizielle Verpflichtungen, wie die Teilnahme an Plenar- und Ausschusssitzungen, aber daneben kann jeder Parlamentarier auch eigene Pläne verfolgen. Der eine beschäftigt sich mehr mit einem Spezialgebiet (Finanzen, Landwirtschaft, Erweiterung), der andere findet es wichtiger, Kontakt zur Basis zu haben.

Die fleißigsten Mitarbeiter

Einige Parlamentarier sind nie da, andere immer. Es gibt eine Anzahl Länder, die berüchtigt sind, weil die EP-Mitglieder sich kaum Arbeit mit der europäischen Sache machen. Sie trudeln im Laufe des Dienstags so langsam ein und sind donnerstags schon wieder auf dem Weg nach Hause. Und dann gibt es noch solche, die sich gar nicht erst die Mühe machen, nach Brüssel zu kommen, zum Beispiel, weil sie auch noch Bürgermeister sind oder Mitglied der einen oder anderen örtlichen Volksvertretungen, wie beispielsweise einem Gemeinderat.

Die fleißigsten Bienen sind die Parlamentarier aus Frankreich, Deutschland, Großbritannien und den Niederlanden. Damit haben diese EP-Mitglieder auch die größte Macht, denn sie kennen die Dossiers, nehmen an den Debatten teil und ihre Kommissionsarbeit ernst. In den Ausschüssen des Parlaments wird über neue Richtlinien diskutiert und dort findet der größte Informationsaustausch statt. Außerdem haben die Fleißigen unter den Parlamentariern bessere Kontakte zu Journalisten, Lobbyisten und Beamten.

Vorbereitung von Gesetzen

Politiker denken und diskutieren über die Ausformung des Zusammenlebens. So auch in Europa. Mitglieder des Europäischen Parlaments tagen im Plenum (also mit allen in einem großen Saal), aber die meisten Tagungen laufen in kleinerem Rahmen ab. Parlamentarier sind Mitglieder in Ausschüssen, die sich mit einem bestimmten Thema befassen. Sie müssen sich mit ihren Fraktionsgenossen, die aus allen Ländern kommen, oder ihrer Delegation, also ihren eigenen Landsleuten innerhalb der Fraktion, beratschlagen. Ein Beispiel: Die Christdemokraten aus Deutschland beraten sich mit allen anderen aus der gesamteuropäischen christdemokratischen Fraktion, aber sie stimmen sich auch mit ihren deutschen Kollegen der CDU/CSU ab.

Zur Vorbereitung der europäischen Gesetzgebung führen Parlamentarier also Gespräche mit ihren Parteigenossen aus dem eigenen Land, mit ihrer Partei im Europäischen Parlament, mit Ausschüssen, Unterausschüssen – und auf den Korridoren. Auch mit Unternehmen und Organisationen findet ein Austausch statt. Die Interessen dieser ganzen Gruppen fließen in die Gesetzesentwürfe ein.

Europäische Gesetzgebung hat häufig die Form von Richtlinien, die im Europäischen Parlament festgelegt und durch die Mitgliedsstaaten in ihrer eigenen Gesetzgebung umgesetzt werden.

Die Parlamentsmitglieder diskutieren mit der Europäischen Kommission, wenn diese einen Entwurf für eine Richtlinie eingereicht hat. Zu diesem Zeitpunkt kann das Parlament Änderungen vorschlagen: Ein Abgeordneter stellt einen *Änderungsantrag*, wenn eine Mehrheit dem zustimmt, wird die Richtlinie entsprechend angepasst.

Dann gibt es noch das *Mitentscheidungsverfahren*. Hier wird ein Vorschlag einige Male zwischen Kommission, Parlament und Ministerrat hin- und hergereicht, wobei alle Beteiligten den Vorschlag beleuchten können. Alle Ratschläge fließen zusammen, und danach legt die Kommission einen endgültigen Entwurf vor, der dann der Zustimmung des Europäischen Rats bzw. der Fachminister der Mitgliedsstaaten bedarf.

Die Arbeit eines EP-Mitglieds besteht hauptsächlich aus Tagungen und viel, viel Lesen. Unsere gewählten Vertreter sind aber keine Einzelkämpfer. Jeder Europaparlamentarier hat ein oder zwei Mitarbeiter. Den EP-Mitgliedern steht ein bestimmtes Budget zur Verfügung und sie entscheiden selbst, wie sie für ihre eigene Entlastung und Unterstützung sorgen. Sie können eine teurere, erfahrene Kraft einstellen oder zwei jüngere und weniger erfahrene Mitarbeiter. Es ist aber nicht immer so, dass es ein Eins-zu-eins-Verhältnis von Mitarbeitern zu Parlamentariern gibt, manche Fraktionen haben ihre Mitarbeiter in einer Gruppe zusammengefasst und verteilen die Arbeit an die Mitglieder eines solchen Teams.

Wenn ein Mitarbeiter für einen Parlamentarier arbeitet, entsteht ein persönliches Verhältnis. Es geht hier um Vertrauensfunktionen, die stark variieren können: Manche Mitarbeiter sind vor allem mit administrativen Aufgaben betraut, andere sind Berater oder Kontaktperson oder bereiten die parlamentarische Arbeit vor. Ein Assistent ist meist so eine Art Mädchen für alles: Er stellt Informationsmaterial zusammen, hält Kontakt zu anderen Parlamentariern (über deren Assistenten), schreibt Artikel – es gibt nichts, was es nicht gibt, wenn es um die Aufgaben von Assistenten geht.

Die meisten Assistenten sind jung und betrachten ihre Arbeit als eine gute Möglichkeit, nach dem Studium ins Berufsleben zu starten. Ein abwechslungsreicher Job, durch den sie viel lernen und Kontakte für weitere Karriereschritte aufbauen können. Viele verbringen einige interessante Jahre in den EU-Institutionen und wechseln dann in die freie Wirtschaft oder werden Europabeamter. Deshalb sind diese Stellen sehr begehrt, und die EP-Mitglieder können sich den Luxus leisten, unter einer großen Anzahl von Kandidaten auszuwählen.

Ein Sklave als Mitarbeiter

Über die Mitarbeiter der EP-Mitglieder ist viel Staub aufgewirbelt worden. Ein Parlamentsmitglied kann selbst bestimmen, welche Aufgaben er seinem Assistenten überträgt, wie viel er ihm oder ihr dafür bezahlt und wie lange er den Assistenten beschäftigt.

Ihre Rechtsposition ist nicht wirklich gut geregelt. Man könnte auch sagen: gar nicht. Bis vor einigen Jahren gab es keine Lohnskala, keine Geschäftsordnung oder anderweitig schriftlich festgelegte Richtlinien. Es gab also nichts, worauf sich Assistenten berufen konnten.

»Wir sind moderne Sklaven«, sagte ein Assistent einmal zu einem Journalisten.

Vor einigen Jahren wurde es den Assistenten zu viel. Im November 1998 demonstrierten sie im »Hémicycle« (wie der halbrunde Plenarsaal auch manchmal genannt wird) und entrollten ein Spruchband mit dem Text: »Das soziale Europa beginnt hier!« Einige Delegierte empörten sich darüber, aber zum Glück für die Assistenten hat sich seitdem viel verbessert, auch wenn es noch immer keine allgemeingültige Regelung gibt, die für gleiche Arbeitsbedingungen sorgen würde, wie 1998 von ihnen gefordert wurde.

Zurzeit wird durchaus über Arbeitsbedingungen und entsprechende Verträge diskutiert, zum Beispiel bei den niederländischen Fraktionen, die die meisten Assistenten über eine Stiftung einstellen – für einige Glückliche sind die Zeiten der Sklaverei langsam vorbei.

Neben den Sitzungen und den unterschiedlichen Aufgaben im Brüsseler oder Straßburger Apparat lassen sich Parlamentarier in ihren eigenen Ländern bei vielen Arbeitsbesuchen sehen. EP-Mitglieder besuchen Unternehmen wie Hüttenwerke, Landwirtschafts- und Fischereibetriebe. Es kommt ganz auf die Spezialisierung des EP-Mitglieds an. Ein Parlamentarier, der das alles macht, hat eine 80-Stunden-Woche, sagen die Fleißigen in Brüssel. Lesen, tagen und Kontakt mit der Basis halten ist mehr als ein Vollzeitjob.

Die Arbeit in den Ausschüssen, die Arbeit der Berater

Das Europäische Parlament hat 20 ständige Ausschüsse, deren genaue Zuständigkeiten Sie unter http://www.europarl.eu.int/home/default_de.htm unter dem Stichwort »EP-Geschäftsordnung«, Anlage VI, finden können. Die Ausschüsse unterscheiden sich stark in ihrer Mitgliederzahl, der größte hat 69, der kleinste 21.

Und das sind die Ausschüsse:

- ✔ Ausschuss für auswärtige Angelegenheiten
- ✔ Entwicklungsausschuss
- ✔ Ausschuss für internationalen Handel
- ✔ Haushaltsausschuss
- ✔ Haushaltskontrollausschuss
- ✔ Ausschuss für Wirtschaft und Währung
- ✔ Ausschuss für Beschäftigung und soziale Angelegenheiten
- ✔ Ausschuss für Umweltfragen, Volksgesundheit und Lebensmittelsicherheit
- ✔ Ausschuss für Industrie, Forschung und Energie
- ✔ Ausschuss für Binnenmarkt und Verbraucherschutz
- ✔ Ausschuss für Verkehr und Fremdenverkehr
- ✔ Ausschuss für regionale Entwicklung
- ✔ Landwirtschaftsausschuss
- ✔ Fischereiausschuss
- ✔ Ausschuss für Kultur und Bildung
- ✔ Rechtsausschuss
- ✔ Ausschuss für bürgerliche Freiheiten, Justiz und Inneres
- ✔ Ausschuss für konstitutionelle Fragen
- ✔ Ausschuss für die Rechte der Frau und die Gleichstellung der Geschlechter
- ✔ Petitionsausschuss

Der Vorteil solcher Ausschüsse liegt darin, dass intensivere Diskussionen geführt werden können, weil die Gruppe kleiner ist. Die Diskussionen sind auch spezifischer und konkreter, es geht um Dinge mit spürbarem Einfluss, wie beispielsweise die Beschränkung des Fischfangs oder Maßnahmen zum Verbraucherschutz.

Die Mitglieder des Parlaments können als Berichterstatter für ein bestimmtes Sachgebiet benannt werden. Dann vertiefen sie sich in ein Thema und berichten darüber an ihre Kollegen. Sie geben eine Beurteilung über die Frage ab, mit der sie sich befasst haben, und damit bestimmen sie auch die Richtung, die das Parlament einschlagen sollte. Berichterstatter können auf diese Art viel Einfluss ausüben.

Der CDU-Abgeordnete Reimer Böge, Mitglied der christdemokratischen Fraktion EVP-CD, war beispielsweise Berichterstatter im BSE-Kontrollausschuss, der die Umsetzung der Ergebnisse des BSE-Untersuchungsausschusses überwachen sollte. Nun war Böge selbst Vorsitzender besagten Ausschusses, der das EP bewegen konnte, der Kommission ein bedingtes Misstrauensvotum auszusprechen. Bedingtes Misstrauensvotum heißt: Das Parlament beschloss, der Kommission das Vertrauen zu entziehen, wenn sie die Empfehlungen des Ausschusses nicht bis zum einem bestimmten Termin umgesetzt habe.

Wie man anhand dieses Beispiels sehen kann, ist ein Berichterstatter ein echter Spezialist auf seinem Gebiet. Er kann der Kommission durch kritische Fragen also durchaus das Leben schwer machen, schließlich musste auch der zuständige Kommissar vor den Ausschüssen Rede und Antwort stehen.

Die Rolle des Vorsitzenden

Die Parlamentarier sitzen alle in ihrer eigenen politischen Fraktion, in der sich die Arbeit abspielt: Sie sind Christdemokraten, Sozialdemokraten, Liberale, Grüne etc., und aus der zugehörigen Überzeugung heraus betreiben sie ihre Politik.

Sie haben aber auch eine Bindung zu ihrem eigenen Land. Die 99 deutschen MdEPs (Mitglieder des Europäischen Parlaments) fühlen sich außer mit ihren politischen Freunden auch als Landsleute miteinander verbunden.

Aus ihrer Mitte wählen sie den Delegationsvorsitzenden. Dieser muss das Vertrauen der deutschen MdEPs haben und ihre Interessen im Parlament vertreten. Das kann zum Beispiel der Fall sein, wenn ein wichtiger Beamter ernannt wird, der Einfluss auf die Arbeit der Deutschen hat. Der Vorsitzende kann dann die Wünsche seiner Landsmänner und -frauen dem Generalsekretär zur Kenntnis bringen, dem Chef der Menschen, die für das Europäische Parlament arbeiten.

Der Delegationsvorsitzende hält auch eine Ansprache, wenn die Deutschen einmal miteinander dinieren. Er ist es, der die Auswahl trifft, wenn einmal eine besondere Einladung ausgesprochen wird, und dafür sorgt, dass die Einladungen gerecht verteilt werden.

Die Basis ruft auch schon mal an

Weil die EU gut ans Internet angeschlossen ist, kann jeder Bürger und jede Bürgerin nachlesen, was das Europäische Parlament so tut. Bürger und Unternehmen können EP-Mitgliedern auch Mails schicken oder sie besuchen.

Der eine Parlamentarier hält mehr Kontakt zur Basis als der andere, aber ganz allgemein haben die Kontakte zwischen Brüssel und den Bürgern zugenommen. Auf professionellem Niveau sind Tausende von Lobbyisten im Parlament aktiv, die sich für die Interessen einer Organisation oder eines Unternehmens einsetzen.

Seit 1995 gibt es einen Europäischen Bürgerbeauftragten, der vom Europäischen Parlament benannt wird. Jeder Bürger in Europa kann bei ihm Beschwerden über europäische Institutionen einreichen, wenn die sich nicht an die Regeln gehalten haben. Per Brief, Fax oder E-Mail kann jeder sich in seiner eigenen Sprache an den Bürgerbeauftragten wenden, der dann der Beschwerde auf den Grund geht. Dabei kann es um so unterschiedliche Dinge gehen wie Diskriminierung, Probleme mit der Bezahlung von Rechnungen durch eine Institution oder Verträge, die nicht eingehalten wurden. Zuerst gibt der Bürgerbeauftragte der betroffenen Institution die Chance, den Fehler selbst wieder gutzumachen.

Wenn das nicht gelingt, leitet der Bürgerbeauftragte eine Untersuchung ein. Er kann der europäischen Institution, die sich des Missmanagements schuldig gemacht hat, auf die Finger klopfen. Das führt manchmal dazu, dass Regelungen verändert werden. So hat zum Beispiel die Europäische Kommission ihren Beamten Zugeständnisse bezüglich der freien Meinungsäußerung gemacht, nachdem der Bürgerbeauftragte hier etwas zu bemängeln hatte.

Ein anderes Beispiel: Wenn eine Institution einen Brief nicht oder viel zu spät beantwortet, kann der Bürgerbeauftragte die Institution auffordern, sich beim Bürger zu entschuldigen und dafür zu sorgen, dass das zukünftig schneller geht. Das ist vielleicht keine harte Strafe, aber die betroffene Institution ist erst mal bis auf die Knochen blamiert. Die Veröffentlichungen der Urteile des Bürgerbeauftragten haben durchaus einen beschämenden Effekt – keine Institution will gleich mehrere Male eine Standpauke des Bürgerbeauftragten über sich ergehen lassen müssen und so ihre Glaubwürdigkeit verlieren.

Von Bergen und Propheten

Wie heißt es so schön: Wenn der Berg nicht zum Propheten kommt, kommt der Prophet zum Berg. Wie Bundestagsabgeordnete werden auch ihre Kollegen in Brüssel und Straßburg gelegentlich von Abordnungen aus ihrem Wahlkreis besucht. Natürlich sind die Besuche der Volksvertreter in ihrer Heimat häufiger und meist auch mit einem größeren Presseecho bedacht, aber wenn Sie vor Ort erfahren wollen, was die Herren im Parlament so treiben und vielleicht auch einen kleinen Einblick in ihren Alltag erhaschen wollen, besteht schon die Möglichkeit, dass der Wunsch Wahrheit wird.

Auch die Auswahl von Personal wurde nach einer Beschwerde beim Bürgerbeauftragten korrigiert. Wer für die Kommission arbeiten will, muss eine Prüfung ablegen. Früher bekamen die Kandidaten nicht zu sehen, wie ihr Ergebnis ausfiel und welche Fehler sie gemacht hatten. Das ist nicht mehr so: Ein Bewerber, der abgelehnt wird, bekommt seine korrigierten Unterlagen zu sehen, damit er oder sie etwas daraus lernen kann.

Europa im Miniformat

Wenn Sie bei einer europäischen Institution zu Besuch sind, finden Sie sich in einem Mikrokosmos wieder. Am deutlichsten ist das beim Europäischen Parlament zu sehen. Dort laufen Menschen aus aller Herren Länder der EU herum, man hört alle Sprachen und man kann sehen und fühlen, wie sich die Kulturen miteinander vermischen. Journalisten aus den Beitrittsländern oder Beamte und Politiker, die zu Verhandlungen erscheinen, sind in Brüssel ein alltäglicher Anblick. Ein Schmelztiegel für 25 Völker.

Schmelztiegel der Kulturen

Die Arbeit mit 25 Nationalitäten hat Folgen. Alle Diskussionen über die gemeinsame Politik laufen in Brüssel zusammen. Ein Schwede und ein Italiener müssen sich einigen. Ein Franzose und ein Pole müssen einander verstehen. Die neuen Mitgliedsstaaten haben zunächst als neutrale Beobachter an Gesprächen und Verhandlungen teilgenommen und sind seit dem 1. Mai 2004 vollwertige Mitglieder. Alle 25 nationalen Interessen treffen im Europäischen Parlament aufeinander. Es ist äußerst interessant, die unterschiedlichen Menschen diskutieren zu sehen, aber es bringt auch einige Schwierigkeiten mit sich:

- ✔ **Missverständnisse aufgrund von kulturellen Unterschieden.** Der Humor des einen Politikers wird von einem anderen falsch verstanden. Die prinzipielle Haltung der Nordeuropäer stößt bei den Südländern auf Unverständnis.

- ✔ **Missverständnisse wegen der Sprache.** In den Sitzungen wird alles übersetzt, aber außerhalb nicht. Man muss also in den Gängen (und manchmal auch in den Ausschusssitzungen) eine Sprache sprechen, die beide Diskussionspartner verstehen, die aber für keinen von beiden die Muttersprache ist.

- ✔ **Jedes Land hat seine eigenen Interessen.** Ärmere Länder haben andere Interessen als reichere. Ein Land mit viel Landwirtschaft steht den Subventionen anders gegenüber als ein Land mit wenig Landwirtschaft. Kleine Länder haben andere Perspektiven als große.

- ✔ **Es dauert lange, um einen Kompromiss zu erzielen.** Weil jedes Land seine eigene Agenda hat und seine Akzente anders setzt, ist es oft schwer, Kompromisse zu finden. Auf jeden Fall dauert es! Europa erreicht viel, aber es kostet oft jahrelange Diskussionen und Verhandlungen und bei den Beteiligten dementsprechend viele Nerven.

Die lange Dauer und die ausgedehnten Diskussionen haben auch einen Vorteil: Alle Beteiligten werden in die Beschlussfassung einbezogen. Kein Land muss sich ausgeschlossen fühlen.

Schließlich geht es um Kompromisse. Im Notfall kann jeder Mitgliedsstaat ein Veto (lat. Ich verbiete) einlegen. Dadurch wird kein Land gezwungen, sich Regelungen unterordnen zu müssen, die es nicht wünscht.

Das kann sich ändern, wenn die neue Europäische Verfassung in Kraft tritt, denn dann entfällt das Vetorecht und im Zweifelsfall beschließt der Rat der Europäischen Gemeinschaft mit einer so genannten *qualifizierten Mehrheit*. Genau genommen geht es hier um eine »doppelte Mehrheit«. Ein Beschluss wäre angenommen, wenn er von 55% der Mitglieder des Europäischen Rats angenommen wird, wenn diese 55% gleichzeitig 65% der EU-Bevölkerung repräsentieren. Für ein Veto braucht man dann mindestens vier Staaten.

Dienstwagen und Fahrer für Parlamentsmitglieder

Im Europäischen Parlament treffen (politische) Kulturen aus allen Mitgliedsländern aufeinander. Der Status eines Parlamentariers in Italien oder Deutschland kann sich stark von der Art unterscheiden, wie man in den Niederlanden oder Belgien miteinander umgeht.

Das Europäische Parlament tagt eine Woche pro Monat in Straßburg. Für die Mitarbeiter und Parlamentarier bedeutet das, dass sie viel reisen müssen.

Der eine Parlamentarier löst das Problem klug und umweltfreundlich, nimmt von Brüssel nach Straßburg den Zug und fährt dann mit dem Fahrrad vom Bahnhof zum Parlament. Vielleicht ist er seinem Ruf verpflichtet, denn er vertritt die Fraktion der Grünen.

Ein anderer Parlamentarier ist ans Reisen per Auto mit Fahrer gewöhnt. In seinem Land werden Volksvertreter vielleicht ganz entschieden *nicht* als »normale Menschen« gesehen, sondern als das Antlitz der Demokratie. Sie müssen von der Gesellschaft alle Annehmlichkeiten erhalten, um optimal funktionieren zu können. Auch eine Haltung. Für die Parlamentarier mit Sicherheit nicht die unangenehmste.

Der südliche Lebensstil gewinnt

Wenn man beim Parlament zu Besuch ist, fallen die Anwesenden aus den südlichen Ländern am meisten auf. Die Ausstrahlung ist südländisch; viele sind eine lange Siesta mit einem Gläschen Wein gewöhnt; man kleidet sich elegant; Anzüge und Kostüme sind en vogue, eine Jeans ganz klar verboten; es gibt eine große zentral gelegene Passage mit Geschäften und Restaurants, wo man wunderbar flanieren kann – wer sieht heute am elegantesten aus?

»Nach dem Beitritt von Spanien, Portugal und Griechenland sind die Wandelgänge heiterer geworden und zeigen noch mehr südländisches Ambiente. Ein Hüftschwung aus Athen, ein Augenaufschlag aus Madrid. In den Bars und Restaurants des Parlaments hängt eine erotische Spannung in der Luft«, wie der Autor Joep Dohmen in seinem Buch *Europäische Idealisten* bemerkte.

Letzteres ist vielleicht übertrieben, aber der Unterschied zu nördlichen Parlamenten ist augenfällig. Das kann man übrigens auch bei den fast täglich stattfindenden Cocktailpartys und Werbeveranstaltungen von Ländern sehen, die ihre Produkte fördern wollen. Es gab sogar einmal eine Demonstration gegen die Nachahmung original italienischer Produkte. Auf einem Tisch waren alle Imitate ausgestellt, der Rest der Stände bot Parmaschinken, ein Glas Chianti und italienischen Käse an. Beinahe bei jeder Präsentation, ob es nun um Binnenschifffahrt, Essen oder die Aufführung eines kleinen Theaterstücks durch finnische Jugendliche geht, ist für das leibliche Wohl gesorgt.

In Brüssel ist es gängig, auswärts zu essen. Die gesamte internationale Gemeinschaft schwärmt aus und verteilt sich auf die Restaurants in der Stadt, um einander zu treffen und miteinander zu essen. Dasselbe gilt für Straßburg.

Das macht aus der europäischen Szene einen sehr angenehmen Arbeitsplatz. In der Zeit, in der ich an diesem Buch arbeitete, habe ich häufig wunderbar und in guter Gesellschaft von Brüsseler Beamten und Politikern gegessen.

Übrigens macht bei dieser südländischen Lebensart nicht jeder mit. »Um neun Uhr abends komme ich meistens in meinem Hotel an. Dann gehe ich was essen, meist allein in einem meiner Stammrestaurants. Ab und zu isst man natürlich auch zusammen mit Kollegen. Am nächsten Tag fängt dann um neun Uhr morgens wieder die Kommissions- oder Ausschusssitzung an, um neun abends wieder ins Hotel, und so weiter ...«, beschrieb ein ehemaliger Parlamentarier 1999 in einem Interview seinen Tagesablauf.

Freitag: Brüssel wird zur Geisterstadt

In den Institutionen der EU arbeiten alle Nationalitäten zusammen: Italienische, französische, deutsche, spanische Beamte sind füreinander Kollegen und in den Restaurants rund ums Parlament hört man Griechisch, Deutsch und Finnisch durcheinander. Es ist eine bunte Mischung.

Am Freitag will dann jeder nach Hause. Und »nach Hause« heißt meist nach Hause ins eigene Land. Der Kommissar lässt sich vom Chauffeur im Dienstwagen nach Frankfurt bringen, der Mitarbeiter steigt in den Zug Richtung Madrid oder ins Flugzeug, das ihn in die Toskana bringt.

Natürlich gibt es auch Politiker und Mitarbeiter, die in Brüssel wohnen, aber die europäische Hauptstadt ist am Wochenende fühlbar leerer. Während der Woche passiert alles, während der Woche sind wir die Europäische Union, und am Wochenende wieder 25 Länder. Jeder, der es sich leisten kann, hat in seinem eigenen Land ein Haus oder eine Wohnung, in die er gern zurückkehrt.

Der Aufenthalt in Brüssel ist auf die Arbeit beschränkt – in manchen Fällen schon seit 20 Jahren.

Herumlaufen im Parlament – wie spannend!

Das Europäische Parlament hat seinen Sitz in einem riesigen Gebäude mitten in Brüssel. Man kommt nicht so leicht hinein, sicher nicht als Außenstehender. Eben mal eine Debatte anhören ist nicht. Leichter wird es, wenn man von einem Mitglied des EP oder einem Mitarbeiter eingeladen wird. Dann betritt man eine ganz eigene Welt.

Im Souterrain gibt es eine Ladenstraße mit einer chemischen Reinigung, einem Friseur und einer Buchhandlung. Es wurde auch schon darüber nachgedacht, ob man hier eine Zahnklinik etablieren sollte, aber daraus ist nie etwas geworden. Es gibt auch ein Restaurant. Hier bekommt man für unter zehn Euro eine große warme Mahlzeit (drei Gänge). Auch Besucher können hier essen.

Für Menschen, die für das Parlament arbeiten, gibt es ein Sportzentrum, wo man morgens, während der Mittagspause oder nach der Arbeit etwas für seine Fitness machen kann. Man kann Squash spielen, in der Sauna sitzen oder sich massieren lassen. Es gibt auch Kurse in Kickboxen, Tai-Chi, Tae-bo oder Selbstverteidigung.

Eine Etage höher liegt das Café des Parlaments. Hier kann man entspannen und die Seele ein wenig baumeln lassen. Das kann man auch im dritten Stock, der lebhaftesten Etage. Hier kreuzen sich nämlich die Gänge zu den verschiedenen Gebäuden. Hier ist eine Bar, in der man belegte Brötchen kaufen kann und in der es eine Leseecke mit allen europäischen Tageszeitungen sowie Computer mit Internetzugang gibt. Und dann gibt es noch eine Bar mit vielen bunten Stühlen, die deshalb in Fachkreisen besser unter dem Namen »Smarties-Bar« bekannt ist.

Währenddessen kann man die Mitarbeiter, MdEPs und Prominenten aus ganz Europa an sich vorbeiziehen sehen. Mit ein bisschen Glück sieht man einen Europakommissar mit einem ganzen Tross Bodyguards ankommen. Oder man sieht Kamerateams dem Präsidenten eines der neuen EU-Länder hinterher rennen.

Langweiliges Europa? Überhaupt nicht! Im Europäischen Parlament steppt der Bär im Kettenhemd!

Wahlen – zurück zum eigenen Land

Einmal alle fünf Jahre können die Bürger in Europa ihre Stimme fürs Europäische Parlament abgeben. Neue und bereits amtierende Parlamentsmitglieder müssen die Gunst der Wähler gewinnen, wohlgemerkt im eigenen Land. Die Finnen müssen die Europapolitik in Finnland schmackhaft machen, genauso wie die Dänen, Luxemburger, Niederländer, Deutschen und alle anderen eben in ihren Ländern.

Die EP-Mitglieder, Hand in Hand mit den nationalen Politikern, halten die Bürger zum Wählen an, weil die EU so viele gute Dinge bewirkt beziehungsweise eine schlechte Wahlbeteiligung eine ausgewachsene Blamage vor den Kollegen in Brüssel und Straßburg ist.

Wie auch immer: Bei anstehenden Wahlen ist Europa keine Union von 1×25 Ländern, sondern von 25 × 1 Land. Eigentlich also überhaupt keine Union, sondern ein Gesprächsthema, das im Dienst nationaler Interessen entweder hoch gelobt oder geschmäht wird.

Wenn Wahlen fürs Europäische Parlament vor der Tür stehen, zerbrechen sich alle Politiker den Kopf darüber, was sie dem Wähler erzählen sollen.

Die amtierenden EP-Mitglieder wollen anpreisen, was sie alles schon während der zurückliegenden Legislaturperiode von fünf Jahren für die Bürger getan haben: Uns ist es zu verdanken, dass man in Europa überall sicher schwimmen gehen kann, Ihr Kind sicheres Spielzeug hat und Sie überall in Europa an Automaten Bargeld bekommen; Sie genießen schon fast 60 Jahre Frieden und Stabilität, einen wachsenden Wohlstand. Das alles dank der Europäischen Union. Und wenn Sie uns die Chance geben, unsere gute Arbeit fortzusetzen, kümmern wir uns um Lebensmittelsicherheit, eine bessere Umwelt und noch vieles mehr, wie beispielsweise Verbraucherschutz auf immer mehr Gebieten. Nur könnten das natürlich die Konkurrenten aus dem europäischen Parlament auch von sich behaupten.

Die große Frage bei Wahlen ist, ob man den armen Bürger mit Agrarpolitik belästigen soll (hier fließt 40 Prozent des Geldes hin), mit dem Subsidiaritätsprinzip (Europa regelt nur, was ein Land nicht selbst regeln kann) oder mit Strukturfonds (Geld für die Entwicklung rückständiger Gebiete). Das sind alles Themen, die man erst einmal erklären muss, bevor man sagen kann, welche neuen Ideen man dazu hat. Zu diesen Themen äußern Politiker sich nur, wenn sie Zeit und ein geneigtes Ohr zum längeren Zuhören finden.

Bundespolitiker haben so ihre eigenen Ideen über Europa. Der Stabilitätspakt, der nicht funktioniert, die mühsame Beschlussfassung durch die Minister, die Erweiterung, die Verfassung, und was einem sonst noch alles einfallen mag. »Wenn wir unseren Willen nicht bekommen, stimmen wir schlichtweg gegen alles«, sagen die nationalen Minister dann. Jedes Land hat ja (noch) ein Vetorecht, und solche großen Sprüche funktionieren innenpolitisch gut. Unser Minister setzt sich für unser Land mit aller Kraft ein, super! Sollen die in Brüssel doch mal merken, dass sie ohne uns Franzosen nicht weiterkommen. Selbiges gilt natürlich auch für »uns Briten«, »uns Italiener«, »uns Niederländer«, »uns Deutsche« – und das mal 25!

Kurzum: Der Einsatz für Europa ist eine schöne, aber vor allem auch mühselige Angelegenheit. Der Bürger denkt meist: Sollen die sich doch in Brüssel die Köpfe einschlagen. Oder in Straßburg. Soll mir doch egal sein.

Es ist ganz schön kompliziert und man findet hier die Hassliebe illustriert, die viele Europäer mit der EU verbindet. Beim Bürger gibt es stets Zweifel, ob die Union gut für das tägliche Leben ist oder nicht.

Die Briten halten gar nichts davon, dass jemand in Brüssel festlegt, was auf ihrer Insel passiert (»Some European bureaucrat says our busses are too big!«), aber jemand, der sich für den Umweltschutz einsetzt, findet es gerade gut, wenn zentral geregelt wird, dass weniger Schadstoffe wie Nitrat ins Wasser gelangen dürfen. Und Tierschützer finden es super, dass der Transport lebender Tiere strengen Auflagen unterliegt. Unternehmer dagegen wollen ihre Geschäfte reibungslos abwickeln, ohne dass ihnen vom dem ein oder anderen Beamten ständig auf die Finger geklopft wird.

7 ➤ Europa im Kleinen: Das Europäische Parlament

Die Interessen sind sehr unterschiedlich. Die 732 Mitglieder des Europäischen Parlaments müssen dafür sorgen, dass Kompromisse gefunden werden, und bei anstehenden Wahlen zu Hause erklären, warum einige Ziele in den zurückliegenden fünf Jahren erreicht wurden, andere aber nicht.

Der Wähler hat einfache Fragen und bekommt hoch komplizierte Antworten. Und der Wähler hat immer weniger Interesse am Europäischen Parlament. Bei den ersten Wahlen 1979 lag die Wahlbeteiligung in ganz Europa noch bei 64 Prozent, 2004 waren es nur noch 45,5 Prozent. Selbst der größte Europaoptimist kann da nur noch traurig aus der Wäsche gucken.

Der Rat der Europäischen Union

In diesem Kapitel

- Die Versammlung der Regierungschefs hat die Macht in der EU
- Im Rat der Europäischen Union treten die Gegensätze zutage
- Die Beschlüsse des Rates kommen mühsam zustande
- Brüssel hat auf einmal viel Macht

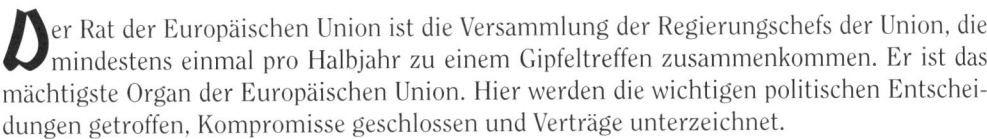

Der Rat der Europäischen Union ist die Versammlung der Regierungschefs der Union, die mindestens einmal pro Halbjahr zu einem Gipfeltreffen zusammenkommen. Er ist das mächtigste Organ der Europäischen Union. Hier werden die wichtigen politischen Entscheidungen getroffen, Kompromisse geschlossen und Verträge unterzeichnet.

In diesem Forum dominieren die großen Staaten, manchmal sehr zum Ärger der kleineren EU-Länder. Wenn Beschlüsse einmal gefasst sind, gelten sie, bis neue Absprachen getroffen werden.

Der Rat der Europäischen Union sitzt am Drücker

Der Europäische Rat ist durch Verhandlungen zwischen dem französischen und dem deutschen Außenminister zustande gekommen. Dieses Fundament funktioniert noch immer: Die Regierungschefs bilden die führende Gruppe in der EU. Sie sprechen im Namen ihrer Regierungen, und wenn sie zusammen einen Entschluss fassen, machen sie das im Namen aller Mitgliedsstaaten. Wenn es ein Problem bezüglich der Deutung eines Vertrages oder der Außenpolitik gibt, müssen die Minister es lösen.

Die Versammlungen finden hinter geschlossenen Türen statt. Das führt manchmal zu Kritik, weil das nicht demokratisch sei. Dem steht gegenüber, dass die Minister in ihren nationalen Parlamenten über das, was sie mit ihren europäischen Kollegen abgesprochen haben, zur Verantwortung gezogen werden können.

Der Rat ist der tatsächliche Chef der Union

Wenn es heiße Eisen gibt, werden diese häufig zurückgestellt, bis es wieder ein europäisches Gipfeltreffen gibt, damit auf höchstem Niveau diskutiert und entschieden werden kann.

Die Regierungschefs bestimmen zum Beispiel über die Verfassung oder die Außen- und Sicherheitspolitik der EU. Ein schwieriges Thema, weil sich durch die Erweiterung der Union so ziemlich alles verändert. Stimmenverhältnisse verschieben sich, die Kommission (die Geschäftsführung) erhält ein anderes Gesicht, das Parlament wird vergrößert.

Bei dieser Art komplizierter Themen kommen die Regierungschefs zuerst in einer Versammlung zusammen. Dann geht die Diskussion in Arbeitsgruppen der Fachminister weiter, die Details besprechen. Häufig finden diese Treffen an Wochenenden statt. Es passiert oft, dass die jeweiligen Berichterstatter nach nächtelangen Diskussionen feststellen müssen, dass kein Kompromiss erzielt werden kann und das Gipfeltreffen »gescheitert« ist. Das wirkt dann wie ein großer Rückschlag, doch letztendlich kommt immer ein Kompromiss zustande, auch wenn das manchmal Monate oder Jahre dauert. Professor Moravcsic von der Harvard-Universität sagt über die EU: »Es sind nicht die am wenigsten entwickelten Länder. Das ist die am weitesten entwickelte internationale Organisation.« Er erwartet, dass immer eine Balance gefunden wird, so wie es in den vergangenen 50 Jahren auch immer der Fall war. »Das Gleichgewicht, das sie haben, ist das, das sie auch in der absehbaren Zukunft halten werden«, so Moravcsic in der *International Herald Tribune*.

Einmal im halben Jahr regeln wir unsere Angelegenheiten

Der Rat beschließt über wichtige Angelegenheiten, wie Landwirtschaft und Steuern, mit Einstimmigkeit. Jeder muss also einverstanden sein, und jedes einzelne Land kann im Alleingang einen Beschluss blockieren, wenn es eben nicht einverstanden ist.

Bei anderen Angelegenheiten reicht eine qualifizierte Mehrheit zur Verabschiedung. Das heißt, dass eine große Minderheit von 30 Prozent einen Vorschlag blockieren kann. Wenn etwas mehr als ein Viertel der Stimmen gegen einen Vorschlag sind, muss der Rat alles ihm Mögliche tun, um zu einem Kompromiss zu finden, der mit der Zustimmung von drei Vierteln der Stimmen rechnen kann.

Jedes Land hat eine Anzahl von Stimmen, die sich nach der Bevölkerungsgröße richtet. Diese Systematik kann zu komplizierten Situationen führen, wobei es manchmal einfacher ist, einen einstimmigen Beschluss zu fassen (wenn einige Länder sich der Stimme enthalten), als mit einer qualifizierten Mehrheit den Beschluss ratifizieren zu müssen. Das Prinzip dieses Systems ist einfach: Wenn es irgendwie möglich ist, wird ein Kompromiss gefunden, damit kein Land sich übergangen fühlt. Es wird immer eine gemeinschaftliche Entscheidung angestrebt.

Jedes Halbjahr hat einer der Mitgliedsstaaten den Vorsitz der EU. Das heißt, dass der Regierungschef dieses Landes dem Rat vorsitzt, bis vor kurzem meist in der eigenen Hauptstadt. Seit 2004 ist Brüssel fester Versammlungsort. Der Vorsitzende bestimmt auch die Tagesordnung für die sechs Monate seiner Regentschaft.

Es ist ein faires Rotationssystem, bei dem jedes Land an die Reihe kommt, die großen und die kleinen im Prinzip gleich häufig. Ein weiterer Effekt ist, dass ein Land, das gerade die erste Geige spielt, sehr daran interessiert ist, Erfolg zu haben, und deshalb ordentlich auf die Tube drückt. Vor der Übernahme des Vorsitzes wird eine Planung vorgestellt, mit dem Schwerpunkt darauf, dass für scheinbar ausweglose Situationen Lösungen gefunden werden sollen. Der Regierungschef reist und besucht alle europäischen Hauptstädte, um sich umzuhören, wie die Wünsche sind, und in der Hoffnung, dass unter seiner »Herrschaft« ein neuer Vertrag zustande kommt oder dass er für die Lösung eines sich schon seit Jahren hinschleppenden Problems sorgen kann. Manchmal funktioniert das dann so, dass gerade ein Land, das von einer heftigen Diskussion nicht betroffen ist, den Weg aus einer politischen Sackgasse findet.

Jeder passt mit auf: die anderen Länder, die Presse und nicht zu vergessen die Opposition im eigenen Land. Die liebe Konkurrenz wartet nur darauf, die Regierung in die Pfanne zu hauen, wenn »ihr Land« keine gute Arbeit leistet. Auch Interessengruppen, zum Beispiel Wirtschaftslobbyisten oder Gewerkschaften, verfolgen mit Argusaugen die Politik des Landes, das gerade den Vorsitz führt.

In der zukünftigen Europäischen Union soll dieser rotierende Vorsitz, so wie die Pläne derzeit aussehen, einem festen Vorsitz weichen. Dadurch erhält man langfristig eine stetigere Politik, aber es kommen weniger Länder an die Reihe. Die »Kleinen« sehen schon kommen, dass sie ins Hintertreffen geraten.

Wer lauscht da mit?

Die europäischen Minister versammeln sich meist in einem Gebäude mit dem Namen Justus Lipsius (benannt nach einem belgischen Rechtsgelehrten). Im Frühjahr 2003 stellte sich heraus, dass in der Telefonanlage Abhörgeräte installiert waren.

Alle Länder haben Arbeitsräume im Gebäude, wo die Mitarbeiter die Tagungen vorbereiten. Jemand, der die Telefongespräche abhört, kann also herausfinden, wie der politische Standpunkt eines jeden Mitgliedsstaates aussieht. Panik und Empörung waren groß. Die Politiker ereiferten sich darüber, dass es um die Sicherheit von Justus Lipsius schlecht bestellt sei, und forderten eine eingehende Untersuchung. Die Anlage wurde schleunigst entfernt. Vor allem französische und deutsche Leitungen waren abgehört worden. Steckten die Amerikaner dahinter, um herauszufinden, wie die Länder ihrer Irakpolitik gegenüberstanden? Die Geheimdienste wussten von nichts.

Wohl äußerte ein Sprecher, dass es schon früher Abhörversuche gegeben hatte.

Und zwischendurch finden die Fachminister die Lösungen

Die Regierungschefs kommen »nur« zwei Mal pro Jahr zusammen. In der Zeit dazwischen gibt es aber Treffen auf Ministerebene. Auch das wird Rat genannt und dabei dreht sich dann alles um die jeweiligen Fachgebiete: Während des Landwirtschaftsrates treffen sich die Landwirtschaftsminister, beim Ecofin treffen die Wirtschafts- und Finanzminister zusammen.

Wenn brisante Angelegenheiten auf der Tagesordnung stehen, über die sich die Minister nicht einig sind, kann das zu langwierigen nächtelangen Diskussionen führen. Nicht nur die Minister, auch ihre Fahrer, die Beamten und die Journalisten, die über die EU berichten, bleiben dann die ganze Nacht auf, völlig in den Klauen der Diskussion gefangen, die offensichtlich nicht gut läuft.

Nicht selten stolpern die Minister dann todmüde und mit Ringen unter den Augen den Wartenden entgegen und berichten vom Stand der Dinge. Wenn die vollzählige Ministerrunde keine Lösung findet, strengt der Vorsitzende auch schon mal das so genannte »Beichtstuhlverfahren« an: Mit jedem Minister führt er ein Einzelgespräch, so dass er unter vier Augen herausfinden kann, ob es noch Verhandlungsspielraum bei den jeweiligen Standpunkten gibt.

In der Zwischenzeit pflegen auch die Minister der verschiedenen Länder untereinander direkten Kontakt: Wenn du mich jetzt unterstützt, unterstütze ich dich beim nächsten Mal. Klassischer Kuhhandel eben. In der EU liegen die Interessenslagen nicht immer parallel und man hat einander nötig, um zu Kompromissen zu kommen. Ich unterstütze dein Land heute beim Thema Landwirtschaft, wenn du mich später bei meiner Finanzpolitik unterstützt.

Der Tod des Stabilitätspakts

Im November 2003 einigte man sich, dass der Stabilitätspakt nicht so genau eingehalten werden müsse, wie ursprünglich abgesprochen worden war. Nach diesem Vertrag dürfen die Mitgliedsstaaten kein größeres Haushaltsdefizit als drei Prozent des Bruttoinlandsproduktes haben. Zwei große Länder, Frankreich und Deutschland, drohten diese Grenze zu überschreiten. Nach einer Marathonsitzung der Finanzminister in Brüssel war die Situation unklar. Klar war eigentlich nur eins: das Unvermögen von Paris und Berlin, ihr Haushaltsdefizit in Ordnung zu bringen. Unklar waren allerdings die Sanktionen: Sollte man fünf gerade sein lassen oder nicht? Der Stabilitätspakt sieht durchaus Sanktionen vor, aber nicht, wenn der betroffene Mitgliedsstaat das Haushaltsdefizit rechtzeitig wieder ausgleicht. Wie auch immer – die beiden Sünder kamen ungeschoren davon.

Diejenigen, die den Pakt buchstabengetreu eingehalten sehen wollen, haben nach der nächtlichen Sitzung den Stabilitätspakt für tot erklärt, weil Frankreich und Deutschland nicht gezwungen wurden, sich an ihn zu halten. Die Zeit wird zeigen, ob diese Pessimisten Recht bekommen.

Der Europäischen Kommission, dem geschäftsführenden Organ, aber auch Hüterin der Verträge, stehen bei einem solchen Gipfeltreffen schon mal die Haare zu Berge. Vor allem dann, wenn sich die Länder nicht an frühere Absprachen halten. Zähneknirschend müssen die Funktionäre der Kommission dann feststellen, dass die Herren Minister bisweilen einen recht kreativen Umgang mit Regeln und Versprechen pflegen.

Die Kommission kann aber den Gerichtshof der Europäischen Union anrufen, um Länder zum Einhalten der Verträge zu zwingen.

Auch andere europäische Institutionen, wie die Europäische Zentralbank, können sich über einen schief gehenden Entschluss der Minister aufregen. »Aufregen« heißt in europäischer Terminologie, dass man mit Worten wie »unvernünftig« und »wir sind nicht auf einer Linie« um sich wirft. Zentralbanker werden nicht mit härteren Ausdrücken kontern. Aber das Ende vom Lied ist, dass es die Minister sind, die den Ton angeben und das Stimmungsgewirr aufdröseln oder wie Alexander der Große beim gordischen Knoten die vereinfachte Variante wählen.

Gegensätze zwischen den Ländern

Führten Frankreich und Deutschland in der ersten Hälfte des 20. Jahrhunderts noch Kriege gegeneinander, sind sie im Gegensatz dazu im europäischen Verband in den letzten Jahrzehnten dicke Freunde. Länder, die sich früher unversöhnlich gegenüberstanden, können heute Verbündete sein. Auf einzelnen Gebieten können EU-Mitglieder aber durchaus noch gegensätzliche Interessen haben.

Misch dich nicht in unsere Angelegenheiten ein

Es ist nicht Sinn und Zweck der Union, dass die Länder sich in die Innenpolitik der anderen Mitgliedsstaaten einmischen. Auch die EU als Organisation übt hier Zurückhaltung, solange ein Problem innerhalb eines Landes besser geregelt werden kann. Dieses Prinzip heißt *Subsidiaritätsprinzip*: Die EU regelt nur, was am besten auf EU-Niveau geregelt werden muss. Wenn ein Sachverhalt auf einem niedrigeren Niveau zu regeln ist, muss das auch so geschehen. Einige Problemfelder oder genauer bestimmte Aspekte in ihnen können aber nur auf EU-Ebene angegangen werden, wie zum Beispiel:

✔ Entwicklungshilfe

✔ Umwelt

✔ Landwirtschaft

✔ Einführung des Euro

✔ Asyl- und Einwanderungspolitik

✔ Eine (zukünftige) gemeinschaftliche Verteidigungspolitik

Die EU-Politik besteht aus drei Säulen, die im Vertrag von Maastricht (1992) festgelegt sind:

1. **Die gemeinschaftliche Politik.** In dieser Säule arbeiten Rat (Regierungen), Kommission und Parlament zusammen. Die Landwirtschaftspolitik, der Euro, die Umwelt gehören zu den Bereichen in dieser Säule, genauso wie Verkehr und Hilfe für die Regionen (die Strukturfonds).

2. **Die gemeinschaftliche Außen- und Sicherheitspolitik und der Aufbau eines europäischen Sicherheits- und Verteidigungsministeriums.** Hier muss noch viel passieren. Politisch sind die großen Länder noch lange nicht auf einer Linie und folgen mehr ihrer eigenen Außenpolitik.

3. **Justiz und Innenpolitische Angelegenheiten.** Ziel dieser dritten Säule ist es, Europa zu einem Raum von Freiheit, Sicherheit und Gerechtigkeit zu machen. In den Bereich dieser Säule fällt unter anderem die Zusammenarbeit zwischen Justiz und Polizei in verschiedenen Ländern zur Bekämpfung des organisierten Verbrechens.

Der große Unterschied zwischen der ersten Säule und den anderen beiden besteht darin, dass in ihr die Kommission die Initiative ergreift und politische Vorschläge macht, während in den Säulen 2 und 3 jedes Land auf seine eigenen Interessen achtet und dort einstimmige Beschlüsse gefasst werden müssen.

In Säule 1 geht es also um die Gemeinschaftlichkeit. Die europäischen Gemeinschaften funktionieren hier supranational, also regierungsübergreifend. Von Gemeinschaften spreche ich hier, weil in Säule 1 drei Organisationen zusammentreffen: die Europäische Wirtschaftsgemeinschaft, die Europäische Gemeinschaft für Kohle und Stahl und die Europäische Gemeinschaft für Atomenergie. Die erste Säule ist die größte der drei.

In Säule 2 und 3 folgt die Politik der zwischenstaatlichen Methode, bei der die Regierungen mehr ihren eigenen Interessen folgen. Dass das nicht unbedingt einem gemeinschaftlichen Auftreten dient, ist nicht verwunderlich: Jedes Land hat ein Vetorecht.

Das Alte gegenüber dem Neuen

Es gibt einen großen Gegensatz, von dem wir in den kommenden Jahren mehr hören werden: den zwischen den neuen und den alten EU-Mitgliedsstaaten. Im Rat der Europäischen Union, dort wo die Regierungschefs aller Mitgliedsländer zusammentreffen, stoßen unterschiedliche Interessenslagen aufeinander, was zu einigem an Diskussionen führen wird.

Erstens gibt es ein Wohlstandsgefälle zwischen den alten und den neuen Ländern. Die Kaufkraft pro Einwohner pro Jahr liegt im Westen drei Mal so hoch wie im Osten. An sich ist das kein Problem, aber es geht natürlich darum, dass alle EU-Länder gemeinsam zu mehr Wohlstand kommen.

Die neuen Länder müssen sich an den westlichen Standard in Landwirtschaft, Umweltschutz und bürgerlichen Freiheitsrechten gewöhnen. Der Umweltschutz in Industrie und Landwirtschaft steckt in Osteuropa immer noch in den Kinderschuhen. Sie müssen sich an die kritischen Blicke aus Brüssel gewöhnen. In allen Bereichen bekommen sie es mit der Brüsseler Regulierungswut zu tun.

Dem steht selbstverständlich gegenüber, dass sie in den Genuss der Landwirtschaftssubventionen und Strukturfonds kommen, aus denen Geld in die weniger entwickelten Gebiete fließt.

Ferner werden die neuen Länder die bestehenden Regelungen und Vertragsvorschriften einführen und ihnen nachkommen. Die alten EU-Mitglieder wissen inzwischen, wo es langgeht, von den zehn neuen Beitrittsländern werden jahrelange Umstellungen gefordert sein.

Es wurde schon Jahre vor dem »Big Bang« am 1. Mai 2004 mit den osteuropäischen Ländern verhandelt. Sie sind also an die Brüsseler Szene gewohnt und schon einige Zeit an ihr beteiligt.

In den Personalbüros der EU finden sich schon lange Mitarbeiter aus Polen, Tschechien und anderen neuen EU-Ländern. Brüssel wird natürlich einen Zuwachs an osteuropäischem Personal verzeichnen, weil die neuen Länder auch im Beamtenapparat vertreten sein müssen.

Die Macht der Großen

Vier große Länder geben in der EU den Ton an: Deutschland, Frankreich, Großbritannien und Italien. Diese sind nicht nur die vier größten Länder, sie haben zusammen auch noch die Mehrheit von über 50 Prozent. Im Prinzip können sie also alles nach ihrem eigenen Gutdünken gestalten.

Die Macht im Rat liegt bei den Ländern mit der größten Bevölkerung. Auch im Parlament haben die größten Länder die meisten Sitze.

Nach der Erweiterung ist alles anders geworden. Die vier großen Länder sind ihre Mehrheit nun los. Sie müssen Spanien und das neue Mitglied Polen berücksichtigen. Sie brauchen diese beiden mittelgroßen Länder nämlich für eine Mehrheit. Durch den Beitritt Polens, das ein ebenso großes Gewicht hat wie Spanien, bilden die großen Länder einen weniger exklusiven Club.

Man kann es auch anders sagen: Die Mehrheit hat sich durch die Erweiterung verschoben. Die kleineren Länder gewinnen an Macht und Einfluss. Wenn Spanien oder Polen sich an die Gruppe der kleinen Länder anschließt, sind die großen auf einmal in der Minderheit.

Im Rat gibt es ein kompliziertes System der Stimmengewichtung, bei dem sich der Einfluss eines Landes aus seiner Größe ergibt.

Da viele Beschlüsse sowieso nicht mit einer Mehrheit von 50 Prozent der Stimmen plus eine ratifiziert werden können, gibt es allerlei Mechanismen, die dafür sorgen, dass wichtige Angelegenheiten auch dann entschieden werden können, wenn ein Land oder mehrere dagegen sind.

Wer genau nachrechnen will kann einen Blick in Tabelle 3.1 im Kapitel *Was mit Ihrem Geld passiert* werfen

Meist sind wir uns nicht einig ...

Es kommt sehr oft vor, dass sich die Länder in der EU nicht einig sind. Gegner von Europa finden hierin eine Bestätigung dafür, dass es nie etwas werden wird mit der europäischen Zusammenarbeit.

Die Hauptursache des ganzen Hickhacks liegt in den unterschiedlichen Interessenslagen, was wohl auch immer so bleiben wird. Die Länder haben ständig etwas aneinander auszusetzen:

- ✔ Die Briten führen den Euro nicht ein.
- ✔ Die Franzosen haben ein zu großes Haushaltsdefizit.
- ✔ Die Deutschen auch.
- ✔ Die Niederländer lehnen die EU-Verfassung ab.
- ✔ Die Briten und die Deutschen verhindern eine Richtlinie zur Zeitarbeit.
- ✔ Die Italiener haben ihren Vorsitz vermurkst.
- ✔ Deutschland, Frankreich und Großbritannien sind zu langsam bei der Einführung europäischer Regelungen.
- ✔ Et cetera ...

Die Liste lässt sich beliebig weiterführen. An jedem Land lässt sich etwas aussetzen, auf allen Gebieten gibt es Gegensätze auszugleichen.

Vor allem bezüglich der Außenpolitik ist Europa noch lange keine Einheit. Das wurde während der Irakkrise offensichtlich, als Großbritannien sich unerschütterlich hinter Amerika stellte und selbst Truppen in den Irak schickte, um an der amerikanischen Invasion teilzunehmen, während Deutschland und Frankreich sich mehr als deutlich gegen den Krieg aussprachen.

Die Gemeinsame Außen- und Sicherheitspolitik (GASP) besteht nur auf dem Papier, scheint es.

... aber manchmal dann plötzlich doch

Es gibt auch Themen, über die Europa sich durchaus einig ist. Das sind häufig ebenfalls große und wichtige Themen, wie beispielsweise der Euro. Schon 1992, während des Gipfeltreffens in Maastricht, einigte man sich auf eine einheitliche Währung. Erst zehn Jahre später kam der Euro dann in die Portmonees der Bürger, und daraus wird vielleicht deutlich, warum ein solcher Entschluss glücken konnte: Wenn man sich zehn Jahre Zeit lässt, um einen Entschluss auszuführen, kann sich jeder daran gewöhnen, und die Instanzen können dafür sorgen, dass alles reibungslos verläuft.

Der Euro ist ein Beispiel für ein großes Projekt, bei dem Millionen von Münzen und Banknoten in Umlauf gebracht werden mussten. Zugleich hat die Einführung des Euro weit reichende

Folgen für die Wirtschaft. Nach langem Abwägen fanden die Regierungschefs, dass man eine einheitliche Währung für Europa brauche, obwohl nicht alle Folgen abzusehen waren.

Die Erweiterung der EU ist ein anderes Beispiel. 1997 haben die Regierungschefs während des Gipfels in Amsterdam den Weg für die Erweiterung bereitet. Die Kritiker sagen, dass überhaupt nicht abzusehen sei, welche Bedeutung der Beitritt so vieler neuer Länder sowohl im Beitrittsjahr 2004 und auch später für die EU habe. Aber die Regierungschefs urteilten, dass die Erweiterung besser für die EU sei als keine Erweiterung.

Hier einige Aussagen bezüglich der Erweiterung aus der Debatte im Europäischen Parlament im Jahr 2000:

✔ »Wenn dieses Projekt misslingt, haben wir alle versagt. Dann können wir fröhlich in unserem kleinen Club sitzen bleiben, aber dann sind unsere hochtrabenden Perspektiven – Friede, Sicherheit und Stabilität – nichts mehr wert.«

✔ »Die Erweiterung ist eine moralische Verpflichtung, eine strategische Notwendigkeit und ein politisch erreichbares Ziel.«

✔ »Wir müssen den Bürgern der heutigen und der zukünftigen, erweiterten Union deutlich machen, dass die zweifellos hohen Kosten durch den Gewinn, den diese Erweiterung in der nahen Zukunft einbringen wird, mehr als aufgewogen werden.«

Diese Aussagen wurden vom Europäischen Parlament selbst aufgezeichnet und als Informationsmaterial verbreitet. Es ist nicht angegeben, von wem die Zitate stammen, was einmal mehr verdeutlicht, dass es in der Hauptsache darum geht, die Bürger zu überzeugen.

Die gegenseitige Liebe der großen drei

Die drei großen EU-Länder, Deutschland, Frankreich und Großbritannien, treffen sich manchmal zu einer Art Minigipfel. Diese Treffen haben keinen offiziellen Charakter, aber den Rest der EU macht das sehr wohl ein wenig nervös: Was hecken die großen drei da wieder zusammen aus? Wenn die sich einig sind, dass Regelungen in einem bestimmten Bereich eingeführt werden müssen, wie soll man ihnen dann widersprechen? Schließlich spielen sie auf der europäischen Bühne die Hauptrolle, schon allein durch ihre Größe. Anfang 2004 sprachen die drei Regierungschefs ab, dass es einen europäischen Superkommissar geben müsse, der alle wirtschaftlichen Aktivitäten koordinieren solle, damit Europa wettbewerbsfähiger werde. Natürlich ist die Zusammenarbeit zwischen Deutschland, Frankreich und Großbritannien positiv – sie ist besser als offener Zank –, aber das Lächeln der anderen Regierungschefs dazu ist ein wenig gequält. Die Diskussion über die Idee der drei ist ziemlich in Fahrt gekommen und schon vor ihrer exklusiven Zusammenkunft schwebte ein Name durch den Äther: »Directoire«, nach dem fünfköpfigen Direktorium, das einmal kurze Zeit Frankreich regierte.

Das ist nicht erstaunlich: Die Erweiterung war und ist ein folgenreicher Entschluss. Es kamen gut 100 Millionen Menschen in die Union. Dass die Kritiker sich fragen, ob sich die EU damit nicht übernimmt, ist logisch.

Auch der ehemalige Europakommissar Frans Andriessen findet, dass die Erweiterung der EU sehr schnell vonstatten gegangen ist. Bulgarien und Rumänien hatten schon gehört, ab wann sie dazugehören werden, noch vor dem Beitritt der zehn ersten osteuropäischen Länder: »Wenn man doch erst einmal geschaut hätte, wie es läuft!«, sagte Andriessen in einem Interview Ende 2003. »Jetzt, wo sie ein Datum haben, werden die Kroaten kommen und sagen ‚Wir wollen auch ein Datum!' Und dann sagen wir: ‚Ihr kriegt keins.' Das ist ein mordsgefährliches Spiel!«

Sie sehen also, dass im oft geteilten Europa die Regierungen große und unüberschaubare Entscheidungen doch einträchtig treffen. Trotz der Tumulte zwischen den Regierungen und dem Scheitern des einen oder anderen Gipfels ist Europa kein unschlüssiges Organ.

Die Gegensätzlichkeiten gewinnen

Europa bleibt eine Arbeitsgemeinschaft und wird kein Superstaat. Auch wenn Churchill nach dem Krieg noch zur Gründung der Vereinigten Staaten von Europa aufrief, wird es so weit vorerst nicht kommen.

Die Befürworter der europäischen Zusammenarbeit sind grob in zwei Gruppen zu unterteilen: Diejenigen, die glauben, dass Europa nützlich sei, aber sich nicht in zu viele Dinge einmischen sollte, und diejenigen, die sich eine weitreichendere Zusammenarbeit wünschen.

Eine weitreichendere Zusammenarbeit kann aber nur entstehen, wenn die einzelnen Mitgliedsstaaten wirklich Macht und Souveränität abtreten. Das würde beispielsweise bedeuten, dass die europäische »Regierung« entscheiden kann, Truppen irgendwo hinzuschicken, auch wenn die französische oder finnische Innenpolitik dagegen ist. Das geht reichlich weit. Zu weit, wie viele meinen.

Einige meinen, dass eine politische Einheit noch in weiter Ferne liegt. Europa wird sich zu einer großen Wirtschaftsmacht entwickeln, aber mit einer europäische Identität ist vorerst Essig. Auf der Weltbühne ist die europäische Politik von geopolitischer Wichtigkeit. Die USA und China sind große Machtblöcke, und dann ist es gut, wenn Europa dem ein Gegengewicht entgegensetzen kann. Dieser politische Ehrgeiz ist verständlich, aber ob es gelingen wird, 25 Länder dazu zu bringen, an einem Strang zu ziehen, das ist die Frage aller Fragen.

Kleine Mitgliedsstaaten, kleine Querulanten

Manchmal können kleine Mitgliedsstaaten eine ganz eigene Rolle im europäischen Prozess spielen. Solange die Länder ein Vetorecht haben, können die Kleinen Entschlüsse blockieren. Die Europäische Union besteht aus mehr kleinen als großen Ländern. Von den 15 waren zehn klein, und in der neuen EU sind von den 25 Staaten 19 klein. Die »Winzlinge« können ganz schön lästig werden. Sie können Beschlüsse blockieren, aber sie können auch eine dicke Lippe riskieren und damit die großen Länder nach Kräften irritieren.

Ein prominenter Fall wäre Luxemburg. Das kleine Großherzogtum, das schon Kaiser und Könige des heiligen römischen Reichs, das später noch den Zusatz deutscher Nation erhielt, hervorbrachte, ist ja ein allseits beliebter Ort, um größere Geldsummen zu »parken«. Als Ende der 80er Jahre die Idee einer europaweiten Quellensteuer aufkam, sprich der Besteuerung von Gewinnen aus Kapitalanlagen, war man in Luxemburg nur mäßig begeistert. Schließlich lebte das Land recht gut davon, dass viele Fremde gerade wegen besagter Steuer in der Heimat ihr Geld nach Luxemburg schafften. Ein Umstand, der übrigens einen nicht ganz unwesentlichen Anteil an der Forderung nach einer EU-weiten Regelung hatte.

Nun legten die Luxemburger sehr zum Zorn des Rests vom Schützenfest Veto gegen die verhasste Steuer ein. Würde die Geschichte hier enden, könnte man der EU wohl kein gutes Zeugnis ausstellen. Aber dem ist ja nicht so. Luxemburg sperrte sich lange und auch lange recht vehement, aber 2003 wurden sie weich und gaben endlich dem Druck nach. Auch Luxemburg hat jetzt eine Quellensteuer.

Moldawien: Als die Maus brüllte

Moldawien ist ein kleines Land und auch noch arm dazu. Eigentlich nimmt man es kaum wahr, wenn nicht gerade die Qualifikation für ein großes Fußballturnier ansteht. Es liegt eingeklemmt zwischen Rumänien und der Ukraine und ist kein Mitglied der Europäischen Union, wohl aber des Europarats. Das ist eine Menschenrechtsorganisation, die 1949 gegründet wurde, und in der fast alle europäischen Länder Mitglied sind, insgesamt 46. Nur Weißrussland, Monaco und der Vatikan sind keine Mitglieder.

Eine große Organisation also. Die Republik Moldawien hatte den Vorsitz, und wurde sogar vom Generalsekretär des Europarats für die professionelle Amtsführung gelobt. Er sagte hierzu in einem Interview: »Mit ihren beschränkten Mitteln haben sie ihre Aufgabe sehr gut erfüllt. Sie sprachen eine deutliche Sprache in Fällen, bei denen die Menschenrechte auf dem Spiel standen, wie in Aserbeidschan und Tschetschenien. Auch wenn die Pressefreiheit angetastet zu werden drohte, ließen sie als Vorsitzende ihre Stimme laut und deutlich hören.« Als einer der Kleinen kann man also ebenfalls die Stimme erheben und gehört werden.

Kurzum: Auch in einem Europa, in dem die Großen die erste Geige spielen, gibt es Hoffnung für die Kleinen!

Der Einfluss der EU auf die Mitgliedsstaaten

Die Europäische Kommission hat eine gehörige Portion Macht; sicher, wenn in bestimmten Bereichen bereits Absprachen getroffen worden sind. Die Kommission darf direkt eingreifen, zum Beispiel, wenn eine Tierseuche ausbricht oder wenn die Gefahr besteht, dass gesundheitsschädliche Lebensmittel importiert werden.

Manchmal dauert es lange, um eine Entscheidung zu treffen, aber wenn sich die Mitgliedsstaaten einig sind, ist es die Europäische Kommission, die als eine Art Polizist mit Adleraugen darauf achtet, dass sich auch ja jeder an die Absprachen hält.

Bring deine Finanzen in Ordnung!

Wenn ein Land bei den Finanzen schlampt, steht ihm die Kommission auf den Füßen. Die EU-Länder müssen *Stabilitätsplanungen* bei der Kommission einreichen, die schaut, ob alles in die richtige Richtung geht, und spricht dann dem Rat eine Empfehlung aus.

Der Rat kann dann beschließen, das Land, dessen Haushalt nicht solide ist, mit einer Buße zu bestrafen, die dann den Ländern, die ordentlich gewirtschaftet haben, zugute kommt. Wir wissen inzwischen, dass die Regierungschefs nicht schnell zu solchen drastischen Maßnahmen greifen. Aber es gibt eine Art sozialer Kontrolle, weil sich die Länder für ihre Buchhaltung verantworten müssen.

Die nationalen Zentralbanken erstellen einen Bericht über die Staatsfinanzen in Relation zu Wirtschaftslage, Zinsen, Dollar und allen möglichen anderen Faktoren. Die Europäische Kommission schaut sich diese Berichte an und gibt ein Urteil ab. Es werden auch Prognosen über das Wirtschaftswachstum abgegeben und Empfehlungen ausgesprochen, wenn bestimmte Kosten (für Renten und eine älter werdende Bevölkerung) aus dem Ruder zu laufen drohen.

2003 hat die Kommission Frankreich gelobt, weil das Land Reformen im Renten- und Gesundheitssystem durchgeführt hat. Aber wie das eben so ist, der Geist ist willig, aber das Fleisch ist schwach: Die Umsetzung ist im Verzug. Es ist die Kommission, die in einem solchen Fall warnt, dass Frankreich in eine Schieflage geraten könne, wenn es nicht aufpasse.

Auch Deutschland wurde kritisch beäugt: Das Wachstum stagnierte, wodurch ein Haushaltsdefizit über den vorgeschriebenen drei Prozent entstand, was nach dem Stabilitätspakt nicht erlaubt ist. Nach der Analyse der Europäischen Kommission ist die deutsche Wirtschaft groß und stark, aber manchmal sehr anfällig. Um eine Schockwirkung zu vermeiden, muss Deutschland den Arbeitsmarkt und die soziale Absicherung reformieren.

Sie sehen also, dass die Finanzfachleute in Brüssel gut aufpassen, was in den Wirtschaftssystemen der Mitgliedsstaaten vor sich geht. Die Empfehlungen sind nicht bindend und die Kommission kann auch keine Bestrafung vornehmen; sie gibt nur Empfehlungen an die Regierungschefs, was die dann damit anfangen, ist ihre Sache.

Kampf den Tierseuchen!

Die Agrarpolitik ist ein Bereich, in dem Brüssel viel zu melden hat. Der Rat legt die Politik fest, die Kommission führt sie aus. Die Kommission kann direkte Maßnahmen in einem Mitgliedsstaat ergreifen, wie den Verbot von Import und Export von Vieh.

Um die Ausbreitung von Krankheiten zu verhindern, müssen Bauern eine Menge von Regeln einhalten. Aber auch Schlachthäuser und Viehtransporteure müssen sich an viele Vorschriften halten. Einige Krankheiten, wie Schweinepest, können sehr leicht von einem auf einen anderen Landwirtschaftsbetrieb übertragen werden. Wenn man von einem Bauernhof, auf dem die Seuche grassiert, zu einem läuft, der bisher verschont blieb, kann man über Kleidung und Schuhe die Krankheitserreger einschleppen.

»Macht nicht solche Umstände«, sagen die USA

Seit 1999, als BSE in Europa herrschte, ist die EU sehr vorsichtig beim Import von Rindfleisch geworden. Durch BSE, besser als *Rinderwahnsinn* bekannt, mussten in Europa Millionen von Rindern getötet werden. Man rechnete schon damals mit einem Ausbruch von BSE auch in den USA und vier Jahre später war es dann auch so weit: Amerikanische Tiere bekamen BSE. Das Rindfleisch kam nicht mehr auf den europäischen Markt.

Der Import war schon vorher drastisch eingeschränkt worden, weil amerikanische Bauern mehr mit Hormonen arbeiten, als es in der EU erlaubt ist. Zum großen Ärger der Amerikaner: Was bei uns auf den Tisch kommt, ist für euch bestimmt nicht zu schlecht, dachten unsere Freunde auf der anderen Seite des großen Teichs.

Die EU schreibt seit der BSE-Krise in Europa unter anderem Folgendes vor:

- ✔ Jeder Bauer und Tierarzt muss umgehend die zuständigen Behörden benachrichtigen, wenn er vermutet, dass ein Tier eine ansteckende Krankheit habe.
- ✔ Die Schlachthäuser müssen die Tiere untersuchen. Tiere, die älter als eineinhalb Jahre sind, müssen vor der Schlachtung auf BSE untersucht werden.
- ✔ Bestimmte Teile der Tiere, die so genannten Risikogewebe, dürfen nicht verwertet werden. Das gilt beispielsweise für Hirn, Augen und Därme.
- ✔ Die Verwendung von Tiermehl als Futter ist verboten.

Es stellte sich heraus, dass der Ausbruch einer Krankheit rasend schnell zu einer unglaublichen Ausbreitung führen kann. Da die Tiere teilweise durch halb Europa kutschiert werden, können sich die Krankheiten blitzschnell auf dem ganzen Kontinent verbreiten.

Die folgenden Tierseuchen haben wir in der Vergangenheit erlebt:

- ✔ BSE (Rinderwahnsinn)
- ✔ Schweinepest

- Geflügelpest
- Maul- und Klauenseuche

Neben der Vernichtung von Tieren, die damals die Emotionen der Öffentlichkeit aufpeitschten, gab es auch noch einiges an praktischen Problemen, die durch die EU-Regeln entstanden. Veranstaltungen mit Pferden mussten abgesagt werden, wenn die Tiere in, aus oder durch Gebiete transportiert werden mussten, für die ein Transportverbot bestand. Menschen, die Hühner in ihrem Garten hielten, wurden zeitweise mit Inspektoren konfrontiert, die ihre Tiere zur Tötung abholen kamen. Die Gesundheit der Bürger steht bei allen Maßnahmen an erster Stelle, und deshalb ist die Durchsetzung auch recht rigide.

Sorgt für Wettbewerb!

Der freie Markt ist einer der Schwerpunkte von Europa, vielleicht der wichtigste, den die EU erreicht hat. Schon 1957 während des Gipfels in Rom haben die europäischen Regierungschefs beschlossen, einen gemeinschaftlichen Markt zu schaffen, und seitdem tut Brüssel sein Bestes, um die Grenzen für die Wirtschaft einzuebnen.

Brüssel achtet darauf, dass die Länder den Markt nicht einschränken. Eine Beschränkung des Wettbewerbs ist verboten, und wenn sich herausstellt, dass Unternehmen oder Regierungen den freien Markt behindern, wird Brüssel aktiv.

Es gibt einige Bereiche, in denen es früher keinen Wettbewerb gab, inzwischen hat sich das aber geändert. Beispiele hierfür sind:

- Energie (Elektrizität, Gas)
- Wasser
- Telekommunikation
- Post

Daneben war es üblich, den Markt zu schützen, beispielsweise durch Preisabsprachen oder vertikale Preisbindung. Das bedeutet, dass ein Fabrikant dem Einzelhandel vorschreibt, welcher Preis auf einem Artikel angegeben sein muss. Bekannte Marken wollen gerne, dass der Kunde überall das Gleiche bezahlt, sei es für ein Spielzeug oder eine Jeans. Das ist (normalerweise) nicht erlaubt! Der Einzelhandel muss konkurrieren und der Bürger muss die Möglichkeit haben, sich den Laden auszusuchen, in dem er die Ware am billigsten bekommt.

Auch Preisabsprachen sind verboten. Zwei Metzger in derselben Straße dürfen nicht miteinander abstimmen, dass sie die gleichen (hohen) Preise für ein Kilo Fleisch berechnen; und zwei Unternehmer dürfen sich nicht darüber einigen, dass sie in ihren Angeboten einen niedrigen Preis einsetzen. Es muss ein freier Wettbewerb gegeben sein, in dem der Kunde den preisgünstigsten Lieferanten wählen kann.

Brüssel kümmert sich hierum sehr intensiv. Die Generaldirektion, die für den Binnenmarkt zuständig ist, lässt regelmäßig von sich hören.

Immer öfter klopft die Europäische Kommission zusammen mit den nationalen Kontrollinstanzen für Kartellfragen bei Unternehmen an die Tür, wenn diese verbotener Aktivitäten im Bereich des Wettbewerbs verdächtigt werden. Das geschieht überraschend mittels unangemeldeter Durchsuchungen, auch »dawn raids« genannt, die, wie der des Englischen mächtige Leser unschwer errät, zu morgendlicher Stunde stattfinden. Eine nimmermüde Armee von Beamten erscheint auf der Bildfläche und sammelt Beweismaterial.

Handlungsbedarf sieht Brüssel auch, wenn eine Regierung heimischen Unternehmen unter die Arme greift. Wenn ein Land beispielsweise günstige Landegebühren an Fluggesellschaften einräumt, wird das als staatliche Unterstützung gesehen. Der Regierung wird dann auf die Finger geklopft und sie muss umgehend die Bevorzugung beenden.

Der Europäische Gerichtshof spricht Recht

In diesem Kapitel

- Womit sich die Europa-Richter befassen
- Die Urteile des Europäischen Gerichtshofes lassen lange auf sich warten
- Aber ... sie gelten dann auch in der gesamten Europäischen Union!
- Die Rolle des Gerichtshofs in der Zukunft

Der Gerichtshof in Luxemburg ist das europäische Gericht, an das sich Bürger wenden können. Auch Mitgliedsstaaten und europäische Institutionen können den Gerichtshof anrufen. Dort werden Konflikte aus ganz Europa verhandelt. Die Richter haben also sehr viel zu tun und die Prozesse dauern dementsprechend lange.

Eine andere Aufgabe des Gerichtshofes ist die Beantwortung von »Was ist, wenn ...«-Fragen: Ein nationaler Richter kann beim Gerichtshof anfragen, wie das europäische Recht genau auszulegen ist.

Der Präsident des Gerichtshofes nennt als wichtigste Aufgaben:

- ✔ Feststellen, wo der Einflussbereich der EU beginnt und was in die Zuständigkeit der Mitgliedsstaaten fällt
- ✔ Ein zusammenhängendes System von Rechtsprechung für die Europäische Union schaffen
- ✔ Die harmonische Entwicklung des Rechts in Europa sicherstellen

Vom nationalen Richter zum Europäischen Gerichtshof

Wenn Sie bei Gericht in Ihrem eigenen Land nicht mehr weiterkommen, können Sie sich nicht einfach so an einen europäischen Richter wenden. Sie können aber über den nationalen Richter eine Angelegenheit den europäischen Richtern vorlegen lassen, wenn Ihr Rechtsstreit europäisches Recht betrifft. Der nationale Richter verweist die Sache dann an seine europäischen Kollegen. Das Urteil ist bindend für den nationalen Richter.

Die europäischen Verträge stehen über der nationalen Gesetzgebung. Das gilt auch für Urteile der Richter des Europäischen Gerichtshofes. Deshalb sind die Urteile des Gerichtshofs von so großer Wichtigkeit für die Europäer. Es gibt den Trend, immer mehr Fragestellungen an den Gerichtshof zu verweisen.

Die Angelegenheiten, über die der Gerichtshof urteilt

Es gibt so ziemlich nichts, was verrückt genug wäre, um nicht irgendwann zur Angelegenheit des Europäischen Gerichtshofs geworden zu sein. Die Menge unterschiedlicher Fragestellungen, die den Richtern vorgelegt wird, ist enorm. Einige Beispiele:

- ✔ Ein Fabrikant von Markenuhren wollte wissen, wie eine Richtlinie bezüglich von Imitaten auszulegen ist; er wollte auch wissen, ob ein Land das Verbot von Imitaten eine Weilchen außer Acht lassen darf.

- ✔ Ein britischer Transsexueller bekam die Rente seines verstorbenen Partners nicht und fand, dass das sexuelle Diskriminierung sei. Die Versicherung, die die Rente bezahlen müsste, wollte wissen, ob sie zur Zahlung verpflichtet ist oder nicht. Der britische Richter weiß es nicht und fragt nun die Richter des Gerichtshofes.

- ✔ Wie sehen die Rechte eines Betriebsrates aus, wenn ein Unternehmen in Europa mehrere Niederlassungen hat, der Sitz des Stammhauses aber außerhalb von Europa liegt?

- ✔ Ein Pharmaunternehmen wird beschuldigt, Preisabsprachen getroffen zu haben, und ist mit dem Urteil des nationalen Richters nicht einverstanden. Der Europäische Gerichtshof muss eine Interpretation des entsprechenden Gesetzes abgeben.

- ✔ Ein Mann erbt ein Haus im Ausland. In seiner Heimat müsste er sein Erbe versteuern, in einem anderen Mitgliedsstaat nicht. Muss er nun Erbschaftssteuer zahlen oder nicht?

- ✔ Wann ist etwas eine Marke? Die Bildmarke von Coca Cola ist eine Marke, aber gilt das auch für die Musik, die der Softdrinkhersteller in seiner Werbung benutzt? Der Gerichtshof muss es entscheiden.

- ✔ Darf man für Medikamente im Internet werben und dann die Arzneimittel in ein anderes Mitgliedsland verschicken, wenn jemand sie bestellt?

Wer kann sich an den Gerichtshof wenden?

Jeder kann sich an den Europäischen Gerichtshof wenden. Bürger, Unternehmen, Länder und europäische Institutionen. Es gibt Beispiele dafür, dass gewöhnliche Bürger ihr Problem den Richtern vorgelegt, und für Unternehmen, die einen Streit vor dem Gerichtshof ausgefochten haben. Aber die Länder (Regierungen) und Institutionen kennen den Weg zum Gerichtshof am besten.

- ✔ **Bürger.** Ein Einwohner eines EU-Landes kann sich an den Europäischen Gerichtshof wenden, wenn ihm von einer europäischen Institution Unrecht geschehen ist. Ein ordentlicher, ruhiger und liebenswürdiger Herr, der sich bei der Europäischen Kommission bewarb, wurde für die Stelle nicht gewählt, die einem Italiener gegeben wurde. Er glaubte, Vetternwirtschaft sei im Spiel gewesen und legte Beschwerde beim Europäischen Gerichtshof ein. Der gab dem Mann – nach drei Jahren – Recht. Er bekam den Job, der Italiener musste gehen. Der Europäischen Kommission passte das überhaupt nicht in die Raupensammlung, aber sie musste sich mit dem Urteil abfinden.

Das heißt übrigens nicht, dass man als Bürger jeden Disput dem Gerichtshof vorlegen kann, nach dem Motto: Dann habe ich sofort ein Urteil, gegen das niemand mehr etwas tun kann. Nicht jeder Fall kann durch einen europäischen Richter behandelt werden. Vor allem geht es um Angelegenheiten, die direkt mit Europa und der europäischen Geschäftsführung zu tun haben; in den meisten Fällen geht es um Maßregeln für die Europäische Kommission.

✔ **Unternehmen.** Es kommt häufig vor, dass Unternehmen sich an den Gerichtshof wenden, weil sie mit einer Entscheidung der Europäischen Kommission nicht einverstanden sind. Brüssel achtet streng darauf, dass Unternehmen den Wettbewerb nicht einschränken, und wenn sie sich dabei erwischen lassen, hagelt es Geldbußen, die sich gewaschen haben. Manchmal zu Unrecht. Dann kann der Gerichtshof die Buße rückgängig machen. Einem Autohersteller hatte man eine solche Buße aufgebürstet, weil er angeblich die Händler verpflichtet hatte, einen festen Preis für die Autos festzulegen. Es folgte eine Buße von mehr als 30 Millionen Euro. Aber was zeigte sich? Die Händler hatten von dem vorgegebenen Preis abweichen dürfen, also konnte keine Rede davon sein, dass sie vom Hersteller zu einem bestimmten Preis gezwungen worden wären. Die Kommission musste das Bußgeld zurückzahlen.

✔ **Länder.** Auch die Regierung eines Landes kann einen Streit austragen. Oft geht es dabei um Maßregelungen durch die Kommission. Polen drohte, sich wegen einer Richtlinie aus Brüssel an den Gerichtshof zu wenden, die den Export von Agrarprodukten beschränkt. Polen ist inzwischen Mitglied der EU, doch schon vor dem Beitritt trieb Polen einen regen Handel mit der Europäischen Union. Eine Einschränkung hätte der polnischen Wirtschaft geschadet. Deshalb verfolgte die polnische Regierung einen harten Kurs, um die Exporte zu sichern.

✔ **Europäische Institutionen.** Die Europäische Kommission ist einer der größten »Kunden« des Europäischen Gerichtshofs. Es kommt sehr oft vor, dass ein Land gegen europäische Regeln verstößt, und dann muss der Gerichtshof dieses Land zur Ordnung rufen. Die Niederlande wurden gehörig in die Schranken verwiesen, weil die Leistungen für einen Arbeitslosen eingestellt wurden, wenn dieser sich im Ausland auf die Suche nach einem Job begab. Das war nicht erlaubt, die Leistungen hätten noch mindestens drei Monate weitergezahlt werden müssen. Die Bewegungsfreiheit von Arbeitnehmern würde sonst eingeschränkt. Der Gerichtshof klopft einem Land in einem solchen Fall im Namen Europas kräftig auf die Finger.

> ### Her mit den Dokumenten!
>
> Die Europäische Union wird der Geheimniskrämerei beschuldigt: Wenn sich die Minister versammeln, werden Tagesordnung und Protokolle geheim gehalten. Der Gerichtshof hat 1995 bestimmt, dass der Rat der Europäischen Union Angelegenheiten auf Websites und in den Medien offen legen muss, selbst wenn die Öffentlichkeit die Protokolle nicht lesen darf.
>
> Alle europäischen Institutionen sind verpflichtet, Dokumente der Öffentlichkeit zugänglich zu machen, wenn darum gebeten wird. Seit 2002 gibt es ein Register von Dokumenten. Wenn ein Bürger eine Information nicht bekommt, die er haben will, kann er sich an den Gerichtshof oder den Bürgerbeauftragten wenden.

Der Gerichtshof berät die nationalen Richter

Da Europa immer mehr Regeln und Gesetze macht – einige Politiker sagen, dass zurzeit mehr als die Hälfte der Gesetzgebung aus Brüssel kommt –, wird auch die Anzahl der Fragen zur Auslegung immer größer. Mittlerweile hat der Gerichtshof über viele Fragestellungen Urteile auf sehr vielen Gebieten erstellt:

- Freier Verkehr von Gütern
- Diskriminierung
- Wettbewerb
- Gleichberechtigung von Mann und Frau
- Freier Verkehr von Personen
- Niederlassungsfreiheit

Die Urteile des Gerichtshofes sind »höheres Recht« als die der nationaler Richter. Alle Urteile zusammen, die Jurisprudenz, ist mittlerweile zu einem beeindruckenden Ganzen angewachsen.

Wenn ein nationaler Richter eine Sache verhandelt, stößt er immer häufiger auf europäisches Recht. In solchen Fällen kann er den Europäischen Gerichtshof »anrufen«: Wie ist das Verhältnis zwischen dieser Frage und früheren Urteilen des Gerichtshofs und den europäischen Verträgen?

Das nennt man *präjudiziellen Rechtsstreit*. Der Gerichtshof stellt fest, wie die Angelegenheit mit dem Gemeinschaftsrecht zusammenpasst. Das wirkt vielleicht wie hochformelles Getue, an dem vor allem Juristen ihren Spaß haben, aber dem ist nicht so: Indem die Fragestellungen zentral behandelt werden, erhält man ein europäisches Recht, das für alle Mitgliedsstaaten bindend ist. Der Gerichtshof in Luxemburg wird auf diese Art zu einem zentralen Punkt, an dem alle Fragen zusammenlaufen. Bei ungefähr der Hälfte der Angelegenheiten, die der Gerichtshof abhandelt, handelt es sich um präjudizielle Rechtsstreitigkeiten.

Es dauert einige Jahre, aber dann hat man auch etwas in der Hand

Europa nimmt nicht nur im Sinne einer übergeordneten Geschäftsführung, sondern auch bezüglich der Rechtssprache eine zentrale Rolle ein. Die Union wächst, was bedeutet, dass die Auslegung von Gesetzen und die Beurteilung von Konflikten für immer mehr Menschen Geltung bekommen. Die Gesetze in den Mitgliedsstaaten nähern sich ständig mehr einander an, weil nationale Regelungen und Urteile beim Gerichtshof zusammenfließen.

Die Prozesse dauern Jahre

Juristische Prozesse dauern lange. In westlichen Ländern sind immer mehr Gesetze verabschiedet worden, und der Trend geht dahin, dass sich die Bürger schneller an Gerichte wenden. Alle Recht sprechenden Institutionen haben also immer mehr Arbeit bekommen und der Europäische Gerichtshof bildet hier keine Ausnahme.

Beim Gerichtshof gibt es noch einen weiteren Faktor, der die Lage nicht gerade einfacher macht: Manchmal berührt eine Angelegenheit auch nationales Recht. Dann muss festgestellt werden, wie die Gesetzgebung in dem Land, aus dem die Angelegenheit stammt, genau aussieht. Der Gerichtshof bedarf einer Übersetzung der Bestimmungen, die zur Anwendung kommen, und auch alle anderen Dokumente müssen übersetzt werden, um nationales Recht und europäisches Recht miteinander vergleichen zu können.

Im Europäischen Gerichtshof gibt es aus jedem Mitgliedsland einen Richter. Sie beschließen im Mehrheitsverfahren über Rechtsfragen und die Ausführung von Urteilen obliegt dann der jeweiligen nationalen Justiz. Das Eintreiben einer vom Gerichtshof auferlegten Buße wird also beispielsweise in Italien von der italienischen Polizei vorangetrieben.

Das Gericht erster Instanz hilft

Wie erwähnt, bekam der Europäische Gerichtshof immer mehr zu tun, und die Dossiers stapelten sich gen Himmel. Das kam unter anderem auch dadurch, dass die Asylpolitik ebenfalls durch den Gerichtshof beurteilt werden musste, was zu vielen zeitraubenden Prozessen führte.

Im November 1989 bekam der Gerichtshof Hilfe von einer eigenständigen, aber ihm angegliederten Gerichtsbehörde: dem *Gericht erster Instanz*. Die Prozesse hier sind weniger kompliziert und nicht so zeitraubend. Beim Gericht erster Instanz gibt es genauso viele Richter wie am Gerichtshof, aus jedem Mitgliedsstaat einen, insgesamt also 25.

Das Gericht erster Instanz hat die folgenden Angelegenheiten vom Gerichtshof übernommen:

- ✔ **Angelegenheiten des Beamtenrechts.** Ein Mitarbeiter einer europäischen Institution, der mit einer Entscheidung seines Arbeitgebers nicht einverstanden ist, kann sich an dieses Gericht wenden.
- ✔ **Angelegenheiten des Wettbewerbsrechts.** Unternehmen können bezüglich Steuern und Preisen in Berufung gehen oder beispielsweise Fragen zu Preisabsprachenregelungen vorlegen.
- ✔ **Bürger gegen Gemeinschaftsorgane.** Wenn die Europäische Kommission etwas beschließt, das einen Bürger benachteiligt, kann er sich an dieses Gericht wenden.
- ✔ **Unternehmen und Organisation gegen Gemeinschaftsorgane.** Ein Unternehmen, das sich unfair behandelt fühlt, kann sich an die Richter des Gerichts erster Instanz wenden.

Man könnte sagen, dass dieses Gericht sich mit Konflikten beschäftigt, bei denen eine der Parteien Recht bekommen muss, während der Gerichtshof sich auf die Auslegung der europäischen Verträge konzentriert.

Sollte das Gericht erster Instanz ein Urteil fällen, gegen das man Berufung einlegen will, geht das Ganze eine Stufe höher, nämlich zum Gerichtshof.

Eile? Dann machen wir es ganz schnell ...

Das Gericht erster Instanz macht von »modernen« Kommunikationsmitteln wie Fax und E-Mail Gebrauch, so dass alles etwas schneller geht. Das schien allerdings nicht immer zu helfen, deshalb wurde eine schnellere Prozedur erdacht.

Seit Anfang 2001 ist es möglich, bei dringlichen Angelegenheiten einen Antrag auf ein beschleunigtes Verfahren (auch »fast track« genannt) zu stellen. Der Prozess dauert dann »nur« sechs Wochen.

Urteile gelten für alle Einwohner, überall

Sowohl die Urteile des Gerichtshofes als auch die des Gerichts erster Instanz gelten in allen Ländern der Europäischen Union.

Die Auslegung des Rechts in präjudiziellen Rechtsstreitigkeiten durch einen nationalen Richter am Gerichtshof ist hierfür sehr wichtig, weil sie für Einheitlichkeit sorgt: eine einheitliche Interpretation für die gesamte Union. Dieses System hat Vorteile: Es ist für den Bürger deutlich und fair. Wenn ein Richter in Deutschland um Auslegung in einer bestimmten Angelegenheit bittet, muss ein Richter in Italien oder Spanien derselben Auslegung folgen.

Das funktioniert allerdings nur, wenn alle Länder das EU-Recht über ihre eigene Gesetzgebung stellen. In der Praxis ist das so, aber einige Länder – vor allem die großen EU-Mitgliedsstaaten – haben hier Vorbehalte geäußert. Das klingt nach trotziger Unabhängigkeit, doch in der Praxis wird es immer schwieriger, sich als Land erst zurückzuziehen und dann plötzlich, wenn es mal nicht so ausgeht wie gewünscht, zu sagen, dass das EU-Recht der nationalen Gesetzgebung untergeordnet sei.

Wir machen mit beim EU-Recht (vorläufig)

Die großen Länder tun sich etwas schwerer damit, das EU-Recht anzuerkennen als die kleinen. Die Beneluxländer (Belgien, Niederlande, Luxemburg) sagten schon zu Beginn jeglicher internationalen Zusammenarbeit: Wir halten uns an die internationalen Bestimmungen und stellen diese über unsere eigenen, anders hat Zusammenarbeit keinen Sinn.

Für die größeren EU-Länder war die Lage anders: Das deutsche Bundesverfassungsgericht kann die EU-Gewalt einschränken, wenn sie in Konflikt mit der Regierungsgewalt gerät. In Großbritannien hat das Parlament immer das letzte Wort, auch bei verfassungsrechtlichen Angelegenheiten. Das bedeutet, dass keine Macht an eine internationale Organisation abgetreten werden kann. Die Franzosen haben etwas Ähnliches getan: Wir akzeptieren internationales Recht, aber nur, weil wir das in Form von Verträgen immer schon getan haben (also nicht, weil wir prinzipiell finden würden, dass das so sein muss). Die Italiener haben ihre eigene Variante: Italienisches Recht und europäisches Recht sind zwei separate Systeme, aber wenn italienisches und EU-Recht kollidieren, gilt das EU-Recht.

Kurzum: Jeder große Mitgliedsstaat hat seine eigene Methode gefunden, um EU-Recht und Urteile des Europäischen Gerichtshofes zu akzeptieren, ohne dass der Nationalstolz verletzt würde.

Die höchsten Richter in Europa

Die 25 Richter des Europäischen Gerichtshofes sind alle Juristen, die in ihrem jeweils eigenen Land die Voraussetzungen erfüllen, die höchsten richterlichen Ämter zu bekleiden. Meist haben sie ihre Sporen schon im eigenen Land verdient. Nur ab und zu wird jemand aus der akademischen Welt ernannt: ein Jurist zum Beispiel, der als Professor an einer Universität lehrt. Die Regel ist aber, dass Richter mit langjähriger Berufserfahrung berufen werden.

Sie werden für einen Zeitraum von sechs Jahren ernannt. Diese Amtszeit kann noch zwei Mal für je drei Jahre verlängert werden. Die Richter stehen unter der Leitung eines Präsidenten. Dieser wird von den Richtern auf drei Jahre gewählt.

Die Richter werden von acht Generalanwälten unterstützt. Sie tragen *Schlussanträge* vor; das sind Vorschläge für die Richter, um Rechtsfragen in einer bestimmten Weise zu beurteilen. Die Richter können dem Vorschlag folgen oder anders urteilen.

Die Richter bekommen Hilfe vom Juristischen Dienst der Europäischen Kommission. Dieser hat eine beratende Rolle. Bei der Kommission arbeiten Juristen aus allen Mitgliedsstaaten, um dafür zu sorgen, dass – in allen Sprachen – die nötige Sachkenntnis der Rechtssysteme vorhanden ist. Dadurch wird verhindert, dass wichtige Aspekte aus der Gesetzgebung der Mitgliedsstaaten übersehen werden.

Daneben hat der Gerichtshof dreihundert juristisch ausgebildete Übersetzer in seinen Diensten, Menschen, die nicht nur zwei Sprachen beherrschen, sondern auch über die nötige Sachkenntnis in den Rechtswissenschaften verfügen. Diese Gruppe bildet ein Drittel des Personalbestands. Insgesamt arbeiten ungefähr 1.000 Menschen beim Gerichtshof.

Die ersten sieben europäischen Richter haben in den 60er Jahren die Grundlagen gelegt. Sie bestimmten, dass jeder Bürger europäisches Recht in Anspruch nehmen kann und dass dieses über nationalem Recht steht. Auf diesen beiden Grundprinzipien beruht das Handeln der Richter bis heute.

Die Richter werden nicht von sich aus tätig, sondern sie müssen abwarten, welche Angelegenheiten Bürger, Regierungen und europäische Institutionen vorbringen; erst dann wird der Gerichtshof aktiv. Dann haben sie aber viel Macht, denn sie legen EU-Bestimmungen aus, die noch nie zuvor ausgelegt wurden. In konkreten Fällen sagt der Gerichtshof, wie eine Bestimmung genau gemeint ist. Das kann dann bestehende Gewohnheiten in einem Mitgliedsstaat über den Haufen werfen. Nach Aussage eines europäischen Richters sorgt der Gerichtshof dafür, dass die europäischen Verträge durchgesetzt werden. »Es ist dem Gerichtshof zu verdanken, dass die europäischen Verträge Biss bekommen haben«, sagte dieser Richter in einem Interview.

Der Gerichtshof bestimmt die Arbeitszeiten – und jeder hasst es wie die Pest

Manchmal kann ein Urteil des Gerichtshofs den gewohnten Gang der Dinge ziemlich durcheinander werfen, auch wenn es eigentlich dazu gedacht war, das Leben der Menschen zu erleichtern. So bestimmte der Gerichtshof, dass Bereitschaftsdienste und Pausen auch Arbeitszeit sind, genau wie Nachtdienste. Davon sind beispielsweise Arbeitnehmer im medizinischen Bereich und bei Polizei und Feuerwehr betroffen.

In vielen dieser Branchen gibt es Absprachen bezüglich der Kompensation von Nachtdiensten, entweder in Form von Geld oder Freizeitausgleich. Wenn Bereitschaftsdienste als Arbeitszeit gelten, sind die ganzen (manchmal kollektiven) Absprachen Makulatur. Die Arbeitgeber müssen mehr bezahlen. Sie könnten die Bereitschaftsdienste in normale Nachtdienste umwandeln, in denen der Arbeitnehmer wach sein und arbeiten muss. Der Gerichtshof tut sein Bestes, aber manchmal sind trotzdem alle sauer.

Wenn Länder viele Gesetze haben, die im Widerspruch zu den europäischen Verträgen stehen, werden diese durch die Urteile des Gerichtshofs sozusagen durchlöchert. Die Mitgliedsstaaten müssen ihre Gesetze dann anpassen. Einige Länder glauben, dass sie ihren eigenen Weg gehen können, wenn es zum Beispiel um Steuern geht. Aber wenn Bürger und Unternehmen sich an den Europäischen Gerichtshof wenden, können die entsprechenden Steuergesetze ganz schnell bröckeln.

Grundrechte

Die wichtigsten Bürgerrechte sind in der Verfassung festgelegt, oder? Mitnichten: Die internationalen Verträge stehen über den nationalen Verfassungen. Nun sind in den Verträgen auch Grundrechte geregelt, der Bürger ist also nicht ungeschützt.

Wenn ein Bürger glaubt, dass seine fundamentalen Rechte unterwandert werden, kann er sich an den Europäischen Gerichtshof wenden. Er kann auch ein Gesetz überprüfen lassen, das angenommen wurde. Der Gerichtshof prüft dann, ob ein Gesetz in einem Mitgliedsstaat die Grundrechte der Bürger verletzt. In manchen Ländern ist eine solche Überprüfungsanfrage bei den nationalen Richtern nicht möglich, wohl aber bei den europäischen Richtern.

Ein Beispiel: Wenn sich ein Bürger durch ein europäisches Gesetz diskriminiert fühlt, wird dies nicht von einem deutschen Gericht beziehungsweise dem Bundesverfassungsgericht überprüft, sondern der Bürger muss sich in einem solchen Fall an den Europäischen Gerichtshof in Straßburg wenden.

Der Bürger wird besser geschützt

Der Bürger hat Nutzen von den Urteilen der europäischen Richter. Das heißt natürlich nicht, dass Bürger automatisch Recht bekommen. Aber im Lauf der Jahre gab es viele Beispiele von Urteilen, die Rechte von Bürgern erweitert haben:

- ✔ Ein Italiener protestierte gegen eine zu hohe Stromrechnung eines Energieunternehmens und bekam Recht.
- ✔ Eine französische Studentin, die in Belgien studierte, wollte so viel Studiengebühr bezahlen wie ihre belgischen Kommilitonen und nicht mehr. Sie bekam auch Recht.
- ✔ Jemand, der in einem anderen Land eine Operation durchführen lassen will, darf das innerhalb der EU. Die Versicherung muss die Kosten tragen.
- ✔ Unternehmen, die unfair besteuert werden, bekommen häufig Recht. Der Bürger hat indirekte Vorteile, weil die Unternehmen ihre Preise niedriger halten können oder zumindest könnten.
- ✔ Auch die direkten Steuern geraten unter Druck. Jedes Land bestimmt seine eigenen Steuersätze. Aber weil die Bürger sich überall in der EU niederlassen dürfen, könnte das dazu

führen, dass alle in Länder umziehen, in denen die Steuersätze niedrig sind, zumindest solange sie in der Nähe einer Grenze wohnen. So kommt es zu Konkurrenz unter den Ländern, die nun die Steuern eher niedrig halten müssen. Das gilt natürlich eher für kleinere Länder, bei denen ein Großteil des Landes vom Ausland erreicht werden kann. Für Deutschland stellt sich das Problem in der Vehemenz nicht. So ohne weiteres wird niemand aus einem Nachbarland nach Frankfurt, Stuttgart oder Berlin pendeln.

- ✔ Gewinne aus Lotterien werden nicht besteuert: Eine Finnin kaufte während ihres Urlaubs in Schweden ein Los. Sie gewann, und das finnische Finanzamt wollte einen Teil des Gewinns einstreichen. Aber: In Schweden sind Lotterien steuerfrei, also, so beschloss der Gerichtshof, braucht die finnische Dame keine Steuern auf ihre 100.000 gewonnenen Euro zu bezahlen. Glückwunsch!

- ✔ Eine französische Juristin, die in Italien arbeiten wollte, durfte sich nicht als Rechtsanwältin niederlassen. Sie fand sich nicht damit ab und legte die Sache den europäischen Richtern vor. Nichts da, sagte der Gerichtshof, die Frau darf sehr wohl in Italien als Rechtsanwältin arbeiten!

Von Fußballtransfer bis Schalldämpfer

Jeden Tag kommen neue Themen zu denen dazu, über die sich der Gerichtshof den Kopf zerbrechen muss. Knapp 200 Angelegenheiten werden in präjudiziellen Rechtsstreitigkeiten behandelt, wenn ein nationaler Richter wissen will, wie das europäische Recht auszulegen ist.

Der Gerichtshof zwingt Italien zum Zahlen

Manchmal wird einem Land vom Gerichtshof auf die Finger geklopft. Das heißt häufig: Zahlemann und Söhne. Das ist Italien Anfang der 90er passiert. Ein italienisches Unternehmen ging Bankrott und die Arbeitnehmer wurden ohne Sozialplan entlassen. Schade, denn was stellte sich heraus? Die EU hatte eine Vorschrift, nach der jedes Unternehmen für den Fall, dass es Bankrott geht, einen Garantiefonds einrichten muss. Aus einem solchen Garantiefonds können die Arbeitnehmer abgefunden werden. Italien hatte diese Vorschrift nicht in seiner Gesetzgebung aufgenommen, das betroffene Unternehmen hatte also wegen des italienischen Rechts nichts dergleichen geregelt.

Der Gerichtshof entschied, dass der Staat für den Mangel an einem Sozialplan verantwortlich war; die italienische Regierung hätte dafür sorgen müssen, dass die entsprechende Vorschrift in die Gesetzgebung einfließt. Ergo: Der Staat musste den entlassenen Arbeitnehmern die Abfindungen zahlen, die sie erhalten hätten, wenn es einen Garantiefonds gegeben hätte.

Worum es bei diesen Angelegenheiten geht, sehen Sie in Abbildung 9.1. Zum größten Teil geht es um freien Verkehr von Gütern und Landwirtschaft. Das ist nicht weiter verwunderlich, denn der freie Handel von Gütern betrifft jeglichen Handel in der EU, und die Landwirtschaft stellt den größten Ausgabenposten der Union dar.

Auch soziale Angelegenheiten wie Sozialleistungen, Renten und Steuern machen einen Großteil der Arbeit des Gerichtshofes aus.

 Wer an juristischen Angelegenheiten interessiert ist und alle Urteile lesen möchte, kann sich im Internet unter `http://curia.eu.int/de/` informieren. Hier finden Sie Presseberichte und die vollständigen Urteile des Europäischen Gerichtshofes.

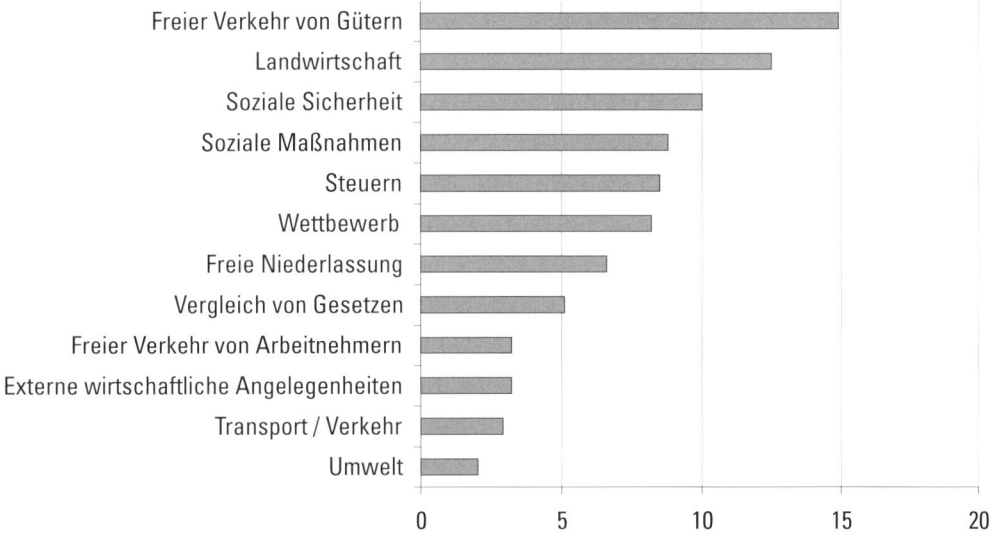

Abbildung 9.1: Rechtsangelegenheiten, bei denen es um die Auslegung des europäischen Rechts geht (in Prozent)

Das Bosman-Urteil

Eine der aufsehenerregendsten Geschichten war das Bosman-Urteil 1995. Der belgische Fußballer Jean-Marc Bosman, von dem niemand außerhalb von Belgien je gehört hatte, wurde auf einen Schlag sehr berühmt.

 1990 spielte Bosman für den Verein RC Luik (Lüttich). Dieser Verein hatte einen Transfer zu einem französischen Fußballverein, US Duinkerken (Dünkirchen), verhindert. Es war üblich, dass ein Verein, der einen Fußballer von einem anderen übernahm, eine Transfersumme bezahlte. Dieses System galt in allen Fußballländern und der Fußballverband UEFA/FIFA hatte Richtlinien für die Bezahlung von Transfersummen erstellt.

Nun vertrat Bosman die Meinung, dass diese Richtlinien seiner Freiheit als Arbeitnehmer im Weg stehe. Er wendete sich an den Europäischen Gerichtshof. Der gab Bosman Recht. Ab dem 15. Dezember 1995 war es vorbei mit den Transfergeldern. Ohne Übergangsregel, in einem Schlag, zack, bums, fertig! Das System, das schon über Jahre Bestand hatte, war durch ein Urteil vom Tisch. Die Fußballwelt stand Kopf, denn ein paar feste Gewohnheiten fanden jäh ihr Ende. Es musste sich alles ändern:

- ✔ Fußballvereine dürfen keine Transfersummen mehr festsetzen, wenn ein Spieler nach Ablauf seines Vertrages zu einem anderen Verein wechselt.

- ✔ Auch innerhalb eines Landes kollidiert das Transfersystem mit Europarecht, für einen Spieler, der also beispielsweise vom Hamburger SV zum 1. FC Köln wechselt, darf also auch keine Transfersumme mehr bezahlt werden.

- ✔ Kleine Vereine verloren eine wichtige Einkunftsquelle, und wenn sie von Transfergeldern abhängig waren, mussten sie sich andere Geldquellen suchen.

- ✔ Der europäische Fußballverband UEFA musste seine Transferregeln ändern.

Der gute Bosman mit seinem dämlichen Rechtsstreit! In der Sportwelt hat sich vieles verändert. Spieler verdienen mehr seit dem Bosman-Urteil und kleine Vereine mussten sehr kreativ werden, um andere Geldquellen aufzutun, beispielsweise durch Fernsehrechte, Werbung und Merchandising. Bosman selbst konnte an dem Mehrgewinn, den er seinen Kollegen bescherte, nicht teilhaben. Kein Verein wollte ihn noch anstellen, er musste seine Eltern anpumpen und eine Scheidung stand auch noch ins Haus. Immerhin wurde er von der Unesco für seinen »Kampfesmut« geehrt.

Die EU hat sich die Abschaffung der Transfergelder in den USA, wie sie einst beim Baseball galten, angesehen. Das hat positive Effekte gehabt, sagt der Europäische Gerichtshof. Die Vereine in den USA haben eine gesündere Finanzlage und arbeiten nun besser mit den Spielern zusammen.

Unternehmen und Niederlassungen

Unternehmen klopfen häufig beim Gerichtshof in Luxemburg an. Die Erklärung dafür ist einfach: Unternehmen haben, genau wie Regierungen, Juristen in ihren Diensten, die Rechtsstreitigkeiten angehen können. Unternehmen haben Geduld, und die finanziellen Interessen sind häufig immens. Da ist es einem Unternehmen die Mühe wert, seine strittigen Angelegenheiten den europäischen Richtern vorzulegen.

Die Prozesse, die Unternehmen anstreben, drehen sich nicht nur um Steuerangelegenheiten und Geld, sondern auch um prinzipielle Fragen. Die Firma Akzo Nobel hat den Gerichtshof um ein Urteil über den Status von Firmenjuristen gebeten. Wie jeder weiß, darf ein Anwalt nicht über die Angelegenheiten eines Klienten sprechen, er unterliegt der Schweigepflicht. Gilt das auch für Firmenjuristen? Wenn die Europäische Kommission bei einer Firma hereinplatzt und sie überprüft, dürfen alle Unterlagen des Firmenjuristen einfach mitgenommen und eingesehen werden? Oft geht es um vertrauliche Dinge, genau wie bei einem externen Anwalt.

Einige Länder haben eine Zwischenlösung installiert: Wenn der Firmenjurist bei der Anwaltskammer eingetragen ist, Fortbildungen besucht und sich dem Disziplinarrecht unterstellt, dann unterliegt er (oder sie) auch dem Anwaltsgeheimnis und braucht keine vertraulichen Dokumente herauszugeben.

Die Europäische Kommission findet, dass ein Firmenjurist etwas ganz anderes ist als ein externer Anwalt, und erkennt das Anwaltsgeheimnis, das von Land zu Land unterschiedlich geregelt ist, nicht an. Die Kommission ist der Meinung, dass ein Firmenjurist nicht unabhängig ist, und will natürlich ihre bestehende Praxis von Firmenkontrollen fortsetzen. Akzo Nobel will jetzt ein Grundsatzurteil des Gerichtshofes.

Dieses Beispiel könnte die Praxis in ganz Europa verändern. Wenn der Gerichtshof urteilt, dass Firmenjuristen und zugelassene Rechtsanwälte gleichgestellt werden, dann gilt das von Amsterdam bis Warschau. Es geht um Zehntausende von Firmen.

Ein anderes nettes Beispiel ist die Firma Microsoft, die beschuldigt wird, eine Monopolstellung einzunehmen. Das Unternehmen will, dass diese Frage vom Europäischen Gerichtshof geklärt wird. Warum? Die Antwort ist einfach: Wenn der Gerichtshof ein Urteil spricht, ist Microsoft auf einen Schlag alle Rechtsstreitigkeiten in den Mitgliedsstaaten los. Zumindest gibt es ein Urteil des höchsten europäischen Richters. Wenn der entscheidet, dass Microsoft kein Monopolist ist, kann ein nationaler Richter in einem ähnlichen Fall das Urteil nicht übergehen.

Steuerfragen und Schalldämpfer

Der Auspuffhersteller Bosal hat den niederländischen Staat vor den Kadi geschleppt, weil die Firma der Ansicht war, dass sie zu viele Steuern bezahlen musste. Bosal hat Niederlassungen in anderen Ländern und wollte die Zinsen für die Tochterfirmen abziehen. Das wurde aber vom niederländischen Fiskus nicht erlaubt. Bosal war sauer und wandte sich an den Gerichtshof in Luxemburg, der dem Fabrikanten Recht gab. Das war eine herbe Enttäuschung für das niederländische Finanzamt, eine in der Größenordnung von 1,2 Milliarden Euro, um genau zu sein. Nicht nur Bosal, auch andere Firmen bekamen Recht aufgrund dieses Urteils bezüglich der Steuerminderung. Der Prozess hat lange gedauert: acht Jahre.

Warum ist dieses Urteil so wichtig? Es hat mit dem Recht auf freie Niederlassung zu tun. Bosal darf überall Tochterunternehmen eröffnen, ohne Behinderungen. Eine andere Behandlung ausländischer Tochterunternehmen durch die Finanzbehörde behindert die Freiheit von Bosal und das findet der Gerichtshof gar nicht gut.

Dasselbe gilt für steuerlich abziehbare Verluste. Marks & Spencer, das britische Bekleidungsunternehmen, wollte Verluste aus anderen EU-Ländern in Großbritannien vom dortigen Gewinn abziehen. Nach Sicht der britischen Finanzbehörde war das so nicht möglich. Also wandte sich Marks & Spencer an den Gerichtshof, denn eine Niederlassung in Frankreich oder Luxemburg ist in einer EU ohne Grenzen dasselbe wie eine im eigenen Land.

Wenn es ein entsprechendes Urteil gibt, können die Finanzbehörden und Ministerien in ganz Europa schon einmal ausrechnen, was das für die Staatskassen und die Gesetzgebung bedeutet. Die nationalen Bestimmungen könnten ziemlich heftig über den Haufen geworfen werden.

Die Zukunft des Europäischen Gerichtshofs

Zukunftsaussagen zu machen ist immer schwierig, aber wenn man sich ansieht, wie viel der Gerichtshof zu tun bekommt, können Sie davon ausgehen, dass die Richter in Luxemburg mit der Erweiterung eher noch mehr Arbeit bekommen.

Zuerst zehn, später noch mehr neue Mitgliedsstaaten, werden die Nachfrage nach Grundsatzentscheidungen noch steigern. Die neuen Mitglieder der EU können es mit einer ganzen Reihe von Themen mit Brüssel zu tun bekommen, beispielsweise, wenn sie noch nicht alle Bedingungen der EU erfüllen. Stellen Sie sich vor, ein neues EU-Land ist der Ansicht, dass es durchaus die EU-Bestimmungen erfüllt, dann liegt die Entscheidung bei den Richtern am Europäischen Gerichtshof.

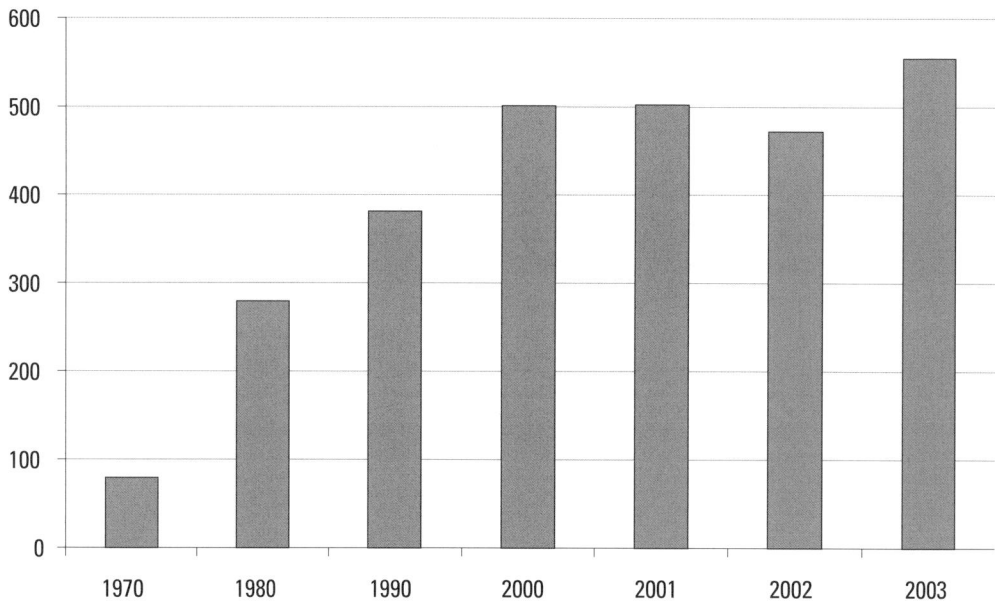

Abbildung 9.2: Anzahl der Prozesse am Europäischen Gerichtshof pro Jahr im Zeitraum 1970 bis 2003.

Die Anzahl der Richter hat sich vergrößert

Jeder Mitgliedsstaat darf einen Richter abordnen, seit der Erweiterung im Mai 2004 hat der Gerichtshof also 25 Richter. Es stand vorher noch nicht fest, dass die Anzahl vergrößert würde, aber inzwischen ist das geschehen.

Die Richter sollen nicht nur brillante Juristen sein, sie müssen auch einwandfrei französisch sprechen und auf Französisch komplexe Themen diskutieren können. Die Richter beratschlagen ohne Dolmetscher und hier wird traditionell französisch gesprochen.

Das Arbeitsaufkommen wird größer

Zurzeit ist es so, dass ein nationaler Richter, der den Gerichtshof um Auslegung einer europäischen Bestimmung bittet, 24 Monate auf ein Urteil warten muss. In den Jahren seines Bestehens hat der Gerichtshof die Zahl der abgehandelten Fälle von unter 100 auf mehrere Hundert pro Jahr anwachsen sehen.

In der Grafik 9.2 ist klar zu sehen, dass nach einem zögerlichen Beginn die Anzahl der Prozesse von weniger als 100 in den 80er Jahren schnell auf ungefähr 300, in den 90ern auf 400 und inzwischen schon seit einer Weile auf rund 500 pro Jahr angestiegen ist.

Der Präsident des Gerichtshofes hat eine Zukunftsprognose aufgestellt. Er erwartet, dass die Richter immer mehr Arbeit bekommen, und zwar auf folgenden Gebieten:

- ✔ Visa
- ✔ Asyl
- ✔ Einwanderung
- ✔ Euro
- ✔ Zusammenarbeit zwischen Polizei und Justiz

Die höchsten europäischen Richter erwarten auch, dass die Berufungsverfahren nach einem Urteil des Gerichts erster Instanz häufiger werden.

Aber auch das Gericht erster Instanz – das ist übrigens zurzeit sein offizieller Name und nicht die ungelenke Umschreibung eines hilflosen Autors – wird sich in Zukunft vor Arbeit kaum retten können:

- ✔ Warzenzeichenrecht (Markenrecht)
- ✔ Publizität (Menschen, die ein EU-Dokument einsehen wollen)
- ✔ Maßnahmen der Europäischen Zentralbank gegen Unternehmen
- ✔ Kontrolle von Subventionen
- ✔ Beamte der Europäischen Zentralbank und Europol, die einen Konflikt mit ihrem Arbeitgeber haben
- ✔ Betrugsbekämpfung

Wenn die Prozeduren kürzer und einfacher wären, könnte der Gerichtshof das Arbeitsaufkommen besser bewältigen. Der Präsident plädiert dafür, Fragestellungen, die schon in früheren, ähnlich gelagerten Fällen behandelt wurden, auf dieselbe Art zu beantworten. Das dürfte eine ganze Menge weniger Arbeit bedeuten!

Die Anzahl der Länder in der neuen EU ist größer, also steigt auch die Anzahl der Rechtsfragen und vor allem auch der Menschen, die eine Rechtsfrage an das Gericht stellen können. Es besteht das Risiko, dass es extrem lange dauert, bis es zu einem Urteil kommt. Oder dass der Gerichtshof aus Eile ganz fuchtig wird und nicht mehr so sorgfältig arbeiten kann.

Der Gerichtshof in der neuen Verfassung

In der neuen Verfassung steht nicht genau, wie viele Richter am Gerichtshof sein müssen. Entsprechend der Tradition von einem Richter pro Land gibt es inzwischen 25 Richter. Das hat Vor- und Nachteile:

Die Vorteile:

✔ Jeder Mitgliedsstaat ist vertreten.

✔ Jedes Rechtssystem in der Union hat eine »Stimme«.

✔ Die Urteile werden eine höhere Akzeptanz finden, wenn aus jedem Land ein Richter mitentscheidet.

Die Nachteile:

✔ Je größer die Gruppe, desto schwieriger ist es, zu einer Entscheidung zu kommen.

✔ Es ist schwierig, den Zusammenhalt zu gewährleisten, denn mit einer größeren Gruppe kann man weniger intensiv zusammenarbeiten.

✔ Je größer die Gruppe, desto mühsamer wird es, alles zu organisieren.

Die Verfassung für Europa wird einige Dinge anders regeln, als es derzeit der Fall ist:

Das Gericht erster Instanz wird anders heißen, nämlich schlicht *Gericht*. Diese Instanz bleibt das »rangniedrigere« Gericht, über dem der Europäische Gerichtshof steht. Wenn man beim Gericht nicht Recht bekommt, kann man beim Gerichtshof in Berufung gehen.

Neu ist auch, dass das Gericht präjudizielle Rechtssachen bearbeiten soll, also nationalen Richtern bei ihren Urteilsfindungen, sofern sie sich auf EU-Recht beziehen, unter die Arme greifen wird.

Was noch neu ist: Das Gericht kann durch »gerichtliche Kammern« erweitert werden, die nur auf bestimmten Gebieten Recht sprechen, beispielsweise im Ausländer- oder Wettbewerbsrecht. Damit kommt eine dritte Treppenstufe hinzu. Gegen ein Urteil einer solchen spezialisierten gerichtlichen Kammer kann man beim Gericht (erster Instanz) in Berufung gehen.

In der neuen Verfassung ist auch eine Prozedur für eine Rechtssache zwischen zwei Staaten festgeschrieben. Länder können einander also auch vor den Kadi zerren Die Europäische Kommission kann dann einem Land, das sich nicht an die Regeln gehalten hat, eine Buße aufbrummen.

Es wird nicht einfacher. Deutlich ist aber, dass die Recht sprechenden Institutionen erweitert werden, parallel zur Erweiterung der Europäischen Union.

Europa als Wanderzirkus

In diesem Kapitel

- Das Europäische Parlament tagt in zwei Sitzungssälen
- Der ganze Apparat reist einmal im Monat hin und her
- Die EU hat »Zweigstellen«

*W*ir wissen es alle, und es wurde schon viel darüber geschrieben: Das Europäische Parlament hat zwei Arbeitsplätze, einen Sitzungssaal in Brüssel und einen in Straßburg. Dass europäische Institutionen über die Mitgliedsstaaten verteilt werden, können die meisten Menschen nachvollziehen, aber dass die Mitglieder des Parlaments zwischen zwei Städten hin und her pendeln, will vielen Bürgern nicht in den Kopf. Historisch ist es durchaus verständlich, wie Sie sehen werden. Und: Vielleicht endet die Pendelei auch, wenn die EU weiter wächst.

Warum das Parlament zwei Sitzungssäle hat

In den 50er Jahren tagte das Parlament in Luxemburg, weil dort viel Platz war. Offizieller Sitz war jedoch Straßburg, weil die Stadt Symbol für die deutsch-französische Aussöhnung sein sollte. Die ehemalige Reichsstadt, genauso genommen hatte Straßburg sogar den noch etwas besseren Status einer Freistadt, wurde 1681 von den Franzosen unter dem »Sonnenkönig« Ludwig XIV. erobert. Seit dieser Zeit war die Stadt immer wieder ein Zankapfel zwischen Deutschen und Franzosen. Für die deutschen Nationalisten des 19. Jahrhunderts war der Verlust Straßburgs immer wieder ein willkommener Grund, an die Einheit der Deutschen zu appellieren. Nach dem Krieg 1870/71 fiel Straßburg mit dem Reichsland Elsass-Lothringen an das neu gegründete Deutsche Reich. Nach dem ersten Weltkrieg wurde die Stadt, wieder französisch, um 1940 wieder von den Deutschen besetzt zu werden. Seit Ende des Zweiten Weltkriegs gehört Straßburg natürlich wieder zu Frankreich. 1965 beschließen die Mitgliedsstaaten der EWG, dass das Parlament drei Arbeitsstätten hat: Luxemburg, Straßburg und Brüssel. Es gibt einen Sitzungssaal in Straßburg und einen in Luxemburg, und dort werden Plenarsitzungen abgehalten. Der Vorteil von Luxemburg ist, dass hier auch das Personal des Parlaments sitzt.

Bemerkenswert ist, dass das Europäische Parlament die einzige Volksvertretung der Welt ist, die reist. Es ist ebenfalls bemerkenswert, dass das Parlament selbst darüber nicht zu bestimmen hat. Es sind die Regierungschefs, die bestimmen, wo das EP untergebracht wird, und es sind vor allem die Franzosen, die Straßburg nicht aufgeben wollen.

Die meisten Parlamentarier wollen, dass alle Sitzungen in Brüssel stattfinden, aber die französische Regierung kann mit ihrem Vetorecht alle diesbezüglichen Veränderungen blockieren. Zumindest jetzt noch, denn wenn in Zukunft die Regierungschefs kein Vetorecht mehr haben, kann es sein, dass es um die schöne Stadt im Elsass geschehen ist.

Das neue Gebäude in Straßburg musste her

Nach den Wahlen 1979 war der Saal in Luxemburg zu klein; nur Straßburg blieb übrig. Seit dieser Zeit steht der Sitzungssaal in Luxemburg leer. Aber bei den Parlamentariern, die so gar nichts von dem ganzen Hin- und Herreisen zwischen Brüssel und Straßburg hielten, gab es viel Gegrummel.

1985 beschloss das Parlament den Bau eines neuen Sitzungssaals in Brüssel. Dort können Kommissionssitzungen, wie auch kurze Plenarsitzungen, abgehalten werden. Aber Frankreich startete eine Offensive, um zu verhindern, dass Straßburg seinen »Platz an der Sonne« verlor. Die Franzosen sind da sehr emotional. Der Alt-Bürgermeister von Straßburg sagte, die Gründer der EU hätten bewusst seine Stadt gewählt, aus historischen, geistigen und kulturellen Gründen.

Die französische Kampagne hatte Erfolg, denn 1997 beschlossen die Regierungschefs, dass das Parlament zwölf Mal pro Jahr in Straßburg tagen muss, jeden Monat eine Woche lang. Bis zum Ende aller Tage muss das Personal des Parlaments, das Sekretariat mit 2.000 Mitarbeitern, in Luxemburg bleiben. Das sind der Übersetzungsdienst, die Bibliothek und der juristische Dienst.

1991 begann das Parlament, seine Sitzungen in Brüssel abzuhalten. Die französischen Abgeordneten kamen nicht, sie waren sauer. Einige französische Mitglieder des Parlaments riefen sogar andere Parlamentarier dazu auf, die Sitzung in Brüssel zu boykottieren.

Während in Brüssel an der neuen Tagungsstätte gebaut wurde, saßen die Franzosen nicht still. Auch in Straßburg sollte ein neues Gebäude errichtet werden, trotz kritischer Bemerkungen des Europäischen Rechnungshofes. Ein Gebäude mit einem halbkreisförmigen Sitzungssaal, ein Parkhaus, Büros für alle Parlamentarier, Restaurants, Pressesäle und was noch alles dazu gehörte, wuchs langsam aus dem Boden. Es wurde das größte Bauwerk der »Grande Nation«.

Seit Jahren ist hier ein ausgeklügeltes politisches Spiel im Gange, in dem viele unterschiedliche Interessen, finanzielle Aspekte und allerlei möglicher Trubel mit von der Partie sind. Das Ende vom Lied ist, dass das Europäische Parlament zwei vollständig ausgerüstete Versammlungsorte hat und bis heute hin und her reist.

Doppelte Einrichtungen

Alle Einrichtungen für Mitglieder des Europäischen Parlaments (MdEP) und für ihre Mitarbeiter sind doppelt vorhanden. Für die ungefähr 1.000 Menschen, die sich jeden Monat auf Wanderschaft begeben, sind Telefonanschlüsse, Faxe, Computer und Büroeinrichtungen in

Brüssel und in Straßburg nötig. Für die Presse gibt es Säle und die notwendige technische Ausstattung. Für die Sicherheit gibt es Computer, Tore und Maschinen, um Identifikationskarten zu erstellen. Alles zweimal. Auch im Straßburger Gebäude sind natürlich Restaurants und Cafés, es gibt eine Publikumstribüne, Garderoben und Sesselchen, um in aller Ruhe miteinander zusammenzusitzen und zu reden. Alles ist doppelt vorhanden, alles kostet doppelt.

Wenn Sie sich eine Woche nach einer Sitzung in Brüssel umhören und mit den Parlamentariern nach Straßburg reisen, sehen Sie da dieselben EP-Mitglieder, aber dann in einem anderen Gebäude, in einem anderen Land. Für sie ist das inzwischen Routine, sie machen das jeden Monat. Für den Besucher ist es eine außerordentlich befremdliche Erfahrung: ein paar tausend Menschen, die ihre Arbeit in einer völlig anderen Umgebung machen, die eine Art Kopie ihres Brüsseler Arbeitsplatzes ist.

Heute kein Zugang für Journalisten

 Es war einmal ein Journalist, der über das Europäische Parlament schreiben wollte. Er nahm sein Auto und fuhr ein paar Hundert Kilometer nach Brüssel.

Das Europäische Parlament tagte in Straßburg, also hatte er Zeit, um mit einigen Leuten Hintergrundgespräche zu führen, in aller Ruhe zu Mittag zu essen und in der Bibliothek des Parlaments in einschlägiger Fachliteratur zu recherchieren.

Bevor er ins Gebäude in Brüssel hinein konnte, musste er mit seinem Presseausweis einen Tagesausweis holen, seine Zugangsberechtigung. Kein Problem, das war eine Routinesache; schließlich war er im Computersystem schon registriert, und bei vorherigen Gelegenheiten war immer auf Knopfdruck sein Tagesausweis erstellt worden, schön säuberlich mit einem Foto versehen.

Er meldete sich bei der Security und der Beamte sagte, nachdem er seinen Pass und seinen Presseausweis eingehend geprüft hatte: »Aber es ist Straßburg-Woche, hier ist keiner!« Der Journalist hatte schon einen Kollegen herumlaufen sehen und sagte, dass er hier eine Verabredung habe. »Nein, nein, Journalisten können nicht rein.« Der Sicherheitsmitarbeiter konnte auch seinen Chef nicht befragen, der saß auch in Straßburg. Er konnte seinen Chef wohl anrufen, und der kam auch nach einer kurzen Wartezeit ans Telefon. »Was machen Sie denn da? Alle sind hier!« Der Journalist stotterte noch etwas, aber – man konnte leider nichts für ihn tun.

Die Presse und die Lobbyisten rennen hinterher

Straßburg hat etwas, und das ist anders als in Brüssel. In Straßburg ist jeder von zu Hause weg; die meisten Journalisten, Parlamentarier und Mitarbeiter wohnen in Brüssel, fast niemand hat einen Wohnsitz in Straßburg. All die Tausende von Menschen sind also auf einem »Schulausflug« und das kann man merken: Die Atmosphäre ist entspannter und informeller.

Für Journalisten und Lobbyisten ist das nett. Journalisten haben es gern mit Politikern zu tun, die entspannt sind und viel erzählen, so dass sie nette Geschichten schreiben können.

Auch Lobbyisten haben ein Interesse an der lockeren Atmosphäre in Straßburg. Es gibt dort viel Zeit zum Reden, Zusammensitzen, Dinieren. Die Parlamentarier hören in Straßburg besser zu und sind besser zu beeinflussen. Also fühlen sich die Lobbyisten hier wie ein Kind im Schokoladenladen.

Wer in dieser Zeit in Brüssel etwas erledigen will, kann sich vor einer geschlossenen Tür wiederfinden – während jeder in Straßburg aktiv ist, kommt in Brüssel alles zum Erliegen. Das Gebäude ist zwar geöffnet, aber die Restaurants nicht, die Tageszeitung liegt nicht aus und es ist auffallend ruhig.

Die Gänge sind leer, von einzelnen Zurückgebliebenen abgesehen. Man kann in aller Ruhe Dokumente lesen, wozu man vorher nicht gekommen ist. Die Kaffeetheken sind zu, man hört also kein Stimmengewirr und Hin-und-Her-Gerenne. Eine Oase der Ruhe. Das Parkhaus ist beinahe leer, die Bewachungsleute haben Zeit für einen Schwatz. Brüssel ist sehr ruhig in einer »Straßburg-Woche«.

Ich kenne Sie irgendwo her!

Als ich zum ersten Mal nach Straßburg kam und im »Hémicycle«, dem halbkreisförmigen Sitzungssaal des Parlaments, stand, dachte ich: Den Boten, der da steht, den kenne ich! Und es stimmte. In der Woche zuvor hatte ich ihn in Brüssel gesehen. Er muss eine Woche pro Monat in Straßburg arbeiten, als Mitarbeiter des europäischen Wanderzirkus.

Alle gehen mit

Nicht nur die Mitglieder des Parlaments und die Amtsboten reisen, jeder reist. Die Boten sind in würdevolle schwarze Anzüge mit langen Rockschößen gekleidet. Sie tragen eine silberfarbene Amtskette. Sie stehen den EP-Mitgliedern für allerlei Dienstleistungen, wie das Austeilen von Schriftstücken, zur Verfügung und sie kontrollieren am Eingang zum Sitzungssaal, wer hinein darf. Die schwarzen Anzüge und Amtsketten reisen auch von Brüssel nach Straßburg mit.

In der Straßburg-Woche ziehen die Sprecher um, genau wie die Beamten, die Mitarbeiter, die Assistenten, die Dolmetscher, die Praktikanten, die Fahrer und die Sicherheitsleute.

Die Beamten, die das Funktionieren des Parlaments ermöglichen, wohnen offiziell in Luxemburg, wo die Parlamentsleitung sitzt. Sie müssen drei Wochen im Monat nach Brüssel und eine nach Straßburg. Das sind Dienstreisen, die einzeln beantragt und genau abgerechnet und vergütet werden müssen. Die Reisekostenregelung und die Tagessätze sind nicht von schlechten Eltern, und es ist ein umfangreicher Verwaltungsapparat nötig, um alles reibungslos abzuwickeln.

Die Europäische Kommission, die Geschäftsführung der EU, macht brav bei dem Geschiebe mit: In der Straßburg-Woche halten sie ihre wöchentliche Versammlung ebenfalls in Straßburg ab.

Alles in allem geht es hier um den Umzug von Tausenden von Menschen. Straßburg ist keine besonders große Stadt und kann das nur mit Mühe verarbeiten. Der Flughafen ist einmal im Monat völlig überfüllt, genau wie die Straßen, auf denen es Staus gibt, wenn die vagabundierenden Horden zum Parlament wollen. Es ist kein Hotelzimmer zu kriegen und auch die Restaurants sind überfüllt. Taxen sind andauernd belegt. Das Problem ist für die Mitglieder des Parlaments durch den Fahrdienst gelöst, der permanent bereitsteht und die Mitglieder vom Flughafen zum Parlamentsgebäude bringt.

Alle Siebensachen reisen mit

Jeder Parlamentarier hat eine Kiste, mit der einmal im Monat Dokumente und andere Habseligkeiten transportiert werden. Die Kisten stehen im Gang, als stille Zeugen des allmonatlichen Zugs in den Süden. Kein wirklich schöner Anblick, diese abgewrackten Umzugskisten in einem so würdevollen Gebäude.

Die Kisten sind $120 \times 75 \times 50$ Zentimeter groß, aus Stahl und meist grau und mit Aufklebern versehen, auf denen Name und Büronummer des EP-Mitgliedes vermerkt sind.

Daneben gibt es noch größere Kisten mit den Maßen $275 \times 80 \times 70$ Zentimeter, in denen sogar ganze Computersysteme und Archive transportiert werden.

Die mehr als 600 Kisten werden eine nach der anderen bei den Büros der Abgeordneten abgeholt, per Lkw von Brüssel nach Straßburg gebracht und dort vor den entsprechenden Büros im Parlamentsgebäude abgeliefert. Nach der Straßburg-Woche reisen die 600 Stahlkisten natürlich wieder zurück nach Brüssel.

Wenn sich nach dem Umzug nach Straßburg herausstellt, dass etwas vergessen wurde, ist das kein Problem. Es gibt Kleintransporter, die zwischen Brüssel, Luxemburg und Straßburg hin und her flitzen, um alles Mögliche zu transportieren.

Zehn Millionen Kilometer

Alle Europaparlamentarier und Mitarbeiter kommen ganz schön herum, das summiert sich insgesamt zu fast zehn Millionen Reisekilometern! (Siehe auch Kasten *9.600.000 Kilometer*.) Da kommen schnell mal eben ein paar Milliönchen an Reisekosten zusammen. Die kann man auch nicht einfach so einsparen. Es kann noch viele Jahre dauern, bevor das Hin und Her vorbei ist. Solange jedes EU-Land bei allen Beschlüssen ein Vetorecht hat, kann die französische Regierung verhindern, dass Straßburg als Tagungsort abgeschafft wird. Abgesehen vom Prestige, das ein Parlamentsgebäude mit sich bringt, sorgt die monatliche Anwesenheit von ein paar tausend Menschen für viele Einkommen in der Stadt Straßburg. Hotels, Restaurants, Taxis, die lokale Wirtschaft haben so einiges an Vorteilen.

19.200.000 Kilometer

Die Strecke zwischen Brüssel und Straßburg ist etwa 400 Kilometer lang. Wenn 732 Parlamentsmitglieder und die ganzen Mitarbeiter – sagen wir insgesamt der Einfachheit halber also 2.000 Menschen – zwölf Mal pro Jahr hin und wieder zurück müssen, kommt man auf fast zwanzig Millionen Kilometer. Rechnen Sie's nach:

$2.000 \times 12 \times 400 \times 2 = 19.200.000$, beinahe zwanzig Millionen Kilometer!

Ebenfalls in Straßburg: Der Europarat

Der Europarat ist eine Menschenrechtsorganisation, nicht zu verwechseln mit dem Rat der Europäischen Union, in dem Regierungschefs und Fachminister aus den europäischen Ländern beratschlagen.

Der Europarat ist keine EU-Einrichtung. 46 Staaten sind Mitglied. Diese Organisation überwacht die Einhaltung der Europäischen Menschenrechtskonvention (EMRK). Jeder Bürger kann sich an den Europäischen Gerichtshof für Menschenrechte wenden, der ebenfalls in Straßburg seinen Sitz hat. Das ist der letzte Strohhalm, an den Menschen sich klammern können, wenn ihnen andere Richter nicht mehr helfen können. Ein Mieter, der auf verseuchtem Boden wohnt, kann die Höhe seiner Miete anfechten. Wenn sich herausstellt, dass ein Land gegen die EMRK verstößt, muss es dem Urteil des Gerichtshofes folgen. Urteile dieses Gerichtshofes bezüglich beispielsweise Diskriminierung können sogar zu einer Reform der Rechtsprechung in einem Mitgliedsstaat führen.

Es gibt so viele Bürger, die sich an den Europäischen Gerichtshof für Menschenrechte wenden, dass ein Stapel von Zehntausenden von Klagen auf Verhandlung wartet. Schließlich kann jeder Europäer dieses Gericht anrufen. Einige Länder wollen hier eine Veränderung, andere finden es gerade gut, dass der Hof jedem einzelnen Menschen offen steht.

Wie dem auch sei, den Europarat gibt es seit 1949, und er »wohnt« schon seit seiner Gründung in Straßburg. Das wird wohl auch immer so bleiben.

Leben aus dem Koffer

Für die Europaparlamentarier und die Mitarbeiter bedeutet das viele Reisen und dass sie eine ganze Menge Krimskrams mit sich herumschleppen müssen, jeden Monat einen Koffer für eine Woche packen zu müssen beziehungsweise, wenn man ein bisschen nett aussehen will, vielleicht auch zwei oder drei Koffer. Vor allem die Damen wissen, dass Schuhe ziemlich viel Platz wegnehmen. Die Damen sind gut gekleidet, also müssen alle Koffer auch mit nach Straßburg. Einige Parlamentarier lassen das Gepäck von ihren Mitarbeitern schleppen. Aber wie dem auch sei: Eine Woche pro Monat ist man ja als EP-Mitglied oder Mitarbeiter weg vom festen Arbeitsplatz.

Nicht nur, dass man aus dem Koffer leben muss, man muss auch sich selbst von Ort zu Ort bewegen, von zu Hause nach Straßburg oder von Brüssel nach Straßburg. Das liefert dann wieder leidige Geschichten in der Presse. Anfang 2004 geschah ein kleines Unglück mit einem gecharterten Privatflugzeug, das einige EP-Mitglieder transportierte. Fünf Mitglieder waren an Bord gekommen, um von Rotterdam nach Straßburg zu fliegen. Das Flugzeug stieß mit einem der Flügel gegen einen Hangar und konnte nicht mehr weiterfliegen. Die EP-Mitglieder mussten das Auto nehmen. Also: Ein Auto besorgen, alle Gepäckstücke umladen, sechs Stunden fahren, statt eine Stunde fliegen. Welch eine Umstandskrämerei!

Was kostet das alles?

Es gibt rund 700 Parlamentarier und einige hundert Mitarbeiter des Parlaments. Alle EP-Mitglieder haben auch eigene Mitarbeiter, aber diese reisen nicht immer mit nach Straßburg. Um es einfach zu machen, gehen wir mal von ungefähr 2.000 Menschen aus, die sich für eine Woche pro Monat von Brüssel nach Straßburg bewegen müssen. Die Kosten sehen dann ungefähr so aus:

Brüssel – Straßburg hin und zurück	€	150
Fünf Hotelübernachtungen à € 150	€	750
Fünf Abendessen und andere Kosten, € 100 pro Tag	€	500
Gesamt pro Person	€	**1.400**
Für 2.000 Personen	€	2.800.000
Für 12 Monate	€	33.600.000

Das sind nur die direkten Kosten, die mit dem ständigen Umziehen verbunden sind. Wenn man die Reisezeit berechnet und die Kosten der Gebäude, kommt man auf hundert Millionen pro Jahr. Nun finden Menschen, die für Europa sind, dass man über diese Art von Beträgen keine Luft bewegen sollte. Umgerechnet auf den gesamten EU-Haushalt von 100 Milliarden pro Jahr ist es nicht so viel; hundert Millionen sind gerade mal ein Tausendstel der Gesamtsumme.

Übrigens: Die Kosten für den Neubau des Parlaments in Straßburg betrugen 450 Millionen Euro.

Wo Europa auch noch »wohnt«

Die Tatsache, dass das Europäische Parlament Sitze in drei verschiedenen Städten hat, ist in den Augen vieler Menschen ein wenig bizarr, ein Beispiel eines befremdlichen europäischen Kompromisses. Aber abgesehen von dieser Frage der Sitze des Parlaments gibt es auch eine ganze Menge vernünftiger Kompromisse.

Die europäischen Einrichtungen sind auf die verschiedenen Städte in den Mitgliedsstaaten verteilt, damit mehr Länder auf einem bestimmten Gebiet eine zentrale Funktion erfüllen können.

Straßburg sagt: Hier hat alles angefangen

Die Gemeinde Straßburg sagt auf ihrer Internetseite (www.strasbourg.fr), dass ihre Stadt ein Symbol für die europäische Zusammenarbeit ist. Hier hat alles angefangen, und noch immer ist der offizielle Sitz des Europäischen Parlaments hier. Das bedeutet, dass Straßburg die Allüren und die Statur von Städten wie New York und Genf hat. In Edinburgh wurde 1992 »definitiv beschlossen«, dass Straßburg seinen Status behält, daher noch immer die Angaben auf der offiziellen Website.

Wir haben hier auch den Europarat, der die Einhaltung der Menschenrechte überwacht, aber das ist noch nicht alles. Auch der Europäische Bürgerbeauftragte hat sein Büro in Straßburg, genau wie der Ausschuss der Regionen, eine Interessengemeinschaft regionaler Gebiete. Und dann gibt es da noch das Eurocorps, ein schnelles Krisenreaktionskorps für die EU und die NATO.

Straßburg zählt, das ist deutlich. Straßburg ist kein Provinznest, sondern nimmt eine zentrale Rolle in Europa ein. Findet jedenfalls die Gemeindeverwaltung von Straßburg.

Luxemburg

Luxemburg ist fast preisverdächtig. Als einer der Kleinen in der EU hat das Land trotzdem eine Reihe wichtiger Einrichtungen auf seinem Grundgebiet:

- ✔ Das **Generalsekretariat des Europäischen Parlaments.** Die Verwaltung des EP unter der Leitung des Generalsekretärs sorgt dafür, dass das Parlament am Laufen gehalten wird.

- ✔ Der **Europäische Rechnungshof.** Diese Institution überprüft jedes Jahr, ob die EU sorgfältig mit ihrem Geld umgegangen ist, oder besser gesagt: mit dem Geld der Bürger. Die Kontrolleure sind schon seit Jahren unzufrieden über die mangelnde Sorgfalt, mit der die Ausgaben kontrolliert werden und die Buchhaltung abläuft. Schon seit Jahren verweigern sie die Entlastung.

- ✔ Der **Europäische Gerichtshof.** Ein Organ, das aus hoch gelehrten Herren besteht und das immer mehr Gewicht bekommt, weil die europäischen Vorschriften immer zahlreicher werden und die Bürger und Unternehmen den Weg zum Gerichtshof immer besser zu finden wissen.

- ✔ Die **Europäische Investitionsbank (EIB).** Das ist die Kreditanstalt der EU. Die EIB gibt Kredite für die Entwicklung von Regionen in Europa. Dabei geht es um Projekte in den

Bereichen Umwelt, sozialer Zusammenhalt, Gesundheitsfürsorge und Bildung, Energieeinsparung und kleinere Unternehmen. Ein multinationaler Konzern kann hier also nicht an die Tür klopfen, wenn er eine neue Fabrik bauen will. Die EIB kommt an das nötige Geld, indem Obligationen ausgegeben werden, auf Deutsch: Sie handeln mit festverzinslichen Wertpapieren am Markt.

✔ Das **Übersetzungszentrum für die Einrichtungen der Europäischen Union.** Dieses Büro arbeitet für die Agenturen der EU; das sind elf Organe, über ganz Europa verteilt, die auf verschiedenen Gebieten Informationen austauschen.

Deutschland

Auch Deutschland hat eine Reihe von europäischen Einrichtungen, von denen die prominenteste die EZB, die Europäische Zentralbank, ist.

✔ Die **Europäische Zentralbank (EZB).** Ein hohes und beeindruckendes Gebäude in Frankfurt, voller kluger Rechner und Finanzspezialisten, die eine Hauptaufgabe haben: die Preisstabilität des Euro. Die 1.200 Mitarbeiter machen sich tagtäglich dafür stark, dass der Euro kein einziges Prozent an Wert verliert.

✔ Das **Europäische Patentamt.** Dieses Amt hat seinen Sitz in München. Das Ziel dieser Organisation besteht darin, die Verleihung von Patenten zu vereinfachen. Ein Patent ist das Recht, das ein Erfinder an seiner Erfindung bekommt; niemand darf seine Idee nachahmen. Das Verrückte ist, dass mit einer weltweiten Untersuchung festgestellt wird, ob die eingereichte Idee wirklich neu ist, aber der Erfinder muss sein Patent in seinem Heimatland patentieren lassen. Schon seit Jahren will die EU ein »Gemeinschaftspatent« einrichten, aber offiziell gibt es das noch nicht.

Niederlande

Die bekannteste europäische Einrichtung in den Niederlanden ist Europol, die europäische Polizeiorganisation. Daneben gibt es zwei kleinere Organisationen auf dem Gebiet des Markenrechts.

✔ **Europol.** Die europäische Polizei hat noch keine Polizisten, die auf der Straße herumlaufen. Europol beschäftigt sich vor allem mit dem Informationsaustausch, beispielsweise über international arbeitende Kriminelle und mit der Erstellung von Analysen. Europol kombiniert Fakten aus den Mitgliedsstaaten und schaut, ob Schurken besser zu erwischen sind, wenn man diese Fakten miteinander in Bezug setzt. Hier arbeiten etwa 500 Menschen.

✔ Das **Benelux-Markenamt.** Hier kann jemand, der eine Marke entwickelt hat, diese für das gesamte Benelux-Gebiet registrieren lassen. Nicht für ganz Europa, denn auf europäischem Niveau ist noch nicht allzu viel geregelt, wenn es um Marken geht. Daran wird aber gearbeitet.

✔ Das **Benelux-Musteramt.** Dasselbe gilt für dieses Amt, wo man die Form eines neuen Entwurfs festlegen und schützen lassen kann.

Andere Länder

Vor allem, wenn es um europäische Ämter und Agenturen geht, kommt so ziemlich jedes Mitgliedsland zum Zug. Es gibt Ämter und Agenturen für Umwelt, Drogen, Medikamentenbeurteilung und Rassismus. Die zwölf Agenturen fallen unter die Zuständigkeit der Europäischen Kommission, von der sie finanzielle Unterstützung erhalten.

✔ **Anger, Frankreich.** Gemeinschaftliches Sortenamt. Wer eine neue Pflanzenart züchtet, muss das hier verzeichnen lassen.
Internetadresse: www.cpvo.eu.int.

✔ **Bilbao, Spanien.** Europäische Agentur für Sicherheit und Gesundheit am Arbeitsplatz. Hier wird dafür gesorgt, dass alle neuen Erkenntnisse auf diesem Gebiet zusammenkommen. Siehe http://agency.osha.eu.int.

✔ **Thessaloniki, Griechenland.** Europäische Agentur für den Wiederaufbau. Von hier aus wird Hilfe an Länder zur Verfügung gestellt, die durch Kriege zerstört wurden. Vor allem die ehemaligen jugoslawischen Republiken bekommen Hilfe zum Wiederaufbau der Wirtschaft und der demokratischen Einrichtungen. Im Internet zu finden unter www.ear.eu.int.

✔ **London, Großbritannien.** Europäische Arzneimittelagentur. Eine wichtige Institution, die in Zusammenarbeit mit den Agenturen der einzelnen Mitgliedsstaaten darauf achtet, welche Arzneimittel auf dem europäischen Markt zugelassen werden. Dies geschieht in Zusammenarbeit mit den Agenturen in den Mitgliedsstaaten. Siehe auch www.emea.eu.int.

✔ **Thessaloniki, Griechenland.** Europäisches Zentrum zur Förderung der Berufsbildung. Dies ist das Informationszentrum über Ausbildungen in Europa. Hier wird auch festgestellt, welche Trends sich auf dem Gebiet von Lernen und Arbeiten abzeichnen, wie beispielsweise neue Studiengänge und Ausbildungswege. Im Internet zu finden unter www.cedefop.eu.int.

✔ **Kopenhagen, Dänemark.** Europäische Umweltagentur. Die Menschen hier behalten die Umwelt Europas im Auge und erstellen Informationen über die Entwicklungen, zum Beispiel für Politiker. Sie halten mit einer Reihe von Organisationen in den Mitgliedsstaaten Kontakt.
Internetadresse: www.eea.eu.int.

✔ **Lissabon, Portugal.** Europäische Beobachtungsstelle für Drogen und Drogensucht. Hier weiß man alles über Drogen und ihre Wirkung. Jedes Jahr gibt dieses Amt einen Bericht über den Stand der Dinge in Europa heraus. Ihre Webadresse ist www.emcdda.org.

- **Wien, Österreich.** Europäische Stelle zur Beobachtung von Rassismus und Fremdenfeindlichkeit. Diese Agentur wurde 1997 gegründet, nach dem Europäischen Jahr gegen Rassismus. Aus allen EU-Ländern tagen hier Menschen über Rassismus und zerbrechen sich ihre Köpfe darüber, was man dagegen unternehmen könne. Der Kampf gegen Rassismus ist ein Schwerpunkt der EU. Internetadresse: www.eumc.eu.int.

- **Dublin, Irland.** Europäische Stiftung zur Verbesserung der Lebens- und Arbeitsbedingungen. Was hier stattfindet, könnte man »Sozialarbeit« nennen: Alles, was mit Lebens- und Arbeitsqualität zu tun hat, wird hier untersucht. Die Verhinderung sozialer Ausgrenzung ist ein Ziel, genau wie die Verbesserung des Verhältnisses von Arbeit und Familie. Diese Agentur besteht seit 1975 und ist im Internet zu finden unter www.eurofound.eu.int.

- **Turin, Italien.** Europäische Stiftung für Berufsbildung. Diese Agentur ist auf die so genannten Drittländer ausgerichtet, also auf Länder, die kein Mitglied der EU sind. Welche Berufsbildungsbedürfnisse haben diese Länder und wie kann sich die EU darauf einstellen? Im Web unter www.etf.eu.int.

- **Alicante, Spanien.** Harmonisierungsamt für den Binnenmarkt (Marken, Muster und Modelle). Diese Einrichtung greift dem Schutz von Marken und Modellen in einer zentralen Einrichtung in Europa vor. Wenn es irgendwann eine zentrale Regelung für Europa gibt, müssen Menschen, die eine Marke anmelden wollen, hier anklopfen. Internetadresse: www.oami.eu.int.

... und wieder zurück nach Brüssel

Jedes Land hat ein Büro oder eine Agentur, die für die gesamte EU arbeitet. Aber Brüssel ist und bleibt die europäische Hauptstadt, in der sich die wichtigsten Institutionen der Union konzentrieren. Es ist beschlossene Sache, die Gipfeltreffen nur noch in Brüssel abzuhalten und den Tagungsort nicht mehr mit dem Vorsitz reisen zu lassen. Das ist erneut ein Signal, dass die EU dazu neigt, die wichtigsten Institutionen an einem Ort zu konzentrieren. Es gibt drei wichtige beratende Organe, auf die ich noch nicht näher eingegangen bin und die in Brüssel ihren Sitz haben:

- Der **Ausschuss der Regionen.** Dies ist ein Diskussionsverein mit »nur« 222 Mitgliedern aus der gesamten Union. Das sind nicht die höchsten Regierungsmitglieder eines jeden Landes, sondern auch direkt Betroffene aus ländlichen Regionen und (kleineren) Städten. Die Meinungen regionaler Einheiten bekommen in der EU immer mehr Gewicht. Die Länder dürfen selbst bestimmen, welche Personen sie zum Ausschuss der Regionen abordnen. Die Diskussionen liefern dem Rat der Europäischen Union, insbesondere den Fachministerrunden, und der Europäischen Kommission Ratschläge, die sie berücksichtigen müssen.

- **Europäischer Wirtschafts- und Sozialausschuss.** Dieser Ausschuss hat auch 222 Mitglieder aus den EU-Ländern, auch auf diesen Ausschuss müssen Rat und Kommission hören. Die Ratschläge beziehen sich vor allem auf Arbeitsmöglichkeiten und Angelegenheiten wie die Beziehung zwischen Arbeitgebern und Arbeitnehmern. Gewerkschaften und Arbeitgeberverbände sind demzufolge auch in diesem Ausschuss vertreten.

- ✔ **Wirtschafts- und Finanzausschuss.** Dies ist ein Forum für Finanzspezialisten. Sie reden als unabhängige Sachverständige über die finanzielle Situation der Mitgliedsstaaten. Hierüber beraten sie dann die Fachministerrunden des Rats der Europäischen Union und die Europäische Kommission.

Grüße aus Prag

Wir in Mittel- und Westeuropa gehen davon aus, dass sich Europa um uns dreht. Was die EU betrifft, ist das immer so gewesen. Aber wenn man das geografische Zentrum Europas sucht, kommt man weiter östlich als Brüssel heraus. Was passiert, wenn die neuen osteuropäischen Mitglieder eines Tages sagen: Kommt ihr ruhig mal hier hin, statt dass wir immer zu euch kommen? Prag liegt in Zentraleuropa, Brüssel nicht!

Wir kommen alle aus Polen

Für Niederländer und Belgier ist das Arbeiten in Brüssel relativ übersichtlich. Es gibt sogar Mitarbeiter der Europäischen Kommission, die einfach »zu Hause« wohnen und nicht in Brüssel. Für einen Briten oder Italiener ist das keine Option und für Politiker und Beamte aus Osteuropa schon gar nicht. Sie müssen ihr Dasein fern der Heimat fristen.

Vor allem die polnische Regierung macht von sich reden. Von den neuen EU-Bürgern wohnt die Hälfte in Polen! Dieses neue EU-Mitglied macht also einen Teil der Gruppe der »großen« Länder aus, und man kann darauf warten, dass Polen an diesen Status Forderungen knüpfen wird. Vielleicht ist das bloß Spekulation, aber wenn man die Verteilung von europäischen Agenturen und Einrichtungen betrachtet, dann hinken die neuen Mitgliedsstaaten noch sehr hinterher. Sie werden um Gleichberechtigung bitten, vielleicht sogar fordern, dass das politische Zentrum in den Osten verlegt wird.

Sollte es so sein, dass das Europäische Parlament ein neues Gebäude bekommt, beispielsweise bei einer folgenden Erweiterung, dann steht zu hoffen, dass es einen Tagungsort, ein Gebäude und eine zentrale Einrichtung geben wird, anstelle von zwei.

Eines Tages haben die Belgier vielleicht genug davon

Die europäischen Einrichtungen und die wortwörtlich alltäglichen Fahrten von Tausenden von Menschen stellen eine enorme Belastung für Brüssel dar. Demgegenüber stehen Einkommen: All die europäischen Mitarbeiter geben ihr Geld in Belgien aus und stimulieren damit die Wirtschaft.

Aber das Zentrum der Stadt wird durch Europa beherrscht, und jeden Tag ist der Verkehr ab vier Uhr nachmittags völlig festgefahren. Es könnte sein, dass die Belgier eines Tages davon die Nase voll haben und dass eine oder mehrere europäische Einrichtungen in eine andere Stadt, mehr im Osten von Europa verlegt werden.

Wie logisch das auch klingen mag, die Europaparlamentarier von heute glauben nicht, dass sie Brüssel jemals verlassen werden. Sie sind der Meinung, auch wenn sie der Erweiterung positiv gegenüberstehen, dass Brüssel das Zentrum bleibt. Für einen polnischen Parlamentarier sei es egal, ob er ein Flugzeug nach Prag oder nach Brüssel besteigen müsse, das mache nur einen Unterschied von einer Stunde Flugzeit aus. Die Zukunft wird zeigen, ob diese Europa-Veteranen Recht behalten.

Teil III

Wie Europa funktioniert

In diesem Teil ...

Wir werfen einen Blick »unter die Motorhabe« der EU: Wie entsteht in Brüssel die Gesetzgebung und wer ist alles daran beteiligt? Viele Menschen, denn beraten und in der Folge versuchen, zu einem Kompromiss zu finden, ist das erprobte Mittel in der EU. Nicht nur Politiker, sondern auch Lobbyisten und Beamte spielen bei diesem Prozess eine wichtige Rolle.

Vorschriften, Vorschriften, noch mal Vorschriften

In diesem Kapitel

- Von der europäischen Richtlinie zum Gesetz in den Mitgliedsstaaten
- Die Brüsseler Beratungsstrukturen
- Die tägliche Arbeit der Politiker und Beamten

Wenn in der Zeitung steht, dass ein europäisches »Gesetz« auf dem Weg ist, stimmt das so eigentlich nicht, denn in der EU werden keine Gesetze erlassen. Die Bestimmungen aus Brüssel haben meist die Form von Richtlinien, die von den Mitgliedsstaaten in deren Gesetzgebung umgesetzt werden müssen.

Das scheint nur ein kleiner Unterschied zu sein, doch ist er größer, als man denkt. Die Mitgliedsstaaten können lange mit der Umsetzung warten, so dass die europäischen Bestimmungen erst zu einem späteren Zeitpunkt in die Gesetze einfließen. Sie können die Richtlinie auch strenger auslegen. In diesem Kapitel schauen wir uns an, wie eine Richtlinie zustande kommt und was danach mit ihr geschieht.

Das Entstehen einer Richtlinie

Meist geht die Initiative für eine Richtlinie von der Europäischen Kommission aus. Alle Mitglieder der Kommission haben ihre eigenen Fachgebiete, Beamte und Ideen. Von Zeit zu Zeit greifen sie einen Plan auf, erstellen dazu eine Richtlinie und legen diese der Kommission vor. Die wiederum versucht, die Richtlinie durch das Europäische Parlament und die Mitgliedsstaaten durchzuboxen.

Die Kommission denkt sich etwas aus

Bevor die Kommission sich an die Arbeit macht, erstellt sie einen Fünfjahresplan. Und jedes Jahr wird auch eine Planung für ein Jahr erstellt. So weiß jeder innerhalb und außerhalb von Brüssel, was die Europäische Kommission in Zukunft in Angriff nehmen will. Innerhalb des Plans gehen die Kommissare ans Werk und erstellen im Lauf der fünf Jahre eine Planung nach der anderen.

Die Beamten eines Kommissars bereiten einen Vorschlag vor, der dann von Beratungsausschüssen begutachtet wird. Die Ausschüsse setzen sich aus Experten, Beamten der Mitgliedsstaaten und Vertretern aus der bunten Landschaft der Interessengruppen zusammen.

Von der Idee zur Richtlinie

Manchmal entsteht eine Richtlinie durch ein bestimmtes Ereignis, das die Kommission auf die zündende Idee bringt: He, das müssen wir eigentlich anders regeln. Zum Beispiel als amerikanische und europäische Unternehmen wegen ihrer Buchhaltungsskandale ins Gerede kamen, kam die Idee auf, dass Buchhalter besser kontrolliert werden müssen.

Bei großen Unternehmen, in denen die Buchhaltung von mehr als einem Buchhalter erledigt wird, schiebt jemand schon mal die Verantwortung auf einen Kollegen: Ich kann nichts dafür, das hätte mein Kollege sehen müssen. Dem will die Europäische Kommission ein Ende bereiten, indem einem »Hauptbuchhalter« die volle Verantwortung für die Kontrolle der Jahresbilanz übertragen wird. Wenn das in allen europäischen Ländern so geregelt wird, werden Buchhalter mehr auf der Hut sein und es wird weniger Skandale geben.

Mit anderen Worten: Schon im ersten Stadium ist die Meinung der »Außenwelt« gefragt.

Die Idee wird dann in die hierarchischen Mühlen des Generaldirektorats (»Eurolingo« für Ministerium) weitergereicht. Wenn sie mit den entsprechenden externen und internen Kommentaren versehen ist, liegt ein Vorschlag vor, der an die wöchentliche Versammlung der Europakommissare geht.

Rahmenbestimmungen: Die Grundidee zählt

Abgesehen von Richtlinien, gibt es auch noch das Mittel der *Rahmenbestimmungen*, die eher die grobe Linie aufzeigen, also die Grenzen dessen, was noch erlaubt ist und was nicht mehr, um die Mitgliedstaaten in der Spur zu halten. So hat die Generaldirektion Binnenmarkt und Dienstleistungen eine Rahmenbestimmung entworfen, die es Unternehmen ermöglicht, sich überall in der EU niederzulassen. Wenn Sie in einem Land die Voraussetzungen erfüllen, ein Unternehmen zu führen, gilt die entsprechende Genehmigung für ganz Europa.

Die Genehmigung soll zukünftig elektronisch erteilt werden, das Verfahren also effizienter werden, als es im Moment ist.

Der Vorschlag beginnt damit eine lange Reise von der Europäischen Kommission über die Fachminister, das Parlament, schließlich zu den Mitgliedsstaaten, die dann das Vergnügen haben, die so entstandene Richtlinie einführen zu müssen. Dieser Vorgang kann fünf bis sechs Jahre in Anspruch nehmen. Sie sehen: Auch als EU-Politiker kann ein wenig Sitzfleisch nicht schaden.

11 ➤ Vorschriften, Vorschriften, noch mal Vorschriften

Eine Verfügung oder eine Verordnung fließt direkt in die Gesetzgebung ein

 Einige Beschlüsse der Kommission treten direkt in Kraft und haben in der gesamten Union Geltung. Man nennt sie *Verordnung* oder *Verfügung*. Das ist manchmal nötig, wenn schneller Handlungsbedarf besteht, zum Beispiel im Bereich Lebensmittelsicherheit oder Gesundheit. Die Kommission hat so die nötigen Mittel, um in den Mitgliedsstaaten bei Bedarf sofort und direkt einzugreifen.

Die Regierungen knien sich rein

Von der Kommission geht ein Vorschlag für eine neue Regelung zuerst an den Rat der Europäischen Union. Dort beschäftigen sich dann die zuständigen Personen damit – das können zum Beispiel die Landwirtschaftsminister oder im Fall Deutschlands der Verbraucherschutzminister sein, wenn es um Landwirtschaft geht, aber auch die Regierungschefs, wenn ihre Richtlinienkompetenz gefragt ist. Der Rat bekommt den Vorschlag zweimal zu sehen: Als erste Partei nach der Kommission berät der Rat über den Vorschlag, und am Ende des Prozedere, nachdem sich das Parlament und die einzelnen Beratungsorgane darüber ausgelassen haben, nochmals.

Die Regierungen der Mitgliedsstaaten, die im Rat vertreten sind, haben also ein gehöriges Wörtchen mitzureden. Eigentlich bleiben sie letztendlich die Chefs und bestimmen, was wirklich passiert. Die Kommission und das Parlament können nicht einfach neue Regelungen einführen, ohne den Rat daran zu beteiligen.

Vor einigen Jahren hat man ein Beschlussfassungsverfahren – was für ein Wortmonster! Aber bestes Beamtendeutsch – eingeführt, bei dem das Parlament den Ton angibt. Die Prozedur nennt man *Mitentscheidungsverfahren*. Der Einfluss des Europaparlaments (EP) ist hier um einiges größer als bei anderen Entscheidungsfindungen. Das Parlament kann einen Vorschlag bei einem Mitentscheidungsverfahren wirklich beerdigen. Wenn es keine Mehrheit gibt, ist der Vorschlag vom Tisch. Da das alles etwas kompliziert ist, werden weiter unten in diesem Kapitel die einzelnen Verfahren noch einmal detailliert erläutert.

... und dann weiter zum Parlament

Vom Rat der Minister geht der Vorschlag weiter zum Parlament. Das hat in den meisten Fällen lediglich eine beratende Funktion.

Manchmal kann das Parlament Modifizierungen vorschlagen, *Änderungsanträge* genannt. Parlamentarier erstellen diese manchmal selbst. Es gibt auch Interessengruppen, wie Umweltschützer oder Unternehmen, die Änderungsanträge erarbeiten. Ein EP-Mitglied muss zusehen, dass es eine Mehrheit für einen Änderungsantrag zusammenbekommt. Wenn das Europäische Parlament einen Änderungsantrag annimmt, kann die Europäische Kommission diesen in ihren Entwurf aufnehmen.

Das Parlament sorgt manchmal auch selbst für Bestimmungen. Ein Mitglied des Parlaments erstellt in einem solchen Fall einen Bericht, nach dessen Vorgaben die Kommission dann eine Richtlinie erstellt. Nach europäischem Recht muss ein Vorschlag immer von der Kommission kommen, dort setzt man also die Maschinerie in Gang. Es ist wichtig, dass das Parlament diese Möglichkeit hat. Wenn das Parlament von diesem Initiativrecht Gebrauch macht, weiß die Kommission erstens, dass sich ein EP-Mitglied in die Materie vertieft hat, und zweitens, dass die Chancen, das Plazet aus dem Parlament zu erhalten, recht ordentlich sind. Schließlich kennt niemand die Stimmung in den Plenarsälen besser als die Abgeordneten und kein Mensch wird sich die Mühe machen, einen Antrag zu stellen, der keine Chance auf eine Mehrheit hat. Das physikalische Gesetz der Trägheit gilt auch für Politiker.

Rechnerrecht

Ein schönes Beispiel für die Irrnisse und Wirrnisse während eines *Mitentscheidungsverfahrens* ist die Softwarepatentrichtlinie. Hier stehen sich zwei Lobbyistengruppen unversöhnlich gegenüber. Auf der einen Seite stehen die Vertreter der Industrie, auf der anderen die der Computerfachleute, wie der »Förderverein für freie und informelle Infrastruktur«. Letztere befürchten Abzocke und vermuten, dass die Richtlinie von großen Unternehmen missbraucht wird, um unliebsame Konkurrenz ins Jenseits zu befördern. Oh, am Rande sei natürlich noch erwähnt, dass es sich hier offiziell natürlich nicht um die Softwarepatentrichtlinie dreht, das ist nur der vereinfachte Ausdruck für Otto Normalverbraucher. Der richtige Name ist »Richtlinie zur Patentierbarkeit computerimplementierter Erfindungen«. Nun gingen Risse durch Fraktionen und Regierungen. Der Bundestag sprach sich mehrheitlich gegen eine Ausweitung der Patentierbarkeit aus, der Bundeswirtschaftsminister stimmte im Rat jedoch dafür, der Wettbewerbsrat nahm die Vorlage vorläufig an, das Parlament, dessen Änderungsvorschläge wenig Beachtung fanden, war erbost und legte der Kommission nahe, die Vorlage zurückzuziehen. Die dachte gar nicht daran, der Wettbewerbsrat stimmte nun auch formal zu und dann ging die »Richtlinie in spe« in die »Zweite Lesung«. Dort wurde sie im Juli 2005 wieder abgelehnt. Nach drei Jahren ist man also noch nicht wirklich viel weiter. Nun, die Mühlen der Parlamente, Ausschüsse und Kommissionen können auch langsam mahlen.

So sind die Verfahren aufgebaut

Es gibt grob dargestellt vier Wege, um europäische Bestimmungen anzuschieben. Hier erkläre ich sie Ihnen:

✓ **Zustimmungsverfahren.** Hier geht es um größere Dinge, wie Beitritte neuer Länder und weitreichende finanzielle Beschlüsse. Das Parlament kann solche Vorschläge nur in ihrer Gesamtheit annehmen oder ablehnen. Änderungen sind nicht zulässig. Der Vorschlag braucht hier eine absolute Mehrheit, also die Hälfte plus eine Stimme.

✔ **Konsultationsverfahren.** Der Weg geht wie folgt: Kommission, Rat (Fachminister), Parlament, Kommission, Rat (Fachminister). Das ist ein relativ einfaches Verfahren, bei dem auffällt, dass der Rat einen recht großen Einfluss hat. Das Parlament kann Änderungsvorschläge machen, aber der Rat kann diese unbeachtet lassen.

✔ **Kooperationsverfahren.** Bei diesem Verfahren hat das Parlament mehr Anteil, weil es eine so genannte »zweite Lesung« gibt. Das Parlament kann zweimal seinen Standpunkt vertreten und damit die Richtung der Beschlussfassung verändern. Das ist ein kompliziertes Verfahren, wobei ein Vorschlag ein paar Mal zwischen verschiedenen Institutionen hin und her geht. Bei jedem Schritt kann etwas verändert werden. Alle drei: Rat, Kommission und Parlament üben Einfluss auf den Entwurf aus.

✔ **Mitentscheidungsverfahren.** Bei diesem Verfahren kann das Parlament eine Richtlinie tatsächlich blockieren. Wenn das Parlament Veränderungen anbringen will, aber die Kommission sieht das anders, kann ein Vermittlungsausschuss eingesetzt werden. Der Ausschuss erarbeitet dann einen Kompromiss. Der Vermittlungsausschuss besteht zu gleichen Teilen aus Mitgliedern des Rates (der die Regierungen der Mitgliedsstaaten vertritt) und des Parlaments. Beide Parteien haben gleich viel Gewicht. Gelingt es nicht, zu einer gemeinsamen Formulierung zu kommen, ist der Entwurf gescheitert.

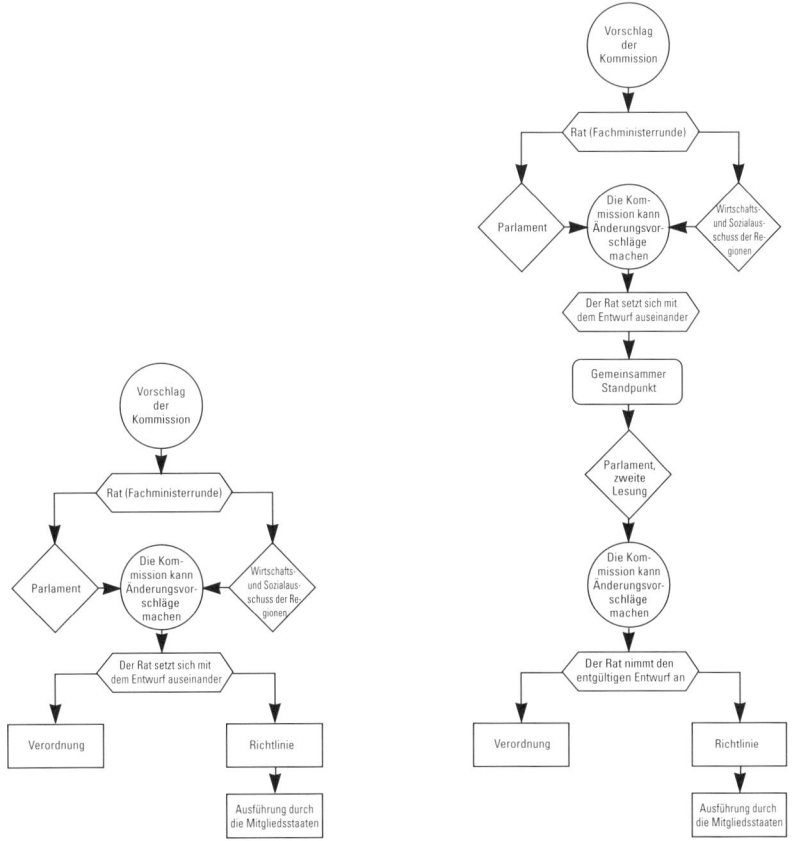

Abbildung 11.1: Die Vorgehensweise bei einem Konsultationsverfahren (links) und einem Kooperationsverfahren (rechts). (Quelle: VNO-NCW (Niederlande))

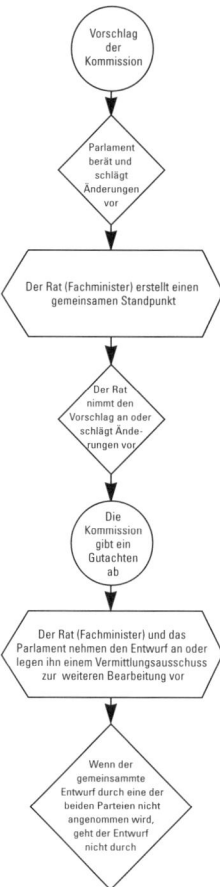

*Abbildung 11.2: Die Vorgehensweise bei einem Mitentscheidungsverfahren.
(Quelle: VNO-NCW (Niederlande))*

Meist wird bei den Verfahren auch der Ausschuss der Regionen, in dem lokale und regionale Führungspersonen aus Europa vertreten sind, um Rat gefragt, sowie der Wirtschafts- und Sozialausschuss, in dem Arbeitnehmer und Arbeitgeber sitzen.

Von der europäischen Richtlinie zum nationalen Gesetz

Wenn alle Parteien sich geäußert haben, stimmt das Europäische Parlament ab und der Entwurf geht, sofern angenommen, weiter an den Rat (Fachminister), der als Letzter zustimmt. Danach liegt der Rest bei den Mitgliedsstaaten. Die müssen dafür sorgen, dass die Richtlinie in ihre Gesetzgebung einfließt. Dafür sind dann in den Mitgliedsstaaten die dortigen Parlamente zuständig, in Deutschland wären das der Bundestag und teilweise auch der Bundesrat. Die sind verpflichtet, die Brüsseler Richtlinien einzuführen. Abgeschwächt werden dürfen sie nicht, schärfer gefasst werden wohl.

Die E-Nummern

Auf Lebensmittelverpackungen sind häufig bei den Inhaltsstoffen E-Nummern aufgelistet. »E-Nummern stehen für die durch die EG genehmigten Hilfsstoffe«, setzen die Fabrikanten dann beruhigend hinzu, am liebsten gleich in mehreren Sprachen. Aber wie sieht das genau aus? In Kartoffelchips gibt es E621 und E635. E621, auch Glutamat genannt, das – genau wie Salz – als Geschmacksverstärker benutzt wird. Nebenwirkungen: das »China-Restaurant-Syndrom«, das mit Durchfall, Übelkeit, Kopfschmerzen und Muskelkrämpfen auf sich aufmerksam macht. E635 ist ein natürlicher Geschmacksverstärker. Diese Substanz, auch Dinatrium-5´-ribonucleotid genannt, wird im Körper zu Harnsäure umgewandelt; vor allem Gichtpatienten sollten sie also meiden.

Das klingt alles beängstigend, aber wenn Sie ein paar Kartoffelchips essen, wird nicht viel passieren. Die E-Angabe bedeutet, dass die EU festgestellt hat, dass der Stoff, in Maßen und nicht in Massen genossen, sicher ist. Das ist dann sogar wissenschaftlich belegt.

Die Landwirtschaftsfakultät der Universität Wageningen in den Niederlanden hat eine mehrsprachige Website, auf der Sie alle E-Nummern nachschlagen können:
http://www.food-info.net.

Die Mitgliedsstaaten übernehmen die Richtlinie

Wenn eine Richtlinie in Brüssel verabschiedet wurde, müssen die Mitgliedsstaaten sie in ihrer nationalen Gesetzgebung umsetzen. In der Richtlinie ist auch angegeben, wie viel Zeit sie dafür haben.

Nicht jeder Mitgliedsstaat schafft das in dem von der Kommission vorgegebenen Zeitrahmen. Wenn ein Land die Vorschriften hurtig in Gesetzesformen gießt, ein anderes aber nicht, führt das zu Ungleichheit zwischen den Staaten, und so geht das natürlich nicht.

Deshalb gibt die Kommission von Zeit zu Zeit bekannt, welche Länder – in Prozent angegeben – nachlässig sind. Die Prozente drücken hier den Anteil der Richtlinien aus, die nicht in der vorgeschriebenen Zeit in der nationalen Gesetzgebung umgesetzt wurden.

Die größten Schlafmützen 2003 waren:

- ✔ Österreich   4,4 Prozent
- ✔ Italien   4,2 Prozent
- ✔ Frankreich   3,8 Prozent

Besonders flink war Dänemark, hier wurden nur 0,8 Prozent der Richtlinien nicht rechtzeitig eingearbeitet.

Preußischer als die Preußen darf man sein, ruhiger als die Stoiker aber nicht

Wenn das gesamte Beschlussspiel beendet ist und der Rat definitiv entschieden hat, dass eine Regelung eingeführt wird, muss die Richtlinie implementiert, also in der nationalen Gesetzgebung der Länder umgesetzt werden.

Die Mitgliedsstaaten haben die Freiheit, die Beschlüsse zu erweitern: Sie dürfen mehr Bedingungen stellen oder die Bestimmung strenger fassen. Umgekehrt gilt es aber nicht; ein Mitgliedsstaat darf eine Richtlinie nicht abschwächen, um den Bürgern Vorteile zu verschaffen.

Wenn ein Mitgliedsstaat sowieso schon strengere gesetzliche Vorschriften hat und diese handhaben will, darf er das im Prinzip. Nur darf das nicht den freien Markt behindern. Wenn also die Bestimmungen so streng sind, dass Unternehmen an Händen und Füßen gebunden sind, dann kann es sein, dass die EU rügend den Zeigefinger hebt.

Ein Beispiel: Die EU will Maßnahmen gegen Spam-Mails, unerwünschte Massenwerbung via E-Mail, treffen. Wenn ein Mitgliedsstaat strengere Vorschriften erstellt und damit den E-Mail-Verkehr verkompliziert, schadet das Land damit seiner Wettbewerbsposition. Das Land würde es so den eigenen Unternehmen schwer machen, auf dem Markt zu operieren.

Abbildung 11.3: Manchmal stößt die EU-Regierung auf heftigen Widerstand, wie bei der jährlichen Festlegung der Fischquoten. Hier machen sich Kontrolleure auf den Weg, um einem Kutter einen Besuch abzustatten.
(Quelle: © Europäische Kommission/Rat der Europäischen Union)

Noch ein anderes Beispiel: Manche Länder finden den Aufbau von Renten wichtig und haben strenge Regelungen für Rentenfonds. So wird von britischen Rentenfonds verlangt, dass sie sehr große Rücklagen haben müssen, größer als in den Ländern in Ost- und Südeuropa. Das ist also erlaubt: Großbritannien darf strengere Anforderungen stellen, die weitergehen, als in den europäischen Richtlinien festgelegt.

Übrigens ist das ein selbstregulierender Mechanismus: Wenn ein Land alle europäischen Vorschriften strenger auffasst als der Rest der EU, werden die Unternehmer ihr Missfallen mit den Füßen ausdrücken und sich in einem anderen Land niederlassen. Mit anderen Worten: Dieses System zwingt Länder, darüber nachzudenken, ob sie nicht zu streng sind und wie viele Beschränkungen sie Bürgern und Unternehmen auferlegen wollen. Treibt es ein Land zu bunt, wird es als Unternehmensstandort weniger interessant. Das sind dann die berühmt-berüchtigten Standortnachteile.

Die Europäische Kommission achtet darauf, dass Richtlinien richtig umgesetzt werden. Wenn ein Mitgliedsstaat zu lax ist und die Vorschriften falsch oder zu spät einführt, drohen empfindliche Strafen.

Wer regelt zu spät durch Nacht und Wind?

Wenn die Kommission eine Vorschrift erlassen und durch das Parlament beziehungsweise die Fachministerrunde gelotst hat, wird die Bestimmung eingeführt. Jedem Land wird für die Umsetzung ein Zeitfenster eingeräumt, manchmal bis zu zwei Jahren, aber dann muss die Einführung auch wirklich stattgefunden haben. Das gelingt aber, man kann es nicht häufig genug erwähnen, leider nicht immer.

Es gibt nur fünf Länder, die bei der Einführung der Brüsseler Richtlinien im zeitlichen Rahmen bleiben:

- ✔ Dänemark
- ✔ Spanien
- ✔ Finnland
- ✔ Großbritannien
- ✔ Irland

Die Länder, die hier einen Vorsprung haben, besitzen im Allgemeinen eine bessere »Gesetzgebungslogistik«. Sie haben eine konsequente Organisation und eine Art Überwachungssystem, so dass sie von neuen Richtlinien nicht überfallen werden. Ganz im Gegenteil: Eine Order aus Brüssel landet sanft in einer gut geölten Gesetzgebungsmaschinerie. Diese Länder achten besser darauf, was in Brüssel passiert, und ihre Ministerien funktionieren perfekt. Fairerweise muss man noch hinzufügen, dass es für Länder wie Großbritannien, mit einer alles dominierenden Kammer, dem Unterhaus, innerhalb des politischen Systems einfacher ist, Beschlüsse umzusetzen als für Länder mit zwei starken Kammern, wie Deutschland – Bundestag und

Bundesrat – oder einer Exekutive, die teilweise vom Parlament unabhängig ist, wie Frankreich mit seinem semi-präsidentiellen System. Der Präsident wird dort vom Volk direkt und nicht vom Parlament gewählt, also kann die Abgeordnetenkammer ihn nur sehr bedingt unter Druck setzen.

Die Kommission kann ganz schön knottrig werden, wenn sich die Mitgliedsstaaten unnötig viel Zeit mit der Umsetzung der EU-Richtlinien lassen. Ihnen wird dann vorgehalten, dass sie träge seien, den Binnenmarkt störten und Rechtsunsicherheit kreierten. Der Fortschritt Europas sei in Gefahr und die Ziele würden nicht erreicht, heißt es dann. Die Regierungschefs haben 2000 in Lissabon beschlossen, dass die EU die »wettbewerbsfähigste Wirtschaft der Welt« werden soll. Diese Art von Zielsetzung gerät in Gefahr, wenn die Länder ungenügend bei der Gesetzgebung mitarbeiten.

Die Kommission braucht sich übrigens nicht nur aufs Reden zu beschränken, um ein Land auf den Pfad der Tugend zu bringen. Sie kann sich auch an den Europäischen Gerichtshof wenden. Aber die Prozesse dort können leicht ein paar Jahre dauern und kosten eine Menge Geld.

Wenn eine Vorschrift nicht rechtzeitig eingeführt wurde, können sich Bürger manchmal trotzdem auf sie berufen.

Nehmen wir mal an, dass Arbeitsplätze entsprechend einer EU-Richtlinie auf einem bestimmten Niveau sein müssen, ein Land diese Richtlinie aber nicht umsetzt, die Unternehmen also die Arbeitssituation nicht verbessern. Dann kann ein Arbeitnehmer oder eine Gewerkschaft mit Hilfe des Gerichtshofs erzwingen, dass der Richtlinie gefolgt wird.

Die Rolle der Ausschüsse

Das Europäische Parlament hat so an die 20 Ausschüsse, die sich mit Teilgebieten befassen. Die Sitzungen sind kleiner und übersichtlicher, und es findet ein echter Austausch von Ideen statt. Außenstehende – häufig Betroffene – kommen nach Brüssel, um die Kommission bei der Arbeit zu sehen und in den Gängen mitzureden.

Hier findet die wirkliche Diskussion statt

In einem Parlamentsausschuss können Dinge direkt zwischen den Mitgliedern der Kommission und den Abgeordneten diskutiert werden. In einem vollbesetzten Plenarsaal ist das fast unmöglich. Während einer Ausschusssitzung, bei der die Teilnehmer sich gegenseitig sehen und direkt aufeinander reagieren können, werden Dinge (manchmal bis ins Detail) besprochen und abgestimmt.

Ein Vorteil für die mit dem Tagesgeschäft Befassten ist, dass die Anwesenden bis zu einem gewissen Grad Spezialisten sind, die sich schon länger mit der Thematik auseinander gesetzt haben. Der jeweilige Kommissar hat auch eigene Leute bei sich, die Parlamentariern Informationen zur Verfügung stellen können.

11 ➤ Vorschriften, Vorschriften, noch mal Vorschriften

Manchmal ist alles ziemlich kompliziert. Nehmen Sie zum Beispiel die Überfischung. Wissenschaftler sagen, dass zu viel Kabeljau gefangen wird. Die europäischen Fischer bestreiten diese Untersuchungsergebnisse und sagen, dass die Biologen Unrecht haben. In einer Sitzung des Fischereiausschusses können Betroffene mit ihren Fakten und Ideen einander zu Leibe rücken, so dass im Idealfall am Ende jeder genau über alle Einzelheiten informiert ist.

Hier werden Angelegenheiten geregelt

Wenn man etwas bewegen will, muss man in den Ausschüssen sein. Dort werden die europäischen Richtlinien vorbereitet, und hier gibt es für Lobbyisten und Unternehmer die Chance, Informationen zu sammeln und mit den Parlamentsmitgliedern zu reden.

Wenn ein Ausschuss des Parlaments Angelegenheiten behandelt, die Unternehmen betreffen, sind immer Besucher anwesend. Es kommt auch vor, dass Lokalpolitiker eine Reise nach Brüssel unternehmen, um selbst dabei zu sein, wenn es zum Beispiel um Arbeitsplätze in ihrer Region geht.

Für Lobbyisten liefern Ausschusssitzungen immer viele Informationen, weil dort direkt diskutiert wird. So hören sie, wie die Standpunkte genau aussehen und wo eventuell noch Raum für Verhandlungen ist.

 Genaueres über die Zusammenstellung der Ausschüsse, die Tagesordnungen und Sitzungsprotokolle finden Sie unter www.europarl.eu.int.

Man kann die EP-Mitglieder anfassen

Zum Plenarsaal haben Außenstehende keinen Zugang. Man kann nicht einfach hereinspazieren und mal eben das erstbeste Parlamentsmitglied anquassln, um etwas zu fragen oder loszuwerden. In Ausschusssitzungen aber geht das. Jeder kommt durch dieselbe Tür hinein (Presse, EP-Mitglieder, Mitarbeiter, Zuschauer). Es gibt also Momente, in denen man ein EP-Mitglied ansprechen oder einen Brief übergeben kann.

Auch wenn das manchmal etwas nerven mag, hat diese Praxis auch Vorteile für die Abgeordneten. Sie hören von direkt Betroffenen, wie sie der europäischen Politik gegenüberstehen, und vergrößern ihre Einsicht. Ein Beispiel: Manche EP-Mitglieder kennen die Probleme in der Landwirtschaft in- und auswendig, weil sie selbst Landwirte oder auf einem Bauernhof aufgewachsen sind. Aber viele haben diese Praxiserfahrung nicht. Da ist es gut, aus dem Munde eines Bauern oder Fischers zu hören, wie sich die EU-Richtlinien auf ihn auswirken.

Das bedeutet nicht, dass ein EP-Mitglied sofort seinen Standpunkt ändert, aber es kann der Europäischen Kommission Fragen stellen, die Hand und Fuß haben. Die Europakommissare merken so, dass die Mitglieder informiert sind, und bringen sich dann natürlich auch selbst auf die Höhe, um nötigenfalls informierten Widerstand liefern zu können. Mit anderen Worten: Die Anwesenheit von Betroffenen fördert den demokratischen Prozess.

Die Rolle der Außenwelt

Die Außenwelt lässt regelmäßig von sich hören, wie wir gesehen haben. Bürger, Organisationen und Unternehmen klopfen in Brüssel an, wenn sie nicht sogar selbst da »wohnen« – größere Unternehmen und Organisationen haben meist Leute in Brüssel, die kontinuierlich der EU folgen und sie, falls nötig, beeinflussen.

Unternehmen

Unternehmen aus der EU kennen den Weg nach Brüssel sehr genau. Sie wissen, dass es keinen Sinn macht, über Europa zu knurren; man muss dafür sorgen, dass man mitreden kann. Große Unternehmen haben einen oder mehrere Lobbyisten, um die Einrichtungen der EU fortwährend im Auge zu behalten. So wissen sie, welche Richtlinien die Europäische Kommission vorbereitet, und sie kennen die entscheidenden Beamten.

Auch die Organisationen lassen sich hier blicken. Allerlei Verbände aus den Mitgliedsstaaten haben Büros in Brüssel und so immer den Finger am Puls der Zeit. Mit Pressekonferenzen und Berichten informieren sie ihre Mitglieder über den Betrieb der EU und über die Pläne der Europäischen Kommission, soweit sie für ihre Klientel von Belang sind. So sorgen sie dafür, dass die Interessen der vertretenen Gruppe in den entsprechenden Organen Gehör finden.

Darin liegt die Kraft von Interessensvertretungen: Sie mischen unerbittlich beim großen Spiel mit, gehen zu Sitzungen, hören zu und filtern die relevanten Details aus. Sie holen übrigens nicht nur Informationen ein, sondern versorgen damit auch Parlamentarier und politische Entscheidungsträger. Sie halten über Beamte und Politiker Kontakt zur Regierung im eigenen Land. Die Regierungen der EU-Staaten üben über die Sachverständigenberatungen, von denen die Kommission Ratschläge erhält, auch mittelbar Einfluss aus.

Made in the EU: Gute Werbung oder genau das Gegenteil?

Die Europäische Kommission will häufig die Meinung von Unternehmen hören. Die Kommission spielt mit dem Gedanken, ein »Made in the EU«-Label einzuführen, um für Europa zu werben. Ob das funktioniert? Ist ein Pullover von Benneton interessanter, wenn »Made in the EU« darauf steht, oder fördert »Made in Italy« eher das Vertrauen? Wie immer in Europa gehen die Meinungen auseinander. Der eine findet, dass Europa für Qualität und Zuverlässigkeit steht, der andere, dass nichts über deutsche Gründlichkeit geht und dass die EU sich um andere Dinge kümmern sollte.

In diesem Fall legt die Kommission nachdrücklich Wert darauf, alle Parteien zu hören, noch bevor sie mit Vorschlägen ankommt. Darum werden anhand eines Arbeitspapiers Brainstorming-Sitzungen abgehalten. So können alle Vor- und Nachteile abgewogen werden.

Neben den nationalen Unternehmerverbänden gibt es auch eine Art Dachverband, die UNICE (Union der europäischen Industrie- und Arbeitgeberverbände).

Die Unternehmen in Europa haben offensichtlich verstanden, dass es die Mühe und die finanziellen Mittel wert ist, in Brüssel immer Augen und Ohren offen zu haben. Unternehmen deichseln dementsprechend viel in Brüssel. Die Menschen, die dort sitzen, sind oft schon seit Jahren da und verfügen über detaillierte Kenntnisse der EU-Szene.

Non-Profit-Organisationen

Auch große Non-Profit-Organisationen sind in Brüssel gut vertreten. Die großen Verbände in den Bereichen Umwelt oder Menschenrechte sind ebenfalls vor Ort und haben häufig eigene Büros.

Die Gewerkschaften haben, genau wie die Unternehmen, einen Riecher für den Zeitgeist und haben auch eine europäische Organisation, den Europäischen Gewerkschaftsbund. Durch die Freizügigkeit des Verkehrs von Personen können Arbeitnehmer einfach von Land zu Land reisen und arbeiten, wo sie wollen. Europa sei zu wenig ein soziales Europa, finden die Gewerkschaften, also engagieren auch sie sich in der Brüsseler Szene. Ihr neuester Plan: Unternehmen, die in mehreren Ländern Niederlassungen haben, sollen einen international zusammengestellten Betriebsrat einrichten. So ein europäischer Betriebsrat kann schon jetzt gewählt werden, aber oft verläuft das nur zäh, weil Unternehmen nicht unbedingt mit vollem Herzen daran mitarbeiten.

Ein anderes Beispiel für eine aktive Organisation in Brüssel ist die RSPCA (Royal Society for the Prevention of Cruelty to Animals), eine internationale Tierschutzorganisation. Sie hat ihren Sitz in London, aber ihre Mitglieder sind europaweit verstreut und haben ein Netzwerk in den EU-Institutionen aufgebaut. Bei Tierversuchen für Kosmetika kann diese Organisation ganz schön ungemütlich werden. Das mit ersten kleinen Erfolgen: auch wenn bis 2009 immer noch Tierversuche für neue Inhaltsstoffe in Kosmetika erlaubt sind und Produkte, die außerhalb der EU in Tierversuchen getestet wurden, weiterhin hier verkauft werden dürfen: Tierversuche für die Prüfung bereits bestehender kosmetischer Rezepturen wurden verboten.

Nur, wenn man ein funktionierendes Netzwerk besitzt, die Abläufe in den Institutionen kennt und die Sprache der Europabürokraten spricht, kann man so etwas erreichen.

Bürger

Auch Bürger lassen regelmäßig von sich hören, das ist auch ihr gutes Recht, im Endeffekt finanzieren sie ja den Laden. Gruppen kommen zu Besuch, Schulen machen Ausflüge nach Brüssel, und last, but not least zeigen auch Demonstranten, dass sie den Weg zur EU kennen. Inzwischen haben sich die Mitarbeiter der EU an wütende Bauern und Lkw-Fahrer gewöhnt, die nach Brüssel kommen, um ihrem Ärger lautstark Luft zu machen.

Parlamentarier halten Bürger für sehr wichtig, denn die sind ihre Wähler und somit indirekt auch ihre Arbeitgeber. Nicht nur, dass sie die Parlamentarier bezahlen, sie können sie auch bei einer Wahl quasi feuern. Das Europäische Parlament bemüht sich dementsprechend, seine Bürger zu informieren. Übers Internet kann jeder von überall Informationen über die EU, ihre Funktionsweise und eine Vielzahl von EU-Dokumenten finden.

Im Parlamentgebäude in Brüssel liegt außerdem umfangreiches Informationsmaterial, von Broschüren über Bücher bis hin zur EU-Verfassung, für den interessierten Bürger gratis zur Abholung bereit. In den Texten hat man sich Mühe gegeben, komplizierte Sachverhalte dem Bürger auf unkomplizierte Art und Weise nahe zu bringen. Für Jugendliche gibt es eine Comic-Reihe zu vielen gerade für diese Altersgruppe relevanten Themen. Die Interessen sind ja unterschiedlich, für die Altersversorgung ließen sich Jugendliche wohl nur schwer begeistern.

Die Kämpfernaturen können EP-Mitglieder direkt erreichen und schicken eine E-Mail. Die dann meist von einem der Mitarbeiter beantwortet wird. Aber die Chancen sind gut, dass der Europaparlamentarier von der Sache hört, weil die Mitarbeiter ihn oder sie informieren. Der Einfluss dieser Art von Kontakten ist größer, als die meisten Menschen denken.

 Wenn Sie Ihr MdEP (Mitglied des Europäischen Parlaments) erreichen wollen, können Sie unter www.europarl.eu.int suchen. Schauen Sie nach unter »Europa-Abgeordnete«. Im Schema können Sie dann nach dem Land suchen, und so kommen Sie zu den individuellen MdEPs. Am Ende der jeweiligen Biografie ist häufig eine verlinkte E-Mail-Adresse angegeben. Wenn das nicht der Fall ist, müssen Sie einen gewöhnlichen Brief an die angegebene Postadresse schicken, wenn Sie mit dem Abgeordneten Kontakt aufnehmen wollen. Mit ein paar Mausklicks sind Sie also im Büro des EP-Mitglieds Ihrer Wahl.

Beratung, Beratung und noch mehr Beratung

In diesem Kapitel

- Wie die Parteien über Gesetzgebungen beraten
- Beratung auf dem Gang
- Europäische Politiker und das eigene Land
- Wo die wirkliche Diskussion stattfindet

Das Führungsprinzip der EU beruht auf Beratung. In allen Organen versuchen Politiker sich zu einigen und einander zu überzeugen. Es ist ein subtiles Spiel, bei dem ein Gleichgewicht gefunden werden muss. Die EU ist eine gemeinsame Organisation der Mitgliedsstaaten, und jedes Land kann mit seinem Vetorecht wichtige Beschlüsse blockieren. Dadurch ist die Gewohnheit entstanden, dass alle Betroffenen sich in unterschiedlichsten Vorschlägen wiederfinden können müssen. Reden und Beraten sind das Herzstück des politischen Spiels.

Beratungen in der eigenen Partei

Genau wie in nationalen Parlamenten sind es in der EU die Parteien, die versuchen, Mehrheiten für ihre Pläne, Wünsche und Ideen zu finden. Der erste Bezugspunkt für ein Mitglied des Europäischen Parlaments ist die eigene Partei, beziehungsweise genau genommen Fraktion in Brüssel, die von Abgeordneten aus allen EU-Ländern gebildet wird.

Die Wahl der politischen Richtung

Die politische Linie zu bestimmen ist für eine Partei im Europäischen Parlament noch komplizierter als für ihre Schwestern in den Abgeordnetenhäusern der Teilstaaten. So kommt die Fraktion der Christdemokraten, mit 232 Mitgliedern die größte Gruppe in Brüssel und Straßburg, aus allen Himmelsrichtungen zusammen. Das hört sich im ersten Moment ja reichlich banal an, wie sollte es in einem Europaparlament sonst anders sein, aber Christen sind ja nicht gleich Christen. In Nordeuropa wohnen viele Protestanten, im Südosten Orthodoxe und in allen Himmelrichtungen Katholiken. Für die deutschen Christdemokraten ist das keine so große Umstellung, weil Deutschland bikonfessionell ist. Das heißt, es gibt zwei dominierende Konfessionen, die weitgehend gleich groß sind. In der EU kennen das aber außer den Deutschen eigentlich nur die Niederländer. Dann gibt es Länder, die Staat und Kirche besonders streng getrennt haben, wie Frankreich, und andere, in denen das nicht der Fall ist, wie Deutschland.

Kirchensteuern, Religionsunterricht an staatlichen Schulen, das sind alles Themen, die einem französischen Christdemokraten fremd sind. Dann müssen einige Christdemokraten stärker auf die religiösen Gefühle ihrer Bevölkerung achten, weil diese noch nicht so stark verweltlicht sind wie die Deutschlands oder Großbritanniens. Hier ist also viel Verständigungsarbeit nötig, damit sich die Fraktion nicht zu einem Flohzirkus entwickelt.

Fraktionen im Europäischen Parlament sind aus Mitgliedern nationaler Parteien zusammengestellt. Das bedeutet, dass sie sehr unterschiedlich über viele Dinge denken können. In den Wahlprogrammen der europäischen politischen Gruppierungen stehen häufig jede Menge Allgemeinplätze. Das kaschiert die Tatsache, dass die Politiker aus den verschiedenen Ländern in einigen Bereichen überhaupt nicht einer Meinung sind.

Alle Parteien versuchen, die Ideen »stromlinienförmig« zu gestalten, indem sie von Zeit zu Zeit zusammenkommen. Aber das Ganze bleibt eine Summe von Einzelteilen aus den Mitgliedsstaaten. Es gibt genau genommen noch gar keine europäischen Parteien. Die Grünen sind an der Idee einer europäischen Grünen-Partei ernsthaft interessiert. Es soll eine Gruppe entstehen, die sich ausschließlich auf die Politik in Brüssel konzentriert und nicht in erster Instanz auf die in den Teilstaaten.

In einer Fraktion werden im Idealfall Standpunkte anhand der Ratschläge der Spezialisten festgelegt, die in den Ausschüssen sitzen. Eine Fraktionssitzung, an der teilweise Hunderte von Menschen beteiligt sind, beginnt mit den Protokollen, Mitteilungen des Vorsitzenden und der Erörterung der politisch wichtigen Themen. Danach verlassen die meisten Mitglieder den Saal und es wird in kleineren Gruppen über spezifische Themen diskutiert. Die Mitglieder der Fraktion stimmen später in der Plenarsitzung so ab, wie es die Spezialisten in der eigenen Fraktion raten. Das geht meist gut, obwohl es keinen »Fraktionszwang« wie in nationalen Parlamenten gibt. »Fraktionszwang« gibt es offiziell auch in der Bundesrepublik nicht, weil die Abgeordneten ein freies Mandat haben, das heißt, sie können während einer Legislaturperiode nicht abgewählt werden und sind außerdem nur ihrem Gewissen verpflichtet. So weit die Theorie: In der Praxis sieht es so aus, dass Politiker gerne wieder gewählt werden, und die Wahlkreise, in denen sie antreten, und die Landeslisten, über die sie auch in ein Parlament einziehen können, werden auf Parteiversammlungen vergeben. Ein bockiges Fraktionsmitglied kann sich dann als SPD-Direktkandidat im bayrischen Wald wiederfinden oder es wird gar nicht mehr aufgestellt. Manchmal kommt der Zwang durch die Hintertür.

Das Verhältnis zu anderen Parteien

Die meisten Kontakte zwischen verschiedenen politischen Gruppierungen finden in den Ausschüssen statt. Ein Beispiel: Wenn ein Christdemokrat im Erweiterungsausschuss einen Standpunkt vertritt, weiß er anschließend, wie die Liberalen und die Sozialdemokraten im Ausschuss dazu stehen. Damit steht schon mehr oder weniger fest, wie die Fraktionen in der Plenarsitzung abstimmen werden.

Mit anderen Worten: Die Deals werden in den Ausschüssen gemacht, nicht in den Plenarsitzungen. Wer in einem Ausschuss überzeugend sprechen und andere für seinen Standpunkt gewinnen kann, hat im Europäischen Parlament viel Einfluss.

Vor allem die kleineren politischen Gruppierungen, wie die Grünen oder die Liberalen, passen gut auf, weil sie auf deren Stimmen angewiesen sind, wenn sie für einen Vorschlag eine Mehrheit brauchen. Andersrum wird aber auch ein Schuh draus: Die Sozialisten und Christdemokraten sind zwar die größten Gruppen, besitzen aber jeder für sich keine absolute Mehrheit. Sie sind also auf die Stimmen der kleineren Parteien angewiesen.

Wie eine Abstimmung ausgeht, ist in Brüssel schwieriger vorherzusehen als in nationalen Parlamenten. Fraktionen auf nationalem Niveau sprechen häufig ab, wie sie abstimmen werden, so dass es nur selten Überraschungen gibt. Im Europäischen Parlament sind die Überraschungen durchaus vorhanden, weil innerhalb einer Fraktion unterschiedlich gestimmt werden kann. Ein Beispiel: Ein FDP-Abgeordneter kann in einem Punkt anders denken als einer der niederländischen VVD. Beide Parteien sitzen in der ELDR, der liberalen Gruppierung im Europaparlament, das heißt aber nicht, dass sie in allen Fällen die gleichen Ideen haben.

Es kann auch passieren, dass alle EP-Mitglieder eines Landes im Sinne ihrer nationalen Interessen abstimmen. Hier stehen die Unterschiede zwischen den einzelnen Parteien hinten an. In solch einem Fall kann man schon gar nicht voraussagen, wie eine Abstimmung ausgeht.

Die Partei zu Hause

Neben den Beratungen in der Brüsseler Politszene halten die EP-Mitglieder auch Kontakt mit der »Heimatfront«, der politischen Partei im eigenen Land. Regelmäßig gibt es Beratungen zwischen nationalen und europäischen Parlamentariern. Auf nationalem Niveau kann es eine völlig andere Europaagenda geben. Die Brüsseler Politiker haben viel mehr Verständnis für den trägen Entscheidungsprozess als die nationalen Politiker, die mehr auf die landesspezifischen Interessen schauen.

Das heißt: EP-Mitglieder müssen gelegentlich für ihre nationalen Kollegen den »Übersetzer« spielen. Europäische Angelegenheiten müssen erläutert werden, und umgekehrt werden in den nationalen Parlamenten ab und an Klagen darüber laut, dass man nicht wisse, was die da in Brüssel überhaupt machen.

Das Pikante daran ist, dass die nationalen Parlamente wenig Interesse daran haben, über Brüssel zu reden, geschweige denn auszusprechen, dass die Hälfte der Gesetze von der EU bestimmt werden. Sonst müssten die Politiker ja verkünden, dass ihre Macht deutlich abgenommen hat, und wer gibt das schon gerne zu?

Beratungen in den Gängen

Neben den Beratungen in den eigenen Kreisen sind auch noch Gespräche mit allerlei anderen Figuren der politischen Szene der EU nötig. Die Entscheidungsfindung in Brüssel kommt nun einmal durch Reden, Reden und nochmals Reden zustande. Maulfaule Zeitgenossen halten es in Brüssel nicht lange aus. Belastend kommt hinzu, dass man wegen der Sprachbarriere eine noch größere Kluft als im eigenen Land überbrücken muss.

Abbildung 12.1: Der Begriff »Hinterzimmer« hätte in Brüssel erfunden werden können ... Hier der belgische Premierminister Guy Verhofstadt, der bis 2004 amtierende Kommissionspräsident Romano Prodi und der französische Präsident Jacques Chirac im engsten Kreise, sozusagen unter sechs Augen.

Frage: Mit wem berät man sich? Antwort: Mit jedem!!!

Einer der netten Aspekte der europäischen Zusammenarbeit ist, dass Menschen weniger leicht ihren politischen Gegenspielern ausweichen können. Weil unterschiedlichste Kulturen und politische Auffassungen aus 25 Ländern zusammenkommen, kann man nur mit einer gewissen Kulanz ans Ziel kommen. Politiker in Brüssel müssen zusammen – Unterschiede hin oder her – zu einer Führungspolitik für die EU finden.

Man muss hier auch mit Abgeordneten vollkommen verfeindeter Lager verhandeln können, wenn man mit seiner Parlamentsarbeit Erfolg haben will. Sonst ist man im Europäischen Parlament schlecht aufgehoben.

Die meisten Mitglieder des europäischen Apparats haben inzwischen eingesehen, dass man über den eigenen Tellerrand hinausschauen muss. Für das Wohl des Bürgers kann man ja auch einmal seine Scheuklappen ablegen.

Weißt du was? Wir lancieren eine Plattform!

Wie tauscht man Gedanken und Ideen über neue Arten von Brennstoffen aus? Nun ja, auf einer Plattform natürlich! Daran dachte Romano Prodi wahrscheinlich, als er als Präsident der Europäischen Kommission wollte, dass eine Diskussion über Brennstoffe gestartet werden sollte. Vor allem über Alternativen zu fossilen Brennstoffen wie Öl. Die europäische Wirtschaft sei viel zu abhängig von Ölimporten geworden, meinte Prodi. Er wollte, dass die Forschung auf dem Gebiet von Wasserstoffenergie gebündelt wird. In verschiedenen Ländern versuchen Forscher herauszufinden, wie man Energie aus Wasserstoff gewinnen kann. Auf einer europäischen Plattform laufen die Ideen zusammen.

Beamte

Eines der wichtigsten Arbeitsfelder der Beamten ist die Beratung. Das ist durch ein System, das *Komitologie* genannt wird, formalisiert.

Es gibt Hunderte von Komitologie-Ausschüssen, in denen nationale Experten sitzen – wie viele es genau sind, ist unklar, die Zählungen sind widersprüchlich, sie liegen zwischen 200 bis 400 Fachleuten. Die Experten sind Beamte aus den Mitgliedsstaaten, die zusammen mit Beamten der Europäischen Kommission über Maßnahmen und Gesetzgebung sprechen. Der Vorteil dieses Systems besteht darin, dass die Beratungen lösungsorientiert stattfinden und nicht in erster Linie von politischen Ansichten bestimmt werden.

Es gibt drei Arten von Komitologie-Ausschussverfahren:

✔ **Beratungsverfahren:** Komitologie-Ausschüsse mit beratender Befugnis geben Ratschläge. Die Europäische Kommission kann diesen Rat unbeachtet lassen.

✔ **Verwaltungsverfahren:** Komitologie-Ausschüsse mit kontrollierender Befugnis geben Ratschläge ab, die nicht unabdingbar befolgt werden müssen. Dazu ist eine qualifizierte Mehrheit, also mindestens 66% nötig. Die Kommission kann die Ergebnisse des Ausschusses an den Rat weiterreichen, der dann mit qualifizierter Mehrheit den Ratschlag des Komitologie-Auschuss endgültig verwerfen kann.

✔ **Regelungsverfahren:** Komitologie-Ausschüsse mit einer regelnden Befugnis geben einen bindenden Rat ab. Das heißt, dass die Europäische Kommission nicht um den Standpunkt des Komitees herumkommt.

Alles in allem kann man davon ausgehen, dass dieses System von Komitologie-Ausschüssen, das seit 1987 besteht, den Mitgliedsstaaten Einfluss auf politische Entscheidungen gibt. Es ist ein Kontrollmechanismus, um zu verhindern, dass eine Entwicklung vollkommen an den Interessen eines Mitgliedsstaates vorbeiläuft. Das ist Europa in Bestform: Viel reden, und es wird dafür gesorgt, dass am Ende des Tages niemand unglücklich nach Hause geht.

Komitologie: Das finden wir nicht mehr lustig ...

Das Wort Komitologie steht für die nette Brüsseler Gewohnheit, Komitees bei allem mitreden zu lassen. Der Rat – die Regierungsoberhäupter – stellte irgendwann die Forderung, dass die Beamten aus den Mitgliedsstaaten bei der Entwicklung politischer Entscheidungen einbezogen werden sollten. Inzwischen gibt es mehr als 200 Komitologie-Ausschüsse, die dem Vorsitz eines Beamten der Europäischen Kommission unterstehen. Das gibt Anlass zur Kritik. Dadurch, dass die Ausschüsse hinter verschlossenen Türen arbeiten, tappen die EU-Parlamentarier im Dunkeln, bis die Entscheidung des Komitees gefunden ist. Besonders in Bereichen, in denen das EP ein Mitspracherecht hat, ist es ein wenig befremdlich, wenn ein Grüppchen von Beamten etwas ohne parlamentarische Kontrolle aushecht. Deshalb wird nach Kontrollmechanismen gesucht, die dem Parlament erlauben, einen in Fahrt gekommenen Ausschuss zu bremsen. Das ist natürlich ein zweischneidiges Schwert. Auf der einen Seite sind die Beamten nicht demokratisch legitimiert, sie sind nicht gewählt, auf der anderen Seite können sie natürlich keine effektive Kontrolle, und sei es nur über gute Ratschläge, ausüben, wenn man sie ohne weiteres stoppen kann.

Beratung im eigenen Land

Wie schon ausgeführt, die Mitspieler der Europapolitik halten Kontakt zur nationalen Politik. Schlussendlich sind es die Regierungschefs, die im europäischen Politspiel die erste Geige spielen. Darum ist es wichtig für die EP-Mitglieder, sowohl zu wissen, wie die politische Wetterlage in Brüssel aussieht, als auch die im eigenen Land zu kennen.

Nationale Interessen oder Europainteressen

Manchmal können nationale Interessen mit europäischen kollidieren. Ein Beispiel: Viele Bauern sind Mitglied der christlich-demokratischen Partei. Brüssel wird die Landwirtschaftssubventionen abbauen. Das kann die Partei Stimmen kosten. Andererseits finden auch die Christdemokraten im Europäischen Parlament, dass Landwirtschaftssubventionen, die Dutzende von Milliarden kosten, nicht mehr zeitgemäß sind. Was ist die richtige Politik?

12 ➤ Beratung, Beratung und noch mehr Beratung

Als das Europäische Parlament eine Einigung bezüglich der Gehälter von EP-Mitgliedern erzielt hatte, stellte sich heraus, dass diese Einigung für die deutschen Parlamentarier eine Verschlechterung bedeutet hätte. Im alten System verdienten sie etwa 10.000 Euro pro Monat, das aber hauptsächlich durch hohe Unkostenvergütungen, nicht durch ein hohes Grundgehalt. Im neuen System sollten sie auf 8.600 Euro zurückfallen. Das wollten sie nicht, also stimmte Berlin gegen die Reform des Vergütungssystems. Als Argument brachte der Bund vor, dass die sozialdemokratische Regierung im eigenen Land Probleme bekommen würde, wenn sie sich mit solch hohen Gehältern einverstanden erklärte. Ergo: Die (Grund-)Gehälter der EP-Mitglieder sollten zwar gesenkt werden, waren aber noch zu hoch, um durch eine sozialdemokratische Regierung gerechtfertigt werden zu können. Das Ende vom Lied: Es hat sich nichts verändert, die Bezüge blieben gleich, also im Endeffekt: noch höher.

Auch Politiker aus anderen Ländern haben mit nationalen Wunschzuständen zu kämpfen, die in der Heimat nicht verstanden werden. Auch die niederländische VVD (Volkspartij voor Vrijheid en Democratie) stolpert manchmal über sich selbst. Im eigenen Land will die Partei eine straffe Haushaltspolitik. Auch Brüssel muss mit den Steuercents sorgfältig umgehen. Andere Länder, die mit ihrem Haushalt schludern, sollen bestraft werden, so plädierte die VVD des Öfteren leidenschaftlich in der europäischen Finanzministerrunde. Und dann wurde es auf einmal ganz still, denn auch die Niederlande drohten die strengen europäischen Haushaltsregeln zu übertreten. Nicht, weil das niederländische Kabinett plötzlich die Zügel hätte schleifen lassen, sondern weil die Wirtschaftslage sich verschlechtert hatte. Wenn die VVD weiterhin ihre kritischen Bemerkungen in Richtung Frankreich und Deutschland gemacht hätte, wo die Haushaltsdefizite zu groß geworden waren, hätten sich die VVD-Politiker im eigenen Land und in der gesamten Union ziemlich lächerlich gemacht.

Zu Hause kapieren sie's manchmal einfach nicht

Wenn man als Normalsterblicher das Brüsseler Gezänk mitverfolgt, versteht man gelegentlich nur noch Bahnhof. Brüssel ist weit weg, wir verstehen die Welt nicht und wollen sie auch gar nicht verstehen.

Trotzdem ist es eine Herausforderung für die Mitglieder des Europäischen Parlaments, in die Heimat zurückzukehren und zu erklären, womit sie in Brüssel gerade zugange sind. Innerhalb der meisten Parteien findet ein regulärer Austausch zwischen den Brüsseler und den Landes- und Bundespolitikern statt. In Wahlkampfzeiten (einmal alle fünf Jahre finden Wahlen für das Europäische Parlament statt) tragen EP-Mitglieder die Leistungen Europas nach außen.

In dem Moment, in dem den Wählern erklärt werden muss, was sich auf europäischem Niveau abspielt, rücken auch die nationalen Politiker ins Bild. Die Spitzenkandidaten für die Europawahlen scheinen dann die zweite Geige zu spielen, während die Fraktionsvorsitzenden und die Minister in den Medien darüber räsonieren, was Europa ihrer Meinung nach tun oder lassen soll.

Die Politiker, die fünf Jahre im Europäischen Parlament ihr Bestes gegeben haben, müssen darauf hoffen, dass die prominenten Kollegen aus der Bundespolitik den europapolitischen Nerv der Wähler treffen. In der Wahlkabine stellte schon so mancher auch politisch interessierte Bürger fest, dass ihm die Namen auf den Listen der Parteien vollkommen unbekannt sind. Die Wahl fällt dann natürlich auf die Partei, deren Politiker auf nationaler Ebene die Europapolitik am schmackhaftesten dargestellt haben. Diese Darstellung kann durchaus auch destruktiv sein: Brüssel taugt nichts, Brüssel mischt sich überall ein, Brüssel ist ein Geld verschlingender Moloch. Ein weiterer Faktor, der außerdem nicht unterschätzt werden sollte, ist die Angewohnheit, die Bundesregierung, wenn man mit ihr nicht zufrieden ist, in der Europawahl abzustrafen. Ein Wahlergebnis muss also nicht unbedingt ausschließlich mit der Europapolitik einer Partei zusammenhängen.

In den Gängen und Büros des Europäischen Parlaments wird oft geseufzt, dass Bürger, aber auch Politiker, keine Ahnung davon haben, was in Brüssel so vor sich geht. Die Funktion des Europäischen Parlaments ist auch schwer an den Mann zu bringen. Eigentlich sollte die Volksvertretung die höchste Macht sein, aber in der EU ist dem nicht so. Es sind nämlich die Staats- und Regierungschefs, die in den meisten Fällen das letzte Wort haben. Das wird gern auch als Demokratiedefizit bezeichnet.

Alles in allem ist es schon ziemlich mühsam für Europaparlamentarier, an der Heimatfront deutlich zu machen, was sie in Brüssel eigentlich tun. Trotzdem ist es wichtig für die EP-Mitglieder, dass sie aus ihrem eigenen Land Unterstützung bekommen. Dort sitzen die Wähler, für die sie arbeiten, und dort müssen die Europarichtlinien letztendlich umgesetzt werden.

Mehr als die Hälfte der Gesetzgebung kommt jetzt schon aus der EU

»Mehr als 80 Prozent der Gesetzgebung kommt aus Brüssel.« »50 Prozent der Umweltschutz-Richtlinien kommen von der EU.« Man hört die wildesten Zahlen bezüglich des Anteils an Richtlinien und Gesetzen, die von der EU bestimmt sind. Fest steht, dass viele gesetzliche Bestimmungen aus Brüssel kommen und dass es immer mehr werden.

Es ist schwierig, hierzu exakte Zahlen anzugeben. Wenn man sich die gesamte Gesetzgebung ansieht, stellt man fest, dass einige Gesetze aus uralten Zeiten stammen. Das Bürgerliche Gesetzbuch, auch wenn bis heute viel verändert wurde, stammt aus dem Jahr 1900. Wenn man das alles zusammenrechnet, ist es fraglich, ob man im Vergleich dazu darauf kommt, dass die Hälfte von der EU bestimmt wäre. Mit einiger Bestimmtheit lässt sich aber sagen, dass ein sehr ansehnlicher Teil neuerer Gesetze aus Brüssel stammt.

 Das funktioniert so: Die Europäische Kommission erstellt einen Vorschlag, der Ministerrat nimmt nach Beratung mit dem Europäischen Parlament eine neue Richtlinie an, und danach müssen die Mitgliedsstaaten die Richtlinie in ihrer

Gesetzgebung umsetzen. Es wird also den nationalen Parlamenten überlassen, wie eine EU-Richtlinie im Gesetz verankert wird.

Das bedeutet, dass ein neuer Gesetzesentwurf nur zum Teil verändert werden kann. Die einmal angenommene Richtlinie aus Brüssel darf nicht mehr angepasst werden, sondern muss schlicht nach dem Prinzip »strenger ja, lockerer nein« eingeführt werden.

Je mehr gesetzliche Bestimmungen aus Brüssel kommen, desto mehr wird an der Macht der nationalen Parlamente gesägt. Nicht alle Politiker in den Mitgliedsstaaten wollen davon allzu viel wissen. Sonst müssten sie auch zu ihrem großen Unmut zugeben, dass sie in dem Maße, wie die EU wächst, immer unwichtiger werden.

Ein Königreich für einen Textmarker

»Eigentlich müsste man mit einem Textmarker in jedem Gesetzentwurf kennzeichnen, was man noch verändern darf und was nicht«, so ein ehemaliger Europaparlamentarier, der sich schon seit Jahren darüber ärgerte, dass über alle möglichen Gesetzesentwürfe heftigst diskutiert wurde, als ob noch alles Mögliche daran geändert werden könnte. Doch die aus Brüssel kommenden gesetzlichen Bestimmungen können durch die nationalen Parlamente nicht mehr geändert werden. Das Einzige, was man darf, ist sie umsetzen. Ganz offensichtlich ist hier statt »darf« das Wörtchen »muss« die passende Variante. Die Regel innerhalb der EU ist nun mal die, dass EU-Richtlinien in die Gesetzgebung der Teilstaaten einfließen müssen.

Im Bundestag gibt es speziell hierfür den »Ausschuss für die Angelegenheiten der Europäischen Union« (siehe www.bundestag.de/parlament/gremien15/a20/). Dieser sorgt dafür, dass die Richtlinien aus Brüssel richtig in deutsches Recht umgesetzt werden. Ähnliche Aufgaben der Überwachung und Kontrolle hat beispielsweise im Bundesministerium für Wirtschaft und Arbeit auch die »Abteilung X« (X nicht, weil die Abteilung irgendwie geheimnisvoll wäre, sondern X für römisch zehn), die sich mit Europapolitik befasst.

Beratungen in den Ausschüssen des Parlaments

Die entscheidenden Beratungen des Europäischen Parlaments finden in den Ausschüssen statt. Davon gibt es ungefähr 20. Die Sitzungen sind recht übersichtlich, und die Hemmschwellen zur Auseinandersetzung sind niedriger als im großen Sitzungssaal, in dem das gesamte Parlament tagt. Auch sind die Debatten in Ausschüssen häufig Gespräche zwischen Fachleuten, die sich in ein bestimmtes Thema vertieft haben.

Die Verhandlungen fangen hier an

In Ausschüssen haben die Beteiligten engeren Kontakt zueinander und dadurch finden eher Diskussionen statt. In einer Plenarsitzung kann man unmöglich die Gespräche führen, die in einer Ausschusssitzung sehr wohl möglich sind.

Mitglieder von Ausschüssen haben sich in aller Regel auch in die Themen vertieft, um die es geht. In den Ausschüssen sitzen normalerweise auch die Politiker, die sich mit dem Gebiet des Ausschusses in einem besonderem Maß beschäftigt haben.

Ein Beispiel: Wenn es um die Agrarpolitik geht, wissen die Ausschussmitglieder, was ihre Vorstellungen für Bauern und landwirtschaftliche Betriebe bedeuten. In Ausschüssen geht es nicht um die graue Theorie, sondern um die knallharte Praxis. Da die EP-Mitglieder wissen, dass ihr Wort in den Ausschüssen ein ganz anderes Gewicht hat und sie wirklich etwas bewegen können, sind sie motivierter als in einer Plenarsitzung.

Außerdem kommen auch teilweise direkt Betroffene, also die Menschen, für die eigentlich die Politik gemacht werden soll, nach Brüssel zu den Ausschüssen und teilen den Abgeordneten ihre Meinung mit. Ob die Verwendung des Begriffs »mitteilen« hier eine Verniedlichung oder eine treffende Darstellung ist, hängt wohl davon ab, inwieweit der Bürger von Brüssel profitiert.

Wie dem auch sei, wenn man Aug' in Aug' einem Menschen gegenübersteht, der die Folgen der Brüsseler Politik zu fühlen bekommt, ist man bereit, zuzuhören, und das führt beinahe von selbst zu Verhandlungen.

Die Besprechung von Details

Ausschüsse des Parlaments können auf Details eingehen. Sie können über die praktischen Auswirkungen der politischen Entscheidungen beraten und dazu der Europäischen Kommission Fragen stellen. Der verantwortliche Europakommissar ist dabei, um die Politik zu erläutern. Es kann sein, dass der Kommissar einen oder mehrere Beamte hinzuzieht, die im Namen der zuständigen Generaldirektion Rede und Antwort stehen.

Beratungen im Plenum des Parlaments sind nicht möglich

Das Europäische Parlament spricht nur über Grundgedanken. Diskussionen über die Details sind nicht möglich. Diese politischen Diskussionen, um die es eigentlich geht, werden in den Parlamentsausschüssen geführt. Einfluss in diesen Ausschüssen zu haben, ist also extrem wichtig, wenn man einer Debatte eine bestimmte Richtung geben will.

In den meisten nationalen Parlamenten gibt es von Zeit zu Zeit äußerst lebendige Debatten. Politiker unterbrechen sich gegenseitig, gehen auf die Argumente der anderen ein und sind sich einig oder auch nicht. Diese Art von Debatten, die wie eine Diskussion wirken und in denen echte Konfrontationen stattfinden können, wird man im Plenarsaal in Brüssel oder dem in Straßburg nicht oft erleben.

12 ▶ Beratung, Beratung und noch mehr Beratung

Die Sprecher lesen vom Blatt ab und werden während ihres Vortrags nicht unterbrochen und in den meisten Fällen sitzt nicht einmal die Hälfte der Parlamentarier auf ihren Plätzen.

Wenn man in der einen Ecke des Sitzungssaals steht und zur anderen Ecke hinsieht, kann man nicht sehen, wie die Person guckt, die dort sitzt. Das fördert nicht unbedingt eine eindringliche Diskussion. Es gibt inzwischen mehr als 700 Sitzplätze im Plenarsaal.

Aufgrund der großen Abstände zwischen den Abgeordneten und ihrer großen Anzahl ist eine politische Debatte im Europäischen Parlament unmöglich. Ein Phänomen, wie wir es in den nationalen Parlamenten kennen, wo über ein Saalmikrofon regelmäßig lebhafte Politiker das Wort ergreifen, um der Regierung ein bisschen das Leben schwer zu machen, ist in Brüssel und Straßburg unbekannt.

Es gibt noch einen weiteren Aspekt: Jedes gesprochene Wort muss übersetzt werden. Auch das macht eine direkte Diskussion und einen lebendigen Gedankenaustausch fast unmöglich.

Kompromisse, Kompromisse und nochmals Kompromisse

In diesem Kapitel

- Jedes Land hat traditionell ein Vetorecht
- Europa strebt immer einstimmige Übereinkünfte an
- In Zukunft wird Einstimmigkeit bei Abstimmungen weniger wichtig werden

Die Europäische Union ist auf Kompromissen aufgebaut. Die Bürger sehen schon seit Jahren Regierungschefs und Minister endlos diskutieren. Dadurch entsteht der Eindruck, dass in Europa zwar viel geredet, aber außer Luft wenig bewegt wird. Natürlich ist es im Endeffekt auch nicht so. Schließlich beschweren sich viele Kritiker ebenso, dass Brüssel viel zu viel kontrolliere. Bewegt wird also schon etwas.

Fest steht in jedem Fall, dass die EU-Länder lieber einen Kompromiss schließen, als Entscheidungen zu treffen, mit denen ein Land oder gar mehrere unglücklich wären. Es ist die Frage, ob die EU nach der Erweiterung immer noch so erfolgreich darin sein wird, in allen Bereichen einen Konsens zu finden. Das ist mit 25 Ländern nun mal schwieriger als mit 15. Deshalb wird auch immer häufiger gefordert, Mehrheitsabstimmungen einzuführen und das Vetorecht zurückzufahren.

Jedes Land hat ein Vetorecht

Wichtige Angelegenheiten müssen einstimmig beschlossen werden. Das heißt, dass in einer Sitzung jeder Minister oder Regierungschef eines Mitgliedstaates einen Beschluss blockieren kann. Das hat einen großen Vorteil: Jeder wichtige Beschluss wird so von allen mitgetragen. Der große Nachteil besteht darin, dass ein einziger Mitgliedsstaat sich völlig quer legen kann. Das ist in der Geschichte der EU schon mehrfach vorgekommen.

Die Idee der Einstimmigkeit

Die EU ist kein Land – sie hat keine Armee und keinen eigenen Polizeiapparat. Trotzdem wirkt die EU in mancher Hinsicht dann doch wieder wie ein Land. Es gibt eine klare Grenze, ein politisches Zentrum und die EU kann Regelungen treffen, an die sich alle Bürger halten müssen.

Über weit reichende und wichtige Angelegenheiten können nur Beschlüsse gefasst werden, wenn alle Mitgliedsstaaten damit einverstanden sind. Das gilt beispielsweise für die Agrarpolitik, in die der größte Teil des Budgets fließt, rund 40 Milliarden Euro. Auch andere große finanzielle Operationen, die Erweiterung und die Außenpolitik, müssen einstimmig abgesegnet werden.

Bei außenpolitischen Themen hat man die Übereinkunft, dass sich ein Land, das bei einem Entschluss nicht mitmachen will, der Stimme enthält, ohne den Beschluss zu blockieren. Dann führen die zustimmenden EU-Staaten den Beschluss aus und das Land, das sich enthalten hatte, zieht sich vorerst zurück.

So ist es möglich, gemeinsam aufzutreten, ohne dass die Länder ihre Souveränität aus der Hand geben. Jedes Land bleibt letztendlich der Boss bei seiner eigenen Außenpolitik.

Der französische »Sitz-Streik«

Zwei große Länder haben schon mehrfach ihre liebe Mühe damit, dass die EU alles Mögliche entscheidet. Es grauste ihnen bei der Idee, dass Beamte in Brüssel bestimmen, wie groß ein Stadtbus sein darf. Viele Briten wollen mit der Regulierungssucht der Eurokraten nichts zu tun haben.

Auch die Franzosen hatten es ziemlich schwer. 1965 hatte Präsident Charles de Gaulle die Nase voll. Den Franzosen schmeckte es nicht, dass die Europäische Gemeinschaft, so hieß damals die Europäische Union, die Beschlussfassung per Mehrheit ohne Vetorecht eines einzelnen Staates einführen wollte. Aus Protest blieben die Franzosen ein halbes Jahr sämtlichen Sitzungen fern. Ihre Sitze blieben leer und Europa war lahm gelegt. Es konnten keine wichtigen Beschlüsse gefasst werden, wenn eins der großen Mitgliedsländer fehlte. Was den Franzosen quer saß, war die Idee, dass eine Mehrheit innerhalb der EU Frankreich zu etwas zwingen könnte, was die »Grande Nation« so gar nicht will.

De Gaulle hatte Erfolg, das Vetorecht der Einzelstaaten blieb bestehen. Es wird nicht einmal formell abgestimmt, sondern so lange weiterdiskutiert, bis ein Kompromiss gefunden ist, in dem jeder sich wiederfinden kann. Wenn das nicht gelingt, wird der Beschluss verschoben. Das kann dann schon ein ganzes Weilchen dauern. Wenn die Minister eines bestimmten Fachbereichs keine Einigung finden, kann es vorkommen, dass sie die Diskussion den Regierungschefs überlassen, die sich einmal pro Halbjahr treffen.

Ein einziges Land kann alles blockieren

Gerade in außenpolitischen Belangen, und erst recht, wenn ein Krieg droht, ist es besonders schwer, die europäischen Länder auf eine Linie zu bringen. Als die USA 2003 einen Krieg gegen den Irak beginnen wollten, waren die EU-Länder hoffnungslos zerstritten. Spanien und Großbritannien unterstützten die amerikanische Politik noch am meisten. Frankreich und Deutschland waren die heftigsten Gegner. Die Amerikaner ließen sich darüber recht zynisch aus. Ihr seid doch eine Union? Europa ist doch eine Einheit? Wo bleibt ihr jetzt?

Der Krieg mit dem Irak machte aufs Peinlichste deutlich, dass es eine Sisyphos-Aufgabe ist,

13 ➤ Kompromisse, Kompromisse und nochmals Kompromisse

in einem Europa mit 15 Ländern, die Erweiterung auf 25 Staaten kam ja erst 2004, einen gemeinsamen Standpunkt zu finden. Die Deutschen wollten keinerlei Eingreifen im Irak, die Franzosen waren zumindest noch bereit, innerhalb einer UNO-Aktion mitzumachen, und die Briten wollten mit den Amerikanern Seite an Seite marschieren. Die drei großen Mitspieler der EU wollen alle drei etwas anderes. Die Folge war, dass jedes Land seinen eigenen Weg ging.

Die meisten Regierungen scheuen sich davor, allzu viel Macht an die EU abzutreten. Die Bürger halten auch nicht viel von einer gesamteuropäischen Regierung. In der neuen Verfassung für Europa bleibt es dementsprechend auch dabei, dass das Auftreten der EU auf der internationalen Bühne genauestens abgestimmt werden muss. Bei größeren Angelegenheiten bleibt das Vetorecht in Kraft, und in anderen Fällen kann mit einer »qualifizierten Mehrheit« beschlossen werden. Das bedeutet nach der Beschreibung in der Verfassung: die Mehrheit der Mitgliedsstaaten, die mindestens drei Fünftel der Bevölkerung der Union umfasst.

Die qualifizierte Mehrheit

Jedes Land hat in den Sitzungen der Minister oder der Regierungschefs eine Anzahl von Stimmen. Die großen Länder mehr als die kleinen. In der EU mit 25 Mitgliedern sind die Stimmen wie folgt verteilt:

Große Länder		Mittelgroße Länder		Kleine Länder	
Deutschland	29	Niederlande	13	Dänemark	7
Großbritannien	29	Belgien	12	Irland	7
Frankreich	29	Tschechische Republik	12	Slowakei	7
Italien	29	Griechenland	12	Finnland	7
Polen	27	Ungarn	12	Litauen	7
Spanien	27	Portugal	12	Luxemburg	4
		Schweden	10	Estland	4
		Österreich	10	Zypern	4
				Lettland	4
				Slowenien	4
				Malta	3
Gesamt	**170**	**Gesamt**	**93**	**Gesamt**	**58**

Insgesamt gibt es 321 Stimmen. Bei 232 Stimmen (also beinahe drei Viertel der Stimmen, genauer 72,3 Prozent) liegt eine qualifizierte Mehrheit vor. Wenn eines der Länder es wünscht, kann außerdem festgestellt werden, ob die qualifizierte Mehrheit für 62 Prozent der Einwohner der Union steht. Die Bevölkerung zählt also auch. In der Systematik ist berücksichtigt, dass wichtige und weit reichende Angelegenheiten sich auf eine Mehrheit der Europäer stützen.

Einen Kompromiss zu finden kostet Zeit – viel Zeit

Um einen Kompromiss zu erreichen, bedarf es vieler Reden, weil die Parteien einander davon überzeugen müssen, dass ihre Sichtweise die richtige ist. Das erzeugt das Bild end- und uferloser Beratungen, ohne dass wirklich viel passieren würde. Die Mitgliedsstaaten der EU haben sich für diese Form der Politik entschieden. Nur diejenigen, die den Prozess der Entscheidungsfindung in- und auswendig kennen, blicken da vollkommen durch. Auf Außenstehende wirkt das Brüsseler Entscheidungsprozedere oft wie ein sinnloses Hickhack.

Wie Kompromisse zustande kommen

Wenn europäische Minister über einen bestimmten politischen Bereich miteinander sprechen, ist dem schon eine ganze Menge Vorarbeit durch die Beamten in den Ministerien und der EU und die Minister selbst vorausgegangen. Die Schaltstellen zwischen den Ländern und der EU sind die »Botschafter« in Brüssel, die *Ständige Vertreter* genannt werden.

Sie sorgen dafür, dass die Minister gut vorbereitet sind, wenn sie sich gemeinsam mit ihren Kollegen aus den anderen Mitgliedsstaaten an die Arbeit machen. Die Vorbereitungen erfolgen im *COREPER* (Committee of Permanent Representatives, auf Deutsch *Ausschuss der Ständigen Vertreter*, AStV).

Sozusagen die »Vorstufe« eines Ministers ist also solch ein Ständiger Vertreter, dessen wichtige Aufgabe die Teilnahme an den Sitzungen des AStV ist.

Im Ausschuss der Ständigen Vertreter kommen die »Botschafter« einmal pro Woche zusammen (genannt AStV, II. Teil), und ihre Stellvertreter treffen sich ebenfalls wöchentlich (AStV, I. Teil). In beiden Versammlungen werden die Zusammenkünfte der EU-Minister vorbereitet. Der AStV I bereitet viele Tagungen (zum Beispiel zum Arbeits- und Binnenmarkt, Industrie, Energie etc.) vor, während die Ministerräte, in deren Rahmen politisch sensible Bereiche (zum Beispiel Allgemeine Angelegenheiten, Ecofin, Justiz und Inneres etc.) diskutiert werden, in die Zuständigkeit des AStV II fallen.

In diesen Räten sitzen also alle EU-Mitgliedsstaaten an einem Tisch und diskutieren über die politischen Führungsziele. Die zuständigen Minister brauchen die Beschlüsse nur noch zu genehmigen. Sie brauchen nicht mehr darüber zu verhandeln, außer wenn es um strittige Angelegenheiten geht.

An diesem System sind Hunderte von Arbeitsgruppen beteiligt, in denen Beamte aus den Mitgliedsstaaten sitzen, die teilweise für die Ständigen Vertretungen arbeiten, teilweise in den Ministerien in den Mitgliedsstaaten. Den Vorsitz in den Arbeitsgruppen hat der Mitgliedsstaat, der in dem jeweiligen Halbjahr den EU-Vorsitz innehat.

Wenn die Europäische Kommission einen Vorschlag macht, beispielsweise zur Impfung von Vieh, geht dieser zuerst zur Arbeitsgruppe Landwirtschaft, dann in den AStV, und dann zum Landwirtschaftsrat, in dem die Fachminister aus den Mitgliedsstaaten sitzen.

13 ➤ Kompromisse, Kompromisse und nochmals Kompromisse

 Die Minister können den AStV auch beauftragen, sich in ein bestimmtes Thema zu vertiefen. Auf der Website des Rates der Europäischen Union können Sie sehen, wie Entschlüsse der Minister aussehen. Unter `http://ue.eu.int./de/info/eurocouncil/index.htm` finden Sie Querverweise zu den Protokollen des Rates.

Der Kompromiss, der nicht funktionierte

 Auch im Europäischen Parlament dreht sich alles um Kompromisse. Das kann zu unangenehmen Situationen führen. Das Europäische Parlament hat ja zwei Sitzungssäle, einen in Brüssel und einen in Straßburg. Im Ausschuss Haushaltskontrolle des EP ereignete sich einst diese für die Franzosen leidige Geschichte: Der Ausschuss tagte auf Anlass des Ausschusses Haushalt des EP über eine Genehmigung von Kosten. Es gab kritische Anmerkungen über die Posten im Haushalt, unter anderem bezüglich der hohen Kosten der monatlichen Sitzungswoche in Straßburg. Auch die französischen Mitglieder des Ausschusses Haushaltskontrolle stimmten mit diesen kritischen Anmerkungen überein. Sie hatten nur eine Winzigkeit übersehen: Die Franzosen sind ganz und gar *für* Straßburg, denn die Tatsache, dass dort das Europäische Parlament tagt, bedeutet, dass der Hauptsitz des EP sich in Frankreich befindet und nicht in Brüssel. Und diese Bestätigung der überaus wichtigen Rolle, die Frankreich in der EU spielt, darf ruhig etwas kosten. Später stimmten die Franzosen dann aber auf Anraten ihrer Landsmänner im Ausschuss Haushaltskontrolle gegen die Beanstandung der hohen Kosten, die Straßburg mit sich bringt. Huch, kleiner Fehler! So ein Ärger!

Wieder keine Einigung

Sie schalten die Fernsehnachrichten ein und sehen einen Berichterstatter vor einem Hintergrund von Dutzenden von Flaggen, der erklärt, dass die europäischen Minister mal wieder keine Einigung erzielen konnten. Das ist eher die Regel als die Ausnahme. Wieder keine Einigung, wieder stellt sich ein Land quer, wieder monate- oder gar jahrelange Verzögerungen. Aber nichts zu beschließen ist auch ein Beschluss, und das kann sogar ein Sieg für einen Minister sein, der verhindern will, dass etwas in eine Richtung geht, die seinen politischen Interessen entgegensteht. Wenn ein Zusammentreffen von Ministern oder ein Europäischer Gipfel nicht in einer Einigung endet, gibt das den Ministern Gelegenheit, auf diplomatischer Ebene zu sehen, ob eine Zwischenlösung vielleicht möglich ist.

Manche Politiker halten mehr davon, sich bewusst querzustellen, als brav mitzuspielen. Besonders die großen Länder, allen voran Großbritannien, sind zu Streitereien bereit, wenn der Entscheidungsprozess nicht so verläuft, wie sie es wollen. Die großen Länder haben so eine Art rote Linie gezogen: Bis hier hin und nicht weiter. Geschieht das doch, drohen sie mit einer Blockade.

Gerangel um die Verfassung

Einer der großen Streitpunkte in letzter Zeit war die neue Verfassung für Europa. Jedes Land hat so seine eigenen Ideen darüber, wie sie aussehen soll. Während ihres Vorsitzes schafften es Griechenland und Italien nicht, auch nur ansatzweise alle Regierungschefs auf eine Linie zu bekommen. Nach Ablauf des italienischen Vorsitzes las man dann die hämischen Geschichten in den Zeitungen. Die Italiener wurden wegen der chaotischen Art, mit der sie die Sitzungen organisiert hatten, ausgelacht. Ein europäisches Drama, eine Aneinanderreihung von Geschehnissen, die Show von Premierminister Berlusconi, der Streit zwischen ihm und seinem Landsmann Romano Prodi, dem Vorsitzenden der Europäischen Kommission, der aber eigentlich lieber eine prominente Rolle in der italienischen Politik spielen wollte. Die Zeitungen lachten sich ins Fäustchen über die Schmierenkomödie, die auf der europäischen Bühne aufgeführt wurde. Die Iren zogen erst mal ganz vorsichtig den Kopf ein, als sie den Vorsitz von den Italienern übernahmen. »Wir werden unser Bestes tun«, sagte der irische Premierminister, »aber wir sind nur ein sehr kleines Land, erwartet also bitte keine Wunder von uns.«

Der Bürger versteht kein Wort

Jeder, der die Nachrichten verfolgt, kennt die Bilder: an- und abfahrende Autos mit Würdenträgern, ein Konferenztisch, an dem Dutzende von Menschen sitzen, und irgendwo im Bild sind alle europäischen Flaggen zu sehen. Ein Berichterstatter erklärt, dass die Minister oder die Regierungschefs sich nicht einigen können, obwohl sie zur einen oder anderen Frage schon tagelang verhandelt haben. Der Durchschnitteuropäer denkt bei sich: Was habe ich eigentlich von Brüssel?

Journalisten, die schnelle und konkrete Resultate lieben, bestätigen die Bürger nur allzu gern in ihrem Vorurteil, dass bei der europäischen Zusammenarbeit alles immer ziemlich lange dauert. Wenn man Pech hat, versieht der Journalist seinen Bericht noch mit einem zynischen Unterton, durch den man erst recht das Gefühl bekommt, dass all die Gespräche in Brüssel eine sinnlose Übung sind.

Die Kommentatoren der Zeitungen beteiligen sich daran auch nach Kräften. Sie zeigen nur zu gern die Lücke zwischen schönen Versprechen und der Wirklichkeit bei der Umsetzung von Entscheidungen auf. Es gebe keine Koordination, und Europa bleibe entweder in Unverbindlichkeiten stecken oder schieße mit manischer Regelungssucht übers Ziel hinaus.

Am guten Willen fehlt es nicht, auch nicht bei Regierungen, die ein Halbjahr lang die EU leiten dürfen. Jeder Regierungschef beginnt damit voll guten Mutes – vielleicht ist das genau das Gute an einem wechselnden Vorsitz. Sie wollen etwas daraus machen und versuchen erfolgreich zu sein. Also beginnen die Herrschaften mit guten Vorsätzen, so soll kein Fachchinesisch mehr gebraucht, die Bürokratie eingedämmt und das Formularwesen für Bauern und Unternehmen einfacher werden. Dinge, die nicht per se in Brüssel geregelt werden müssten, will man den Teilstaaten überlassen. Und was denkt der durchschnittliche Europabürger oder -bauer? Wir werden es sehen.

Der Wert eines Kompromisses

Von Wissenschaftlern und politischen Analytikern wird das europäische Modell als sehr ausgefeiltes und entwickeltes Regierungssystem angesehen, das in der Welt einzigartig ist. Beinahe nirgendwo wird so lange weitergeredet, bis eine Entscheidung herauskommt, in der sich alle Betroffenen mit ihren Interessen wiederfinden können.

Der Wert eines Kompromisses besteht darin, dass sich niemand übervorteilt fühlt, zumindest hat er seine Meinung äußern und die Entscheidung beeinflussen können. So etwas nennt man Konsensmodell. Es ist in Abstufungen in föderalen Staaten mit verschiedenen Volksgruppen wie der Schweiz oder Belgien üblich. Gerade die Schweiz ist ein schönes Beispiel dafür, dass so ein Modell über lange Zeit gut und erfolgreich funktionieren kann.

Es kann später niemand sagen, dass gegen seinen Willen etwas durchgedrückt wurde, denn alle Parteien waren dabei. Wenn dann die Würfel gefallen sind, liegt ein Entschluss vor, der nicht mehr so ohne weiteres zurückgenommen werden kann. Es dauert lange, bis die Kuh vom Eis ist, aber dafür haben die Beschlüsse auch Bestand.

Im Laufe des halben Jahrhunderts der europäischen Zusammenarbeit sind auf der Basis von Kompromissen viele Beschlüsse gefasst worden.

CE: Ein Kompromiss, dem jedermann täglich begegnet

Jeder Konsument in ganz Europa hat jeden Tag Produkte in den Händen, auf denen das CE-Zeichen zu finden ist. Auf 40 Prozent der Produkte muss ein CE-Zeichen stehen, sonst dürfen sie nicht auf den Markt gebracht werden. Das gilt unter anderem für Baumaterialien, Spielzeug und Maschinen. CE steht für *Conformité Européenne*. Das CE-Zeichen zeigt an, dass die Anforderungen an Sicherheit, Gesundheit, Umwelt und Verbraucherinteressen erfüllt sind. Die EU hat eine Reihe von Richtlinien, unterschieden nach Produktgruppen, in denen diese Anforderungen ausformuliert sind. Auch importierte Produkte müssen die CE-Anforderungen erfüllen. Alles in allem haben wir hier ein Beispiel für eine ganze Serie von Kompromissen, die den Bürger direkt betreffen. Eine Richtlinie ist immer ein Kompromiss, wir können also davon ausgehen, dass auch hier langwierige Diskussionen vorausgegangen sind.

Schön an diesem Beispiel ist, dass hier wirklich normale Menschen etwas davon haben. Das CE-Zeichen ist eine Art Garantienachweis, den man gratis dazu bekommt.

In der EU gibt es inzwischen ungefähr 2.400 Richtlinien. Bei den meisten – etwa 1.400 – geht es um das Funktionieren des Binnenmarktes, also um Richtlinien, die sich mit dem Wettbewerb befassen. Die übrigen 1.000 Richtlinien befassen sich mit Themen von Umwelt und Gesundheitsfürsorge bis zum Arbeitnehmerrecht.

Auffallend ist, dass jedes Jahr Dutzende von Richtlinien hinzukommen, dass aber selten Richtlinien wieder verschwinden. Durch die Kompromisse hat die EU einen immensen Einfluss auf das Alltagsleben bekommen.

Nach dem Kompromiss geht jeder seinen eigenen Weg

Manchmal ist die Rede von einem Kompromiss, nach dessen Finden die Mitgliedsstaaten schlichtweg wieder ihrer eigenen Wege gehen, ohne sich groß um die Absprachen zu kümmern. Das sieht man vor allem nach den Treffen der Minister und Regierungschefs. Alle Mitgliedsstaaten versuchen herauszuholen, was für sie das Beste ist. Dazu kommt, dass sie die Absprachen gerne in einer Weise interpretieren, die in ihrem Land am besten ankommen wird.

Die Minister erklären es für den inländischen Gebrauch

Nach einem Treffen auf Regierungsniveau sprechen die deutschen Journalisten mit dem deutschen Minister, die Dänen mit ihren eigenen Regierungsleuten, und die französischen Berichterstatter stehen mit Mikrofon und Kamera in den Startlöchern und warten auf die Politiker. Auch die Minister kennen die Schreiberlinge, die aus der Heimat zum europäischen Treffen mitgereist sind.

Sie bauen sich vor den Kameras der Sender auf, um ihrem Land in ihrer eigenen Sprache zu erzählen, was genau besprochen worden ist, und dabei festzustellen, wie gut die nationalen Interessen mal wieder verteidigt wurden.

»Ich habe mit allem Nachdruck gesagt: Bis hierhin und nicht weiter«, ruft ein Minister der versammelten Presse zu. Der Treppenwitz dabei ist, dass die Journalisten in der Folge im eigenen Land die Bürger pflichtschuldigst mit Berichten versorgen, ohne das vielleicht nicht ganz unwesentliche Detail zu erwähnen, dass die kraftvolle Sprache des Herrn Ministers auch in den anderen Ländern von anderen Ministern in anderen Sprachen gehört wurde. Auch nach Jahrzehnten bekommt man eben nicht viel von seinen Nachbarn mit. Außer vielleicht wenn zum Beispiel ein Franzose sich mehr als deutlich über beispielsweise eine niederländische Frage wie die dort betriebene Drogenpolitik auslässt, hört man darüber etwas in den Medien. Aber eigentlich wird die Europaszene vor allem aus nationaler Perspektive beleuchtet und weniger von einem europäischen Standpunkt aus.

Ein schönes Beispiel: der Stabilitätspakt

Ein sehr gutes Beispiel für ein heißes Eisen, das in jedem Land anders erlebt wird, ist der Stabilitätspakt. Das ist die Absprache zwischen den Mitgliedsstaaten, die vorschreibt, dass das Haushaltsdefizit nicht höher als drei Prozent des Bruttoinlandsproduktes sein darf. Frankreich und Deutschland fanden, als ihr Haushaltsdefizit höher ausfiel, dass das gar kein Problem sei, sicher nicht in einer Zeit, in der es wirtschaftlich nicht so gut lief.

Die niederländische Regierung hingegen sagte: *Pacta sunt servanda* (Verträge müssen bedient werden). Kein Theater jetzt, auch Deutschland und Frankreich müssen sich an die Haushaltsdisziplin halten oder Strafe zahlen. Auf die eine oder andere Weise konnte vor allem Deutschland mit kritischen Bemerkungen aus Den Haag rechnen.

Als die Finanzminister darüber sprachen, fiel die Buße unter den Tisch. Kritiker erklärten den Stabilitätspakt für tot, denn wenn es keine Folgen hat, sich nicht an die Absprache zu halten, warum sollte sich jemand in Zukunft den Kopf über sein Haushaltsdefizit zerbrechen? Wie dem auch sei: Eine Strafe blieb aus.

Sauberer Boden? Nicht jetzt!

Aber nicht nur Deutschland und Frankreich gerieten mit der Kommission in Konflikt. Auch andere Länder hatten da schon so ihre Auseinandersetzungen. 1991 beschloss die EU eine Nitratrichtlinie, die dafür sorgen soll, dass das Wasser nicht allzu sehr durch landwirtschaftliche Betriebe verunreinigt wird, vor allem durch Gülle. Die Niederlande brauchten 13 Jahre, um diese Richtlinie umzusetzen Die Niederlande glaubten, sich ein besseres und schlaueres System ausgedacht zu haben, um die Verunreinigung durch Gülle in Grenzen zu halten. Da die Niederlande viel Schweinemast betreiben, war diese Richtlinie für unsere westlichen Nachbarn von großer Bedeutung. Brüssel und Den Haag hatten sich jahrelang in den Haaren, bis der Europäischen Kommission der Geduldsfaden riss und sie den Gerichtshof anrief. Der gab Brüssel Recht, die Niederlande mussten wie ein geölter Blitz die Richtlinie einführen.

Klammheimlich nach eigener Lust und Laune

Vor allem, wenn es um Richtlinien geht, gehen die Mitgliedsstaaten manchmal heimlich, still und leise eigene Wege. Sie warten schlichtweg ein paar Jahre mit der Einführung europäischer Regelungen, beispielsweise beim Umweltschutz, damit ihre eigenen Unternehmen jede Menge Zeit haben, sich anzupassen und nicht sofort von der auswärtigen Konkurrenz unter Druck gesetzt werden.

Das ist natürlich nicht der Sinn der Sache. Wenn eine Richtlinie verabschiedet wird, steht auch darin, wie viel Zeit die Länder haben, um sie in ihre nationale Gesetzgebung aufzunehmen. Meist ist das ein Zeitraum von ein bis zwei Jahren, aber ab und zu kommt es vor, dass Länder mehr als zehn Jahre brauchen, um die Europapolitik in die Tat umzusetzen.

Die Kompromisse werden zum Teil verschwinden

Mit der neuen Verfassung werden in den Entscheidungsprozessen mehr Beschlüsse mit einer qualifizierten Mehrheit möglich sein. Das bedeutet, dass die endlose Suche nach Kompromissen weniger häufig sein wird.

Die kleinen EU-Länder sehen sich allerdings schon im Schatten der großen stehen.

Diese Angst ist verständlich, denn in Zukunft wird es eine begrenzte Anzahl von Kommissaren geben, nach der neuen Verfassung 13, ergänzt durch einen Vorsitzenden, einen Vizevorsitzenden und einen Außenminister.

Mit der neuen EU-Verfassung werden auch zwei neue Ämter geschaffen: der Außenminister und ein fester Präsidenten des Rates, der für zweieinhalb Jahre benannt wird. Das werden zwei sehr hohe Posten im EU-Apparat, deren Inhaber ihren eigenen Mitarbeiterstab bekommen und ihre eigene Politik machen werden.

Das ist ein Schritt auf dem Weg zu einer europäischen Regierung, die ihrer eigenen Linie folgen kann. Im Moment ist es noch so, dass der Vorsitz des Rates wechselt, wodurch jedes Land reihum die erste Geige spielt. Die Regierungschefs können, als höchste Macht innerhalb der EU, einmal pro Halbjahr europäische Schritte blockieren, wenn sie ihnen zu weit gehen. Das wird schwieriger, wenn in Brüssel zwei hohe Tiere sitzen, die den ganzen Tag Zeit haben, die politische Linie festzulegen.

Es ist die Frage, ob die Regierungen es »verkraften« können, wenn ein anderes Gesicht als das ihres eigenen Außenministers im Namen Europas sprechen wird. Die Außenminister der Mitgliedsstaaten werden an Einfluss verlieren: Die Welt wird der Stimme Europas eher lauschen als der von Deutschland, Spanien oder Belgien.

Aber das kann nur einstimmig beschlossen werden

Es werden regelmäßig Stimmen laut, die verlangen, die neue Verfassung abzulehnen, damit alles beim Alten bleibt in der EU. In den Niederlanden und Frankreich waren diese Stimmen erfolg- und zahlreich. Die beiden Länder lehnten 2005 in einer Volksbefragung die Verfassung ab. Jedes EU-Mitglied kann die Verfassung in ihrer Gesamtheit ablehnen. Jetzt gerät der Verhandlungsprozess unter enormen Druck.

Da zwei Länder bis jetzt den Vertragsentwurf für ein europäisches Grundgesetz ablehnen, müssen sich die Europapolitiker etwas einfallen lassen. Auf jeden Fall will man den Ratifizierungsprozess fortfahren lassen. Allerdings haben einige Länder wie Großbritannien nach dem Fiasko in den Niederlanden und Frankreich die Referenden erst einmal ausgesetzt. Es steht in den Sternen, ob die Verfassung bis zum vorgesehenen Termin 2006 von allen Staaten ratifiziert wird. Die Verfassung scheint sich also in einigen Ländern keiner großen Beliebtheit zu erfreuen, obwohl man sich eigentlich sehr viel Mühe bei ihrer Ausarbeitung gegeben hatte: In einem zwei Jahre dauernden Prozess wurde lange mit Teilnehmern aus allen EU-Ländern diskutiert. Jedes Land hat erfahrene Politiker zu diesem Forum, dem *Europäischen Konvent*, gesandt. In dieser Gruppe saßen auch Mitglieder des Europäischen Parlaments und Vertreter der Europäischen Kommission sowie drei Mitglieder aus jedem der neuen Mitgliedsstaaten. Die Versammlung von 102 Personen hat ausgedehnte Diskussionen geführt, bis im Sommer 2003 ein Dokument vorlag.

Dieses Dokument soll die Zukunft der Europäischen Union auf allen Gebieten bestimmen. Die Verfassung kann nur mit allen Stimmen, also einstimmig angenommen werden. Ein Verwerfen der Verfassung bedeutet, dass die ganze Arbeit noch einmal getan werden muss. Das wird wahrscheinlich nicht so hoppladihopp geschehen: Es können sehr wohl Bestimmungen geändert werden, was allerdings immer bedeutet, dass ein Land oder auch mehrere Länder benachteiligt werden, die können dann wieder dagegen stimmen. Durch die Abstimmungen in den Niederlanden und in Frankreich ist der Weg zu einer europäischen Verfassung zwar etwas ins Stolpern geraten, aber wie heißt es so schön: Hinfallen ist keine Schande, nur Liegenbleiben.

Die Folgen der Abschaffung des Vetorechts

In der alten EU konnte jedes Land Beschlüsse durch ein Veto blockieren. Nicht alles, aber wohl die wichtigen, die entscheidenden Fragen wie Finanzen, Verträge und Beitritte. Auch kleine Länder wie Luxemburg haben dieses Vetorecht. Deshalb wirkt die EU nach außen manchmal wenig schlagkräftig.

Das könnte sich ändern: Die EU könnte schneller Entscheidungen treffen und dabei die Wünsche einer Minderheit unberücksichtigt lassen. Gegenüber einer qualifizierten Mehrheit von 60 Prozent steht dann eine Minderheit von 40 Prozent. Es können also Beschlüsse gegen den Widerstand von 40 Prozent gefasst werden. Die Minderheit kann aus den elf kleinen Ländern und fünf der mittelgroßen Länder bestehen. Es scheint schwer vorstellbar, dass das passiert, aber auf der Basis der neuen Verfassung wäre das sehr wohl möglich.

Sollten Kommissare schneller gefeuert werden?

Das Europäische Parlament findet so langsam, dass Schluss sein muss mit diesem Unter-einer-Decke-Stecken. Wer nicht funktioniert, muss weg. Keine schlappen Vereinbarungen mehr, kein Mantel der Liebe, der sich verschleiernd über alles breitet. Ein Kommissar, der etwas vermurkst hat, muss die Konsequenzen tragen. Anfang 2003 nahm das EP ein Votum an, das dies faktisch besagt. Anlass war der Betrugsskandal beim europäischen Amt für Statistik Eurostat. Als der Betrug ans Licht kam, wurden ein paar Direktoren entlassen und versetzt, doch der Europakommissar blieb auf seinem Posten sitzen. Mit 175 gegen 174 Stimmen stellte das Parlament fest, dass es besser wäre, wenn auch der Kommissar seinen Hut nimmt. Das neue Prinzip: Wer versagt, fliegt. Bevor die neue Kommission am 1. November 2004 antrat, fanden Anhörungen im Parlament statt, bei denen den Neuen auf den Zahn gefühlt wurde – die wussten damit gleich, woher der Wind weht.

Dominanz der großen Länder

In den letzten Jahren krochen »die großen drei« aufeinander zu. Frankreich und Deutschland verstehen sich schon länger ganz gut, aber auch das europaskeptische Großbritannien kennt den Weg zu den beiden anderen Großen.

Ab und zu kommen die großen drei zusammen, wie Anfang 2004 in Berlin. So ein Gipfel wird von den anderen europäischen Ländern misstrauisch beäugt. Was passiert da? Bilden die eine Vorhut, um die Führung in der EU zu übernehmen? Auf der Grundlage der Stimmen im Rat kann das nicht passieren (die drei haben zusammen 87 von den 321 Stimmen, das sind 27 Prozent), aber es geht doch ein unüberhörbares Signal vom gegenseitigen Einverständnis der drei aus, die in die Abstimmung von Ideen mündet.

Wenn wir uns die Möglichkeiten ansehen, »Koalitionen« zu bilden, sehen wir, dass es eine ziemlich mühsame Angelegenheit werden kann, die geforderten 60 Prozent für eine qualifizierte Mehrheit zusammenzubekommen.

Deutschland, Frankreich und Großbritannien haben 106 Stimmen zusätzlich zu ihrem eigenen Anteil nötig, um die 60 Prozent zu erreichen. Das gelingt nur, wenn alle großen Länder und mindestens zwei der mittelgroßen mitmachen, und damit ist man dann doch schon wieder bei acht Ländern, die auf eine Linie gebracht werden müssen.

Wenn die mittelgroßen Länder alle bei der Troika mitmachen, ist noch ein großes Land nötig, um auf die 106 Stimmen zu kommen. Das bedeutet, dass zwölf Regierungen sich einig sein müssen. Kurzum: Durch das System der qualifizierten Mehrheit ist es alles andere als einfach, den Willen der drei großen Länder durchzudrücken.

Auch die Tatsache, dass viele »Kleine« dazugekommen sind, spielt eine Rolle: Alle kleinen Länder zusammen haben 18 Prozent der Stimmen. Das sieht nach wenig aus, aber sie können damit sehr wohl eine Schlüsselrolle spielen, weil andere Länder ihre Stimmen brauchen, um eine Mehrheit zu bilden.

Polen ist ein neues, großes Land. Während der Beitrittsverhandlungen hat Polen mit großer Regelmäßigkeit spüren lassen, dass es nicht still zuhört, sondern eine Rolle zu übernehmen gedenkt, wie sie den großen Ländern in der EU entspricht. Diese Stellung von Polen wird sich in der Union bemerkbar machen. Vielleicht ist dieser neue Mitgliedsstaat alles andere als begeistert über die Vormacht großer Länder. Polen gehörte vor nicht allzu langer Zeit zu einem Machtblock, dem Warschauer Pakt, dort fühlten sich die Polen nicht wirklich wohl. Nicht ohne Grund begannen sie schon lange vor dem Fall der Mauer, sich gegen das sozialistische System aufzulehnen. Jeder neue Block, der Macht über Polen bekommt, wird also sehr kritisch in Augenschein genommen.

Politiker, Journalisten, Lobbyisten

In diesem Kapitel

- Wer alles in Brüssel herumrennt
- Mehr Journalisten und Lobbyisten als Politiker
- Bürger lassen sich manchmal auch sehen – wenn sie sauer sind!

Brüssel ist Europa im Kleinformat. Alle Nationalitäten aus der Union laufen in den Gebäuden herum. Man trifft mehr »Außenstehende« als Politiker in den Gängen des Europäischen Parlaments an. Von den Tausenden, die diese Gebäude nutzen, sind rund 700 gewählte Mitglieder des Europäischen Parlaments (EP). Der Rest sind Journalisten (einige hundert), Lobbyisten (ein paar Tausend) und Besucher. Und dann haben wir noch nicht die Mitarbeiter mitgerechnet, das sind auch noch mal einige Tausend.

Rund 700 EP-Mitglieder

Zum gegenwärtigen Zeitpunkt hat das Europäische Parlament 732 Mitglieder aus 25 Ländern. In der zweiten Phase der Erweiterung kann die Anzahl der Sitze noch weiter zunehmen.

Eine Gruppe von gut 700 Menschen ist ziemlich groß, eigentlich zu groß, um miteinander zu beraten. Sie haben schon im Kapitel *Beratung, Beratung und noch mehr Beratung* gesehen, dass die wichtigsten Beratungsgespräche in den Ausschüssen stattfinden.

Wenn Sie sich ansehen, wie viele Bürger von einem Parlamentarier vertreten werden, dann erscheint die Anzahl von 700 MdEPs schon nicht mehr sehr hoch. Der Bundestag hat, je nachdem wie viele Überhangmandate es gibt, um die 600 Mitglieder. Wenn man die Anzahl der Einwohner der Europäischen Union durch die Zahl der MdEPs teilt, kommt man auf rund eine halbe Million Bürger pro Parlamentarier. In den meisten Ländern steht jedes Mitglied des jeweiligen nationalen Parlaments für einige zehntausend Bürger.

Die Mitglieder des EP funktionieren wie kleine Gewerbetreibende. Sie sind Mitglied einer politischen Gruppe, haben aber auch ihre eigenen Fachgebiete, wie Arbeitsverhältnisse, Finanzen oder Landwirtschaft. Daneben haben sie ihre Anhängerschaft, die Basis im eigenen Land, mit der sie Kontakt halten. Wie jeder Politiker hat auch ein EP-Mitglied seine eigenen Ziele, die er oder sie zusammen mit seinen Mitarbeitern verfolgt.

Sozial- und Christdemokraten sind die größten Gruppen

Das europäische Parlament besteht aus acht politischen Gruppierungen, von denen zwei wegen ihrer Größe besonders auffallen: die Sozialdemokraten und die Christdemokraten (EVP), sie machen zusammen mal eben 65 Prozent der Gesamtheit aus.

Ein Drittel der Wähler in Europa hat seine Stimme einem Volksvertreter aus christdemokratischem Hause gegeben. Oft ist von einem Trend zur »Entkirchlichung« die Rede, aber das steht einer Wahl für christliche Politik anscheinend nicht im Wege. Mit ihren 268 Mitgliedern ist die christdemokratische Fraktion die größte Gruppe innerhalb des Parlaments.

Die EVP (Fraktion der Europäischen Volkspartei [Christdemokraten] und europäische Demokraten, kurz: Europäische Volkspartei) ist stolz darauf, die führende Kraft im EP zu sein, die Mitte und Mitte rechts der europäischen Politik zusammenbringt. Laut einem kleinen Geschichtsbuch über 50 Jahre EVP hat diese Partei in allen wichtigen Momenten eine Schlüsselrolle gespielt. Die EVP fühlt sich sehr mit der Entwicklung der EU verbunden. Schon allein von den reinen Zahlen her gesehen kann man dem kaum widersprechen. Auffallend in dem Geschichtsbüchlein ist der positive Grundton: Europa aufzubauen war alles andere als einfach, aber das gemeinsame Interesse ist unser aller Interesse, also machen wir weiter so, sagt die EVP – auf ins Jahr 2053! Dann wird die Partei ihr hundertjähriges Bestehen feiern können.

Interessant ist, dass Moslems sich oft durch die christliche Fraktion angezogen fühlen, offensichtlich, weil diese Fraktion dem Glauben beim Festlegen der politischen Richtung eine Rolle zugesteht. Es kann sein, dass mit der Zulassung der Türkei zum Beitritt in die EU diese Fraktion noch größer werden wird, aber das wird auch heißen, dass die Unterschiede innerhalb der christlich-demokratischen Gruppe zunehmen.

Auch die Sozialdemokraten (SPE) sind mit 173 Mitgliedern eine recht große Gruppe: 28 Prozent der Mitglieder des EP sind Sozialdemokraten. Diese Gruppe ist recht stabil, was an ihrem Abstimmungsverhalten zu erkennen ist. In fast allen Fällen stimmen die Sozialdemokraten gleich ab. In großen Fraktionen ist das alles andere als selbstverständlich. Die Gruppierungen im Europäischen Parlament sind eine Versammlung sehr unterschiedlicher Menschen aus verschiedenen Ländern, die sehr unterschiedliche Meinungen zu politischen Fragen vertreten. Ein Fraktionszwang, wie man ihn in vielen Ländern auf nationaler Ebene kennt, ist auf europäischem Niveau viel weniger selbstverständlich.

Die SPE (Sozialistische Partei Europas) besteht selbst aus 28 Parteien (die aus 25 Ländern kommen). Durch die Bündelung der unterstützenden Kräfte kann eine große Fraktion wie die der SPE »große« Dinge tun, wie beispielsweise die Herausgabe von Berichten über europäische Angelegenheiten. So hat die SPE nach der Zusammenkunft der Regierungsoberhäupter in Lissabon einen Bericht über Europa als wissenschaftsbasierte Wirtschaft herausgebracht. Die Regierungschefs entschieden, dass die EU die konkurrenzfähigste und dynamischste wissenschaftsbasierte Wirtschaftskraft der Welt werden solle. Die SPE gibt dem noch eine eigene Auslegung, bei der großer Nachdruck auf Vollbeschäftigung gelegt wird.

Die anderen 35 Prozent: Von allem ein bisschen

Die sechs anderen politischen Fraktionen neben den Sozialdemokraten und den Christdemokraten füllen die restlichen circa 35 Prozent der Sitze. Die größten Gruppierungen hierunter sind die Grünen und die Liberalen mit gemeinsam ungefähr 168 Sitzen. Für diese Fraktionen gilt, dass sie den entscheidenden Unterschied zwischen Mehrheit und Minderheit ausmachen können. Die Grünen und die Liberalen haben damit eine Mittelpunktfunktion im Europäischen Parlament.

Hier eine kleine Übersicht über die kleinen Fraktionen im Parlament:

- Die **Allianz der Liberalen und Demokraten für Europa** (ELDR). Die Liberalen stehen für Freiheit und Demokratie und betonen, dass Entschlüsse so bürgernah wie möglich zu fassen sind. Sie sprechen sich unumwunden für die Erweiterung der EU aus und wollen, dass bei der Brüsseler Politik mehr demokratische Kontrolle eingeführt wird.

- Die **Union für das Europa der Nationen** (UEN). Um den Druck auf die Städte zu verringern, will diese Gruppe, dass Menschen auf dem Land leben können, wenn sie das wollen. Die europäische Zusammenarbeit darf nicht zu Lasten der Identität der verschiedenen Länder gehen. Also kein föderales Europa, bei dem die EU über den Ländern steht.

- **Konföderale Fraktion der Vereinigten Europäischen Linken/Nordische Grüne Linke** (GUE/NGL). Diese Gruppe plädiert für völlige Demokratie in den europäischen Einrichtungen und legt Wert auf Solidarität zwischen den Ländern in der Europapolitik, um dafür zu sorgen, dass der Wohlstand in Europa optimal verteilt wird. Die großen Länder dürfen gegenüber den kleinen keine Vorherrschaft bekommen.

- **Grüne/Freie europäische Allianz** (Verts/ALE). Solidarität und Umweltschutz sind die Prioritäten dieser Gruppe, die durch eine starke zentrale Führung erreicht werden sollen, an der die Bürger teilhaben können.

- **Fraktion für das Europa der Demokratie und der Unterschiede** (EDD). Diese Gruppe steht einer weiteren europäischen Erweiterung kritisch gegenüber. Respekt für das Leben, die Natur und die Stimme des Volkes stehen im Zentrum des politischen Programms dieser Partei. Auch diese Gruppe vertritt, dass man sich vor einer EU zu hüten habe, die als eine Art Superstaat über den Ländern steht. Es müssten so viele Befugnisse wie möglich an die Staaten zurückgegeben werden.

- **Fraktionslos** (NI). Dies ist keine politische Partei. Die Mitglieder versammeln sich nicht und müssen alles selbst sortieren, ohne irgendwo eingebunden zu sein. Ein politisches Programm ist im Internet nicht zu finden. »Das ist die Müllgrube von Europa, in der extrem rechte Politiker sitzen«, sagt ein Mitarbeiter der Grünenfraktion im EP. Sie können keinen Sitzungssaal buchen; das Einzige, was die individuellen Mitglieder versuchen können, ist, in einer Kommissionssitzung einen Änderungsantrag durchzubekommen. Der politische Einfluss dieser EP-Mitglieder ist gering.

Was fällt weiter ins Auge? Die ersten beiden Gruppen haben liberale Vorstellungen und finden, dass sich die Europäische Union zurückhalten sollte. Als Außenstehender würde man sagen:

Warum gehen diese Gruppen dann nicht zusammen? Dieselbe Frage lässt sich für die beiden grünen Gruppen stellen. Auf den ersten Blick scheinen auch diese Gruppen zusammenzugehören, aber in beiden Fällen ist die eine Gruppe heftig für und die andere genauso heftig gegen Europa. Eine gemeinsame Gruppe zu bilden, ist also definitiv nicht drin.

Bei bestimmten, sehr wichtigen Themen gibt es tief greifende Unterschiede. Die französischen Kommunisten sind für Kernenergie. Sie sitzen zusammen mit den Kommunisten aus Nordeuropa bei den Nordischen Grünen Linken und haben völlig andere Vorstellungen über Europa als die Mitglieder der Grünen-Parteien, die auf den ersten Blick wie Bundesgenossen wirken, in der Praxis aber politisch sehr weit voneinander entfernt stehen können.

Jung und alt, Frau und Mann, meist weiß

Das Europäische Parlament ist ein Mischmasch von Menschen aus der gesamten Union mit einem Durchschnittsalter von 55 Jahren. Darunter sind Menschen mit einer langen Liste von Verdiensten, wie der ehemalige Präsident von Portugal, der Sozialist Mario Soares. Er war in seiner 5. Wahlperiode (1999–2004) mit 79 Jahren das älteste Parlamentsmitglied. Er hat den längsten Lebenslauf, in dem unter anderem steht, dass er mehr als 100 Auszeichnungen erhalten hat.

Er könnte der Großvater des jüngsten Parlamentsmitgliedes dieser Wahlperiode sein, der 25-jährigen deutschen Studentin Ilka Schröder, die für die Grünen im Parlament saß und zu den vereinigten Linken wechselte.

Von den damaligen Parlamentariern waren nur neun nicht-europäischer Abstammung, noch keine anderthalb Prozent. Das Verhältnis Männer/Frauen war grob zwei Drittel zu einem Drittel: 69 Prozent der Mitglieder waren Männer, 31 Prozent Frauen.

Im europäischen Parlament saßen in der vorigen Wahlperiode auch ein Baron und eine Baroness und mit Otto von Habsburg bis 1999 sogar ein Erzherzog und Sohn eines Kaisers. Einige Berufsgruppen fielen auf: Es gab natürlich eine Menge Politiker – Menschen, die auch in ihrem eigenen Land schon in der Politik waren – und beinahe hundert Juristen, knapp hundert Menschen aus Bildung und Erziehung, 26 Bauern und 41 Journalisten. 13 Mitglieder waren Autoren, sieben Ärzte.

Die auffälligsten Berufe im vorherigen Parlament waren beispielsweise:

✔ drei Offiziere, unter anderem ein General

✔ zwei Künstler

✔ ein Harfenspieler

✔ ein Komponist

✔ zwei Segler

✔ ein Schiedsrichter

- ein Börsenmakler
- ein Goldmedaillengewinner bei den Olympischen Spielen
- zwei Arzthelferinnen
- ein Pfarrer
- zwei Psychiater

Was auch während der Sitzungen passieren mag, man kann für alles die entsprechenden Experten im Haus finden, inklusive medizinischer und psychologischer Spezialisten.

Noch mehr Journalisten

In Brüssel arbeiten Tausende Journalisten, die über die europäischen Institutionen berichten. Der Europäische Journalistenverband (Association of European Journalists, AEJ) hat schon jetzt mehr als 3.000 Mitglieder.

Zwischen Institutionen und Journalisten besteht eine Hassliebe. Wenn man sich die Geschichte ansieht, scheint der Hass schwerer als die Liebe zu wiegen. Journalisten sind mit einem auffallenden gelben Ausweis ausgestattet, der deutlich sichtbar getragen werden muss, damit jedermann schon von weitem sehen kann, dass ihm ein Berichterstatter entgegenkommt.

Wissen die Zeitungen wohl, dass es Europa gibt?

Einerseits hört man in Brüssel häufig die Klage, dass die Presse Europa zu wenig Aufmerksamkeit schenkt, andererseits die Kritik, dass Journalisten viel zu negativ berichten würden. Sie würden die Tatsachen verdrehen und hätten nur Augen für Misserfolge und krasse Gegensätze. Hierzu mehr im nächsten Abschnitt.

Wie kommt es, dass Nachrichten über Europa oft in den Zeitungen an den unauffälligsten Stellen auftauchen und fast schon wirken, als würden sie versteckt? In einem Wahljahr taucht Europa ab und an auf den Titelseiten auf, aber meist muss man ziemlich weit blättern und findet die EU-Meldungen dann nur, wenn man links unten in die Ecke schaut.

Gründe:

- Die Entscheidungsprozesse dauern sehr lange.
- Veränderungen finden nur allmählich statt.
- Der politische Prozess verläuft nicht dynamisch.
- Es rollen fast nie Köpfe.
- Was in Brüssel passiert, ist nicht besonders bürgernah.
- Die meisten Europapolitiker sind den Lesern unbekannt

Das alles bewirkt, dass Chefredakteure nicht viel Aufmerksamkeit für Europa übrig haben und ihren Korrespondenten nur wenig Spielraum lassen. So sehr ein Berichterstatter sich bemüht, der Einsatz bringt nicht allzu viel, wenn die jeweilige Geschichte nicht gerade an prominenter Stelle in den Medien erscheint.

Die gute Nachricht ist, dass das Bewusstsein dafür wächst, dass Europa sehr wohl etwas für die Bürger bewegt und dass ein immer größerer Teil der gesetzlichen Bestimmungen aus Brüssel kommt. Es steht schon mehr über Europa in den Zeitungen als noch vor ein paar Jahren. Es scheint, dass wir auf einem guten Weg sind, obwohl es in jedem Land starke Gegenkräfte gibt: Je wichtiger die EU wird, desto weniger Gewicht hat die politische Elite in den Hauptstädten. Viel Aufmerksamkeit auf Brüssel zu richten bedeutet, dass die nationalen Führungsriegen dramatisch an Aufmerksamkeit verlieren. Alle Journalisten, die der nationalen Politik folgen, scheinen auf einmal weniger relevant zu sein. Bevor dieser Kummer verarbeitet ist, muss noch viel Wasser den Rhein runter fließen.

Schade, dass die Berichterstatter so negativ eingestellt sind

Es gab Zeiten, als die Offiziellen Europas das Blut von Journalisten geradezu trinken konnten. Es wurde Berichterstattern immer schwerer gemacht. Je größer die Irritation über »lästige Fragen« wurde, desto mehr Barrieren wurden aufgebaut.

Aus dieser Zeit ist eine kuriose Regelung übrig geblieben. Wer eine Akkreditierung der Europäischen Kommission haben wollte, musste einige recht ungewöhnliche Bedingungen erfüllen. Das ist deshalb bemerkenswert, weil in den EU-Staaten Pressefreiheit herrscht, und auch die Europäische Konvention zum Schutze der Menschenrechte und Grundfreiheiten regelt unzweideutig die Pressefreiheit.

Eine der Folgen der Pressefreiheit ist, dass jeder sich Journalist nennen darf und sich keinerlei Kontrollmechanismen unterwerfen muss, erst recht nicht, wenn diese Kontrolle von der Organisation ausgehen würde, über die der Journalist schreiben will.

Auf der Website der Europäischen Kommission wird die Forderung gestellt, dass ein Journalist, der eine Akkreditierung will, einen Brief seines Chefredakteurs vorzeigen können muss. Eine Akkreditierung beinhaltet eigentlich nur eine Zugangsberechtigung. Wenn man die nicht hat, kommt man nirgends hinein und es ist praktisch unmöglich, seine Arbeit als Berichterstatter zu erledigen. Ein Brief des Arbeitgebers, das mag ja noch angehen. Die Europäische Kommission behält sich aber das Recht vor, einen Berechtigungsnachweis zu verlangen. Wenn dieser erwünscht ist, muss der Journalist Arbeitsproben vorlegen, damit die jeweilige Stelle feststellen kann, ob die zur Debatte stehende Person tatsächlich den Beruf des Journalisten ausübt. Mit anderen Worten: Nur jemand, der Vollzeit-Berichterstatter ist, ist offenbar für diese Art von Arbeit geeignet.

Eine andere Anforderung, die die Kommission stellt: Der Journalist muss in Brüssel wohnen. Er oder sie muss eine Adresse in Brüssel angeben können. In den Regeln für die Akkreditierung

Die Kommission präsentiert ihre Fakten selbst

Ein anderer, ziemlich ironischer Hinweis auf die Tatsache, dass die Kommission in der Vergangenheit mit den Berichten der Presse nicht besonders glücklich war, findet sich auf der Website »Get your facts straight«, auf Deutsch »Nun kriegt endlich eure Fakten auf die Reihe!«. Hier gibt es eine Zusammenfassung von Geschichten aus der Europaszene, die von Journalisten falsch dargestellt wurden.

Einige Beispiele solcher Berichte, die laut der Europäischen Kommission falsch dargestellt wurden:

- ✔ Die EU soll es zur Pflicht gemacht haben, dass Bananen nicht krumm, sondern gerade zu sein hätten. Nein, nein, sagt die Kommission, Gurken und Bananen dürfen durchaus krumm sein, aber sie müssen bestimmte minimale Qualitätsansprüche erfüllen. Übrigens wurde hier durch den Agrarsektor selbst angefragt! Eine Frage bleibt offen, auf die die Kommission keine Antwort gibt: Wenn man nichts tut, warum sind die Bananen dann eigentlich überhaupt krumm?

- ✔ Brüssel hat angeblich verfügt, dass alle Krankenwagen in der EU gelb sein müssen. Dies schrieb – recht empört – eine britische Zeitung. Auch das ist nicht wahr, sagt die Kommission. Nicht wir finden, dass Krankenwagen zur besseren Wiedererkennung in ganz Europa gelb sein müssen, das ist lediglich die Meinung des Ausschusses für Standardisierung, in dem alle Länder vertreten sind. Brüssel will den »British way of life« nicht antasten, wenn also in Großbritannien die Krankenwagen weiß bleiben, wird sich die Europäische Kommission nicht beschweren.

- ✔ Die EU will angeblich Lotteriepreise über 100.000 Euro verbieten. Nein, sagt die Kommission, wir wollten nur die Preisgelder beschränken, wenn die Lotterie mit einem bestimmten Produkt verknüpft ist. Aber nach einer langen Diskussion haben wir entschieden, überhaupt keine Begrenzungen festzulegen.

- ✔ Die EU soll angeblich eine neue Flagge mit den Farben aller Flaggen der Mitgliedsstaaten bekommen. Es gab in der Tat einen Entwurf für eine neue Flagge, aber der wurde nicht angenommen. Die europäische Flagge bleibt, wie sie ist, und auch die Anzahl von zwölf Sternen wird nicht verändert, weil die Zahl zwölf nicht für die Anzahl der Mitglieder der EU steht, sondern Symbol für Perfektion und Vollständigkeit ist.

- ✔ Angeblich sollten die Euromünzen Ausschlag verursachen oder sogar zu Unfruchtbarkeit führen können. Bei acht Prozent der Euromünzen ist Nickel enthalten, aber das sitzt im Inneren. Es wurde also auf Allergiker Rücksicht genommen. Was Unfruchtbarkeit angeht: Man läuft nur Gefahr, wenn man über einen längeren Zeitraum 2.500 Banknoten pro Tag aufisst, sagt die Europäische Kommission.

✔ Alle europäischen Beamten bekommen angeblich Viagra-Pillen vergütet. Von den zehntausenden Mitarbeitern der EU gibt es zehn, die die Kosten von Medikamenten gegen Erektionsstörungen teilweise durch die Krankenversicherung erstattet bekommen. Diese Menschen haben Erektionsprobleme als Folge ernsthafter Erkrankungen. Welch ein Blödsinn, dass Journalisten allen Ernstes über so was schreiben!

Für eine Übersicht über alle an den Haaren herbeigezogenen Geschichten siehe: `http://europa.eu.int/comm/dgs/press_communication/facts/index_en.htm`.

Rund zehntausend Lobbyisten

Es laufen mehr als zehntausend Lobbyisten in Brüssel herum, von denen fast die Hälfte im Europäischen Parlament arbeitet. Ein tolles Treiben, auf jedes MdEP kommen sieben Lobbyisten! Sieben Männer oder Frauen, die versuchen, die Meinungsbildung zu beeinflussen, Informationen zu geben, die Stimmungen zu steuern, kurzum: 4.900 Menschen, die für ein Interesse eintreten. *Lobbyarbeit* nennt man das. Gut, dass die Parlamentsgebäude groß sind, denn die Lobbyisten essen und trinken dort auch und treiben Sport. Man sieht es schon vor sich, wie ein EP-Mitglied und ein Lobbyist im Sportzentrum zusammen auf dem Laufband stehen: »Haben Sie schon von dem neuen, revolutionären Medikament gehört ...?«

Alle derzeitigen 4.903 Lobbyisten haben eine Akkreditierung, wie man das nennt: Sie haben einen Ausweis, mit dem sie jederzeit Zugang zum Parlamentsgebäude haben (in Brüssel und in Straßburg) und überall in den Gebäuden herumlaufen dürfen. Sie verabreden sich mit Parlamentariern, um ihre Informationen weiterzugeben oder gezielt Einfluss auszuüben.

Eine vollständige Liste aller Lobbyisten finden Sie hier: `http://www2.europarl.eu.int/lobby/lobby.jsp?lng=de`.

Auch für die EP-Mitglieder haben Lobbyisten ihren Nutzen: Sie werden immer genauestens über alles, was in einem bestimmten Industriezweig, einer Region oder einer Interessengruppe vor sich geht, auf dem Laufenden gehalten. Während der Besprechungen bitten Parlamentarier auch Lobbyisten darum, bestimmte Dinge für sie zu recherchieren, damit sie ihre Entscheidungen besser treffen und kommunizieren können.

Es sind nicht nur Unternehmen, die »einen Mann (oder eine Frau) in Brüssel« haben; auch der WWF, der World Wildlife Fund for Nature, hat Lobbyisten, sogar acht an der Zahl, um genau zu sein. Aber auch Westschweden kann mit Brüssel telefonieren, mit fünf Personen. Alle deutschen Bundesländer haben Interessenvertreter, insgesamt mehr als 80. Mit anderen Worten: Auch Regierungen (auch Landesregierungen und Regierungen von Teilstaaten und Provinzen) finden es nützlich, Augen, Ohren und eine Zunge in Brüssel zu haben.

Die bemerkenswertesten Lobbygruppen in Brüssel

- Die österreichischen Bischöfe
- Pflegeberufe in Europa
- Plasma-Protein-Therapeuten
- Die internationale Organisation zur Förderung der französischen Sprache
- Die türkisch-zypriotische Gemeinschaft
- Die nordeuropäischen Jäger
- New Women for Europe
- Der Europäische Rat für Musikliebhaber
- Die Weltbewegung für die Meere
- Der Bürgermeister von Straßburg
- Die kurdische regionale Regierung
- Der nationale kurdische Kongress
- Das Kurdische Institut
- Nationalkongress Kurdistan
- Das Kurdische Informationsbüro
- Die internationale Organisation der Metzger und Fleischer
- Die europäischen Autoren und Komponisten
- Die europäischen Filmregisseure
- Die europäische Frauenlobby
- Die Koalition positiver Menschen
- Die griechische Homosexuellen-Gemeinschaft
- Die kanadische Stadt Quebec
- Das Tibetbüro
- Die belgische Post

Das gilt auch für Gewerkschaften, Landwirtschaftsorganisationen und Arbeitgeberverbände. Natürlich sind auch Länder, die beitreten wollen, schon im Vorfeld vertreten. Es ist auch nicht weiter verwunderlich, dass auch die Tabakindustrie und die Anti-Raucher-Organisationen Lobbyarbeit in Europa betreiben.

Europäische Unternehmen haben für diese Lobbyarbeit eine ganze Menge übrig, nach vorsichtigen Schätzungen rund 200 Millionen Euro an Gehältern.

Wer ins Europaparlament kommt und ein unbekanntes Gesicht sieht, fragt schlicht: Sind Sie ein Lobbyist? Mit hoher Wahrscheinlichkeit lautet die Antwort: Ja.

Was ein Lobbyist tut

Ein Lobbyist ist ein Informationsmakler. Er bekommt und verbreitet Informationen mit dem Zweck, Entscheidungen zum Vorteil seines Kunden oder Arbeitgebers zu steuern.

Das alles ist eine Frage der Wahrung von Interessen, die die unterschiedlichsten Formen annehmen kann. Jeder Lobbyist versucht, so viele Kontakte wie möglich zu Entscheidungsträgern bei der Europäischen Kommission, aber auch beim Rat und im Parlament aufzubauen. Große Lobbyorganisationen verteilen die Aufgaben auf eine Reihe von Mitarbeitern, so dass jeder Lobbyist sich ganz auf eine der europäischen Institutionen konzentrieren kann.

Für jede Problemstellung versuchen Lobbyisten maßgeschneiderte Antworten zu finden. Es werden Briefe verschickt, Besuche gemacht und Gespräche organisiert. Für die Vorbereitung verbringt ein Lobbyist eine Menge Zeit hinter seinem Computer: Dort findet er die Agenda des Parlaments, der Kommission und der Beratungsorgane. Ganz essenziell ist das Timing, wenn man eine effiziente Lobbyarbeit organisieren will. Wenn man zu spät dran ist, hat man Pech und kann einen Entschluss nicht mehr in die gewünschte Richtung steuern. Man muss als Interessenvertreter beispielsweise dafür sorgen, dass eine bestimmte Frage in die öffentliche Diskussion gerät, kurz bevor ein parlamentarischer Ausschuss darüber tagt.

Strategisches Denken ist für einen Lobbyisten unentbehrlich. Er muss sehr gut wissen, an wen er seine Lobbyaktivität richten muss. Einen Entscheidungsträger, der die gleiche Meinung hat, braucht man nicht zu bearbeiten, und dasselbe gilt für jemanden, von dem man mit Sicherheit weiß, dass er nie dieselbe Meinung haben wird. Man muss also weder Eulen nach Athen tragen noch versuchen, den Bock zum Gärtner zu machen. Die Kunst besteht darin, Menschen zu finden, die beeinflussbar sind und Entscheidungen treffen, beispielsweise, weil sie Koordinatoren einer bestimmten amtlichen Gruppe sind. Wenn ein Lobbyist Beamte bearbeitet, die die Beschlüsse des Rates der Fachminister vorbereiten, muss er wissen, wie die Positionen der verschiedenen Länder aussehen.

Für Lobbyisten ist es auch sehr interessant, an Sitzungen von Arbeitsgruppen der Kommission teilzunehmen.

Ein Beispiel: Die Kommission arbeitet an einem Bericht über die Entwicklung von Alternativen für Tierversuche bei Kosmetika. Es ist beschlossen, eine Arbeitsgruppe mit Betroffenen zu bilden, Menschen also, die ein Interesse an der Richtlinie haben, die entstehen soll. Erstens ist das die Industrie, zweitens sind das Organisationen, die sich für den Tierschutz einsetzen. Die Lobbyisten beider Lager haben Interesse, in einer solchen Arbeitsgruppe mitzureden. Die Kommission hat ein Interesse daran, Input von allen Seiten zu bekommen.

14 ▶ Politiker, Journalisten, Lobbyisten

Lobbyarbeit funktioniert besser in Straßburg

Wie bekommt man ein Mitglied des Parlaments so weit, dass es das tut, was man will? Wie erreicht man, dass ein Abgeordneter einen Änderungsantrag für einen Kommissionsvorschlag einreicht? Die Antwort ist einfach: Man schreibt den Änderungsantrag selbst! Es kommt häufig vor, dass ein Lobbyist gebeten wird, »mal eben etwas zu Papier zu bringen« und dass der Parlamentarier diese Informationen – manchmal wortwörtlich – übernimmt. Die EP-Mitglieder haben schon genug Arbeit, und wenn der Lobbyist es nun gut aufschreibt ... tja, warum nicht? Lobbyisten sind zum betreffenden Thema immer auf dem neuesten Stand, kennen Hintergründe und Details. Und als Parlamentsmitglied kann man zur Not immer noch den Text ändern.

Nicht nur diese Arbeitsweise – das Anbieten von Informationen – ist bei der Lobbyarbeit wichtig, sondern auch das richtige Timing. »Wining and dining«, wie es im Englischen so schön treffend heißt: ein Bierchen oder ein Glas Wein hier, ein Essen da, ein Empfang dort. Und das alles geht in Straßburg besser als in Brüssel, denn in Straßburg sind die EP-Mitglieder weg von Hof und Herd und haben demzufolge abends weniger zu tun. In der Straßburg-Woche des Parlaments (siehe auch Kapitel 10) biwakieren die MdEPs und die Mitarbeiter in dieser französischen Stadt, in der viel weniger los ist als in Brüssel. In Brüssel dreht sich alles um die europäischen Institutionen, dort wohnen die meisten EP-Mitglieder und es gibt eine »Szene« für »Ex-Pats« (vom englischen ex-patriots, expatriierte, Menschen, die in einem anderen Land als ihrem eigenen arbeiten), die Zeitvertreib suchen. In Straßburg gibt es das alles nicht, die Damen und Herren haben Zeit (und Lust), soziale Kontakte zu pflegen.

Lobbyisten machen sich deshalb gern die Mühe, dem Parlament hinterherzureisen, um in Straßburg in aller Ruhe über ihre Angelegenheiten zu diskutieren.

Die Arbeitsweise von Lobbyisten

Das Erste, was ein Lobbyist regeln muss, ist sein Zugang zum Parlament. Meist findet der erste Besuch im Parlament über einen MdEP statt. Danach muss der Lobbyist einen Brief schreiben und erklären, was er vorhat. Danach bekommt er einen Zugangsausweis und die Lobbyarbeit kann beginnen.

Aktenkenntnis ist eine Grundanforderung an einen Lobbyisten, bevor er an andere Menschen herantritt. Die Interessenvertreter müssen sich sowohl in ihre eigenen Dossiers einlesen als auch in die Themen, die auf den Tagesordnungen der Kommission und des Parlaments stehen.

Dann kommt es darauf an, die Mitarbeiter der Kommission und der Parlamentarier wissen zu lassen, was man von bestimmten Dingen hält. Lobbyisten sprechen Parlamentarier mit der Frage »Wollen Sie meine Meinung hören?« an. Oft ist die Antwort »ja«, weil Politiker unterschiedliche Standpunkte brauchen, um sich eine eigene Meinung bilden zu können.

> ### Lobbyarbeit gegen Abtreibung
>
> Manchmal gehen parlamentarische Arbeit und Lobbyarbeit durcheinander. Ein irisches Parlamentsmitglied, das gegen Abtreibung war, hatte laut Aussage einer Fernsehdokumentation einen Assistenten in seinen Diensten, der auch Vorstandsmitglied einer Anti-Abtreibungs-Organisation war. In diesem Fall waren die betreffenden Lobbyisten sehr tief in die Schichten des Parlaments eingedrungen. Die ganze Geschichte führte zu Kritik anderer EP-Mitglieder, die der Meinung waren, dass die Diskussion über politische Themen sozusagen mit offenem Visier und nicht hinter verschlossenen Toren geführt werden sollte.

Lobbyisten erstellen häufig Berichte über das Thema, das sie in den Mittelpunkt der Aufmerksamkeit bringen wollen. So ein Bericht oder eine Zusammenfassung eines solchen Berichtes wird denjenigen angeboten, die sie für ihre Sache gewinnen wollen. So hat der jeweilige Beamte oder Politiker eine Art Leitfaden, um ein Gespräch zum betreffenden Thema zu führen.

Besonders, wenn es um Dinge geht, die technisches Know-how erfordern, ist es nützlich, mit Lobbyisten zu sprechen. EP-Mitglieder haben einen vollen Kalender und keine Zeit, allem selbst hinterherzurennen. Nach einer gewissen Zeit wissen die Parlamentarier, welche Informationen vertrauenswürdig sind und welche nicht.

220 Regionen kämpfen für ihre eigene Sache

Was ist Europa? 25 Länder oder eine Versammlung hunderter Regionen? Letzteres, sagen einige. Die Grenzen sind abgeschafft, was übrig bleibt, sind Regionen. Gebiete, in denen ein Dialekt gesprochen oder Wein angebaut wird oder in denen eine bestimmte Industrie zu finden ist.

Die Regionen finden, dass sie auch ihre eigene Stimme in Brüssel hören lassen müssen, um ihre Meinung zu einer bestimmten Gesetzgebung zum Besten zu geben oder um Subventionen in ihr Gebiet zu holen.

Deshalb sitzen 220 regionale Vertreter in Brüssel, um die Interessen von beispielsweise Nordrhein-Westfalen, Katalonien oder des Ballungsraums im Westen der Niederlande zu vertreten.

Es ist nicht so, dass die Mitglieder des Europäischen Parlaments sagen würden: »Saarland? Nie gehört!«

Nein, nein, der Mann oder die Frau, der/die im Namen einer kleinen Ecke der EU spricht, wird sehr wohl gehört und ernst genommen.

Und zu Hause? Da findet man es prima, wenn das Büro in Brüssel satte Subventionen für die Entwicklung ländlicher Gegenden oder zur Schaffung neuer Arbeitsplätze ergattert.

Es ist sehr praktisch, wenn ein Lobbyist, der Fachkenntnisse in einem bestimmten Gebiet hat, Berichte erstellt oder ein EP-Mitglied mit jemandem aus seinem Netzwerk in Kontakt bringt. Ein Beispiel: Stammzellenforschung und genetische Modifizierungen erfordern spezielle Kenntnisse, bevor man zu einem Urteil kommen kann. Lobbyisten können hier einen Parlamentarier und einen Experten miteinander ins Gespräch bringen.

Es liegt selbstverständlich in der Verantwortung des Parlamentariers, dafür zu sorgen, dass er Informationen von verschiedenen Gruppen bekommt und nicht einseitig informiert wird.

Für und Wider heben einander auf

Lobbyisten beeinflussen also den Entscheidungsprozess, indem sie Informationen zur Verfügung stellen, damit Parlamentarier motiviert für oder gegen etwas stimmen oder Änderungsvorschläge einreichen können. Ein Lobbyist versucht, den Gang der Dinge für seinen Auftraggeber in eine günstige Richtung zu lenken.

Manchmal zeigt sich, dass sich alle Lobbyisten auf ein bestimmtes Thema gestürzt haben, und dann wird es interessant: Die armen EP-Mitglieder werden dann mit Ideen und Informationen nur so bombardiert und wissen am Ende nicht mehr, was sie tun oder lassen sollen – der eine sagt, »hüh«, der andere »hott«, und was ist nun das Richtige? Keins von beidem.

So geschehen bei einer Software-Richtlinie. Es ging um ein kompliziertes Problem, das mit Patenten für Software und Geräte zu tun hatte. Nehmen wir an, in einem Mobiltelefon findet sich ein cleveres bisschen Software. Der Erfinder dieser Software kann ein Patent anmelden, damit niemand ungestraft seine Erfindung nachahmen kann. Die großen Software-Firmen wollten, dass eine Richtlinie erlassen würde, die Erfindungen schützt. Sie haben viel Geld für Forschung ausgegeben und wollten dementsprechend verhindern, dass sich der eine oder andere Witzbold mit ihrer Idee auf und davon machen kann.

Demgegenüber standen kleine Software-Entwickler, die ziemlich klug sind, aber kein Geld für teure Patente haben. Die waren natürlich gegen die Richtlinie.

Die EU wusste es auch nicht mehr: Müssen wir nun strenger mit den Patenten werden oder nicht? Was ist das Beste für Innovationen in Europa: jeder, wie er lustig ist, oder ein besserer Schutz für neue Erfindungen? Geschehen ist bisher nicht viel.

Da steht man dann als junger, brillanter Lobbyist mit einem europäischen Software-Giganten im Nacken. Da hat man sich den ganzen Tag im Schweiße seines Angesichts ausgeklügelte Formulierungen ausgedacht, ist wie auf Eiern gelaufen, um den Mann zufrieden zu stellen, und dann zeigt sich, dass die ganze Lobbyarbeit von Befürwortern und Gegner sich zu guter Letzt gegenseitig aufhebt!

Kunst im Parlament

Jedes EP-Mitglied darf einmal pro Jahr einen europäischen Künstler für eine Ausstellung im Parlamentsgebäude vorschlagen. Gratis, der Künstler bekommt kein Geld, das Parlament auch nicht. Das Parlament stellt das Nötige zur Verfügung: den Raum, um das Werk eines Künstlers für eine Woche auszustellen, große Tafeln, an denen Bilder aufgehängt werden können, und es wird für Beleuchtung und die nötige Ausstattung bei der Eröffnung der Ausstellung gesorgt: ein Sprechpult, ein Mikrofon, ein Tisch für Broschüren und Ähnliches – und natürlich Getränke und Häppchen. Es gibt so viel Andrang für diese Möglichkeit, dass eine Warteliste von mehreren Monaten besteht.

Wer noch so alles herumläuft

Wer zum ersten Mal das Gebäude des Europäischen Parlaments betritt, merkt sofort, wie viele Menschen dort herumlaufen. Man begreift sofort, dass nicht alle Parlamentarier sein können. Stimmt: Es kommen Tausende von Menschen zum Parlamentsgebäude. Neben Politikern, Journalisten und Lobbyisten sind da natürlich noch die Beamten. Insgesamt hat das EP mehr als 4.000 Menschen an den »Standorten« Brüssel, Straßburg und Luxemburg in seinen Diensten.

Neben den Tausenden »Bewohnern« der Gebäude sind dort auch jede Menge Besucher unterwegs. Nationale Politiker und Beamte aus den Mitgliedsstaaten kommen regelmäßig zu Besuch und natürlich auch Gruppen von Bürgern, die von EP-Mitgliedern eingeladen werden.

Studenten und Schüler

Glücklicherweise erfreut sich Europa regen Interesses von Schülern und Studenten. Die politischen Fraktionen bieten Praktika an, und wenn ein Student eine Untersuchung durchführen oder ein Schüler eine Arbeit für die Schule erstellen will, stehen die Türen des Parlaments weit offen.

Das ist nur logisch, wenn man bedenkt, dass es extrem schwierig ist, den Bürgern Europa zu »verkaufen«. Jeder, der die Initiative ergreift, um Brüssel besser kennen zu lernen und die frohe Botschaft des vereinten Europas zu verkünden, wird dementsprechend herzlich willkommen geheißen.

Für Studenten, die an einem Praktikum interessiert sind, gibt es eine spezielle Website: http://www.europarl.eu.int/stages/reg_de.htm. Hier kann man die Bedingungen finden, die mit einem bestimmten Praktikumsplatz verknüpft sind. Man kann sich auch zu anderen europäischen Institutionen weiterklicken, um zu sehen, was diese zu bieten haben. Nach guter europäischer Tradition muss einiges an Formularen ausgefüllt werden, und es sind eine Reihe von Formalitäten zu erfüllen, aber jeder zwischen 18 und 45 Jahren kann mitmachen. Bei der Europäischen Kommission gilt eine Altersgrenze von 30 Jahren. Jede Institution hat ihr eigenes Prozedere. Auch gut zu wissen: Über die Personalabteilung des Parlaments kann auch eine Anfrage für einen Studienbesuch eingereicht werden, der maximal einen Monat dauern darf.

He, ein Bürger!!!

Im Gegensatz zu nationalen Parlamenten lässt das Europäische Parlament nur selten Bürger auf der öffentlichen Tribüne zu. Wer den Pförtner eines nationalen Parlaments fragt, ob er oder sie hinein darf, wird meist einen Ausweis oder Pass vorzeigen müssen, und damit sind alle nötigen Formalitäten abgewickelt.

Das ist in Brüssel anders. Wenn Sie ins Parlamentsgebäude wollen, kommen Sie bis zum Informationsladen, wo man Mappen und Broschüren über die EU bekommt. Wenden Sie sich aber an die Sicherheitsleute, um zu fragen, ob Sie hineindürfen, wird man verlangen, dass Sie den Namen einer Kontaktperson nennen. Kennen Sie keinen, bleiben Ihnen die Pforten des Parlaments versperrt.

Die meisten Bürger, die das EP besuchen, sind bei einem Parlamentsmitglied zu Gast. Sie können aber auch vorher schriftlich anfragen, ob ein Besuch gestattet wird.

Diese wenig gastfreundliche Haltung wirkt ein wenig befremdlich. Besonders da doch angeblich jeder, der für die EU arbeitet, so gern möchte, dass die Bürger mehr Interesse an ihrer Arbeit zeigen. Vielleicht hat es damit zu tun, dass jeder, der einmal im Gebäude ist, überall hin kann. Dann kann man ins Restaurant, zu den Sitzungssälen und zu den Büros der Politiker. Man könnte fast denken, dass es nicht Sinn der Sache sei, dass Politiker urplötzlich mit einem oder mehreren Wählern konfrontiert werden. Wahrscheinlich würden sie sich zu Tode erschrecken!

Wer eine Anfrage einreicht und in einer Gruppe anreist, bekommt ein Programm geboten, das ungefähr drei Stunden dauert. Es gibt eine Abteilung, die dafür sorgt, dass Gruppen eine allgemeine Führung bekommen, ein Parlamentsmitglied treffen und einer Sitzung beiwohnen können.

Ganz anders liegt der Fall für Bürger, die sauer sind und die Aufmerksamkeit ihres Vertreters in Brüssel ergattern wollen. Wer zum Demonstrieren kommt, kann meist mit der Aufmerksamkeit der Polizei rechnen. Hierzu mehr in den nächsten Abschnitten.

Wütende Bürger in Brüssel

Immer mehr Gesetzgebungen kommen aus Brüssel, wie Sie schon gesehen haben. Alle Glieder der Gesellschaft kennen den Weg nach Brüssel, inzwischen wird er häufiger beschritten als noch vor ein paar Jahren. Jede Woche gibt es eine Demonstration von Menschen aus einem der Mitgliedsstaaten, die ihre Angelegenheit in Sichtweite der Brüsseler Szene bringen wollen.

Aktionen gibt es aber nicht nur auf der Straße, auch im Parlamentsgebäude wird demonstriert, dann aber auf eine wohl organisierte Weise, ganz nett mit Gratisgetränken für alle, die sich eben die Zeit nehmen, die Interessen anzuhören.

Probieren Sie echten (!) Parmaschinken

Das Risiko bei einem erfolgreichen Produkt ist, dass es nachgeahmt wird. Das gilt auch für Essen, das aus einem bestimmten Gebiet kommt. Italienische Produzenten typisch italienischer Spezialitäten sorgten sich schon seit Jahren über die Bösewichter, die ihre einzigartigen Waren kopieren. Es war Zeit, aktiv zu werden, und zwar auf höchstem Niveau: Auf nach Brüssel!

Im Gebäude des Europäischen Parlaments wurden alle Produkte aus Italien ausgestellt, die schon kopiert worden waren. Ein paar schöne, aber böse dreinschauende Damen saßen an einem Tisch voller Fressalien, die unter falscher Flagge segeln, um zu erläutern, welch eine Riesenschande das ist. Auf der anderen Seite standen zehn weitere Tische mit herrlichen, original italienischen Produkten: Parmaschinken, Parmesan, Chianti und andere wunderbare italienische Weine – prego!

An einem Mikrofon nahm ein wichtiger Italiener Platz, um eine flammende Rede über den Schutz authentischer Produkte zu halten. Eine gegen Fälschungen also. Nach dieser Ansprache ergriff ein italienischer Parlamentarier das Wort und erklärte, dass diese Angelegenheit schnellstmöglich so hoch wie möglich auf die Prioritätenliste des Parlaments gesetzt werde. Bravo! Danke, dass Sie gekommen sind! Sie leisten einen wichtigen Beitrag zur europäischen Einswerdung! Alle Anwesenden erhoben das Glas, um auf die einzigartigen kulinarischen italienischen Produkte anzustoßen. Jeder, der zufällig vorbeikam, nahm ein Glas Chianti und war an dem Tag, zu dieser Stunde, völlig eins mit den Italienern.

Die Lobbygruppe des Tages

Bauern lassen mit einiger Regelmäßigkeit in Brüssel von sich hören. Aber der landwirtschaftliche Sektor umfasst mehr als die Bauern. Auch Zulieferbetriebe oder Unternehmen und Organisationen, die Güter und Dienste an landwirtschaftliche Betriebe liefern oder von ihnen erhalten, haben indirekt Einfluss auf einen gesunden landwirtschaftlichen Sektor und sind von ihm auch abhängig, und demzufolge lassen auch diese Unternehmen von sich hören.

Fast täglich finden Aktionen im Europäischen Parlament statt. Ob es nun um Umweltschützer, Olivenbauern oder Gruppen geht, die eine Lanze für einen bestimmten Industriezweig brechen wollen: Sie alle kennen den Weg nach Brüssel.

Im Parlamentsgebäude läuft alles ganz ordentlich ab: Die betreffende Gruppe stellt einige Monitore oder Tische mit Ordnern auf, es gibt ein Mikrofon, und etwa zur Cocktailstunde hält jemand eine flammende Rede, nach der allen Anwesenden ein Getränk angeboten wird.

Diese Kundgebungen finden im dritten Stock statt, wo man über eine Brücke vom einen Gebäude mit dem Sitzungssaal zum anderen mit den Büros laufen kann. Hier steht auch ein Lesetisch, es gibt Computer und eine Bar, wo man Kaffee und andere Getränke bekommt. Kurzum: Hier ist der Dorfplatz Europas!

Die Anwesenheit von Interessengruppen, die sich dort einfinden, ist für alle Parteien spannend. Die Gruppe, die erscheint, kann ihr Statement abgeben, die Politiker und Beamten werden informiert, und es gibt viele Möglichkeiten für informelle Kontakte bei einem Gläschen und Häppchen.

Achtung, Demonstration!

In allen Aufzügen des Bürogebäudes der Europäischen Kommission hängt ein bedrohlicher Brief: Heute kommen Bauern, die demonstrieren werden! In dem Brief wird erklärt, dass eine Kundgebung wütender Bauern angekündigt ist, die ihrem Unmut über die Agrarpolitik Luft machen wollen. Es steht auch da, dass die Menschen besonders wachsam sein sollen und dass auch das Sicherheitspersonal besonders aufpassen werde. Danach folgt die geplante Route der Demonstranten durch Brüssel, und der Ort, an dem die Demonstration enden soll. Es wird vor Verspätungen öffentlicher Verkehrsmittel und Staus gewarnt.

Zu demonstrieren ist in einem demokratischen Land ein Recht, und da die Europäische Union immer mehr Dinge bestimmt, kommen mehr Demonstranten nach Brüssel, um wissen zu lassen, was sie davon halten. Darüber wird von den Menschen, die in Brüssel arbeiten, häufig gemeckert – sie sind da einfach wegen ihres Jobs und können die Probleme all der Demonstranten auch nicht einfach so lösen, sie sitzen regelmäßig in den Straßen Brüssels fest, weil der Verkehr zusammenbricht und mal wieder ein paar Straßen völlig gesperrt sind.

Nehmen Sie sich eine Heugabel und holen Sie sich Ihr Recht!

In der Geschichte der Europäischen Union ist die Zahl der Bauerndemonstrationen fast nicht mehr zu zählen. Das ist nicht verwunderlich, wenn man bedenkt, dass 40 Prozent des europäischen Haushalts in die Landwirtschaft fließen. Zugleich steht der Agrarsektor unter Druck, weil Nahrungsmittel auf dem Weltmarkt viel billiger geworden sind und aus den entlegensten Ecken nach Europa transportiert werden können. Die Preise sind gesunken und damit auch die Einkommen der Bauern. Das Leben aller Arbeitnehmer und Unternehmer in der Landwirtschaft wird größtenteils von Brüssel bestimmt. Und zu allem Überfluss hat die EU auch noch beschlossen, die Subventionen für die Landwirtschaft abzubauen. Bauern lassen also immer noch regelmäßig von sich hören.

Bei jedem Gipfeltreffen ist es wieder so weit: Globalisierungsgegner, Europagegner, Hausbesetzer, Autonome, Anti-Alles-Aktivisten gehen auf die Straße, blockieren Kreuzungen und bewerfen die Polizei mit Abfall. Und jedes Mal muss die Polizei eingreifen und Menschen verhaften.

Beamte in Europa

In diesem Kapitel

- Europabeamte aus ganz Europa
- Strenges Auswahlverfahren und interessante Arbeit
- Europabeamte verdienen sehr gut

Wer Ambitionen hat, Europabeamter zu werden, muss einen langen Weg zurücklegen. Die erste Anforderung für eine höhere Funktion ist ein abgeschlossenes Fachhochschul- oder Universitätsstudium. Danach muss man in Wettbewerb mit Tausenden anderen Kandidaten aus ganz Europa treten. Um zu einer fairen Auswahl zu kommen, müssen alle Kandidaten ein vergleichbares Examen, das *Allgemeine Auswahlverfahren*, bestehen. Die Prüfung ist eine ziemlich schwer zu überwindende Barriere. Dazu kommt, dass im Zuge der Erweiterung derzeit vor allem nach Kandidaten aus den neuen Mitgliedsstaaten gesucht wird. Mit anderen Worten: Es ist alles andere als leicht.

Wie man Europabeamter wird

Für das Anwerben von Personal gibt es ein zentrales Büro, das EAP. Diese Abkürzung steht für *Europäisches Amt für Personalauswahl*.

Auf der folgenden Website können Sie nachsehen, welche freien Stellen ausgeschrieben sind: http://europa.eu.int/epso.

Von dort kann man sich auch weiter durch die verschiedenen Institutionen klicken, um festzustellen, welche Jobs dort ausgeschrieben werden. Die EAP-Website stellt auch Informationen über das Auswahlverfahren und zu offenen befristeten Arbeitsstellen zur Verfügung.

Man kann sich online bewerben, aber es kann auch sein, dass eine schriftliche, unterschriebene Bewerbung verlangt wird. Jede Institution hat ihre eigenen Regeln.

Um zu verhindern, dass alle Interessenten ihren Lebenslauf einsenden, ist die Bewerbung nur über das *Allgemeine Auswahlverfahren*, auch *Concours* genannt, möglich. Die ganze Prozedur dauert ungefähr ein Jahr.

Nicht nur, dass die Kandidaten ein abgeschlossenes Studium brauchen, sie müssen Staatsbürger eines der Mitgliedsstaaten oder eines Beitrittslandes sein, und sie müssen mindestens zwei offizielle Sprachen der EU sprechen. Für die niedrigeren Funktionen werden übrigens weniger hohe Ansprüche an die Ausbildung gestellt.

Ernennungen: Wir mischen uns da nicht ein, außer ...

Europäische Beamte müssen in zweifacher Hinsicht neutral sein: Sie dürfen nicht den Belangen eines Mitgliedsstaates dienen (auch nicht denen ihres eigenen Landes) und sie dürfen keine politischen Ziele verfolgen.

Bei der Ernennung eines Beamten muss die Politik ihren Mund halten und darf keinen Einfluss ausüben. So steht es auf dem Papier. Aber oh weh, oh weh, wenn ein Beamter gegen den Willen einer politischen Gruppe im Parlament ernannt wird! Dann rühren sich die Politiker, dann brodelt die Gerüchteküche und ein leises Flüstern ist in den Gängen des Parlaments zu vernehmen.

Wenn eine brisante Stelle zu besetzen ist, beispielsweise die eines Generaldirektors oder ein entscheidender Posten im Bereich der Information, kommen politische Gruppen zusammen, um die Interessen abzusprechen. Via E-Mail, Post und informellen Treffen wird dann sehr wohl Lobbyarbeit getätigt, um die Ernennung einer bestimmten Person durchzusetzen oder zu verhindern.

Was macht also der kluge Kandidat? Selbst Lobbyarbeit pflegen! Auf nach Brüssel, auf nach Straßburg. Verkauf dich selbst, sprich mit den Damen und Herren und spiel beim europäischen Spiel mit!

Reagiere ruhig in deiner eigenen Sprache

Nett ist, dass man in der eigenen Sprache mit den Institutionen kommunizieren kann. Es gibt einen großen Sprachapparat bei der EU, der auf dem Gedanken beruht, dass die Bürger nicht auf eine Sprachbarriere treffen sollen, wenn sie sich an Brüssel wenden.

Das heißt für Bewerber, dass sie ihr Bewerbungsschreiben auf Finnisch, Ungarisch oder Deutsch aufsetzen können und auch ganz brav in ihrer eigenen Sprache Antwort bekommen. Nachdem der Brief eingegangen ist, wird er für den Beamten übersetzt, der ihn bearbeitet, und wenn eine Antwort formuliert worden ist, wird die wieder in die Sprache des Bewerbers übersetzt.

Eine befristete Anstellung kann Jahre gelten

Die Europäische Kommission macht vielfältigen Gebrauch von auf Zeit ernannten Bediensteten. Unter *auf Zeit* muss man sich nicht ein paar Wochen oder Monate vorstellen, nein, ich rede hier von Jahren! Eine zeitlich befristete Anstellung für zwei, drei oder vier Jahre kann außerdem ein paar Mal verlängert werden, so dass sie einer Festanstellung recht ähnlich werden kann.

Dieses System hat für beide Seiten Vorteile: Die Kommission kann mehr Personal einstellen, als es nach den offiziellen Regeln erlaubt wäre. Zeitlich begrenzt angestellte Bedienstete drücken nicht so sehr aufs Budget, das für fest angestelltes Personal reserviert ist. Wenn mehr Bedarf an Arbeitskräften besteht, ist eine befristete Anstellung eine gute Alternative.

Für den Bediensteten ist so eine befristete Anstellung durchaus auch günstig, denn er hat damit einen guten Job und einen Fuß in der Tür der EU. Aber es gibt auch ein Häkchen, um nicht zu sagen, einen ausgewachsenen Haken: Eine Festanstellung bekommt man nur, wenn man den Concours bestanden hat. Und das ist für viele Menschen ein unüberwindbares Hindernis.

So gibt es denn auch Beamte, die, wie erwähnt, schon seit Jahren für die Europäische Kommission arbeiten und ganz offensichtlich für ihre Funktion geeignet sind, aber doch keine Festanstellung besitzen, weil sie Jahr um Jahr nicht durch das Auswahlverfahren kommen. Das ergibt merkwürdige Situationen: Die befristet ernannten Bediensteten gehören nie wirklich ganz dazu und wissen nie sicher, ob sie im folgenden Jahr noch einen Job haben. Zugleich bauen sie Erfahrung in ihrem Fachgebiet auf, aber wenn jemand anderes den Concours besteht, kann es passieren, dass der den Job bekommt, auch wenn er weniger Erfahrung hat.

Dieser schreckliche Concours

Bedienstete, die in den Dienst einer der europäischen Institutionen eintreten wollen, müssen also den Concours bestehen. Um alles fair zu gestalten, ist das für alle Kandidaten aus allen Mitgliedsstaaten gleich.

Beim Concours gibt es einen allgemeinen Teil, gefolgt von speziellen Teilen, in denen juristisches oder wirtschaftliches Fachwissen gefragt ist. Alle Fragen sind nach dem Multiple-Choice-Verfahren erstellt, das heißt, es gibt verschiedene vorgegebene Antworten, von denen nur eine richtig ist. Zum Schluss des Auswahlverfahrens gibt es ein Gespräch mit der Bewerbungskommission.

Die Fragen und die unmöglichen Antworten

Auf der Website des Amtes für Personalauswahl kann man Beispiele der Examensfragen einsehen. Im allgemeinen Teil, dem ersten Teil des Concours, den jeder Kandidat absolvieren (und bestehen) muss, sind beispielsweise die folgenden Fragen und Aufgaben zu finden:

1. Welche der folgenden Kriterien gehört *nicht* zu den Konvergenzkriterien, von denen im Maastrichter Vertrag die Rede ist?

    A. Haushaltsdefizit

    B. Inflation

    C. Wirtschaftliches Wachstum

    D. Langfristige Zinsen

2. Welche europäischen Gemeinschaften wurden 1967 zur »Europäischen Gemeinschaft« zusammengefasst?

   A. Die Europäische Wirtschaftsgemeinschaft und die Europäische Gemeinschaft für Kohle und Stahl

   B. Die Europäische Wirtschaftsgemeinschaft, die Europäische Gemeinschaft für Kohle und Stahl und die Europäische Gemeinschaft für Atomenergie

   C. Die Europäische Wirtschaftsgemeinschaft und die Europäische Gemeinschaft für Atomenergie

   D. Die Europäische Gemeinschaft für Kohle und Stahl und die Europäische Gemeinschaft für Atomenergie

3. Laut den Angaben von Eurostat für 1997 produziert die EU mehr als 50 Prozent der Weltproduktion eines der folgenden Agrarprodukte. Welches?

   A. Getreideprodukte

   B. Milch

   C. Fleisch

   D. Wein

4. Welche der folgenden ist einer der Strukturfonds der Union?

   A. Der europäische Sozialfonds

   B. Der europäische Entwicklungsfonds

   C. LIFE

   D. PHARE

5. Wer war der erste Vorsitzende der Kommission der Europäischen Wirtschaftsgemeinschaft?

   A. Jean Monnet

   B. Robert Schuman

   C. Alcide de Gasperi

   D. Walter Hallstein

6. In der Kommission für die Gemeinschaftliche Außen- und Sicherheitspolitik (GASP) gilt entsprechend des EU-Vertrags für die Kommission:

   A. dass sie nicht berechtigt ist, von sich aus die Initiative zu ergreifen

   B. dass sie das alleinige Initiativrecht hat

   C. dass sie sich das Initiativrecht mit den Mitgliedsstaaten teilt

   D. dass sie sich das Initiativrecht mit dem Europäischen Parlament teilt

Es läuft also darauf hinaus, dass man sowohl Wissen über aktuelle Dinge wie Zahlen als auch geschichtliche Kenntnisse braucht. Auch die Prozeduren und die Verträge, die in der EU Geltung haben, muss man kennen. In der letzten Frage muss man sich darüber im Klaren sein, dass in der Fragestellung von zwei verschiedenen Kommissionen die Rede ist, die zweite ist die Europäische Kommission. Oh ja, und bevor wir's vergessen, hier die richtigen Antworten:

1. C   4. A
2. B   5. D
3. D   6. C

Nach dem allgemeinen Wissenstest folgt einer, der mehr auf die Stelle ausgerichtet ist, auf die man sich bewirbt. Ein Beispiel: Jemand, der sich für einen Job im Bereich Wirtschaft und Finanzen bewirbt, muss Fachfragen hierzu beantworten, die wie folgt aufgebaut sein können: Zuerst muss man einen kleinen Text über Unternehmer in Europa lesen. Es wird dargestellt, wie die Rollen mittelständischer und kleiner Unternehmen aussehen. Danach werden vier Behauptungen aufgestellt, die sich auf den Text beziehen. Der Kandidat muss angeben, ob die Behauptungen wahr sind, nicht wahr oder ob sie sich aus dem vorliegenden Text nicht ergeben.

Ein Problem fällt sofort auf: Es gibt hier keinen Raum für Nuancen. Wenn in den Multiple-Choice-Antworten eine Behauptung enthalten ist, von der Sie denken, dass sie nicht völlig falsch, aber auch nicht völlig richtig ist, werden Sie geneigt sein, sich für die Antwort zu entscheiden, die Sie für die am wenigsten falsche halten, ohne das Gefühl zu haben, wirklich richtig geantwortet zu haben. Wenn es dann in einer anderen Antwortmöglichkeit ebenfalls gute Elemente gibt, werden Sie gar nicht mehr wissen, was Sie tun sollen.

Diese Testmethode verunsichert Kandidaten ziemlich stark. Man fühlt sich auch einigermaßen irregeführt, weil man mit Behauptungen konfrontiert wird, die nichts mit dem Text zu tun haben. Es gibt einen Hinweis darauf, dass man die Antwort nur auf die Aussagen des Textes bezogen geben soll, es wird also erwartet, dass man das Wissen ignoriert, das man sonst vom jeweiligen Thema hat.

Für Menschen, die akademisch geschult und daher gewohnt sind, sehr wohl ihre Fakten aus unterschiedlichen Quellen zu ziehen und sie zu kombinieren, kann das ganz schön schwierig sein.

Nordeuropäer können es nicht so gut

Um die Fragen im Concours beantworten zu können, muss man ein breit gefächertes Wissen über Europa, die europäische Geschichte und die EU haben.

Selbst Menschen, die sehr klug sind, eine akademische Ausbildung (oder gar zwei) abgeschlossen und sich gut auf den Test vorbereitet haben, fallen häufig durch. Das kommt teils durch die Fragen; Lernen für einen solchen Test heißt stures Pauken und dafür sorgen, dass man die richtige Antwort sofort ankreuzen kann, auswendig lernen also, und nicht so viel selbst nachdenken.

Es wird behauptet, dass der Auswahltest Einwohnern aus den südlichen Ländern leichter falle, weil diese Art von Multiple-Choice-Tests dort breiter akzeptiert ist. Mit Scheuklappen durchmarschieren, wie es ein solcher Test erfordert, scheint den Einwohnern aus Nordeuropa schwerer zu fallen. An Schulen und Universitäten liegt der Schwerpunkt nicht auf dem Lernen von Fakten, denn Fakten, die kann man nachschlagen. Hier wird von Studenten eher erwartet, dass sie analysieren und versuchen, Fakten miteinander in Beziehung zu setzen, um so zu einer Einsicht zu gelangen.

Beim Concours ist das leider nicht wichtig! Da geht es sehr wohl um harte Fakten. In welchem Jahr ist Schweden der EU beigetreten? Was beschlossen die Regierungsoberhäupter in Maastricht? Wie viele Mitglieder hat der Ausschuss der Regionen?

Keine Panik – in vielen Ländern gibt es Kurse, die von den Ministerien organisiert werden, damit die Untertanen sich gut auf die schwierigen europäischen Tests vorbereiten können. Es gibt auch spezielle Broschüren, in denen beispielsweise »120 Fragen über die EU« für die Aspiranten abgehandelt werden. Der Concours ist das Ticket zu einem Job, es ist also durchaus der Mühe wert, hart dafür zu lernen.

Lobbyismus im Beamtenstadl

Die großen Länder machen sich eine ganze Menge (Lobby-)Arbeit für ihre eigenen Leute. Frankreich, Großbritannien und Spanien setzen sich sehr für gute Jobs für ihre Bürger ein.

In Deutschland hatte man das Problem, dass im Verhältnis zur Bevölkerungszahl und dem finanziellen Beitrag Deutsche bis in die 90er Jahre als Mitarbeiter in Brüssel unterrepräsentiert waren. Seit 2001 werden nun vom Auswärtigen Amt in Berlin Vorbereitungskurse für den Concours angeboten. Diese Seminare sollen die Bewerber mit den Hintergründen, Kriterien und Abläufen des Auswahlverfahrens vertraut machen. Die Kandidaten werden zudem speziell in Multiple-Choice-Tests geschult. Seitdem hat die Zahl der Deutschen, die den Concours bestehen, stetig zugenommen.

Einzelne Organisationen wie die Konrad-Adenauer-Stiftung bieten auch Seminare für Interessenten aus den Beitrittsländern an.

Wer sich dafür interessiert, kann mehr erfahren unter http://www.auswaertiges-amt.de/www/de/eu_politik/wissenswertes/concours/vorbereitung_html.

Manche Menschen machen Jahr für Jahr mit

Es gibt Menschen, die jedes Jahr wieder am Concours teilnehmen und jedes Mal durchfallen. Das können auch Menschen sein, die nicht bei der Europäischen Kommission arbeiten, sondern beispielsweise Lobbyist oder Berater sind. Oft sind es Leute, die viel über Europa und die EU-Systematik wissen und trotzdem nicht ohne Blessuren durch den Test kommen. Das gilt, wie schon erwähnt, auch für Menschen, die schon in einem zeitlich befristeten Arbeitsverhältnis zur EU stehen.

Wenn man jedes Jahr wieder mitmacht, bekommt man natürlich ein immer besseres Gefühl dafür, wie diese Art von Test anzugehen ist. Aber das Ganze bekommt dann auch ein bisschen was von einer Lotterie. Nur drei Prozent der Teilnehmer besteht den Concours.

Für die höchsten Laufbahnen muss kein Concours abgelegt werden. Für einen Generaldirektor (eine A1-Funktion) oder einen Direktor (A2-Niveau) können auch Menschen von außerhalb der Institutionen angeworben werden, wenn sie geeignet sind und beispielsweise schon bei anderen internationalen Organisationen arbeiten. Bedingung ist aber, dass innerhalb des europäischen Beamtenapparates nicht schon ein geeigneter Kandidat vorhanden ist, der wäre zu bevorzugen.

Da sitzt man dann in seinem Büro

Wenn man nach all den Mühen mit dem Concours dann endlich Beamter ist, landet man in einem der vielen Bürogebäude in Brüssel. Die sind übrigens kein luxuriöses Umfeld, sondern so gestaltet, wie man das in einer staatlichen Organisation erwartet: Standardbüros mit einer Standardeinrichtung. Langweilig eben.

Was wohl sehr angenehm ist, ist die internationale Atmosphäre. Wenn man durch einen Gang in einem Brüsseler EU-Gebäude läuft, hört man aus jedem Büro eine andere Sprache. Es ist eine multikulturelle Umgebung, in der unterschiedliche Stile und Gewohnheiten aufeinander treffen.

Viele Beamte erledigen intellektuell anspruchsvolle Aufgaben selbstständig. Das Nachdenken über eine Gesetzgebung oder die Vorbereitung eines Vertrages ist nicht selten eine eher einsame Arbeit. Die Beamten, mit denen ich für dieses Buch gesprochen habe, haben Spaß an ihrem Job, weil es eine große Herausforderung ist, die Politik für hunderte Millionen von Menschen zu planen. Auch das hohe Gehalt in Kombination mit der Sicherheit des Arbeitsplatzes ist für viele ein Grund, sich für eine europäische Beamtenkarriere zu entscheiden.

Hochwertige Denkarbeit

Wie erwähnt, die Arbeit vieler Beamter ist es, über politische Entscheidungen oder die Formgebung bestehender Bestimmungen nachzudenken. Ein Beispiel: In der Europäischen Union gibt es keine Grenzen. Das bedeutet, dass Geld, Menschen und Güter sich frei bewegen können. Klingt gut, führt aber zu einigen »unsauberen Zuständen«.

In beinahe allen Ländern sind Beiträge zur Altersversorgung von der Steuer abziehbar. Jeden Euro, den ein Arbeitnehmer in seine Rentenversicherung einzahlt, darf er – in bestimmten Grenzen – von seinem Einkommen abziehen und braucht gar keine Steuern oder nur geringere Steuersätze dafür zu bezahlen. Der Staat subventioniert so das Sparen für die Rente. In vielen Ländern ist es zurzeit aber noch so, dass die Steuerabzüge nur dann zulässig sind, wenn die Prämien an einen Rentenversicherer im eigenen Land bezahlt werden.

Das heißt, dass ein Arbeitnehmer, der von einem in ein anderes Land umzieht, nicht bei seinem bisherigen Rentenversicherer bleiben kann. Das steht seiner Freiheit, seinen Wohnort frei zu wählen und damit dem Grundsatz des freien Verkehrs von Personen im Weg. Außerdem wird so der grenzüberschreitende Wettbewerb behindert – ausländische Rentenversicherer können ihre Leistungen nicht über Grenzen hinweg anbieten, weil sie nicht steuervergünstigt behandelt werden.

Der Europäische Gerichtshof, der über diese Art von Dingen urteilt, hat festgelegt, dass das so nicht geht. Und nun kommt die Europäische Kommission mit ihren Beamten ins Bild: In der Abteilung, die sich mit Steuerfragen beschäftigt, wurde eine Mitteilung verfasst, in der die Urteile des Gerichtshofes – häufig kompliziert und schwer zu verstehen – ausgelegt werden.

Diese Mitteilungen gehen an alle Länder und interpretieren die gesetzliche Bestimmung für alle Einwohner der EU. Sie sind nicht bindend, erläutern aber, wie das europäische Recht (in diesem Fall ein richterliches Urteil) in die Praxis umzusetzen ist.

In einer Zelle von drei mal vier Metern mit geschlossener Tür

Der Beamte, der eine solche Mitteilung schreibt, sitzt – meist allein – in seinem Büro und denkt über die passenden Formulierungen nach. Er interpretiert die Urteile des Gerichtshofes und legt diese in der Mitteilung aus.

Er arbeitet in einem kleinen Büro von drei mal vier Metern, mit einem Schreibtisch und einem Computer. Trotzdem kann er zufrieden sein: Seine geistige Arbeit beeinflusst die Art, wie Renten geregelt werden, und das für hunderte Millionen von Menschen. Der Kontrast hat was: Von einem Mann in einem kleinen Zimmerchen wird etwas geregelt, was für so unglaublich viele Menschen Geltung hat.

Der Beamte arbeitet allein und darf sich zum größten Teil selbst ausdenken, wie genau er seine Arbeit macht. Manchmal wird der Inhalt einer Mitteilung von jemandem über ihm erstellt, aber manchmal auch nicht. Es ist eine Arbeit auf einem hohen Niveau, deren Ergebnis viele Menschen betrifft. Und das macht es interessant. Menschen, die nicht gut auf sich allein gestellt arbeiten können, werden mit diesem System allerdings nicht so gut zurechtkommen.

Man hat Einfluss auf über 500 Millionen Menschen

Gesetzgebung in der Europäischen Union betrifft hunderte Millionen von Bürgern. Vor der Erweiterung lebten rund 375 Millionen Menschen im EU-Gebiet, seit der Erweiterung sprechen wir von fast einer halben Milliarde Menschen. Viele Beamte finden es toll, dass sie über die gesetzlichen Regelungen für so eine große Bevölkerung mitbestimmen.

Was sich ein Einzelner ausdenkt, geht viele Menschen an

Die meisten Bediensteten der EU stehen im Dienst der Europäischen Kommission. Dieses Geschäftsführungsorgan ist mit seinen 24.000 Beamten relativ klein, wenn man es mit anderen Staatsapparaten vergleicht. Die Größe der Kommission ist ungefähr so groß wie die Verwaltung einer europäischen Großstadt, aber die Arbeit ähnelt eher der einer Regierung. Das bedeutet, dass Beamte sehr schnell große Verantwortung bekommen und politische Entscheidungen treffen müssen, die für ein großes Gebiet mit sehr vielen Menschen Folgen haben. Hier ein paar Beispiele:

- ✔ Ein Beamter, der für das Budget für Forschung zuständig ist, hat hunderte von Verträgen unter seiner Obhut. Er muss kontrollieren, ob die Absprachen mit den wissenschaftlichen Einrichtungen eingehalten werden, und er muss im Rahmen dieser Arbeit Besuche bei den beteiligten Parteien in den Mitgliedsstaaten machen. Wenn es um beispielsweise 400 Forschungsverträge geht, kann die Kontrolle nur in Stichproben stattfinden. Er darf selbst bestimmen, welche Projekte er kontrolliert. Der individuelle Beamte hat damit einen sehr großen Einfluss auf den Gang der Dinge.

- ✔ Auch wenn es um das Anmieten externer Büros beispielsweise für Kommunikation oder für die Kontrolle von Landwirtschaftssubventionen in Südeuropa geht, haben Beamte viel zu sagen. Sie sind es, die Verträge mit externen Dienstleistern abschließen, sie koordinieren von Brüssel aus die Arbeitsvorgänge und treffen Entscheidungen über die mögliche Verlängerung von Verträgen. Es kann um kleine Verträge mit einem Umfang von einigen tausend Euro gehen, aber auch um solche, bei denen es um Millionen geht.

- ✔ Zwischen 1995 und 2000 gab es ein europäisches Programm mit dem Namen »Leonardo«. Ziel dieses Programms war es, mit einem Gesamtbetrag von mehr als 600 Millionen Euro in allen Mitgliedsstaaten, Berufsausbildungen zu fördern,. So ein Programm wird mit Zulieferern ausgeführt, wie zum Beispiel mit Druckereien. Bei einem großen Projekt wie Leonardo kann ein Vertrag mit einer Druckerei schnell Hunderttausende oder Millionen umfassen.

- ✔ Hinter jedem Projekt, hinter jedem Vertrag sitzt eine Organisation, die Menschen in ihren Diensten hat, und die Beamten in Brüssel entscheiden über die Arbeit, die diese Menschen erledigen. Indirekt schafft ein Europabeamter damit Arbeitsplätze. Auch die Aktivitäten von Büros, die von Brüssel aus koordiniert werden, können viele Menschen oder große Gebiete betreffen. Ein Beispiel: Die Europäische Kommission lässt in südeuropäischen Ländern kontrollieren, ob die Subventionen für die Olivenbauern rechtmäßig verwendet werden. Wenn ein EU-Beamter zu dem Schluss kommt, dass etwas nicht stimmt, kann er Maßnahmen treffen, die dann die Arbeit von hunderten von Bauern beeinflusst.

- ✔ Ein anderes Beispiel ist das Transportverbot, das verhängt wird, wenn eine Tierseuche ausgebrochen ist. Große Teile der Agrargebiete werden dann abgeriegelt, Tiere dürfen nicht transportiert werden, Tausende Menschen werden in ihrer täglichen Arbeit behindert. Das alles geschieht im Rahmen europäischer Regeln, um der Ausbreitung von Krankheiten entgegenzuwirken. Beamte in Brüssel sind mit der Ausführung dieser Maßnahmen befasst, aber auch mit den »Nachwehen« dieser Maßnahmen. Wenn große Mengen von Tieren geschlachtet werden müssen, bekommen die Bauern Schadenersatz, der aus Brüssel kommt, und in Brüssel muss alles beurteilt und zugeteilt werden. Wenn ein Staat eine EU-Richtlinie nicht gut genug umgesetzt hat, wird eine Buße verhängt. Auch das wird von den Europabeamten beschlossen oder zumindest vorbereitet.

Datenschutz für Reisende

Europa tut viel für die Bürger, beispielsweise trifft es Regelungen zum Schutz der Privatsphäre. Persönliche Daten dürfen nicht einfach an jeden weitergegeben werden, auch nicht an die Amerikaner, die den Terrorismus bekämpfen wollen. Beamte in Brüssel haben lange und gründlich über die Anfragen aus den USA zu Passagierdaten nachgedacht – je mehr man über Touristen Bescheid weiß, desto besser kann man ein Terroristenprofil erkennen und die entsprechenden Personen herausgreifen.

Die USA wollten mehr Daten haben, als die EU bereit ist, zur Verfügung zu stellen. Die Diskussion drehte sich um drei Probleme:

1. Für welche Reiseziele wollen die USA Daten speichern?
2. Welche Daten wollen die USA haben?
3. Wie lange werden diese Daten aufbewahrt?

Als die USA diese drei Fragen umfassend beantwortet haben, wurde es für die EU ziemlich schwierig, ja zu sagen: Sie wollen die Daten für alle Ziele haben, sie wollen so viele Daten wie möglich haben und sie wollen sie 20 Jahre lang speichern. Beamte der EU-Staaten verhandeln mit Kollegen aus den USA, bis ein realistischer Zeitrahmen herauskommt, von zwei oder drei Jahren beispielsweise. Und bis die USA zusagen, dass sie die Daten nur benutzen, um Terroristen zu fassen, und nicht für allerlei andere Aufspürarbeiten. Und bis sie sich mit einer bestimmten Anzahl von Daten bescheiden und nicht Einsicht in alle Kreditkartenkäufe verlangen, so dass sie das komplette Konsumverhalten eines Einzelnen untersuchen können.

Die Beamten sorgen dafür, dass die Europakommissare alle juristischen Argumente parat haben, die sie für die Verhandlungen mit der amerikanischen Regierung brauchen. Auf Drängen der EU wird es beispielsweise einen auf Verbraucherschutz spezialisierten Anwalt an den Flughäfen geben, der vermitteln kann, wenn ein Passagier sich ungerecht behandelt fühlt.

Die Beamten arbeiten mit an der Formgebung Europas

Europabeamte sind die konstanten Faktoren in der EU. In der Europäischen Kommission sitzen alle fünf Jahre andere Personen, genau wie im Europäischen Parlament. Auch die Regierungschefs wechseln, und damit verändern sich die Diskussionen im Rat der Europäischen Union.

Dann gibt es noch den Vorsitz, der jedes halbe Jahr auf ein anderes Land übergeht. Das Bild der Vergänglichkeit ist komplett.

Die Beamten sind die, die bleiben. Sie erledigen die vorbereitenden Arbeiten und können einfacher als die Politiker das in den vergangenen Jahren bereits Erreichte weiter ausspinnen.

Das gilt sicher für die Beamten, die bei der Europäischen Kommission arbeiten. Sie sind auf ihrem jeweiligen Gebiet meist Spezialisten, und wenn sie länger für die Kommission arbeiten, sind sie häufig besser in den Akten zu Hause als die Politiker, die ein paar Jahre für eine der europäischen Institutionen tätig sind.

Die Europabeamten bekommen auch schon mal Besuch von ihren Kollegen aus dem Mitgliedsland, das den Vorsitz hat oder ihn als Nächstes übernehmen wird. Ein Land, das mit dem Vorsitz an der Reihe ist, ist oft schon ein paar Jahre vorher damit beschäftigt, die Agenda zu bestimmen, so dass man im entsprechenden Halbjahr kräftig Punkte verbuchen kann.

Das bedeutet, dass die Beamten sowohl mit dem aktuellen Vorsitzenden zu tun haben, aber auch mit dem nächsten und übernächsten.

Die nationalen Vertreter melden sich über die Leitung des Generaldirektorats und landen dann von selbst bei einem Beamten der Europäischen Kommission. Loyal, wie die Beamten sind (wir saßen hier schon vor Ihnen, wir sitzen hier, während Sie Vorsitzender sind, und wir werden auch noch hier sitzen, wenn Sie schon lange wieder weg sind), lassen sie das alles geduldig über sich ergehen.

Es sind Beamte, die die Planung im Auge behalten und genau wissen, was in welchem Jahr passieren muss. Jedes Land setzt seine eigenen Akzente, und die Brüsseler Bürokraten finden das ganz in Ordnung so. Die Politiker steigen auf einen fahrenden Zug auf und nach ein paar Jahren springen sie wieder ab. Der Beamtenapparat reist weiter.

Die Polen kommen!

Es wird immer danach gestrebt, die Funktionen innerhalb des Beamtenapparates auf eine faire Weise zu verteilen. Jeder Mitgliedsstaat muss vertreten sein. Für die kommenden Jahre bedeutet das, dass die osteuropäischen Länder viel aufzuholen haben. In den nächsten fünf Jahren gibt es Platz für 1.300 Polen und 2.100 Beamte anderer Nationalitäten. Zwar arbeitet ein Beamter für ganz Europa und nicht für das eigene Land, aber es besteht offensichtlich Bedarf an einer gerechten Verteilung. Wie immer man es anfassen wird, es wird wohl nicht vollständig gelingen, denn es sind nur wenige hoch dotierte Funktionen zu vergeben. Für die Neuankömmlinge bleiben also nur niedrigere Funktionen übrig. Insgesamt haben sich 38.000 Kandidaten aus den neuen Mitgliedsstaaten angemeldet, während es nur Jobs für ein Zehntel dieser Kandidaten gibt. Wir werden uns für das Gleichheitsprinzip stark machen, kündigte ein polnischer Regierungsfunktionär an.

Als Beamter verdient man viel Geld

Europäische Institutionen bezahlen ihre Mitarbeiter gut: Eine Sekretärin verdient leicht 2.300 Euro pro Monat. Dazu kommen noch Zuschläge, wenn man Kinder hat. Auch für Schulgeld gibt es eine gesonderte Zulage. Für Beamte, die nicht in ihrem eigenen Land arbeiten, gibt es eine besondere Vergütung. Entgegen dem, was viele Menschen annehmen, ist das Gehalt eines Europabeamten nicht steuerfrei. Europäische Beamte bezahlen eine so genannte Gemeinschaftssteuer von durchschnittlich 25 Prozent. Alles in allem haben die Beamten in Brüssel aber keine Klagen über ihre Entlohnung.

Die Lohnskala (aber keine großen Sprünge)

Die Gehälter für Europabeamte sind in eine Skala eingeteilt:

- ✓ A-Beamte sind die höchsten Funktionäre, die meist eine akademische Ausbildung haben und Bruttobezüge zwischen 4.000 und 15.000 Euro pro Monat haben. Die höchsten Bosse – Generaldirektoren – verdienen brutto mehr als 180.000 Euro pro Jahr. Das ist so ziemlich das höchste Gehalt für einen Europabeamten.

- ✓ Danach kommen die B-Beamten, die mindestens die mittlere Reife haben müssen. Ihre Gehälter fangen bei monatlich knapp 3.000 Euro an und gehen bis zu ungefähr 8.000 Euro pro Monat.

- ✓ Die C-Beamten erledigen unterstützende Arbeiten wie administrative Dienstleistungen. Ihre Gehälter variieren zwischen 2.200 und 4.500 Euro pro Monat.

Die Gehälter werden alle zwei Jahre um ungefähr vier Prozent erhöht, ein Schritt von etwa 100 bis 1.000 Euro, abhängig von der Höhe des Grundgehalts. Außerdem werden die Gehälter an die Inflationsrate angepasst.

So verdient ein Bediensteter der EU jedes Jahr ein bisschen mehr. Er macht allerdings keine großen Sprünge, außer wenn er befördert wird.

Ein freistehendes Haus

Auch B-Beamte verdienen viel mehr, als sie für einen vergleichbaren Posten im eigenen Land bekommen würden. Die Frau des Niederländers Paul van Buitenen, des Europabeamten, der einen Betrug in der Europäischen Kommission anprangerte, erzählt in seinem Buch, dass sie, als van Buitenen gerade ernannt worden war, auf Haussuche gingen. »Während wir hinter dem Eigentümer durchs Haus liefen, wechselten Paul und ich ständig ungläubige Blicke. Das konnten wir uns doch gar nicht leisten, so ein schönes, freistehendes Haus! Aber in Anbetracht des neuen Gehalts von Paul konnten wir das eben doch. Unterwegs hielten wir an, um das Ganze noch einmal zu überdenken. Wir, immer gewohnt an ein vom Staat gefördertes Reihenhäuschen, würden nun in einer Villa mit wunderschönem Garten wohnen. Wir konnten es nicht glauben. Es war zu schön, um wahr zu sein.«

Dem stehen die bekannten Vorteile einer Beamtenlaufbahn gegenüber: Man hat Sicherheit, man kann fast nicht entlassen werden und man weiß schon früh, wie hoch das Gehalt im Laufe der Zeit werden kann.

Die Vergütungen (aber kein Dienstwagen)

Neben den Grundgehältern bekommen Europabeamte weitere Vergütungen. Einer der Ausgangspunkte hierfür ist die Annahme, dass eine Karriere als Europabeamter ein Opfer darstellt, weil der Beamte fern von zu Hause arbeitet und in einem anderen Land wohnen muss, mit allen Konsequenzen, die das hat.

Für einen Deutschen oder Niederländer ist es keine so große Umstellung, in Brüssel zu arbeiten, aber für einen Spanier, Finnen oder Polen sieht das schon anders aus. Das Zulagenpaket besteht unter anderem aus:

- ✔ **Umzugsvergütung.** Auch die Kosten für die neue Einrichtung einer Wohnung oder eines Hauses werden vergütet.
- ✔ **Auslandszulage.** Abhängig vom dem Ort, wo der Beamte ursprünglich arbeitete, kann eine gesonderte Zulage gezahlt werden, die bis zu 16 Prozent des Grundgehalts ausmacht.
- ✔ **Schulzulage.** Für Schulgeld wird eine monatliche Zulage ausgezahlt, abhängig von der Schule, die die Kinder besuchen.
- ✔ **Kinderzulage.** Pro schulpflichtigem Kind empfängt der Beamte pro Monat einen festen Betrag von netten kleinen 250 Euro.
- ✔ **Verheiratetenzuschlag.** Ein Beamter, der verheiratet ist oder Kinder hat, bekommt einen Zuschlag von fünf Prozent seines Grundgehalts.

Paul van Buitenen: Gestraft, aber nicht gefeuert

Dass der rechtliche Schutz, den Europabeamte genießen, hoch ist, zeigt sich am Beispiel von Paul van Buitenen. Er arbeitete in einer Abteilung, die Forschungsverträge verwaltete. Er stolperte über Unregelmäßigkeiten, von denen er fand, dass er sie der Öffentlichkeit zugänglich machen müsse. 1999 tat er das, und die Betrugsangelegenheit fand eine breite Aufmerksamkeit in der Presse. Seine Vorgesetzten waren sauer; er wurde suspendiert und 50 Prozent seines Gehaltes wurden einbehalten. Nach einer Unmenge juristischen Gerangels wurde er versetzt. Aber van Buitenen wollte seine ursprüngliche Stelle wieder zurückhaben. Letztendlich bekam er die auch. In einem kommerziellen Unternehmen würde man alles daran setzen, einen Funktionär, der aus dem Nähkästchen plaudert, definitiv draußen zu halten. Die letztendliche Rückkehr von van Buitenen zeigt, dass es rechtlich fast unmöglich ist, einen Europabeamten zu entlassen.

Alles in allem sind die Arbeitsbedingungen gut, in dem Sinne, dass der Gesamtbetrag, den ein Beamter verdient, hoch ist. Höher, als er bei einem vergleichbaren Posten in der freien Wirtschaft wäre. Das gilt vielleicht nicht unbedingt für Topjuristen oder die Spitzenmanager, aber sehr wohl für Übersetzer, Sekretärinnen oder andere Berufe.

Es gibt keine weiteren Extras wie Dienstwagen oder Betriebsfeiern. Solche Dinge überlässt die EU dem freien Markt. Weil aber der Endbetrag in Geld recht hoch ist, klagen die meisten Menschen, die in Brüssel arbeiten, nicht im Geringsten über ihre Arbeitsbedingungen.

In mancher Hinsicht ist Europa ein progressiver Arbeitgeber. So ist die Betreuung von Kindern bei den europäischen Institutionen gut geregelt. Für die Zeiten vor und nach der Schule gibt es Kindertagesstätten, bei denen der Beamte seine Kinder unterbringen kann.

Brüssel:
Der Arbeitsplatz schlechthin für junge Leute mit Bindungsangst

Sind Sie Single und wollen Sie in einer lebendigen Stadt arbeiten? Dann gehen Sie nach Brüssel! Das Europäische Parlament ist ein Sammelplatz von jungen, intelligenten (und häufig auch gut aussehenden) Menschen aus allen Ländern der Union. Auch wenn man bei der Kommission arbeitet, ist das Parlamentsgebäude ein geselliger Ort: Man kann mit seinem EU-Ausweis einfach so rein und beim Mittagessen trifft man tagtäglich auf Kollegen aus allen anderen Brüsseler Büros.

Brüssel ist auch eine gute Stadt zum Ausgehen mit einem großen Freizeitangebot. Die Gastronomie ist auf die Bedürfnisse von Zehntausenden Europabeamten und anderen Mitarbeitern ausgerichtet. Viele Restaurants stehen Gewehr bei Fuß, um eine breite Palette an Mittagessen anzubieten, und haben natürlich zur Mittagszeit geöffnet. Daneben gibt es Gastronomiebetriebe, die sich auf die Bedürfnisse von Singles spezialisiert haben: Menschen treffen, etwas trinken und tanzen, aber nicht den ganzen Abend.

Es gibt eine Diskothek, die nur am frühen Abend geöffnet hat. Danach kann der Besucher mit seinem Abendprogramm beginnen: Abendessen, Empfänge oder eine andere gesellschaftliche Aktivität. Viele Europäer, die gerade ihr Studium beendet haben, verbringen hier die Jahre ihres Lebens. Brüssel ist eine Verlängerung ihrer Studentenzeit. Die Praktikanten der Europäischen Kommission haben eine Organisation, die allen Mitgliedern eine E-Mail schickt, um sie wissen zu lassen, wo etwas los ist. Die Praktikanten des Parlaments schließen sich an, und schon ist die Szene komplett.

So kann man sich jahrelang vergnügen, und wenn man sich nicht binden will (oder kann), ist das auch kein Problem. Es gibt viele Gelegenheiten, nette Menschen zu treffen. Aber oh weh, wenn man der wahren Liebe begegnet, dann muss man sich entscheiden: Sich binden oder weiter ein fröhliches Singledasein führen?

Die Steuern (aber keine Abzüge)

Die Steuererhebung unterscheidet sich in den europäischen Ländern ganz beträchtlich. Für Beamte gilt, dass sie unter eine einzige Regel fallen, die *Gemeinschaftssteuer*, die von den europäischen Institutionen einbehalten wird. Der Betrag wird auf der Grundlage des Bruttogehalts berechnet und kann bis zu 45 Prozent betragen, allerdings mit entsprechenden Progressionsstufen. Das bedeutet in der Praxis, dass von einem Bruttogehalt viel mehr übrig bleibt, als es entsprechend der Steuerregelungen beispielsweise in den Niederlanden oder in Deutschland der Fall wäre.

Daneben hat die EU ein eigenes System sozialer Absicherung und Renten.

Die Sprachen

In diesem Kapitel

- Jedem seine eigene Sprache
- Von Dolmetschern und Übersetzern
- Ein paar hundert Millionen im Jahr für die Sprachen

In der Europäischen Union gab es vor der Erweiterung elf offizielle Sprachen, seither gibt es 20. Menschen stehen ihrer eigenen Sprache so nah, dass in Brüssel entschieden wurde, dass alle Sprachen der Mitgliedsstaaten gesprochen werden. Die Gründer der Europäischen Gemeinschaft fanden dies offensichtlich sehr wichtig, denn der erste Entschluss des Rates war, dass alle Politiker, aber auch alle Bürger in ihrer eigenen Sprache mit den europäischen Institutionen kommunizieren können müssen und ebenfalls ein Recht auf eine Antwort in ihrer Landessprache haben. Dieser Entschluss aus dem Jahr 1958 ist noch immer die Grundlage für den immensen Übersetzer- und Dolmetscherdienst, in dem Tausende von Menschen für die Europainstitutionen arbeiten.

Ich verstehe Sie nicht – oder doch

Die EU hantiert seit der Erweiterung also mit 20 offiziellen Sprachen. Es gibt verschiedene Abteilungen mit Übersetzern und Dolmetschern, um dafür zu sorgen, dass jeder mit jedem kommunizieren kann. Die Sitzungen werden simultan von Dolmetschern übersetzt. Wichtige Dokumente werden ebenfalls in alle Landessprachen übertragen. Pro Tag werden Dutzende von Sitzungen und Tausende von Seiten übersetzt, insgesamt 1,3 Millionen Seiten pro Jahr.

Alles wird übersetzt

Die Sprachendienste arbeiten auf Anfrage: Was die europäischen Institutionen übersetzt haben wollen, bekommen sie. Einige Schriftsätze, wie die Tagesordnungen und die Dokumente des Rates, müssen zwingend in alle Sprachen übersetzt werden. Wenn ein Tagesordnungspunkt nicht in allen Sprachen verfügbar ist, kann dieser Punkt blockiert werden.

Nicht nur die hochoffiziellen Dokumente werden übersetzt. Auch ein Brief eines Bürgers aus Finnland an einen Europakommissar, der Deutsch spricht, wird vom Finnischen ins Deutsche übersetzt. Natürlich bekommt der Bürger seine Antwort wieder fein säuberlich auf Finnisch.

Die großen europäischen Institutionen haben alle ihren eigenen Sprachendienst. Die Kommission hat die größte Anzahl von Übersetzern in ihren Diensten. Die Übersetzer des Rates, die letztendlich Gesetzestexte liefern, müssen Arbeit von sehr hoher Qualität abliefern. Das sind für die EU juristisch bindende Texte, die in allen Sprachen exakt dieselbe Bedeutung haben müssen. Untereinander triezen sich die Übersetzer gegenseitig mit der Frage, wer die Besten sind: Die Übersetzer der Kommission finden, dass sie die wichtigste Arbeit erledigen – schließlich ist die Kommission die Geschäftsführung der EU –, aber die Übersetzer des Rates müssen, wie erwähnt, Gesetzestexte erstellen. Beide Gruppen sagen der ganzen Welt, dass sie die Besten seien, weil sie an der brisantesten Stelle sitzen.

Man kann davon ausgehen, dass alle Übersetzer und Dolmetscher der EU Menschen sind, die sehr gut in dem sind, was sie machen, sonst hätten sie es nicht durch den äußerst strengen Selektionsprozess geschafft. Übrigens wird jeder Text von einem zweiten Paar Augen durchgesehen, dem Überprüfer. Der Übersetzer übersetzt, der Überprüfer kontrolliert, ob alles in Ordnung ist.

Nachtarbeit für den Rat

Wenn sich die Regierungschefs treffen, werden manche Kompromisse erst zu nächtlicher Stunde erreicht. Für die Übersetzer heißt das ebenfalls: Nachtschicht. Solange die Minister zusammensitzen, müssen die Übersetzer verfügbar bleiben. Die Arbeit ist unregelmäßig und unvorhersehbar. Wenn eine Erklärung zum einen oder anderen aktuellen Thema abgegeben wird, muss sie schnell in alle Sprachen übersetzt werden.

Während eines Europagipfels werden Beschlussentwürfe schon am ersten Tag formuliert. Am zweiten Tag wird hierüber beraten. Nachts werden die Texte übersetzt, und um fünf Uhr morgens kommen die Stabsmitglieder der Regierungschefs sie holen, damit sie vor neun Uhr für ihre Bosse einen Kommentar schreiben können.

Die Übersetzer erledigen ihre Arbeit in Abgeschiedenheit und unter hohem Druck. Sie sitzen mit einigen wenigen Leuten in einem Büro, damit sie sich optimal konzentrieren können.

Früher reisten sie selbst mit an die Orte in Europa, an denen das Gipfeltreffen jeweils stattfand, aber inzwischen läuft alles schon seit Jahren elektronisch.

In Wort und Schrift

Während Plenarsitzungen, Kommissionssitzungen, *allen* Sitzungen wird das gesprochene Wort simultan übersetzt. Das gilt auch für Sitzungen der Europakommissare, der Regierungschefs oder Minister. Bei jeder Zusammenkunft sind sie da: Menschen, die in der Lage sind, auf eine Sprache zu lauschen und das Gehörte sofort in eine andere zu übertragen. Das sind die Dolmetscher, die man sieht, wenn man auf der Publikumstribüne sitzt.

Hinter den Kulissen, in den Büros, arbeiten die Übersetzer, die Dokumente in alle Sprachen übersetzen. Presseberichte, Tagesordnungen der Sitzungen, Protokolle, Berichte, einfach alles.

Wo man auch hinkommt im Parlament, überall liegen dicke Stapel von Dokumenten in den 20 Sprachen der Union.

Es kommt oft vor, dass ein Übersetzer über einen technischen Fachterminus zum Beispiel bei den Themenbereichen Fischerei, Landwirtschaft oder Nahrungsmittel etc. stolpert. Dann nimmt er Kontakt zu einem Spezialisten auf, um herauszufinden, was genau gemeint ist. Einen Text, den der Übersetzer selbst nicht hundertprozentig versteht, kann er auch nicht übersetzen.

Übersetzer: Die stillen Kräfte im Hintergrund

15.00 Uhr, die Kommissionssitzung muss beginnen. Mitglieder des Parlaments und andere strömen in den Saal C 001 im Henri-Spaak-Gebäude. Es wird in allen Sprachen Hallo gesagt. Der Vorsitzende ist noch nicht auf seinem Platz, alle sind ein bisschen spät dran. Man holt Dokumente beim Boten hinter dem Sitzungssaal ab. Auch die Publikumstribüne füllt sich.

Während der Saal sich füllt, sitzen schon rund 30 Menschen auf ihren Plätzen, mit Papieren vor sich, bereit für die Sitzung. 30 Menschen, die man nur wahrnimmt, wenn man genau hinsieht. Sie sitzen in gläsernen Kabinen rund um den Sitzungssaal, mit einer Nummer und der Sprache auf dem Fenster: 1. Deutsch, 2. English und so weiter.

Die Dolmetscher sind immer da, aber man merkt nichts von ihnen. Sie kommen über einen eigenen Eingang hinein und haben ihre eigenen Gänge, wo Politiker und Besucher nicht hinkommen. Sie kommen und gehen im Stillen und sprechen vor und nach der Sitzung nicht mit den Teilnehmern.

Während der Sitzung kann man allen Beiträgen in allen Amtssprachen der Union folgen. Zu jedem Stuhl im Saal gehören ein Kopfhörer und ein Schalter, mit dem man die gewünschte Sprache auswählen kann.

Nach dem Ende der Sitzung kommen die Dolmetscher hinter den Scheiben in Aktion. Die Anspannung während der Sitzung fällt von ihnen ab, Zeit für einen Schwatz. Wie geht's? Hast du viel zu tun? Sie sind fast alle mehrsprachig: Der Übersetzer für Griechisch dolmetscht aus dem Deutschen, Italienischen, Englischen und Französischen. Es wirkt so, als ob in den Gängen deutlich mehr als 20 Sprachen gesprochen würden!

Jeder findet sich wieder in Europa

Einer der wichtigsten Gründe dafür, das Übersetzen und Dolmetschen stur beizubehalten, besteht darin, dass Politiker wollen, dass die Menschen im eigenen Land weiterhin erkennen können, was in Europa vor sich geht. Die Bürger sollen in ihrer eigenen Sprache den Debatten folgen können.

Nun ist es natürlich schön, wenn einmal eine Gruppe Deutscher auf der Publikumstribüne sitzt, die einen Parlamentarier aus dem eigenen Land sprechen hören – doch meist ist niemand da, und es ist in erster Linie für den Parlamentarier selbst sehr angenehm, wenn er in seiner eigenen Sprache debattieren kann. Die meisten Wähler sind leider nicht am alltäglichen Gang der Dinge im Europäischen Parlament interessiert, mal abgesehen von dem rein praktischen Aspekt, dass Brüssel für die meisten Einwohner der EU Hunderte von Kilometern weit weg ist.

Die ursprüngliche Idee, dass alle Bürger mit den EU-Institutionen in ihrer eigenen Sprache kommunizieren können müssen, ist wunderbar, aber die Rechnung geht schon lange nicht mehr auf. In der Praxis sind Englisch und Französisch die meistgebrauchten Sprachen. Trotzdem sind die meisten Politiker davon überzeugt, dass das System noch nicht auf den Müll gehört. Sie glauben, dass Brüssel immer ein großes diverses Ganzes bleiben wird, in dem Dutzende von Sprachen gesprochen werden.

Aber da kommt natürlich noch etwas anderes dazu: Viele Politiker fühlen sich unsicher, wenn sie in einer anderen als ihrer Muttersprache diskutieren sollen. Sie wollen sich jederzeit sicher an der eigenen Sprache festhalten können, obwohl sie in der Praxis schon häufig auf Englisch, Französisch oder Deutsch beratschlagen. Die Idee, dass sie nicht auf ihre eigene Sprache zurückgreifen können, ist aber nicht sehr anziehend.

Selbst die progressiven Parteien, die veränderungsgerichtet und für Erneuerungen offen sind, sind dagegen, den Sprachendienst zu reduzieren.

Wenn man sich die Statistiken ansieht, zeigt sich, dass die Sprachen der großen Länder in der Praxis die führenden Sprachen sind. Englisch (57 Prozent der Dokumente) und Französisch (29 Prozent) sind dominant, gefolgt von Deutsch. Alle anderen Sprachen kommen mit großem Abstand hinterher. Will heißen: Es werden nur wenige Dokumente auf Finnisch, Italienisch oder Niederländisch erstellt. Viele Parlamentarier und Mitarbeiter schreiben sofort auf Englisch oder Französisch.

Wie sich das auch in den neuen EU-Ländern weiterentwickeln wird, ist eine Frage von Abwarten und Teetrinken. Wir werden sehen, wie die Bevölkerungen der Neuankömmlinge sich positionieren: Wollen sie einer Debatte auf Lettisch oder Rumänisch folgen können? Oder begnügen sie sich mit Englisch?

Erstaunlicherweise hält sich das Übersetzungssystem selbst in Gang. Ein Schwede wird vielleicht gut auf Englisch antworten können, aber dann stößt er die Dolmetscher vor den Kopf, die extra bereitstehen, um seine Worte in die anderen Sprachen zu übersetzen. Die Parlamentarier, die häufig in anderen Sprachen debattieren, bekommen manchmal aus den Dolmetscherkabinen die Bitte, dass sie doch ihre eigene Sprache sprechen möchten.

Die Erweiterung der EU hätte eine gute Chance dargestellt, um die Anzahl der Sprachen zurückzufahren. Aber man entschied sich dafür, alle neuen Länder in ihren jeweils eigenen Sprachen mitlaufen zu lassen. Ob das eine verpasste Chance war oder ein Triumph der Vielfalt, wird sich erst mit der Zeit herausstellen.

Der Computer tut, was ich will (oder?)

Die Übersetzer der EU verfügen über allerlei schlaue Computeranwendungen. Sie haben spezielle Übersetzungsprogramme, Datenbanken mit häufig gebrauchten Wörtern und eine Menge Möglichkeiten, um Dinge nachzuschlagen. Ein kleines Problem ist, dass sie den ganzen Tag hinter dem Computer zubringen, mit dem Risiko von RSI (Repetitive Strain Injury, auch »Mausarm« genannt) und Schmerzen in Händen und Armen, wenn sie zu viel an einer Tastatur arbeiten. Das darf natürlich nicht passieren: dass ein Übersetzer nicht mehr tippen kann. Die Lösung dieses Problems ist einfach: Software, die die Stimme und den Stil des Übersetzers erkennt. Er oder sie spricht und der Computer schreibt. Was das Mikrofon »hört«, setzt der Computer in Buchstaben auf dem Bildschirm um. Lästig ist allein, dass ein Kollege, der einen anspricht, am Text mitschreibt. Dann steht da auf einmal »Willst du einen Kaffee?« auf dem Monitor. Oder wenn jemand mit einer Bohrmaschine zugange ist, erscheinen lauter tttttttttttttttttttttttttttts im Bild. Abgesehen davon ist der Computer – meistens – gehorsam.

Menschen mit einer Leidenschaft

Übersetzer und Dolmetscher sind Menschen mit breiten Interessen, Menschen, die von vielen Themen viel wissen (wollen). Sie sind gern mit Sprache zugange, in ihrem eigenen Büro, mitten in einem Berg von Papieren. Sie arbeiten am liebsten selbstständig und allein.

Wer Übersetzer oder Dolmetscher bei der EU werden will, muss die folgenden Voraussetzungen erfüllen:

✔ Man muss ein Gefühl für Sprache haben.

✔ Man muss die eigene Sprache sehr gut beherrschen.

✔ Man muss ein Diplom haben (Universität oder Fachhochschule).

✔ Man muss Französisch und Englisch beherrschen.

✔ Man muss Texte erfassen und durchschauen können.

Übersetzer und Dolmetscher sind also kluge Menschen. Sie lieben Worte. Wenn man Übersetzungen von der EU liest, sieht man, dass die von Menschen erstellt wurden, die die Sprache lieben. Das kommt daher, dass Übersetzer nicht in erster Linie mit Agrarpolitik, Finanzen oder der Erweiterung befasst sind, sondern eben mit Sprache. Das ist ihre Leidenschaft.

Auffallend ist, dass ein angehender Übersetzer keine Sprachen studiert haben muss. Bevor man Übersetzer werden kann, muss man aber wohl ein Vergleichsexamen ablegen. Die Anforderungen und der Standard liegen sehr hoch. Wer das Examen besteht, ist gut in Sprachen und geeignet, als Übersetzer oder Dolmetscher zu arbeiten.

Jemand, der schon lange beim Sprachendienst arbeitet, erzählt, dass die Sprache in Brüssel ein bisschen stillsteht. »Sprachen entwickeln sich. Aber hier nicht, weil wir hier in einem isolierten Raum sind. Die Sprache, die wir hier gebrauchen, liegt in der Entwicklung hinter der im jeweiligen Land zurück.« Oft wird mit Dokumenten gearbeitet, die vor Dutzenden von Jahren geschrieben wurden. Ein Übersetzer fügt nichts Neues hinzu, er folgt dem bestehenden Text. Dadurch verläuft die Einbindung neuer Wörter in Brüssel langsamer als in Frankreich, Deutschland oder Italien.

Ein Millionenunternehmen

Alles in allem ist der Sprachendienst der EU ein Millionenunternehmen, wenn man die Dienste des Parlaments, des Rats und der Kommission zusammenzählt. Es arbeiten hier mehr als 2.000 Menschen, die mehr als eine Million Seiten pro Jahr übersetzen. Zusammen kostet das ein paar Hundert Millionen Euro pro Jahr. Hier haben wir den größten Übersetzungsdienst der Welt.

Manchmal fragt man sich, warum das alles überhaupt nötig ist, so ein immenser Apparat – sozusagen ein Unternehmen im Unternehmen –, der all die Texte verarbeitet, während wir alle Englisch können.

Das hat – wie erwähnt – mit dem Ursprung der EU zu tun, bei deren Gründung abgesprochen wurde, dass die Bewohner der Mitgliedsstaaten ein Recht darauf haben, mit der EU in ihrer eigenen Sprache kommunizieren zu können.

Die unendlichen Möglichkeiten

Mit 20 Amtssprachen kann man sich so einiges an Kombinationen vorstellen. Englisch – Finnisch oder Ungarisch – Französisch geht ja noch, aber wo findet man Menschen, die vom Finnischen ins Maltesische oder vom Rumänischen ins Lettische übersetzen können?

Wie funktioniert's?

 Der Sprachendienst unterliegt unterschiedlichen Sprachenregimes, wie das genannt wird. Wenn Teilnehmer einer Sitzung alle Sprachen sprechen und in alle Sprachen gedolmetscht wird, nennt man das »totale Symmetrie«. Hierfür werden 33 Dolmetscher benötigt.

Eine begrenzte Sprachenregelung bedeutet, dass nicht alle Sprachen verdolmetscht werden. Eine Sitzung, in der Englisch, Französisch, Deutsch, Italienisch und Spanisch gesprochen, aber nur ins Englische und Spanische übersetzt wird, bedient sich einer so genannten *asymmetrischen Sprachenregelung*. Es werden dann mehr Sprachen gesprochen als verdolmetscht. Eine solche Sitzung kostet weniger als eine, in der von allen Sprachen in alle übersetzt wird. Hier braucht man nur eine Hand voll Dolmetscher statt 33.

Skeptiker: Das wird ein einziges Chaos!

Mitarbeiter von Parlamentariern, die daran zweifeln, ob in Zukunft alles gut gehen wird, haben ausgerechnet, dass mehr als 500 Sprachenkombinationen möglich sein werden (die Zahlen werden immer höher!) und vorausgesagt, dass es ein einziges Chaos werden wird. Schon heute sprechen sie mit ihren Kollegen schlicht Englisch und übergehen so das Sprachproblem. Junge Mitarbeiter haben nicht mehr das 58er-Gefühl – das war das Jahr, in dem beschlossen wurde, dass alle ihre Muttersprache sprechen dürfen.

Sie befürchten auch, dass es mit den Relaissprachen – dem Zwischenschritt über eine andere Sprache – schief gehen wird. Wenn der Sprachendienst relaisdolmetscht, sehen die Pessimisten das Prinzip »Flüsterpost« vor sich: Eine Geschichte wird erzählt, weiter erzählt und verändert sich unterwegs, mit dem Risiko, dass sich Zahlen verändern, Verneinungen verdoppelt werden oder Dinge einmal größer, einmal kleiner gemacht werden.

Das geht dann so:

Aus Mücken werden Ochsen und aus Ochsen Mücken. Später werden aus den Ochsen, die einst Mücken waren, Achsen und aus den Ochsen über die Mücken Macken. Dann aus den ehemaligen Mücken über Ochsen und Achsen Achseln, aus den Ochsen über Mücken und Macken Marken. Zuletzt mutieren mückenhafte Ochsen mit Achsen durch die Achseln zu Amseln und die ochsenhaften Mücken mit markanten Macken zu Harken.

Dann wurde aus einem Insekt ein Federvieh und aus einem Rindvieh ein Gartengerät.

Der Sprachendienst möchte gerne, dass seine Mitarbeiter im Voraus wissen, worum es in einer Sitzung gehen wird, damit sie sich vorbereiten können. Wenn Dokumente besprochen werden sollen, wollen die Dolmetscher diese vorher lesen können, vor allem, wenn es viele Fachausdrücke gibt.

Wer eine Sitzung organisiert, die verdolmetscht werden muss, muss den Teilnehmern sagen, in welche Sprachen sie übersetzt werden. Wenn es Reden gibt, dürfen die Sprecher trotz möglichem Zeitmangel nicht zu schnell sprechen, denn dann geht garantiert ein Teil des Gesagten verloren.

Die echten Sitzungstiger, die es normalerweise problemlos schaffen, von morgens früh bis abends spät durchzuackern, müssen in Brüssel anders vorgehen: Auch Dolmetscher müssen essen und manchmal müssen sie nach einer morgendlichen Sitzung im einen Gebäude mittags zu einem anderen eilen. Außerdem gelten Regeln für die Arbeitsbelastung von Dolmetschern: Eine Sitzung darf maximal vier Stunden dauern. Wenn für längere Zeiten Dolmetscher gebraucht werden, kommt ein neues Team.

Bald wird es Hunderte von Kombinationen geben

Alle Sprachenkombinationen zusammen ergeben sage und schreibe 400 Möglichkeiten. Selbst den größten Sprachliebhabern ist das zu bunt. Wenn man für alle Kombinationen spezialisierte

Übersetzer und Dolmetscher anwerben muss, wird der Sprachendienst zu groß, abgesehen von der Frage, ob man die entsprechenden Leute dafür überhaupt finden könnte.

Deshalb gibt es so genannte Relaissprachen: Englisch, Französisch und Deutsch dienen als Zwischenschritt. Ein Beispiel: Ein Text, der vom Litauischen ins Portugiesische gedolmetscht werden muss, wird zuerst ins Französische übersetzt, danach ins Portugiesische.

Inzwischen qualifizieren sich die Dolmetscher und Übersetzer auch in den neuen Sprachen. Na ja, »inzwischen« – schon drei oder vier Jahre vor der Erweiterung begannen sie, die neuen Sprachen zu lernen. Ein dänischer Übersetzer zum Beispiel, der bei der Europäischen Kommission arbeitet, studiert schon seit 2001 Tschechisch, um später Dokumente aus dieser Sprache ins Dänische übersetzen zu können. Und so sind Hunderte von Fremdsprachlern mit den neuen Sprachen beschäftigt. In den jüngsten Mitgliedsstaaten wird in der Zwischenzeit um nationale Talente geworben, die in Brüssel arbeiten wollen, um den Sprachendienst entsprechend zu erweitern.

Die Kosten

Es dürfte offensichtlich sein, dass ein Sprachendienst von solchem Umfang Geld kostet, sehr viel Geld. Er ist der größte Übersetzerdienst der Welt. Nach der Erweiterung arbeiten zwischen 2.500 und 3.000 Übersetzer und Dolmetscher in Brüssel und den Institutionen der EU an anderen Orten. Die Kosten belaufen sich auf Hunderte von Millionen.

Ein paar Hundert Millionen pro Jahr

Wenn Sie herausfinden möchten, was all die Übersetzerei so kostet, wünsche ich Ihnen viel Erfolg beim Tüfteln! Wer die Websites der Kommission, des Rats und des Parlaments besucht, wird nicht viel schlauer. Diese drei Institutionen sind die größten Nutzer der Sprachendienste, aber keine von ihnen gibt ein Gesamtbild über die Kosten *aller* Sprachendienste.

Darum werden wir selbst mal eben rechnen. Die Europäische Kommission, wo 1.200 Dolmetscher und Übersetzer arbeiten, meldet, dass sich die Gesamtkosten auf 220 Millionen Euro belaufen (Angaben für 2003). Die Kosten pro Übersetzer/Dolmetscher betragen damit rund 183.000 Euro. Wir rechnen zehn Prozent hinzu für Infrastruktur und Gebäude und kommen so auf rund 200.000 Euro pro Übersetzer/Dolmetscher.

Die Summe sieht dann wie folgt aus:

Kommission und Rat:	1.200
Europäisches Parlament:	800
Gerichtshof:	300
Gesamt:	**2.300**

Ausgehend von 200.000 Euro pro Jahr pro Dolmetscher/Übersetzer kommen wir damit auf 460 Millionen Euro pro Jahr.

Fast drei Millionen Euro pro Tag

Pro Jahr finden 162 Sitzungen im Europäischen Parlament statt (diese Zahl bezieht sich auf 2003). Die anderen Institutionen werden grob einer ähnlichen Agenda folgen, mit weniger Sitzungen in den Sommermonaten und im Dezember. Ausgehend von 162 Arbeitstagen kosten die Sprachendienste rund 2,8 Millionen Euro pro Tag.

Die Übersetzer haben mehr Arbeitstage, weil sie auch dann tätig sind, wenn keine Sitzungen stattfinden. Man kann also die Anzahl an Arbeitstagen nach oben runden, auf etwa 200. Dann sind die Gesamtkosten auf mehr Tage verteilt, aber auch dann reden wir noch von 2,3 Millionen Euro pro Tag. Jeden Tag wieder, jedes Jahr wieder.

Die EU selbst geht – auf der Basis der Anzahl Einwohner der Union und der Kosten pro Bürger – von einem höheren Gesamtbetrag aus (siehe Kasten *Es kostet nur zwei Euro pro Bürger!*).

Die Gesamtkosten zu erfassen bleibt eine Frage der Schätzung. Hier geht es um einen Betrag, der irgendwo zwischen 450 und 700 Millionen Euro liegt und der mit der Erweiterung um 20 bis 50 Prozent gestiegen sein soll. Damit können die Kosten der Sprachendienste leicht in die Nähe von einer Milliarde Euro pro Jahr rücken. Ob das viel oder wenig Geld ist, hängt von der Sichtweise ab. Eine Milliarde ist ein Prozent des gesamten EU-Haushalts; was wir dafür zurückbekommen, ist, dass jeder die Freiheit hat, sich ungehindert in der Sprache ausdrücken zu können, die er am besten beherrscht, und dass sich alle Bürger in Brüssel repräsentiert fühlen können.

Es kostet nur zwei Euro pro Bürger!

Die Europäische Kommission findet, dass die Kosten halb so schlimm sind, wenn man sich ansieht, wie viel der Bürger für den gesamten Sprachendienst für alle EU-Institutionen bezahlt. Zwei Euro pro Bürger pro Jahr, das ist doch ein Schnäppchen! Wenn man diesen Betrag mit der Gesamtzahl der Einwohner der Union multipliziert, kommt man auf rund 700 Millionen Euro, bezogen auf die 376.000 Einwohner der »kleinen« Union mit 15 Ländern. Mit der Erweiterung sind es inzwischen 450.000 Bürger. Eine simple Rechnung zeigt, dass die Kosten sich damit auf etwa 900 Millionen belaufen müssten, fast eine Milliarde Euro pro Jahr.

Teil IV

Die Zukunft Europas

von Jos Collignon

In diesem Teil ...

Die Europäische Union steht am Beginn einer immensen Veränderung: der Erweiterung um zehn neue Länder, später noch einige mehr. Europa wird der größte wirtschaftliche Machtblock der Welt, mit einer halben Milliarde Einwohner. Die neuen Ländern und die »alten« EU-Länder arbeiten intensiv zusammen, um eine größere EU aufzubauen und alle Hürden zu nehmen, die damit verknüpft sind. Noch nicht bis ins letzte Detail vorbereitet traten 2004 zehn neue Länder bei, und allmählich wird das Projekt Erweiterung abgeschlossen.

Die Erweiterung

In diesem Kapitel

- Gleiches Recht und Gesetz für alle
- Bestehende Gesetze für die Neulinge
- Korruption, die Armee und die Menschenrechte

Schon 1998 beschloss die EU die Beitrittsverhandlungen mit einer Reihe von Ländern in Osteuropa. Länder, die Mitglied werden wollen, müssen sich an alle Regeln halten, die bereits innerhalb der EU gelten. So müssen sie ein demokratisches System haben und eine freie Marktwirtschaft. Wenn das nicht gegeben ist, gelten zu Beginn ihrer Mitgliedschaft Beschränkungen, die erst aufgehoben werden, wenn sie auf einer Linie mit den anderen EU-Ländern sind.

Neuankömmlinge müssen alle Regeln akzeptieren

Es gibt viel zu tun. Die Skeptiker befürchten, dass die neuen Mitglieder nur teilweise die Bedingungen erfüllen, und sie sagen, dass Brüssel es den Neuen viel zu leicht macht. Dem steht gegenüber, dass neue Mitglieder in den Jahren vor der Erweiterung ihr Bestes gegeben haben, um ihre politischen Systeme, Gesetze und den anderen Krimskrams anzupassen.

Wenn man die Bilanz erstellt, muss man konstatieren, dass es noch ein paar Jahre dauern wird, bis in den osteuropäischen Ländern alles ähnlich läuft wie in den alten EU-Ländern. Nun gut, das ist ja gerade einer der Grundgedanken der europäischen Zusammenarbeit: Einander helfen, um vorwärts zu kommen.

Der acquis communitaire

Wer zum Thema Erweiterung der Europäischen Union etwas hört oder liest, begegnet früher oder später dem Begriff »acquis communitaire«.

Das Wort *acquis* ist von einem lateinischen Wort abgeleitet, dem man noch im Französischen und Englischen begegnet: acquire, das »erwerben« bedeutet und auch häufig mit Besitzstand übersetzt wird. Im Deutschen kennt man den Begriff Akquise für »Kundengewinnung«.

In Eurolingo steht acquis communitaire für die Gesamtheit aller gesetzlichen Bestimmungen, der Jurisprudenz und aller übrigen Absprachen, die in der EU Geltung haben.

Also alle Verträge, alle Richtlinien und alle Urteile des Gerichtshofes. Zusammen sind das 97.000 Seiten an Vorschriften, die alle eingeführt werden müssen, bevor ein Land der EU beitreten kann.

Selbst für sehr fanatische Bürokraten ist das ein bisschen viel, also hat die Europäische Kommission beschlossen, dass alles einfacher, kürzer und deutlicher sein muss. Die gesetzlichen Bestimmungen sollen auf 35.000 Seiten gekürzt werden. Das ist durchaus möglich, denn im Laufe der Jahre sind immer mehr Richtlinien hinzugekommen, ohne dass überholte gestrichen oder zusammengefasst worden wären.

Für die Genehmigung von Autotypen gibt es 170 Gesetze, die zusammen 3.500 Seiten ausmachen. Wenn man diese Regelungen zusammenfasst, kann das Ganze ein gutes Stück kompakter werden.

> ### Der Präsident von Litauen stellt sich vor
>
>
> Brüssel, Ende 2003. Es laufen Gruppen von Menschen im Europäischen Parlament herum, die sich umsehen und aufgeregt miteinander reden. Sie wollen zur Publikumstribüne. Die Aufzüge sind übervoll. Es hängt eine erwartungsvolle Stimmung in der Luft. Erfahrene Brüsseler Bedienstete schauen einander an: Welche Sprache sprechen diese Menschen? Sie sprechen Litauisch und sind mit ihrem Präsidenten zusammen angereist, der heute eine Ansprache im Parlament hält. »Wir werden ein vertrauenswürdiger Partner sein«, sagt er. »Wenn Europa sich für unsere Arbeitnehmer öffnet, wird unser Wirtschaftswachstum noch höher werden als die sieben Prozent, die wir voriges Jahr realisiert haben. Wir haben immer schon gute Beziehungen zu unseren Nachbarstaaten gehabt und werden als neues EU-Mitglied für eine sichere Außengrenze sorgen.« Applaus im Plenarsaal. Auch auf der Publikumstribüne wird kräftig geklatscht. Wenn der litauische Präsident einen der Gründer der EU zitiert, steigt der Enthusiasmus noch weiter an. Jeder weiß es ganz sicher: Litauen wird ein guter neuer Mitgliedsstaat. Als der Präsident nach dem Schlussbeifall den Saal verlässt, rennt eine Gruppe litauischer Journalisten hinter ihm her: Welch ein Tag!

Die neue Verfassung

Die neuen Mitglieder müssten sich natürlich auch an die Europäische Verfassung halten, wenn sie dann irgendwann kommt. Das Ironische ist, dass das um einiges leichter ist: Die Neulinge machten immerhin einen Teil des Europäischen Konvents aus, der Versammlung von Vertretern, die unsere neue Verfassung entwerfen.

Die neuen Mitglieder saßen mit am Tisch, selbst Vertreter von Ländern, für die 2004 noch nicht an Beitritt zu denken war, wie Bulgarien und Rumänien. Das sind Länder, die erst 2007 beitreten werden, und die Türkei, die den Status eines potenziellen Beitrittslandes hat, war auch zugegen. Der Beitritt der Türkei ist aber alles andere als unumstritten.

Die EU hält sich selbst nicht an den acquis communitaire (1)

Vor der Erweiterung der Union machten eine Reihe Parlamentarier einen Arbeitsbesuch in Tschechien. Sie sahen dort in einem kleinen Dorf, wie an der Kanalisation und der Aufbereitung von Abwasser gearbeitet wurde. Die Gemeindeverwaltung des kleinen Ortes tat ihr Bestes. Wer zur EU gehören will, muss die Regeln einhalten. Die EP-Mitglieder waren sehr beeindruckt von den Bemühungen des Kandidatenstaates und reisten mit schamroten Wangen wieder ab: In Brüssel und zahlreichen anderen europäischen Städten genügte die Abwassersauberkeit überhaupt nicht den Richtlinien, die neuen Mitgliedern sehr strikt auferlegt werden. Die müssen den acquis communitaire, die Gesamtheit aller Verträge und Regelungen, einführen, noch bevor sie der EU beitreten dürfen.

Aber manchmal sind die Richtlinien in den alten EU-Mitgliedsländern noch nicht in die Praxis umgesetzt.

Die Parlamentarier baten die Europäische Kommission, Mitglieder, die ihr Abwasser verschmutzt lassen, entsprechend zur Ordnung zu rufen, angefangen bei Belgien, weil sie sicher waren, dass dieses Land noch hinter den Ansprüchen zurückblieb.

Trotzdem durften diese Länder über die neuen Regeln für eine halbe Milliarde Einwohner der EU-Länder mitreden, so als ob die EU bereits aus 28 Ländern bestehen würde. Die Beitrittskandidaten durften auf dieselbe Art mit über den Entwurf der neuen Verfassung verhandeln wie die bestehenden Mitgliedsstaaten. Einzige Beschränkung war, dass die neuen Mitglieder keine Entschlüsse blockieren konnten, über die sich die alten Mitgliedsstaaten einig waren.

In der Praxis haben vor allem die großen Länder kräftig über Dinge wie Stimmrecht und Stimmverteilung im Rat verhandelt. Vor allem Polen hat sich von Anfang an als ein großes, neues Land positioniert, ein Spieler, um den die bestehenden EU-Länder nicht so einfach herumkommen.

Die EU hält sich selbst nicht an den acquis communitaire (2)

Neue Mitgliedsstaaten müssen alle europäischen Richtlinien in ihre Gesetzgebung aufnehmen und ihre gesetzlichen Bestimmungen an diese anpassen. Aber die alten EU-Länder halten sich selbst nicht an diese eiserne Regel. Ein Beispiel: Im Sommer 2003 hätten die 15 alten EU-Länder Artikel bezüglich Rassismus in ihre Gesetzgebung einführen müssen, eine Richtlinie aus dem Jahr 2000. Als die Deadline erreicht war, zeigte sich, dass fünf Länder ihre Verpflichtung nicht erfüllt hatten.

Die osteuropäischen Länder befürchteten, dass sie nur unzureichende Macht in der EU bekämen, sobald sie dazukommen. Viele neue Länder gehören zu den eher kleineren in Europa, und deshalb besteht die Gefahr, dass die großen Länder die wichtigen Entscheidungen untereinander absprechen. Letztendlich entschied man sich für eine Organisationsform, in der wichtige Angelegenheiten nicht ohne die Unterstützung der kleinen Länder geregelt werden können.

Mehr über die neue Verfassung im Kapitel *Die Verfassung*, in dem viel über die Streitpunkte, die Veränderungen und das nur mühsame Zustandekommen zu lesen ist.

Ganz schön schwierig in der Umsetzung, die neuen Regeln

Jedes Mitglied der EU muss die europäischen Regeln über die eigenen Gesetze stellen. Wenn ein nationales Gesetz mit einer Bestimmung aus dem europäischen Recht kollidiert, verliert das nationale Gesetz. Das ist so ähnlich wie die Regelung in der Bundesrepublik, das Bundesrecht Landesrecht bricht. Es wird also von den Neulingen erwartet, dass sie ihre Gesetzgebung in eine Linie mit dem Rest von Europa bringen. Klingt einfach, aber für einige Länder bedeutet das, dass sie ihre eigene Gesetzgebung ganz schön zurechtstutzen müssen, und das auch noch in einer relativ kurzen Zeitspanne.

Unter den Dingen, die neue Länder ordnen müssen, gehören die unten stehenden großen Punkte zu den wichtigsten:

✔ Liberalisierung der Wirtschaft

✔ Liberalisierung von Bankwesen und Geldverkehr

✔ eine strikte Haushaltspolitik

✔ Privatisierung staatlicher Unternehmen

✔ Beschränkung der Inflationsrate

✔ ein vernünftiges Rentensystem

✔ Einschränkung der Rolle der Armee

✔ Verbesserung der Einhaltung der Menschenrechte

✔ Respekt für Minderheiten

✔ Abschaffung der Todesstrafe

Dinge, die für westeuropäische Länder selbstverständlich sind, mussten in den neuen Ländern, die ein niedrigeres Wohlstandsniveau und eine völlige andere Entwicklung hinter sich haben, auf einen Schlag verändert werden.

Auch in der Beziehung zu den bereits bestehenden EU-Mitgliedern verändert sich das eine oder andere. So müssen neue Mitgliedsstaaten angeben, welche Sparguthaben Ausländer bei ihren Banken angelegt haben, damit die Sparer in ihrem eigenen Land steuerlich veranschlagt werden können.

Staaten dürfen einigen Unternehmen keine Steuern auferlegen, weil diese Betriebe schon in einem anderen Mitgliedsstaat ihren Obolus an den Fiskus abführen. Das kann ein Land viel Geld kosten, deshalb murrten einige neue Mitgliedsländer und äußerten, dass sie nicht vorhaben, für sie nachteilige Richtlinien einzuführen. Oder sie versuchten, die Richtlinie so auszulegen, dass diese zu ihrem Vorteil ausfällt.

Laut einigen Kommentatoren dachten die Neuankömmlinge, dass sie über bestehende Regelungen noch verhandeln könnten. Sie überschauten noch nicht in allen Fällen, was eine Mitgliedschaft in der EU genau bedeutet.

Aber besonders, wenn der Gerichtshof bestimmte Richtlinien mit einer genaueren Auslegung versehen hat, wissen erfahrene EU-Mitglieder, dass jeder Widerstand zwecklos ist. Es ist zu erwarten, dass es noch einige Jahre dauert, bis diese harte Wirklichkeit auch zu den neuen Mitgliedsstaaten durchgedrungen ist.

Europäische Regierungschefs tun ihr Bestes, um die potenziellen Beitrittsländer bei ihrer harten Arbeit zu ermutigen. Umgekehrt versuchen die Beitrittsländer, Brüssel und dem Rest Europas deutlich zu machen, dass sie alles geben. Die Türkei versucht beispielsweise, die Zypernfrage schnell zu lösen. Seit 1974, als die Türkei auf Zypern einmarschierte, ist die Insel politisch gespalten, es gibt einen türkischen und einen griechischen Teil. Eigentlich muss diese Teilung aufgehoben werden, bevor die Türkei Mitglied werden kann, sonst hätten zwei EU-Mitglieder Krach miteinander über ein Stück Land, und das ist natürlich nicht erwünscht.

Hier ist im Jahr 2004 eine typisch europäische – vorläufige – Regelung gefunden worden: Bei der Volksabstimmung zur Teilung der Insel stimmten die griechischen Zyprioten gegen die Wiedervereinigung der beiden Hälften, die türkischen Zyprioten jedoch dafür. So konnte nur der griechische Teil Zyperns Mitglied der EU werden. Die EU hat aber beschlossen, die Teilung einfach zu ignorieren und den türkischen Norden wirtschaftlich stark zu fördern.

Die Messlatte liegt in jeglichem Sinne höher

Die neuen Länder müssen in einer Reihe von Punkten Anpassungen umsetzen, in ihrem Staatsapparat, bei Unternehmen und in der Gesellschaft. Man rechnete schon früh damit, dass viele Beitrittsländer noch nicht ganz fertig seien, wenn sie offiziell Mitglied der EU werden.

Laut einigen erfahrenen Beamten bedeutet die Erweiterung, dass die Entscheidungsprozesse in der EU verlangsamt werden. Die neuen Mitglieder brauchen ein wenig Zeit, um sich anzupassen. Sie werden Aufschub für die Einführung einer Reihe von EU-Richtlinien bekommen. Wenn alles vollständig in Ordnung hätte sein müssen, bevor ein Land beitritt, hätten die osteuropäischen Länder noch einige Jahre warten dürfen.

Eine andere zukünftige Entwicklung wird darin bestehen, dass die EU weniger detaillierte Regelungen treffen wird, sondern sich mehr auf eine gröbere Linie konzentriert. Es ist schlichtweg nicht möglich, für knapp 30 Länder mit völlig unterschiedlicher Entwicklung ein System detaillierter Gesetze zu erlassen. Wenn diese Erwartung erfüllt wird, werden sich bestimmt einige Herrschaften freuen: Bei Unternehmen und Bürgern hört man durchaus manchmal Klagen, dass Brüssel sich in viel zu viele Dinge einmische. Eine kulturelle Veränderung in Richtung einer *Rahmengesetzgebung* wird auch von Politikern in den Mitgliedsstaaten begrüßt werden, weil dann mehr Raum für die Auslegung der Umsetzung der EU-Richtlinien gegeben wäre.

Besonders die Umwelt ist ein Problem

Eines der größten Probleme ist der Umweltschutz, dem in Osteuropa noch nicht viel Aufmerksamkeit geschenkt wird. Gute Umweltschutzregeln sind teuer. Wenn man eine Fabrik bauen will, die Abfallstoffe in einer umweltfreundlichen Weise entsorgt, sind dafür große Investitionen nötig. Die osteuropäischen Länder werden sich anstrengen müssen, um aufzuholen. Sie müssen nicht nur die hohen Standards einhalten, die in Westeuropa gelten, sondern auch eine Menge alten Mülls entsorgen.

Ein Beispiel: In vielen alten sozialistischen Staaten liegen enorme Mengen an Pestiziden auf Halde. Das Zeug ist natürlich für Mensch und Tier nicht wirklich gesund. Wenn diese Gifte unbeabsichtigt mit Nahrungsmitteln in Berührung kommen, wird es gefährlich. So geschehen in der ehemaligen DDR: Dort hatte ein Getreidespeicher zuvor als Lager für Schädlingsbekämpfungsmittel gedient und das dort liegende Getreide wurde dadurch verseucht.

Eines der Probleme besteht darin, dass es keine Finanzmittel für die Entsorgung vergessener Gifthalden gibt, weil die Umweltregelungen der EU das nicht vorsehen. Mitglieder der Grünen-Fraktion im Europäischen Parlament haben sich hierüber besorgt ausgesprochen.

Die Länder bemühen sich aufzuholen

Die osteuropäischen Länder sind schon lange vor der Erweiterung damit beschäftigt gewesen, verschmutzte Fabrikgelände aufzuräumen und andere Umweltprobleme zu lösen. Sie erhalten jede Menge Hilfe aus den Strukturfonds der EU. Vor allem Polen kann mit einigen Milliarden Euro pro Jahr rechnen, und auch Tschechien, Ungarn und die Slowakei werden ansehnliche Beträge erhalten.

Nach Meinung einiger Europaskeptiker verschwindet das Geld in einem Fass ohne Boden, aber Eurostat, das Statistikamt der EU, weist im Gegenzug darauf hin, dass die ärmeren Mitgliedsstaaten wie Portugal, Griechenland und Spanien in den vergangenen fünf Jahren ihren Rückstand erheblich zu verringern wussten.

Die Idee ist, dass ein Land, das wirtschaftlich gut funktioniert, auch mehr für die Umwelt und andere politische Bereiche tun wird.

Wenn Sie sich die zehn Beitrittsländer ansehen, die im Durchschnitt um einiges ärmer sind als die alten EU-Mitgliedsstaaten, zeigt sich, dass dafür ihr Wirtschaftswachstum recht groß ist (siehe Tabelle 17.1).

17 ➤ Die Erweiterung

Land	Wachstumsrate in Prozent	Land	Wachstumsrate in Prozent
Tschechische Republik	2,8	Rumänien	4,5
Ungarn	3,2	Slowakei	5,0
Polen	3,5	Lettland	5,2
Slowenien	3,5	Estland	5,6
Bulgarien	4,5	Litauen	5,7

Tabelle 17.1: Das für 2004 erwartete Wachstum (Angaben in Prozent)

Vor allem die Zahlen in der rechten Spalte der Tabelle machen die westeuropäische Wirtschaft neidisch.

Die Europäische Kommission kontrolliert sehr genau, wie der Fortschritt in den neuen Ländern aussieht. Landwirtschaft und Lebensmittelsicherheit stehen auf dem Prüfstand der EU-Kriterien, genau wie der freie Verkehr von Personen und Gütern. Die vollständige Mitgliedschaft kann nur dann zugesprochen werden, wenn ein Land wirklich alle EU-Standards erfüllt.

Wenn das nicht der Fall ist, heißt das, dass das betreffende Land auf bestimmten Gebieten keinen Zugang zum Binnenmarkt erhält. Die Mitgliedschaft bleibt bestehen, aber es treten bestimmte Einschränkungen in Kraft.

Die teuersten Praktikanten

Die zehn neuen Mitgliedsstaaten haben ihre eigenen Europakommissare. Einige von ihnen habe viel Erfahrung, wie die Polin Danuta Hübner, die Ministerin für Europäische Integration gewesen ist. Aber das gilt nicht für alle Kandidaten. Der vorige Kommissionsvorsitzende Romano Prodi hatte eine Idee: Wir lassen die Kommissarskandidaten einfach ein paar Monate lang ein Praktikum machen. Kein Problem. Die bereits im Amt befindlichen Europakommissare sollten als Mentoren dienen und die Neulinge ins komplizierte europäische System einführen. Direkt nach den Wahlen im Mai konnten die Kandidaten anfangen, um am 1. November offiziell in Funktion zu treten. Natürlich sollten die Aspiranten alle üblichen Arbeitsbedingungen genießen: ein Gehalt von einigen hunderttausend Euro, ein vornehmes Büro, einen Mitarbeiterstab von drei Personen und ein Auto mit Chauffeur. So liefen in Brüssel die bestbezahlten Praktikanten der Welt herum.

Europa hilft ihnen schon seit Jahren

Schon seit Jahren ist die EU mit der Erweiterung beschäftigt. Auf offizieller Ebene wurde verhandelt und es wurden Vorbereitungen getroffen. Daneben bekamen die neuen Mitgliedsstaaten schon seit einigen Jahren finanzielle Unterstützung, die *Heranführungshilfe*. Hierfür waren im Zeitraum bis 2005 mehr als zehn Milliarden Euro pro Jahr reserviert.

Auffallend ist, dass die neuen Länder Unterstützung für ihre Landwirtschaft bekommen, während es gerade diese Gelder sind, die schon seit Jahren zur Diskussion stehen: Eigentlich will Europa weg von den hohen Agrarsubventionen, und auch der Druck, der vom Rest der Welt ausgeübt wird (der Dritten Welt und den Amerikanern), ist ziemlich hoch. Aber es scheint nicht so einfach zu sein, die immense Subventionsmaschinerie abzutakeln.

Wie bekannt, fließt der größte Teil des Haushalts in die Landwirtschaft: rund 40 Milliarden Euro pro Jahr. Es wurde beschlossen, diesen Betrag nicht weiter steigen zu lassen, sondern ihn mit den neuen EU-Mitgliedern zu teilen, so dass der Betrag für die alten Mitgliedsstaaten sinkt.

Die neuen Länder bekommen Unterstützung, um ihre Landwirtschaft zu modernisieren und zu restrukturieren, damit der Sektor ungefähr das Niveau der westlichen EU-Staaten erreicht. Die Subventionen funktionieren anders als früher, als den Bauern bei der Produktion geholfen wurde, ohne dass darauf geachtet wurde, ob nicht ein immenser Überschuss entsteht. Nun ist die Hilfe dafür gedacht, Landwirte früher in Rente gehen zu lassen, die Nahrungsmittelqualität und den Tierschutz zu verbessern und die Umwelt sauberer zu machen.

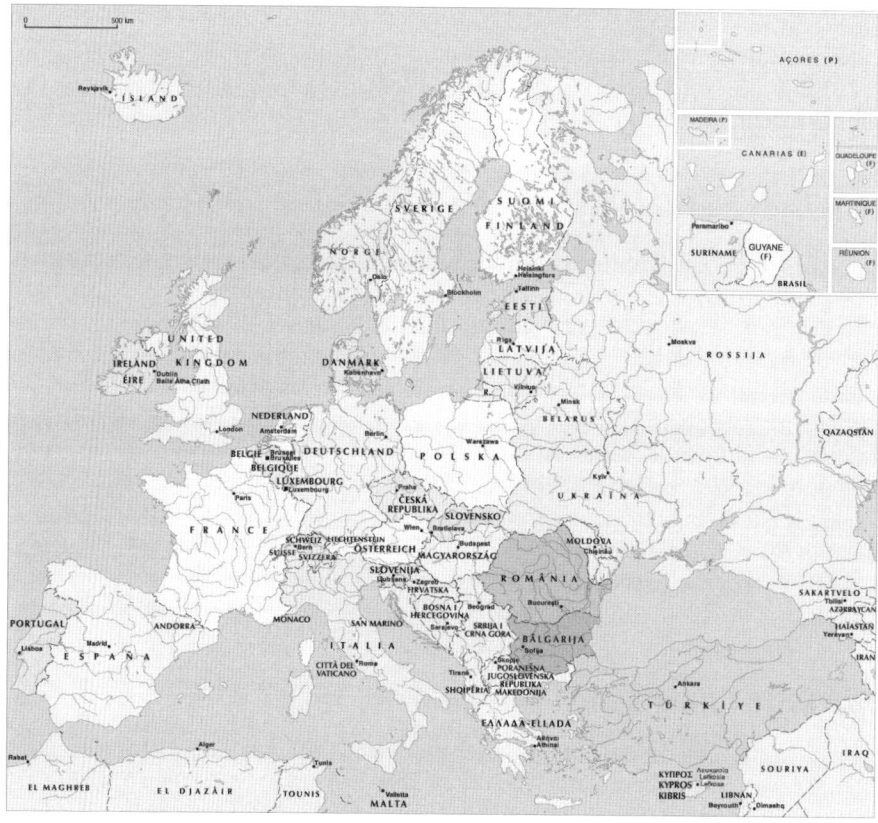

Abbildung 17.1: Die Europäische Union nach der Erweiterung im Mai 2004

Der Grundgedanke ist der, dass die EU den beitretenden Ländern unter die Arme greift, um sie auf ein angemessenes europäisches Niveau zu ziehen, so dass sie mit ihrer Mitgliedschaft einen fliegenden Start hinlegen können.

Einer der Vorteile für die Beitretenden bestand darin, dass sie im ersten Jahr ihrer Mitgliedschaft nur für acht Monate Beiträge leisten mussten, während sie ein Anrecht auf Subventionen für das gesamte Haushaltsjahr hatten. Es ist übrigens die Frage, ob die neuen Länder von allen Subventionen Gebrauch machen, denn auch sie müssen sich an das Brüsseler System der Zuteilung von Geldern erst gewöhnen. Die Beamten in den Beitrittsländern sind noch nicht mit dem Beantragen von Subventionen vertraut. Das führt dazu, dass ein Stausee an Geldern entsteht, der in aller Ruhe darauf wartet, an die neuen EU-Mitglieder ausgezahlt zu werden.

Korruption ist fehl am Platz

Ein ganz heißes Eisen: die Bekämpfung von Korruption in den neuen Mitgliedsstaaten. In Ländern, in denen Beamte nicht hundertprozentig integer sind, bleibt das ein hartnäckiges Problem. Von Brüssel wird streng kontrolliert, was die Länder dagegen unternehmen. Zu wenig, ist der Eindruck.

Wahrscheinlich ist es auch extrem schwierig, der Korruption effektiv zu Leibe zu rücken, weil es ein Phänomen ist, das in allen möglichen Ecken und Winkeln gedeiht. So scheint es, dass viele mittelgroße und kleine Unternehmen beispielsweise in Rumänien und Bulgarien ohne Korruption überhaupt nicht überleben können. Sie können schlichtweg keine Geschäfte machen, wenn sie niemanden schmieren.

Der Korruptionsindex

Ein halbes Jahr, bevor die Europäische Union erweitert wurde, konstatierte die Europäische Kommission, dass es noch recht traurig um das Thema Korruption bestellt sei. »Das muss die höchste Priorität auf der politischen Tagesordnung aller Länder sein, vor allem im Interesse der Länder selbst«, so der frühere verantwortliche Europakommissar Günter Verheugen. Über Berichte aus allen Ländern bleibt die Kommission über den Stand der Dinge in jedem neuen Land auf der Höhe.

Die Berichte geben Anlass zur Sorge, aber es stand dem Beitritt der Länder nicht im Weg. Der Beitritt war bereits verabschiedet. Die EU konnte nicht mehr zurück. Brüssel konnte lediglich *Entschädigungsmaßnahmen* treffen. Das bedeutet, dass ein Land, das die Regeln nicht erfüllt, für eine gewisse Zeit blockiert wird. Dadurch können Produkte, Dienstleistungen und Personen nicht mehr in andere Länder gelangen. Für Länder, die es nicht so genau nehmen, schließt sich für eine gewisse Zeit der europäische Markt.

Jedes Jahr wird in London durch Transparency International eine Länderliste erstellt, aus der hervorgeht, wie korrupt jedes Land ist. Eine Art Hitparade der Korruption. Auf diesem Kor-

ruptionsindex stehen nordeuropäische Länder am höchsten, weil dort Korruption fast nicht vorkommt. Die Top 3 sind Finnland, Island und Dänemark. Weitere Informationen finden Sie auch beim deutschen Zweig von Transparency International:
http://www.transparency.de.

In Tabelle 17.2 sehen Sie den Punktestand für alle EU-Länder, inklusive der zehn Neuankömmlinge (ein Index von 10 heißt gar keine Korruption, und je niedriger die Zahl, desto mehr Korruption gibt es) und der Länder, mit denen Beitrittsverhandlungen geführt werden.

Land	Index	Land	Index
Finnland	9,7	Slowenien	5,9
Dänemark	9,5	Estland	5,5
Schweden	8,7	Italien	5,3
Niederlande	8,7	Ungarn	4,8
Luxemburg	8,7	Litauen	4,7
Großbritannien	8,7	Griechenland	4,3
Österreich	8,0	Bulgarien	3,9
Deutschland	7,7	Tschechische Republik	3,9
Belgien	7,6	Lettland	3,8
Irland	7,5	Slowakei	3,7
Frankreich	6,9	Polen	3,6
Spanien	6,9	Türkei	3,1
Portugal	6,6	Rumänien	2,8
Zypern	6,1		

Tabelle 17.2: Korruptionsindex 2003

Die wenig zur Freude Anlass gebende Schlussfolgerung: Die meisten neuen Länder und weiteren Aspiranten haben einen nicht akzeptablen Korruptionsindex. Nur Zypern und Slowenien haben einen Index, der höher als 5,5 liegt.

Die Organisation, die diese Zahlen jedes Jahr liefert, Transparency International, betont, dass die Zahlen einen Indikator darstellen, wie Korruption wahrgenommen wird, also nicht alles über die tatsächliche Korruption in einem Land sagt.

Die EU und die böse Außenwelt

Politiker in Brüssel sind wahrscheinlich alles andere als froh darüber, dass Griechenland – schon seit Jahren EU-Mitglied – keinen höheren Index als 4,3 hat. Auch Italien bekommt mit einem Index von 5,3 die Note ungenügend von den Korruptionsbekämpfern in London.

Die gute Nachricht ist, dass Länder, in denen der Wohlstand gestiegen ist, wie Portugal und Spanien, auch Erfolge bei der Bekämpfung der Korruption erzielen konnten. Spanien, früher eine Diktatur, ist nun ein demokratischer Rechtsstaat. Das lässt für die neuen Länder hoffen, von denen erwartet wird, dass sie sich schnell den europäischen Sitten und Gebräuchen anschließen.

Übrigens scheint, dass auch Länder, die als westlich und hoch entwickelt angesehen werden, nicht frei von Makeln sind: Kanada, Israel, Luxemburg und die USA sind Beispiele von Ländern, in denen die Korruption zugenommen hat.

Sehr viele Länder, mit denen die EU geschäftlich verkehrt, und Länder, in die ansehnliche Beträge an Subventionen und Hilfsmitteln geflossen sind, haben einen besonders schlechten Korruptionsindex. Es ist die große Frage, ob das Geld der europäischen Steuerzahler in den oft armen Ländern der Dritten Welt an die richtigen Stellen gelangt.

Die Top Ten der Länder, die Unterstützung von der EU in Form von Geldmitteln und humanitärer Hilfe erhalten, zeigen keinen guten Wert bei ihren Korruptionsindizes (siehe Tabelle 17.3).

Land	Index	Land	Index
Tansania	2,5	Albanien	2,5
Äthiopien	2,5	Tschetschenien	2,7
Vietnam	2,4	Angola	1,8
Kongo	2,2	Pakistan	2,5
Sierra Leone	2,2	Iran	3,0

Tabelle 17.3: Korruptionsindex von zehn Entwicklungsländern

Die Armee darf sich nirgends einmischen

Ein Land, das der EU beitreten möchte, muss sich ans Europarecht halten und eine Reihe von Bedingungen erfüllen, die in der demokratischen Welt die Norm sind. Das internationale Recht muss akzeptiert und über nationales Recht gestellt werden.

Länder müssen also die Aufsicht von außen akzeptieren, und das gilt natürlich auch für die Armee. Traditionsgemäß lieben Armeen es nicht sonderlich, wenn ihnen auf die Finger geschaut wird, vor allem da nicht, wenn die Militärs überall in der Gesellschaft eine Rolle spielen. In vielen westeuropäischen Ländern spielt dieses Thema keine Rolle, aber sehr wohl bei einigen der Newcomer, vor allem in der Türkei.

In einigen Ländern regiert die Armee ein bisschen mit

Die Armee darf in keinem Fall großen politischen Einfluss haben. Es muss genau umgekehrt sein: Die Offiziere müssen den politischen Führern unterstellt sein. Der preußische Militärtheoretiker Clausewitz nannte dies im 19. Jahrhundert das Primat der Politik. So muss der Verteidigungshaushalt der parlamentarischen Kontrolle unterstehen. Die Volksvertretung muss die endgültigen Entscheidungen über militärische Ausgaben treffen und nicht die Regierung, erst recht nicht die Armee selbst.

Die Armee darf kein Teil von Think Tanks oder Unternehmen sein, die Grundlinien der Erziehung und Bildung mitdiskutieren oder Teile der Medien kontrollieren.

In der Türkei nimmt die Armee eine zu prominente Position in all diesen gesellschaftlichen Bereichen ein. Das hat überall Einfluss: Die Zypernfrage kann nur bei Mitarbeit der Armee gelöst werden, während man eigentlich erwarten würde, dass das eine rein politische Diskussion sein sollte.

Allein die Tatsache, dass es Staatssicherheitsgerichte gibt, ist der Europäischen Union suspekt. Das Europäische Parlament plädiert deshalb dafür, dass die Türkei diese abzuschaffen hat. Stattdessen soll sich die Türkei stärker für die Einhaltung der Menschenrechte einsetzen.

Die EU verlangt, dass die Türkei eine neue Verfassung erlässt, weil das heutige türkische Grundgesetz während des Militärregimes angenommen wurde.

Die Menschenrechte müssen eingehalten werden

Europa hat eine Tradition, wenn es um die Menschenrechte geht. Neben der Allgemeinen Erklärung der Menschenrechte, angenommen durch die Vereinten Nationen im Jahr 1948, hat Europa seine eigene Europäische Menschenrechtskonvention (EMRK). Dieser Vertrag wurde 1950 geschlossen.

Auch die neue Verfassung ist von Bestimmungen zu den Menschenrechten durchzogen. In Artikel 2 werden Freiheit, Demokratie, Gleichheit, Rechtsstaatlichkeit und Achtung der Menschenrechte als Grundwerte benannt, auf denen die Union beruht.

Alle Rechte, die Bürger entsprechend der Verträge und der Verfassung haben, müssen in beitrittswilligen Ländern unbeschnitten geachtet werden. Das bedeutet, dass unter anderem die folgenden Rechte eine Selbstverständlichkeit sein müssen:

- ✔ freie Meinungsäußerung
- ✔ Chance auf einen fairen Prozess
- ✔ Privatsphäre
- ✔ Glaubensfreiheit
- ✔ Versammlungs- und Vereinigungsfreiheit
- ✔ politische Freiheiten

In den neuen Mitgliedsstaaten werden nicht all diese Rechte geachtet. In einigen neuen EU-Ländern leben beispielsweise Minderheiten, die als Bürger zweiter Klasse behandelt werden.

Dies steht im Konflikt mit dem Diskriminierungsverbot. Jedes neue Land muss fair mit seinen Minderheiten umgehen. Für die Türkei bedeutet das, dass den Kurden im Osten dieselben Rechte zugesprochen werden müssen wie den anderen Bürgern des Landes.

Minderheiten müssen beispielsweise ihre eigenen Gottesdienste veranstalten dürfen und Radio- und Fernsehsendungen in ihrer eigenen Sprache empfangen können.

Folter ist inakzeptabel. Sie wird aber von EU-Beobachtern in der Türkei noch immer als gegeben konstatiert. Das Europäische Parlament verlangt, dass die Türkei ihre Ordnungskräfte besser kontrolliert. Letztendlich muss Folter seitens des Staats oder staatlicher Institutionen natürlich vollkommen verschwinden, es ist für die westeuropäischen Länder undenkbar, dass ein Land, in dem solche Praktiken vorkommen, Mitglied der EU werden soll.

Ein hoffnungsvolles Anzeichen ist vielleicht, dass die Türkei und alle anderen beitrittswilligen Länder Mitglied des Europarates sind. Das ist eine Menschenrechtsorganisation, die ihren Sitz in Straßburg hat und deren Ziel es ist, die Menschenrechte, die parlamentarische Demokratie und die Rechtsstaatlichkeit zu verteidigen. Seit 1989 konzentriert sich der Europarat vor allem auf die Länder in Osteuropa, die nach dem Fall des Kommunismus demokratisch geworden sind.

Die Türkei war nie kommunistisch oder sozialistisch, aber sehr wohl ein Staatssystem, in dem das Militär eine große Rolle spielte (und spielt). Noch immer erhält der Europarat Klagen von Bürgern der Türkei, die sich ungerecht behandelt fühlen (siehe Kasten *Rechtsstreit gegen die Türkei*).

Rechtsstreit gegen die Türkei

Abdullah Dogan wurde 1994 durch Staatssicherheitstruppen aus seinem Dorf im Südosten der Türkei vertrieben. Sein Haus ist zerstört, er wohnt nun in Istanbul. Seitdem hat Dogan mehrfach beantragt, in sein Dorf zurückkehren zu dürfen, bisher vergeblich. Er steht nicht allein: Etwa 1.500 andere Menschen haben ebenfalls Klage beim Europarat eingereicht, weil sie nicht an ihre Geburtsorte zurückkehren können. Die Kläger geben an, dass der türkische Staat in mindestens sieben Punkten die Verträge missachtet, die vom Europarat mit den teilnehmenden Ländern geschlossen wurden und an die sich demzufolge auch die Türkei zu halten hat. Abdullah Dogan beschuldigt die Regierung unter anderem, dass er bestraft wurde, ohne dass es dafür eine gesetzliche Grundlage gab, dass er nicht auf eine faire Art angehört wurde und dass er diskriminiert wird.

Die EU fordert von der Türkei, dass diese anständig mit Minderheiten umzugehen habe. Die Angelegenheit des Kurden Abdullah Dogan zeigt, dass es in diesem Punkt noch eine Menge zu tun gibt.

> ### Freiheit der Kirchen
>
> In EU-Ländern gilt, dass der Staat sich nicht in die Religionsausübung einmischt und dass Geistliche nicht in der Regierung sitzen. In einem Land wie der Türkei ist das noch nicht so: Der höchste Geistliche ist Generalsekretär eines Ministeriums. Das darf nicht sein. Der Europaparlamentarier Arie Oostlander, der auch Berichterstatter zum Thema Türkei ist, konstatiert, dass kleine christliche Minderheiten keine Chance bekommen. Sie werden von allen Seiten diskriminiert. Gleichzeitig sieht Oostlander, dass sich schon viel in der Türkei verändert hat, seit die EU angefangen hat, kritisch nachzufragen.

Alte Strukturen bleiben

Es scheint nicht einfach zu sein, alte Strukturen, in denen das Militär eine wichtige Rolle spielt, abzubauen. Um zu überwachen, dass die Türkei das in Angriff nimmt, gehen die Parlamentarier an die Quelle. Sie besuchen Universitäten und Minderheitsgruppen, sprechen mit Journalisten und Experten und beobachten mit Hilfe ihrer Botschaften in der Türkei, was alles in der Gesellschaft passiert.

Die Parlamentarier stellen häufig fest, dass die Reformen, die von der EU verlangt werden, durch einen beitrittswilligen Staat als eine Beleidigung empfunden werden. Mit anderen Worten: Sie stoßen auf kulturelle Unterschiede.

Man sieht in vielen ehemals sozialistischen Ländern, dass die jeweilige Staatsform sehr wohl in Richtung Demokratie umgeformt wurde, dass die Führungsschicht und die Beamten der alten Garde aber immer noch in Amt und Würden sind. Das sozialistische Denken sitzt noch in den Köpfen. Diese Menschen haben immer noch Einfluss auf politische Entscheidungen und die Wirtschaft. In manchen Ländern wird dieser Effekt durch Korruption noch verstärkt. Die Erneuerung des Beamtenapparats ist eine Frage der Zeit; erst, wenn sich eine neue Generation an die Arbeit macht, wird das alte Denken verschwinden.

Die Außengrenzen

In den letzten Jahren, in denen die Politiker vielfältige Diskussionen über die Erweiterung der EU geführt haben, wurde die Frage aufgeworfen, wo Europa anfängt und wo Europa endet. Muss man es nach den geografischen Grenzen definieren oder muss man eher auf vergleichbare Gesellschaften wie Australien und Kanada schauen?

Wenn man nur die Geografie berücksichtigt, was macht man dann mit Ländern, die nur mit einem Bein in Europa stehen, wie die Türkei und Russland?

Und dann gibt es da noch die Länder, die an Europa angrenzen, wie der Mittlere Osten und Nordafrika. Mit diesen Gebieten arbeitet Europa schon zusammen. Können diese Länder auch Mitglied werden oder ist das Mittelmeer eine unüberbrückbare Barriere?

Wo hört es auf?

In Artikel 1 der Europäischen Verfassung steht, welche Länder Mitglied werden dürfen: »Die Union steht allen europäischen Staaten offen, die ihre Werte achten und sich verpflichten, sie gemeinsam zu fördern.« Nach diesem Artikel hört Europa also da auf, wo ein anderer Erdteil beginnt. Also: sowohl die Türkei, als auch Russland können Mitglied werden, aber nicht die Länder rund ums Mittelmeer, die in Afrika oder Asien liegen, und auch nicht die weiter entfernt gelegenen Länder.

UNO-Chef: Europa, lass Immigranten zu!

Der Generalsekretär der Vereinten Nationen kommt ab und an in Brüssel zu Besuch. Nicht oft, das heißt, wenn er da ist, ist das eine besondere Gelegenheit. Kofi Annan hielt jüngst eine Ansprache im Europäischen Parlament. Seine Botschaft war deutlich: Europa vergreist, es wird immer schwieriger, die Renten zu finanzieren und freie Arbeitsstellen zu besetzen. Immigration aus anderen Ländern ist nach Meinung von Annan also eine Notwendigkeit. Die Europäer bekommen weniger Kinder. Letztendlich wird die Bevölkerungszahl zurückgehen. Lasst die Einwohner der Dritten Welt also ruhig hinein, denn ihr werdet sie noch brauchen, sagte Annan gegenüber den Parlamentsmitgliedern.

Immigration wird Europa reicher und stärker machen. Lasst ihr sie nicht zu, wird der Lebensstandard sinken. Mit Einwanderung habt ihr Arbeitskräfte, die einen Beitrag zur europäischen Wirtschaft leisten und auch einen zu der in der Dritten Welt. Es hat sich gezeigt, dass das Geld, das Immigranten ihren Familien schicken, die Entwicklungshilfe übertrifft. Die Immigranten schicken insgesamt jetzt schon 88 Milliarden Euro nach Hause zurück, während die Gesamtsumme der Entwicklungshilfe 57 Milliarden Dollar beträgt. Das ist dann mal wieder eine andere Parole als das übliche »Grenzen zu!«

Türkei

Die Türkei ist ein heißes Eisen, es besteht extreme Zerrissenheit zu diesem Thema. Nicht nur zwischen den Mitgliedern der EU, sondern auch innerhalb der Länder selbst. Vereinfacht kann man sagen, dass die Gegner des türkischen Beitritts den Unterschied zwischen der Türkei und Europa als zu groß empfinden. Das Land ist islamisch und liegt tatsächlich größtenteils außerhalb Europas. Die Befürworter meinen, dass es keinen Weg mehr zurück gibt, weil schon seit Dutzenden von Jahren zwischen EU und Türkei zusammengearbeitet wird und weil es strategisch sehr unvernünftig wäre, die Türkei auszuschließen und damit zu isolieren.

Europäische Regierungschefs preisen die Türkei, weil das Land in Vorbereitung auf eine EU-Mitgliedschaft schon so viele Reformen durchgeführt hat. In den Zeitungen liest man, dass die Türkei »beeindruckende Fortschritte« gemacht hat, aber dem steht gegenüber, dass die Öffentlichkeit noch nicht für einen Beitritt bereit zu sein scheint und dass auch viele Regierungen von EU-Ländern noch zweifeln.

Die Türkei ist verglichen mit den meisten anderen Mitgliedsstaaten ein riesiges Land. Rund 64 Millionen Menschen leben dort. Die Türkei wird, falls sie beitritt, das zweitgrößte Land der Union, nur Deutschland ist noch größer. Das geht den Gegnern zu weit. Auf der anderen Seite wohnen schon Millionen von Türken in Westeuropa, die irgendwann ihr Land verlassen haben, um Gastarbeiter zu werden. Nun leben sie schon seit 30 Jahren im Westen, ihre Kinder sind hier geboren, und manche von ihnen haben einen deutschen oder einen anderen europäischen Pass. Wenn die EU gegenüber der Türkei die Tür verschlossen hält, wäre das ein Schlag ins Gesicht der Türken, die ihr Bestes tun, um hier etwas aus ihrem Leben zu machen.

Viele Probleme rühren angeblich von der Staatsphilosophie des Mannes, der in der Türkei als Vater des Vaterlandes betrachtet wird: Kemal Atatürk. Er hat in den 20er Jahren des vorigen Jahrhunderts ein System erdacht, in dem die Interessen des Individuums denen des Staates untergeordnet werden. Die Religionsausübung wurde völlig unter Staatskontrolle gebracht. Laut Türkeikenner und EP-Mitglied Arie Oostlander hat Atatürk sich durch den Kollektivismus der Sowjetunion, den französischen Laizismus und den italienischen Faschismus inspirieren lassen. Also: Alles für jeden regeln und den Einfluss von Kirche und Religion auf das öffentliche Leben einschränken. Das ist etwas anderes als die Trennung von Kirche und Staat, bei der die Kirchen ihrer eigenen Wege gehen können.

Die Türkei ist sauer

»Würden Sie bitte eben dort lang gehen statt hier?«, fragt ein Securitymitarbeiter des Europäischen Parlaments. Es findet eine Plenarsitzung statt, der Kommissionsvorsitzende wird jeden Moment eintreffen, jeder ist ein bisschen angespannt, inklusive der Kameraleute, die in den Startlöchern stehen. »Was soll das? Ich bin Journalist! Ich werde mich beschweren!«, sagt ein empörter und unwillig den verlangten Umweg einschlagender Mann.

Er ist schon seit 1995 Berichterstatter im Parlament und kommt aus Ankara. »Die Türkei ist schon lange fertig. Alle Gesetze sind verändert«, merkt er an. »Okay, die Umsetzung ist ein Punkt. Auf dem Land ist noch nicht alles in Ordnung.«

Er erinnert sich an ein kleines, aber wichtiges Geschehen im Jahr 1998: »Damals sprach die Sprecherin einer der Kommissare zum ersten Mal von ‚Mitgliedschaftskandidat', als sie über die Türkei sprach. Das war noch nie vorher passiert. Vorher hieß es immer nur, dass die Türkei die Mitgliedschaft beantragt habe.«

Jetzt, wo die EU ein Datum genannt hat, zu dem die Beitrittsverhandlungen beginnen sollen, gibt es keinen Weg mehr zurück. Es ist in der Geschichte der EU noch nie vorgekommen, dass mit einem Kandidaten für den Beitritt verhandelt wurde und die EU später dann doch »nein« gesagt hätte.

Die Türkei muss Mitglied werden, lieber gestern als heute, wenn es nach dem Journalisten geht.

Russland

Wenn Russland hinzukommt, wird es kein Mitglied der EU – die EU wird Mitglied Russlands! Russland ist zu groß, die Europäische Union würde sich an diesem Gewicht einen Bruch heben. Das ist ungefähr die allgemeine Meinung unter Europaparlamentariern bezüglich der Frage, ob die ehemalige »rote Gefahr« je Teil der europäischen Familie werden kann. Für eine Reihe ehemals sozialistischer Länder ist es wahrscheinlich undenkbar, dass sie erneut einen Verbund mit dem Land eingehen würden, das rund 40 Jahre lang auf Wohl und Weh den Gang der Dinge für ihre Bevölkerung bestimmt hat.

Bei einem Beitritt wäre es wohl so, dass Amerika als Supermacht einen neuen, starken wirtschaftlichen Gegenspieler bekommt. Eine Super-EU, die auch auf politischem und militärischem Niveau ein wirkliches Gegengewicht zu den USA auf der Weltbühne sein könnte.

Selbst EP-Mitglieder, die sich mit der Erweiterung befassen und den osteuropäischen Ländern gegenüber positiv eingestellt sind, haben große Zweifel bezüglich Russland. Da hört es auf für sie. Russland könnte durchaus die Neigung zur Dominanz zeigen. Die EU muss damit gar nicht erst anfangen – es wäre das Ende der europäischen Zusammenarbeit, die jetzt so gut und ausbalanciert verläuft.

Rumänien und Bulgarien

Diese beiden Länder stehen auf der Nominationsliste, um 2007 Mitglied zu werden, doch das letzte Wort ist darüber noch nicht gesprochen. Sie machen mit, laufen sich schon mal warm, und sie sind mit aller Kraft mit der Vorbereitung beschäftigt. Aber von Zeit zu Zeit lassen Politiker sich sehr kritisch vor allem über Rumänien aus, wo es sehr viel Korruption gibt.

Vor allem die Liberalen im Parlament sagten Anfang 2004, dass sie die Verhandlungen mit Rumänien boykottieren wollen, weil das Land kein Rechtsstaat sei. Die rumänische Regierung sagte ihrerseits, dass sie alle Ressourcen mobilisieren wolle, um rechtzeitig fertig zu sein. Die Minister besuchten europäische Hauptstädte, um dort ihre Kollegen davon zu überzeugen, dass Rumänien 2007 ohne Probleme Mitglied werden kann. Wenn man sich die Zahlen ansieht, muss schon noch das eine oder andere passieren: Die Inflation lag in den letzten Jahren bei Dutzenden von Prozent und das wird sicher auf Kritik bei den Rechenkünstlern der EU stoßen.

Wenn Rumänien der Union beitritt, wird es von seiner Größe her an siebter Stelle stehen. Ein interessanter Markt für die restliche EU, diese zusätzlichen 22 Millionen Einwohner. Die Westeuropäer investieren zwar schon in diesem Land, aber doch noch eher zögerlich. Banker konstatieren, dass hart gearbeitet werde, um das Land für den Beitritt auf Vordermann zu bringen, dass es aber noch vieler Mühen bedarf, um alle Regeln rechtzeitig einzuführen. Auch wenn Gesetze und Richtlinien offiziell in Kraft sind, ist die Umsetzung noch lange keine Selbstverständlichkeit. Rumänien ist eine romanische Gesellschaft, sagte ein Banker und es herrscht Chaos und Anarchie; Dinge werden fröhlich auf die lange Bank geschoben.

Für Bulgarien gilt, dass dieses Land wohl als Marktwirtschaft funktioniert, und damit ist die EU sehr zufrieden. Nur: Für einen fairen Markt braucht man einen starken Beamtenapparat, der kontrolliert, dass die Spielregeln eingehalten werden. Das ist in Bulgarien (genau wie in Rumänien) noch nicht gegeben. Auch Bulgarien soll nach der heutigen Planung 2007 Mitglied der EU werden.

Am 25.04.2005 wurde der Beitrittsvertrag zwischen den beiden Ländern und der EU ratifiziert.

Die neuen Mitgliedsstaaten und Europa arbeiten schon seit Jahren zusammen

18

In diesem Kapitel

- Die Union und die Neulinge
- Beamte in den EU-Ländern und in Brüssel
- Gesellschaftliche Organisationen und ihre Beziehungen mit Osteuropa

---

Im Mai 2004 traten die neuen Länder der EU bei, aber es gab schon vorher Kontakte, es wurde jahrelang geredet und auch schon jahrelang bezahlt. Alles war darauf ausgerichtet, den neuen Ländern einen guten Start zu ermöglichen. Nicht beizutreten ist keine Option, das hat Brüssel von Anfang an deutlich gemacht. Der amtliche Apparat, aber auch die »alten« EU-Länder sagen, dass es letztendlich sehr im Interesse der EU liegt, zu wachsen und die neuen, freien Länder an der Ostgrenze am Wohlstand teilhaben zu lassen.

Die Union und die Neulinge: Heranführung

Vor der Erweiterung wurde zwischen der EU und den Neulingen verhandelt (manchmal mit recht harten Bandagen). Vor allem Polen hat schnell merken lassen, dass es nicht die Rolle des fünften Rads am Wagen einzunehmen gedenkt, sondern in vollem Umfang von der EU-Mitgliedschaft Gebrauch machen wird.

Die EU hatte einen Kommissar, der in Vollzeit mit der Erweiterung befasst war, den SPD-Politiker Günter Verheugen. Seine Generaldirektionprüfte schon seit einigen Jahren nach, wie der Stand der Dinge in den neuen Mitgliedsstaaten aussah, und erstellte dazu Berichte. Vor der eigentlichen Erweiterung funktionierte das wie eine Checkliste: Das und das müsst ihr noch regeln, bevor ihr zum Club gehören dürft.

Auf diesen Checklisten kann so ziemlich alles von Bildungs- über Landwirtschafts- bis zur Innenpolitik stehen. Es ist auch von großer Wichtigkeit, dass die neuen Mitglieder einen gut funktionierenden Verwaltungsapparat haben, sonst können sie keine Subventionsgelder aus Brüssel beantragen.

Brüssel redet und zahlt

Schon vor 2004 lagen 15 Milliarden Euro für die neuen Mitglieder bereit, vor allem in den Strukturfonds. Das sind Gelder, die für weniger gut entwickelte Gebiete bestimmt sind. Ein Land bekommt nur Geld, wenn ein ordentlicher Antrag eingereicht worden ist, damit beurteilt werden kann, ob das Projekt für Brüsseler Finanzhilfe in Frage kommt.

Für 2005 stehen 17 Milliarden Euro zur Verfügung, für 2006 20 Milliarden. Es geht um 15 bis 20 Prozent des europäischen Haushalts. Die EU ist also bereit, kräftig in die Newcomer zu investieren.

> ### Warmlaufen im Ausschuss der Regionen
>
>
> Im Ausschuss der Regionen liefen die neuen Mitgliedsstaaten schon weit vor der eigentlichen Erweiterung mit. Die 222 Abgesandten aus den 15 alten Mitgliedsstaaten bekamen Gesellschaft von Beobachtern aus den zehn neuen Ländern.
>
> Während dieser Sitzungen Anfang 2004 gab es keine Diskussion um die Frage, ob es richtig sei, eine neue Geschäftsordnung anzunehmen, während die Neulinge formell darüber nicht mit abstimmen durften. »So wissen sie gleich, wie das hier läuft«, brummte eines der älteren Mitglieder. Die Debatte ging weiter und die neue Geschäftsordnung wurde verabschiedet. So enthusiastisch wie die Polen, Ungarn und Tschechen wegen des Ausschusses der Regionen auch sind, so skeptisch ist ein Mitarbeiter eines erfahrenen EP-Mitgliedes: »Alles, was ich von ihnen bekomme, wird vertikal archiviert, geht sofort in die Rundablage. Ich lese es nicht mal.«

Können wir den Termin einhalten?

Die neuen Länder taten ihr Bestes, um rechtzeitig mit allem fertig zu sein. Sie mussten eine Reihe von Sektoren auf Europaniveau bringen und die bestehende Gesetzgebung einführen. Jedes Land hatte seine eigenen Schwachpunkte.

Wäre es nicht gelungen, diese Dinge auf die Reihe zu bekommen, hätte die EU *Schutzmaßregeln* treffen können. Das bedeutet: Für das neue EU-Mitglied bleibt für bestimmte Dienstleistungen oder Produkte der europäische Binnenmarkt geschlossen. Das Hauptkriterium dabei ist, dass ein Produkt keine Störung des Marktes verursachen darf.

Auffällig ist, dass die Länderberichte aus der Generaldirektion Erweiterung im Laufe der Zeit immer milder im Ton wurden. Brüssel ist zwar ein strenger, aber auch ein gerechter Vater: Man muss sein Bestes tun, und wenn es gelingt, wird einem lobend auf die Schulter geklopft.

In manchen Fällen drückt die EU auch mal ein Auge zu, wenn Dinge noch nicht hundertprozentig in Ordnung sind. Polen ist politisch von großer Bedeutung, und Brüssel hat wissen lassen, dass die EU im ersten Jahr keine Agrarprojekte aus Polen ablehnen wird, auch wenn die Berichte über Lebensmittelsicherheit in Polen sehr kritisch ausfallen. Es gibt einen gewissen Widerstand dagegen, allzu streng mit Polen zu sein. Es wird wohl auch Übergangsregeln geben müssen.

Die Regierungen sind sehr beschäftigt

Die alten EU-Mitgliedsstaaten haben sich schon jahrelang auf die Erweiterung vorbereitet. Es gibt neue Partner, die aber auch bei Verhandlungen neue Gegner werden könnten. Regierungschefs und Minister waren und sind dementsprechend fleißig in Netzwerken zugange, um ihre neuen Kollegen kennen zu lernen.

Die Botschaften sind sehr aktiv

Die Botschaften in den osteuropäischen Ländern spielen eine Schlüsselrolle bei den Kontakten zwischen alten und neuen EU-Mitgliedern. Als Vorposten eines Landes halten sie Ohren und Augen im Namen ihrer Außenministerien offen und können Besuchern den richtigen Weg weisen.

EP-Mitglieder, die beispielsweise einen Besuch in der Türkei machen, lassen sich von den Botschaften unterstützen. Wenn sie wissen wollen, wohin sie müssen, um festzustellen, ob sich die Türkei – oder eines der anderen Länder – bemüht, weist die Botschaft den Weg.

Das gilt auch für den reibungslosen Verlauf von Vertragsabschlüssen mit Wirtschaftsorganisationen. Die Gewerkschaften wurden von der Botschaft in Budapest unterstützt, als sie mit den Partnern in Ungarn ins Gespräch kommen wollten.

Parteien knüpfen schon im Vorfeld Kontakte

Nach dem Fall der Berliner Mauer kam in Osteuropa die Parteibildung in Gang. Auf einmal gab es mehr Geschmäcker als nur den kommunistischen. Die Entwicklung neuer Parteien ging unstet vonstatten: Kampagnen waren oft mehr auf Personen ausgerichtet als auf eine Partei, und politische Gruppierungen änderten den Kurs, wenn das politisch opportun erschien. Den jungen Demokratien stellte sich die Frage, ob ein Training durch ihre Schwesterparteien im Westen, die schon länger bestanden, vielleicht eine gute Möglichkeit sei.

Für Parteien, die Politikern auf der »anderen Seite« bei ihrer Suche nach dem Weg in die Brüsseler Politik helfen, stehen Subventionsgelder zur Verfügung. Diese finanzielle Unterstützung ist dafür bestimmt, den demokratischen Prozess in den Beitrittsländern zu fördern. Nicht nur die zehn Länder, die am 1. Mai 2004 beigetreten sind, standen auf der Liste für das Programm, sondern auch Länder wie Rumänien, Bulgarien, Georgien, Weißrussland, die Russische Föderation, Serbien und Montenegro.

Der Schwerpunkt liegt bei kleinen Projekten, die oft nicht so spektakulär sind, aber sehr wohl dafür sorgen, dass normale Menschen in die politischen Prozesse einbezogen werden.

So sagte die Bundesregierung 2004 Georgiens Präsident Saakaschwili 26 Millionen Euro zur Wirtschafts- und Demokratieförderung zu, nachdem in der so genannten »Rosenrevolution« 2003 der damalige Präsident und ehemalige sowjetische Außenminister Schewardnadse friedlich gestürzt wurde.

> ### Die Regionen nutzen ihre Chancen!
>
> Für Regionalgebiete, auch in Osteuropa, ist Brüssel mit vielen Chancen verbunden, die ergriffen werden müssen. Die EU legt Wert auf Gebiete mit eigener Identität, ob sie nun in die Grenzen eines Mitgliedsstaates fallen oder über verschiedene Grenzen hinweg verlaufen.
>
> Der Geist der Regionen ist voller Leben: Der Ausschuss der Regionen ist ihre Hoffnung für die Zukunft.

Der private Sektor macht ebenfalls mit

In der Vorphase der Erweiterung begriffen viele Bereiche in den Gesellschaften Westeuropas, dass sie neue Partner in zehn Ländern bekommen. Unternehmen sahen Eurozeichen vor ihrem inneren Auge, weil sie hundert Millionen neue Kunden begrüßen dürfen.

Aber auch viele Non-Profit-Organisationen sind schon seit Jahren dabei, Kontakte mit Schwesterorganisationen in den neuen EU-Ländern aufzubauen. Das gilt für Arbeitgeber, Gewerkschaften, politische Parteien und Aktivisten.

Arbeitgeber

Unternehmen haben schon immer gewusst, wie sie den Weg nach Brüssel finden. Das gilt auch für Arbeitgeberorganisationen, wie der Bundesverband der Deutschen Industrie (BDI) und die Dachorganisation europäischer Arbeitgeberverbände UNICE. Diese Organisationen bringen die »Business Community« der alten und neuen EU-Länder zusammen, um dafür zu sorgen, dass die Unternehmerverbände in Brüssel als Einheit operieren. Mit Hilfe von Seminaren und Studientagen werden die Unternehmer in den Beitrittsländern mit den Entscheidungsprozessen der EU und der Rolle von UNICE vertraut gemacht.

Auch die Arbeitgeber selbst bieten interne Schulungen zu allen erdenklichen Themen an: Steuerangelegenheiten, soziale Themen, Umweltschutzgesetzgebung. Alle möglichen Probleme, auf die Unternehmen in Europa stoßen können, lässt man Revue passieren, mit dem Ziel, die erworbenen Kenntnisse ins eigene Land weiterzutragen. »Training the trainers« nennt man das.

Arbeitgeberorganisationen aus Beitrittsländern oder Ländern, die in Zukunft beitreten wollen, wie Rumänien, waren und sind schon sehr emsig damit beschäftigt, Kontakte in Brüssel aufzubauen. Vertreter des rumänischen Unternehmertums lassen sich regelmäßig blicken, betreiben Lobbyarbeit und treffen sich zum Dinner mit Kollegen, die sich in Brüssel schon auskennen. Einige machen alles, um die Europaszene für sich zu gewinnen und Meinungsbildende dazu zu bewegen, Arbeitsbesuche in Rumänien durchzuführen.

Gewerkschaften

Die Gewerkschaften haben schon immer ein Auge aufs Ausland gehabt. Der DGB berät sich schon seit Jahren mit Gewerkschaftern in den Nachbarländern. Auf europäischem Niveau gibt es die ETUC, die European Trade Union Confederation. Das ist eine Vereinigung von Gewerkschaften. Seit den 90er Jahren hat sich die Anzahl daran angeschlossener Gewerkschaften auf ungefähr 70 verdoppelt.

Die Website der ETUC findet sich unter http://www.etuc.org.

Da die EU nun erweitert wurde und Arbeitnehmer sich einfacher von einem Land ins andere bewegen können, plädiert der DGB für eine Angleichung der Arbeits- und Lebensbedingungen durch soziale Mindeststandards, die europaweit gelten sollen. Das ist ein in weiter Ferne liegendes Ideal, denn ein verbindliches Abkommen für alle EU-Länder ist nur möglich, wenn dieses die Form einer Richtlinie erhält. Im Kapitel *Vorschriften, Vorschriften, noch mal Vorschriften* haben Sie schon gesehen, dass ein langer Weg zurückgelegt werden muss, bevor eine Richtlinie in ganz Europa in Kraft gesetzt wird.

Als die Erweiterung näher rückte, ist der DGB zusammen mit anderen Gewerkschaften aus den alten EU-Ländern in den neuen hausieren gegangen. Den Partnern in den osteuropäischen Ländern wurde erklärt, wie ein sozialer Dialog aufgebaut werden kann. Es wurden Konferenzen organisiert, Workshops abgehalten und Handbücher erstellt. Auch die Gewerkschaften folgen dem Prinzip Train the Trainers, die dann in ihren eigenen Ländern wieder als Multiplikatoren dienen. Nach Ansicht der Gewerkschaft gibt es in den Beitrittsländern noch viel zu tun: Arbeitgeber erachten Gewerkschaften als irrelevant, Kontakte mit Gewerkschaften werden als Zeitverschwendung angesehen. Sie sehen (noch) nicht, was die Zusammenarbeit mit Fachorganisationen bringen kann. Das letztendliche Ziel ist dementsprechend, dass man in den neuen EU-Ländern anfängt, an soziale Dialoge zu glauben.

Aktivisten

Aktionsführer gegen die kapitalistische Hochburg Europa haben sich ebenfalls organisiert, besser gesagt: Das geht schon eine ganze Weile so. Während der Gipfeltreffen machen sie von sich reden; sie blockieren Kreuzungen und versuchen, Treffen zu stören.

Daneben haben sie ihre eigenen Treffen im Kader der PGA: People's Global Action, nicht zu verwechseln mit der Professional Golfers Association, die auch PGA abgekürzt wird, aber eher ein anderes Klientel ihr Eigen nennt. Diese PGA ist ein Arbeitsverband von Aktionsführern gegen die Globalisierung. Die Gruppe differenziert wie folgt: Man ist gegen *destruktive(n)* Globalisierung und Kapitalismus.

Die PGA hält Konferenzen in Osteuropa ab, weil sie so hofft, auch bei den Brüdern und Schwestern in Osteuropa Interesse zu wecken. Die PGA präsentierte statt der Strategie des »Summit-Hopping« (»Gipfeltreffen-Hüpfen«) ein auf lokale Aktionen konzentriertes Konzept. Das mit viel Lärm einhergehende Stören von Gipfeltreffen wird zugunsten von Aktionen in den einzelnen Ländern eingestellt. Die Gruppe, die den »Gipfel« in Serbien organisierte, wollte direkte Aktionen, eine aktive Teilnahme an der Demokratie anstelle der Teilnahme am Spiel der etablierten Institute.

Die PGA betont, dass sie selbst nicht als Organisation zu bezeichnen ist. Sie ist keine juristische Person, sondern ein »Instrument für Koordination«. Man kann doch als antibürgerliche Gruppe nicht einfach an den üblichen gesellschaftlichen Strukturen festhalten!

Die Aktionsführer wehren sich gegen den »undemokratischen« Charakter des Markts und haben vor einigen Jahren in Straßburg eine »Keine Grenzen«-Kampagne ins Leben gerufen. Die westlichen Bürger seien viel zu ruhig, sagt die PGA, und in der ganzen EU solle man mehr vom bürgerlichen Ungehorsam Gebrauch machen.

Die Aktivisten betonen eher die Notwendigkeit der Bildung eines Netzwerkes als die der Durchführung von Trainings. Sie organisieren Treffen, an denen jeder (auch aus den neuen EU-Ländern) teilnehmen kann, sie konferieren auch in Osteuropa, aber von einer zielgerichteten Wissensweitergabe kann keine Rede sein.

Die Verfassung

In diesem Kapitel

- Lange Diskussionen und ein Textentwurf
- Die Verfassung fasst Verträge zusammen
- Fast jedes Land hat Änderungswünsche
- Wie es um die Verfassung steht

Europäische Verträge stellen ein in der Hierarchie höher stehendes Recht dar als die Verfassungen der einzelnen Mitgliedsstaaten. Trotzdem gab es in dem halben Jahrhundert des Bestehens der europäischen Zusammenschlüsse nie eine europäische Verfassung. 2001 haben die Regierungsoberhäupter beschlossen, dass sich das ändern muss.

Wie üblich wurde mit großen Worten verkündet, was gewünscht wurde: Die Union muss ein Leuchtfeuer der neuen Weltordnung werden. Die Bürger müssen näher an das Projekt Europa und die europäischen Institutionen herangeführt werden. Das politische Leben muss Struktur bekommen, und dasselbe gilt für den politischen Raum einer erweiterten Union. Einfach ausgedrückt: Es muss *eine* Europäische Verfassung geben. Die Entscheidung war schnell getroffen, die Umsetzung zog sich ein wenig länger hin.

Es wurde ein Konvent mit Vertretern aus allen Staaten ins Leben gerufen, die zusammen einen Text erarbeiten sollten. Es entbrannte eine politische Diskussion über so ziemlich alles, was es an Themen gibt.

In einer Verfassung wird ja letztendlich fast alles geregelt. Vom Fundament des Zusammenlebens bis zu den Rechten der Bürger und den Befugnissen der Regierung. In europäischer Terminologie: Was muss Europa für die Bürger tun, was darf ein Bürger und was nicht, und in welche Bereiche darf Brüssel eingreifen und aktiv werden?

Die Hauptstreitpunkte

Eigentlich kann man es ganz knapp und präzise zusammenfassen, was die Kernpunkte in den Gesprächen über eine neue Verfassung sind: Es geht um Macht und Geld. Wer hat das Sagen in der EU und wer darf Entscheidungen blockieren? Es wurde hart über das Stimmenverhältnis im Rat verhandelt. Wie viele Stimmen bekommen die großen Länder, wie vermeidet man, dass die kleinen Länder überrollt werden, und wie sieht es mit dem Vetorecht aus, das wir zurzeit noch haben? Mehr zu den Stimmenverhältnissen können Sie im Kapitel *Der Rat der Europäischen Union* unter *Die Macht der Großen* nachlesen. Ein pikantes Detail ist, dass die neuen EU-Mitglieder Einfluss auf den Inhalt des Verfassungsentwurfs ausüben konnten, doch durften sie nicht mit abstimmen. Dieses Recht war den »alten« Mitgliedern vorbehalten.

Es würde den Rahmen dieses Kapitels sprengen, wollte man alle Streitpunkte aufführen und erläutern. Darum beschränke ich mich hier auf die zwei auffälligsten: 1.: Gehört Gott in die Verfassung? Und 2.: Wie denken Befürworter und Gegner über das neue »Phänomen« eines europäischen Präsidenten? Resultat vieler endloser Verhandlungen in der EU ist häufig, dass nichts passiert, was die europäische Zusammenarbeit manchmal recht sinnlos wirken lässt. Es dauert alles sehr, sehr lange, und es gibt wenig Effizienz in den Entscheidungsprozessen.

Das wollte der Europäische Konvent anders haben. Die neue Verfassung soll für mehr Zielgerichtetheit, mehr Demokratie und mehr Transparenz sorgen. Die Entscheidungsprozesse sollten für die Bürger einfacher und verständlicher gestaltet werden.

Nach umfangreichen Gesprächen und Diskussionen, die anderthalb Jahre dauerten, lag im Juli 2003 ein Textentwurf für eine Verfassung für Europa vor, die per Vertrag verbindlich zwischen allen Mitgliedsstaaten zu beschließen ist.

Und dann begannen die Diskussionen erst so richtig. Nationale Politiker sagten, was sie vom Entwurf hielten, und merkten an, dass alles Mögliche daran zu bemängeln sei. Ende 2003 konnten die Regierungsoberhäupter sich über den Text nicht einigen und verschoben die Entscheidung aufs folgende Jahr. Die erste Hälfte 2004 war keine Option, im Juni wurden nämlich Europawahlen abgehalten. Als Folge der Wahlen trat in der zweiten Hälfte 2004 eine neue Kommission an. Das waren Umstände, die es erheblich erschwerten, eine Entscheidung über so etwas Wichtiges wie eine Verfassung für Europa zu treffen.

In Ländern, in denen die Wahlen fürs Europäische Parlament im Juni 2004 mit einem Referendum zur neuen Verfassung zusammenfielen, wurde das Referendum gestrichen.

 Wann die neue Verfassung in Kraft treten wird, ist nicht sicher. Nach den ablehnenden Referenden in den Niederlanden und Frankreich ist es insgesamt fraglich, ob die Verfassung in der bestehenden Form überhaupt jemals Gültigkeit haben wird. Wir wissen aber, dass es einen Text gibt, über den gründlich nachgedacht wurde und zu dem alle EU-Länder ihren Beitrag geleistet haben. Es kann gut sein, dass der bestehende Textentwurf letztendlich doch von allen EU-Mitgliedern akzeptiert wird.

Gott im Verfassungstext oder nicht?

Basiert Europa auf einer jüdisch-christlichen Tradition oder nicht? Beschränken wir Europa auf eine Wertegemeinschaft, in der das Christentum (das aus dem Judentum hervorgegangen ist) eine dominante Position einnehmen muss? Über diese Frage schieden sich lange Zeit die Geister. Über die Frage, ob eine europäische Verfassung auf eine gemeinschaftliche Religion verweisen muss oder nicht, wurde leidenschaftlich diskutiert. Wie Sie wissen, ist die größte Fraktion im Europäischen Parlament die der europäischen Christdemokraten, die EVP. Es ist also nicht weiter verwunderlich, dass diese Politiker und ihre Wähler wünschten, dass ihre politische und gesellschaftliche Motivation, die teilweise aus dem Glauben hervorgeht, einen Platz in der neuen Verfassung bekommen soll.

19 ➤ Die Verfassung

Beginnen wir mit der Feststellung darüber, was letztendlich an religiösen Verweisen in der Präambel (ein vornehmes Wort für Vorwort) der europäischen Verfassung übrig geblieben ist: »Schöpfend aus dem kulturellen, religiösen und humanistischen Erbe Europas, aus dem sich die unverletzlichen und unveräußerlichen Rechte des Menschen sowie Freiheit, Demokratie, Gleichheit und Rechtsstaatlichkeit als universelle Werte entwickelt haben, ...«

Wer nach Gott sucht, findet keine wie auch immer gearteten direkten Verweise auf eine christliche oder jüdische Tradition. Lediglich das religiöse Erbe hat im Verfassungstext einen Platz bekommen, aber das kann so ziemlich alles heißen. Der Satz könnte auch auf eine islamische Tradition verweisen. Das würde den Moslems in Europa sicher gefallen, und es bedeutet, dass ein Land wie die Türkei mit seiner eigenen Geschichte sich in der Präambel genauso wiedererkennen kann wie alle anderen Mitglieder.

Befürworter und Gegner haben alle möglichen Argumente angebracht, um dafür oder dagegen einzutreten, dass Gott einen Platz in der Verfassung bekommt.

Die Befürworter führten an, dass Europa christliche Wurzeln habe. In ungefähr der Hälfte der Mitgliedsstaaten ist Gott in der jeweiligen Verfassung genannt, was zeigt, dass Gott ein moralischer Anker für die Europäer ist. Viele Bürger hängen an ihren christlichen Werten.

Die Gegner weisen darauf hin, dass Europa multikulturell und tolerant sein muss und dass das Christentum nicht als vorherrschende Religion genannt werden darf. Der Staat (also auch der europäische Zusammenschluss) muss neutral sein. Abgesehen davon ist Religion keine Staatsangelegenheit, sondern eine private Sache.

Letztendlich wurde also nur auf religiöse Traditionen verwiesen. Diejenigen, die weitergehen wollten, hoffen, dass in der Schlussfassung der Verfassung für Europa doch noch ein Plätzchen für Gott gefunden wird. Es gibt schließlich noch keinen gültigen Vertrag, also ist noch Zeit für Diskussionen.

Die Kirchen dürfen nach Brüssel zu Besuch kommen

Im Textentwurf wird also nicht direkt auf Gott verwiesen. Aber anderswo in der Verfassung bekommen die Kirchen eine besondere Position. In Artikel I-52 steht, dass die Union die Stellung der Kirchen respektiert, und das gilt auch für andere weltanschauliche Organisationen. Und dann kommt's: »Die Union pflegt mit diesen Kirchen und Gemeinschaften in Anerkennung ihrer Identität und ihres besonderen Beitrags einen offenen, transparenten und regelmäßigen Dialog.«

Das heißt also, dass die Kirchen das gesetzlich verbriefte Recht auf regelmäßige Gespräche in Brüssel bekommen. Es steht nicht dabei, wie oft, und es steht auch nicht da, mit wem. Es steht ebenfalls nicht da, wie die Gespräche in der Politik genutzt werden. Es ist also alles ziemlich vage, aber es genügte, um Organisationen, die nicht so viel mit der Kirche am Hut haben, dagegen aufzubringen. Sie legten Beschwerde gegen die formale Stellung ein, die den Kirchen auf diese Weise zugewiesen wird. In der Zwischenzeit fragen sich die Kirchen: Wen müssen wir eigentlich anrufen, wenn wir zum Reden nach Brüssel kommen wollen?

Ein europäischer Präsident

Seit der Gründung der EU nimmt jedes Land reihum den Vorsitz ein. In der neuen Verfassung ist das anders geregelt: Die Regierungsoberhäupter wählen einen Vorsitzenden für einen Zeitraum von zweieinhalb Jahren. Danach können sie jemand anderen wählen oder ihn noch einmal für zweieinhalb Jahre weiterarbeiten lassen.

Diese neue Regelung bedeutet, dass der »Europapräsident« die Gipfelkonferenzen organisiert und alle Verhandlungen leitet. Er muss dafür sorgen, dass die Entscheidungsprozesse glatt laufen und anschließend dem Europäischen Parlament Bericht erstatten.

Die Einsetzung eines festen Vorsitzenden wird als Sieg der großen Länder gesehen: Großbritannien, Spanien und Frankreich wollten es gerne so haben. *Ein* Topfunktionär hat natürlich Vorteile. Der Rat hat ein Gesicht und die Tatsache, dass er (oder sie) für zweieinhalb oder fünf Jahre seine Funktion innehat, sorgt für eine gewisse Kontinuität. Bei der alten Arbeitsweise wechselte der Vorsitz jedes halbe Jahr, was in schneller Folge Kursänderungen oder zumindest die Verschiebung von Prioritäten in der Politik bedeutete.

Wenn die Europäische Union eine Person an der Spitze bekommt, verändert sich auch etwas an der Rolle der EU: Jetzt ist die Union vor allem ein Wächter des freien Marktes, bald soll sie mehr den Charakter einer Regierung bekommen und eine deutlich sichtbarere Rolle auf der politischen Weltbühne spielen. Seit einigen Jahren hat die EU schon einen »Auslandskoordinator«, der bereits heute als Außenminister bezeichnet wird. Noch ein paar Menschen dazu, und man hat ein Kabinett. Wer für eine starke zentrale europäische Führung ist, wird diese Entwicklung bejubeln.

Die Gegner wollen gerade eine solche Entwicklung in Richtung einer europäischen Regierung verhindern. Sie sind der Meinung, dass Brüssel nicht zu viel Macht von den Mitgliedsstaaten übernehmen sollte.

Ein anderer Nachteil ist, dass ein neuer Funktionär unvermeidlich einige Abläufe verkomplizieren wird, weil der neue »Präsident« zweifellos von einem Stab von Mitarbeitern umgeben sein und vielleicht sogar ein eigenes Gebäude bekommen wird. Kurzum: Es kommt noch mehr Bürokratie hinzu.

Die kleinen Länder befürchten, dass sie bei der Wahl eines festen Vorsitzenden nie mehr an die Reihe kommen, deshalb warnen sie vor der Abschaffung des rotierenden Vorsitzes.

Es kann natürlich auch ganz anders kommen: Die großen Länder innerhalb der EU sind sich noch längst nicht einig, und die französische Regierung wäre wohl nur mäßig begeistert, wenn beispielsweise ein Brite Europapräsident wird. In so einer Situation kann es passieren, dass ein Politiker aus einem kleinen Land den Stich macht, weil er auf weniger Widerstände stößt.

Die Streichung des Prinzips Einstimmigkeit

Nach der neuen Verfassung für Europa werden häufiger Entschlüsse mit einer qualifizierten Mehrheit gefasst. Das ist eine andere Mehrheit als die Hälfte plus eins: Es muss innerhalb des Ministerrats eine Mehrheit geben, aber zusätzlich muss diese Mehrheit mindestens 60 Prozent der Einwohner der EU repräsentieren.

Es war immer so, dass bei wichtigen Fragen jedes Land ein Veto aussprechen konnte. Dem macht die neue Verfassung ein Ende. Auch dies führte bei den kleinen Ländern zu Unruhe: Was, wenn die großen Länder alles gegen den Willen der kleinen durchdrücken wollen? Wenn man sich die Verhältnisse ansieht, sieht man, dass nach der Erweiterung die Zahl der kleinen Länder viel größer ist als die der großen. Es wird also nicht einfach für die großen Länder sein, die »Winzlinge« gefügig zu machen. Zusammen bilden nämlich sie die Mehrheit.

Die partielle Abschaffung des Vetorechts wird die EU tatkräftiger machen, weil ein Land oder einige wenige keine Beschlüsse mehr blockieren können. Es ist offensichtlich, dass das auch unangenehme Folgen haben kann.

Ein zusammengewürfelter Haufen von Verträgen

Die europäische Verfassung soll die Verträge zusammenfassen, die im Laufe der Zeit geschlossen wurden. Im Laufe der Jahre sind von den europäischen Ländern Dutzende von Abkommen, Zusammenschlüsse und Übereinkünfte abgeschlossen worden, die alle in der neuen Verfassung zusammenfließen sollen.

Ziel ist, die Grundlage der EU in einem klaren und deutlichen Vertrag festzuschreiben, der für lange Zeit alles ausreichend regelt. Alle Befugnisse, die Verhältnisse zwischen den Institutionen und eine transparentere Funktionsweise sind die Leitgedanken für einen solchen Vertrag.

Von 1952 bis 2003

Alles begann 1952 mit der EGKS, der Europäischen Gemeinschaft für Kohle und Stahl. Damals ging es vor allem darum, erneute Kriege zwischen den europäischen Ländern zu verhindern. Danach wurden Verträge in den Bereichen Landwirtschaft, Fischerei und weiterer wirtschaftlicher Zusammenarbeit geschlossen. Es war auch notwendig, um stetig die Beziehungen untereinander durch Verträge festzulegen.

In den 60ern und 70ern wurde die europäische Zusammenarbeit von den ursprünglichen sechs Ländern auf zwölf erweitert, in den 90ern wuchs die Europäische Union auf 15 Länder an.

Nachdem der Wohlstand gestiegen war, lag der Schwerpunkt weiterhin auf wirtschaftlichen und finanziellen Dingen: Zuerst wurden die Währungen miteinander gekoppelt, danach wurde die Einführung einer gemeinsamen Währung beschlossen.

Im Laufe der Jahre wurde ein Vertrag auf den anderen geschichtet: Maastricht, Nizza, Amsterdam. Das Ganze wurde zu einem Bauwerk von sechs großen Verträgen und einer Vielzahl ergänzender Protokolle und Übereinkünfte. Bei jedem Gipfel kam ein umfangreiches Dokument hinzu.

> *Die großen europäischen Verträge*
>
> ✔ **Vertrag von Paris (1951).** Mit diesem Vertrag wurde die EGKS gegründet. Der Vertrag wurde zwar 1951 ratifiziert, trat aber erst 1952 in Kraft. Deshalb gibt es auch sich widersprechende Angaben über das Gründungsjahr der EGKS beziehungsweise der Europäischen Union. Die Absprachen betreffen in erster Linie die Zusammenarbeit bei der Produktion von Kohle und Stahl. Weil der Vertrag eine befristete Laufzeit von 50 Jahren hatte, gingen die Befugnisse der EGKS 2002 auf die EU über.
>
> ✔ **Vertrag von Rom (1957).** In Rom wurde eine wirtschaftliche Zusammenarbeit beschlossen sowie die Schaffung eines gemeinsamen Marktes. Damit wurde die Grundlage für die EU gelegt, wie wir sie heute kennen.
>
> ✔ **Vertrag von Maastricht (1992).** In Maastricht wurde entschieden, einen gemeinschaftlichen Markt mit einer gemeinsamen Währung und einer Zentralbank für ganz Europa zu schaffen. Es wurde auch abgesprochen, dass es keine gemeinsame Außen- und Verteidigungspolitik geben wird, dass aber Justiz und Polizei der europäischen Länder kooperieren sollen.
>
> ✔ **Vertrag von Amsterdam (1997).** In Amsterdam wurde beschlossen, die Erweiterung der EU zu ermöglichen, und zum ersten Mal werden Verhandlungen über ein EU-weites Programm zur Bekämpfung der Arbeitslosigkeit geführt.
>
> ✔ **Vertrag von Nizza (2000).** In Nizza ging es vor allem um die Art, wie die EU geführt werden muss: Stimmenverhältnisse, die Anzahl der Mitglieder in der Europäischen Kommission, Befugnisse der Kommission und die Sitzverteilung im Europäischen Parlament nach der Erweiterung.
>
> ✔ **Europäische Verfassung (2005?).** Falls die europäische Verfassung verabschiedet wird, wird sie ein Dokument sein, in dem alle Verträge der Union zusammenfließen.

Angepasst ans 21. Jahrhundert

Ein halbes Jahrhundert nach dem Beginn der europäischen Zusammenarbeit liegen die Prioritäten deutlich anders, als es in den 50er Jahren der Fall war. Ging es damals darum, einen neuen Krieg zu verhindern und die Versorgung der Bevölkerung mit Nahrungsmitteln sicherzustellen, geht es heute vor allem um wirtschaftliche Faktoren und darum, ein Europa zu schaffen, das sich durch eine hohe Lebensqualität auszeichnet. Themen wie Umwelt, Arbeitsplätze und Gesundheit haben in der europäischen Politik einen prominenten Platz eingenommen.

Im Entwurf der Verfassung für Europa ist ein separater Teil den Grundrechten gewidmet. So wird dort das Klonen von Menschen verboten.

Abbildung 19.1: Der Vertrag von Amsterdam wurde am 2. Oktober 1997 unterzeichnet.

In der neuen Verfassung steht, dass Kinder ein Recht auf freie Meinungsäußerung haben, und nicht nur das: Ihre Meinung muss auch berücksichtigt werden, wenn es um ihr Leben oder ihre Lebensumstände geht. Es ist auch festgelegt, dass jedes Kind ein Recht darauf hat, Kontakt zu beiden Elternteilen zu haben.

Bei einer Reihe von Punkten werden die Bürger geschützt:

✔ Recht auf Arbeit

✔ Kündigungsschutz

✔ gesunde und sichere Arbeitsbedingungen

✔ Recht auf soziale Unterstützung

✔ Recht auf Gesundheitsfürsorge

In dieser Passage steht auch, dass für eine gesunde Umwelt und Verbraucherschutz zu sorgen ist.

Doch ein paar neue Dinge

Einige neue Elemente in der Verfassung sind schon genannt: der europäische Präsident und die Beschränkung des Vetorechts.

Es gibt aber noch mehr Neuheiten im Europarecht und bei der Art, wie die Dinge in Brüssel organisiert sind:

- ✔ Das Europäische Parlament soll mehr Macht bekommen.
- ✔ Es soll einen europäischen Außenminister geben.
- ✔ Die Gesetzgebungsprozeduren sollen einfacher werden.
- ✔ Die Europäische Kommission soll verkleinert werden.
- ✔ Die Kommission soll einem Land auf die Finger klopfen dürfen, wenn finanzielle Absprachen wie der Stabilitätspakt missachtet werden.
- ✔ Staaten sollen ihre Mitgliedschaft in der EU wieder beenden können.

Ist das Ganze wirklich eine echte Verfassung?

Ist das Werk von 344 Seiten Umfang nun eigentlich eine echte Verfassung oder nicht? Die Antwort ist: Nein, es ist keine echte Verfassung, sondern ein Vertrag. Trotzdem wird von einer Verfassung gesprochen, weil hier einige fundamentale Rechte geregelt sind, die normalerweise auch in einer Verfassung zu finden sind. Um das Problem der Namensgebung zu umschiffen, wird auch von einem *konstitutionellen Vertrag* gesprochen. Mit diesem soll die EU 50 Jahre weiterkommen und die Bürger können sich auf den Vertrag berufen, als ob er eine echte Verfassung wäre. Wie auch immer, wenn Sie in Brüssel beim Europäischen Parlament anfragen, werden Sie ein weißes Büchlein bekommen, auf dem mit großen blauen Buchstaben steht: »Verfassung für Europa«.

Schön zu lesen, aber schwer zu handhaben

Wer in Urlaub in die Sonne fährt und noch interessante Urlaubslektüre sucht, um am Pool ein bisschen zu lesen, sollte die Verfassung für Europa besser zu Hause lassen. Es ist ein Werk voll getragener Sprache, mit idealistischen Texten und hohen Zielen für die Menschheit.

Wer etwas mehr über die Frage wissen will, wie wir die (europäische) Welt schöner machen können, kann das Blättern in der Verfassung als Bereicherung erleben. Aber es gibt keine Zweifel: Wie alle Gesetze ist auch die Verfassung für Europa alles andere als leichte Kost.

In der Verfassung geht es um wirklich alles

Der Text der Verfassung wird von einer Präambel eingeleitet. Diese beginnt mit der Feststellung, dass Europa eine Wiege der Kultur ist und dass die Einwohner sich hier in Wellen niedergelassen haben. Dann steht geschrieben, dass es in Europa kulturelle, religiöse und humanistische Traditionen gibt und dass sich die Einwohner Europas gemeinsam für den Fortschritt und die Zukunft einsetzen und dass sie dabei ihre alten Gegensätze überwinden wollen.

Danach wird Europa definiert, nicht so sehr im geografischen Sinn, sondern vielmehr im Sinne gemeinschaftlicher Werte. Die EU wird als Wertegemeinschaft bezeichnet: eine Gemeinschaft, die auf der Grundlage miteinander geteilter (Normen und) Werte zusammengehört. Das sind Freiheit und Demokratie, Gleichheit, Rechtsstaatlichkeit und die Menschenrechte. Auch Pluralismus, Toleranz und Solidarität gehören zu den Werten, die wir Europäer (laut der Verfassung) miteinander teilen.

Der Verfassungstext geht weiter mit der Nennung der Grundrechte, der Bürgerrechte und der Befugnisse der Union. Danach kommen die Institutionen an die Reihe und die Art und Weise, wie die EU Gesetze und Regelungen erlassen kann.

Interessant ist die Absprache, dass die EU-Länder einander zur Hilfe kommen sollen, wenn eines von ihnen zum Opfer von Terrorismus, Naturkatastrophen oder von Menschen verursachter Zerstörungen wird. Die Worte »Krieg« oder »Angriff« werden vermieden, es geht offensichtlich um plötzliche und unvorhersehbare Ereignisse.

Der größte Teil der Verfassung behandelt Politik und Wirkungsweise der Union: der freie Verkehr von Gütern, Personen, Dienstleistungen und Kapital, die monetäre Politik, Arbeitsplätze, Umwelt, Volksgesundheit, Kultur.

In diesem Teil steht auch, woran sich die Länder zu halten haben, in denen der Euro Währung ist. Die berüchtigte Dreiprozentregel aus dem Stabilitätspakt steht dort nicht, nur, dass die Minister aus den Euroländern untereinander Absprachen treffen können, um die Stellung des Euro zu sichern, mit anderen Worten: um eine zu große Inflation zu verhindern.

Der letzte Teil der Verfassung umfasst eine Reihe von Protokollen und Erklärungen. Eine Neuheit ist, dass den nationalen Parlamenten eine Rolle zugeschrieben wird. Im Verfassungsentwurf wird festgestellt, dass untersucht werden soll, wie das Europäische Parlament und die nationalen Parlamente zusammenarbeiten können. Die Bürger bekommen, wenn auch sehr indirekt, eine Position in den Entscheidungsprozessen: Der Ministerrat kann bestimmte Entschlüsse nur dann fassen, wenn die Mitgliedsstaaten, die dafür sind, mindestens 60 Prozent der Bevölkerung der Union repräsentieren.

Die dahinter liegenden Ideen sind wunderschön

Wenn Sie sich die Ideen ansehen, die hinter den Artikeln der Verfassung stecken, geht es dort um die gemeinsame Zukunft Europas. Es geht um Zusammengehörigkeit, um Frieden, um Wohlstand. Und wenn die Grundbedingungen realisiert sind, können die Bürger in einem Raum von Freiheit, Sicherheit und Gerechtigkeit leben. Wer sollte das nicht wollen?

Die Verfassung regelt auch, dass der Bürger seine Rechte durchsetzen kann, wenn er ungerecht behandelt wird. Aber zum Beispiel auch, dass er ein Unternehmen gründen darf und dass er ein Recht auf einen fairen Platz im Zusammenleben hat, als Unternehmer oder als Arbeitnehmer. Ein Arbeitnehmer muss gut behandelt werden und muss unter ordentlichen Umständen arbeiten können. Es muss für Arbeitsplätze und eine angemessene Sozialpolitik sowie Verbraucherschutz gesorgt werden. Touristen und Geschäftsleute, jeder muss gehen und stehen können, wo er will. Kapital und Güter dürfen frei durch Europa bewegt werden. Der Bürger hat ein Recht auf Gesundheit, und die Jugend hat ein Recht auf angemessenen Schutz.

Kurzum: In der Verfassung zeigt sich das Bild eines idealen Kontinents, auf dem gut für die Menschen gesorgt wird. Wer gerade arbeitslos ist, an einer ernsten Krankheit leidet oder seine Kinder seit einem halben Jahr nicht gesehen hat, wird sagen: Lass mich in Ruhe mit der Verfassung. Aber bei den zugrunde liegenden Idealen gibt es nichts zu meckern.

Papier ist geduldig

In der Verfassung stehen lauter wunderbare Dinge, und es ist natürlich gut, dass sie zu Papier gebracht worden sind. Aber von einer ganzen Reihe von Rechten kann man nicht so mir nichts, dir nichts Gebrauch machen, und wenn sie missachtet werden, kann man sie nicht so leicht einfordern.

Einige Beispiele:

- **Das Recht, Dokumente einzusehen.** Dieses Recht haben Sie als Bürger, offizielle EU-Dokumente sind zu einem großen Teil öffentlich. Aber was, wenn Sie Einsicht haben wollen und sie nicht bekommen oder wenn es zu lange dauert? Was, wenn Sie den verantwortlichen Beamten nicht ausfindig machen können? Wer versucht, einen Mitarbeiter der Europäischen Kommission ans Telefon zu bekommen, merkt schnell, dass das nur funktioniert, wenn man sich auskennt.

- **Das Recht auf dieselbe Entlohnung wie andere Bürger.** Ein Pole im Gartenbau muss exakt dasselbe verdienen wie ein Deutscher oder Brite. Aber wie kontrolliert man das? Und wenn man dahinter kommt, dass es Unterschiede bei den Löhnen gibt, was dann?

- **Freier Verkehr von Arbeitnehmern.** Wenn Sie Arzt oder Ingenieur sind, dürfen Sie in allen EU-Ländern Ihren Beruf ausüben. Aber wer das wirklich tun will, wird merken, dass ein Diplom aus einem Land nicht einfach so in einem anderen anerkannt wird, auch wenn das von der EU so vorgeschrieben ist. In der Praxis läuft es darauf hinaus, dass Sie lange schmeicheln und eine Reihe langwieriger Prozeduren über sich ergehen lassen müssen. Wie erzwingt man die Anerkennung?

- **Freier Verkehr von Kapital.** In einem anderen Land ein Haus zu kaufen ist kein Zuckerschlecken. Das ist für den Durchschnittsbürger zwar kein Alltagsgeschäft, aber es gibt doch viele Menschen, die in einem wärmeren, südlicheren Land ein Dach über dem Kopf haben wollen. Eine Hypothek dafür zu bekommen, ist viel mühseliger als eine für ein Haus im eigenen Land.

- **Die Überweisung von Geld.** Auch das ist nicht wirklich einfach. Sie können nicht mal eben eine Kontonummer und eine Adresse in ein Formular eintragen und fertig. Ganz und gar nicht. Zwar gibt es eine neue Richtlinie hierzu, doch die Umsetzung wird den Finanzsektor noch lange beschäftigen.

✔ **Ein hohes Niveau an verfügbaren Arbeitsplätzen.** Nett gesagt, oder? Stellen Sie sich vor, es gibt eine Rezession und durch Entwicklungen auf dem Weltmarkt müssen Menschen entlassen werden. Das Niveau von verfügbaren Arbeitsplätzen sinkt. Bei wem reichen Sie Klage ein, um einen neuen Job zu bekommen? Jedenfalls nicht in Brüssel ...

✔ **Ein hohes Niveau menschlicher Gesundheit.** Pech, wenn Sie in einem Gebiet leben, wo die Gesundheitsfürsorge nicht so optimal ist. In der Verfassung steht, dass das Niveau menschlicher Gesundheit hoch sein muss, aber was hat man als Bürger davon?

Es gibt also viele Rechte, die mit gutem Grund festgelegt worden sind, die aber im täglichen Leben nicht oder nur sehr schwer eingefordert werden können. Ein Gang zum Richter dauert lange, und das gilt wie nirgendwo sonst für die europäischen Richter.

Das mühselige Zustandekommen

Laken, Dezember 2001. Der Rat der Europäischen Union beschließt, dass ein Konvent gegründet werden muss, der einen Entwurf für eine Verfassung von Europa erarbeiten soll. Einige Dutzend angesehene Politiker aus Mitglieds- und Beitrittsländern beratschlagen anderthalb Jahre, um letztendlich im Sommer 2003 zu einem Textentwurf zu gelangen. Der Konvent hat in dieser Zeit 2.000 Ansprachen angehört und 23.500 Seiten Text verarbeitet.

Der Konvent: ein großer Redeclub

Nach guter alter europäischer Tradition wurde lang und breit über den Inhalt der europäischen Verfassung diskutiert. Im Jahr 2002 und in der ersten Hälfte von 2003 hat eine Gruppe von 102 Teilnehmern 50-mal getagt, unter den wachsamen Blicken von 13 Beobachtern, die beratende Organe repräsentierten.

Es wurde eine Website eröffnet, damit die Bürger Europas in allen Sprachen der EU den Debatten folgen können.

Die Arbeit des Konvents ist in drei Phasen verlaufen:

✔ **Zuhören.** Feststellen, wie die Erwartungen und Bedürfnisse der Mitgliedsstaaten und der europäischen Gesellschaft aussehen.

✔ **Nachdenken.** Die unterschiedlichen Meinungen vergleichen und ihre Tragweite und Folgen einschätzen.

✔ **Vorschlagen.** Das Erstellen von Synthesen und das Ausarbeiten von Vorschlägen.

Es ist offensichtlich, dass der Konvent verhindern wollte, dass eine Meinung übersehen würde. Neben den Plenarsitzungen gab es Arbeitsgruppen, um bestimmte Themen gründlich zu untersuchen. Dabei ging es um Themen wie Grundrechte, die Organisation der EU und die Rolle der nationalen Parlamente.

 Die Website des Konvents ist zu finden unter: http://european-convention.eu.int. Alle Diskussionsbeiträge – und das sind Hunderte! – stehen auf der Site.

Wer der Meinung ist, dass all das Reden eigentlich zu nichts gut ist, kann vielleicht zu einem anderen Schluss kommen, wenn er den Kommentar eines Professors der Harvard-Universität im *Wall Street Journal* liest: »Es hat in der Weltgeschichte noch nie eine tiefere und breitere Diskussion über eine Verfassung gegeben als die nun in Europa stattfindende.«

Wenn selbst ein amerikanischer Wissenschaftler Europa für seine Herangehensweise bewundert, wessen Bewunderung oder Zustimmung haben die europäischen Regierenden dann noch nötig?

Länder, Regierungen und Parlamente mischen mit

Der Europäische Konvent wurde als ein wirkliches Repräsentationsorgan aufgebaut. Den Vorsitz haben erfahrene europäische Politiker und die anderen Mitglieder des Präsidiums kommen aus allen Ländern.

Alle nationalen Parlamente haben Vertreter schicken dürfen, genau wie die Regierungen aller Mitgliedsstaaten und Beitrittsländer. Natürlich waren auch das Europäische Parlament und die Europäische Kommission vertreten. Für Deutschland saßen unter anderem der Außenminister Joschka Fischer, der Staatsminister für Europa Hans Martin Bury und der damalige Ministerpräsident Baden-Württembergs Erwin Teufel im Konvent. Eine lange Liste von Teilnehmern und eine genauso lange Liste von Stellvertretern brachten dieses über 300 Seiten lange Schriftstück auf den Weg.

Giscard d'Estaing ging seinen eigenen Weg

 Im Juli 2003 war es so weit: Der ehemalige französische Präsident Giscard d'Estaing konnte stolz eine Pressekonferenz geben, mit einem Büchlein in der Hand, das den Titel »Constitution pour l'Europe« trug. Giscard war der Champion des Konvents. Er hat kein Mittel unversucht gelassen, um das Evangelium der neuen Verfassung zu verbreiten.

Zusammen mit anderen Politikern hat er einige große Artikel für die Meinungsseiten der Zeitungen geschrieben, alles, um die Europäer davon zu überzeugen, dass es jetzt oder nie heißt.

Das war ein ziemlich schwieriges PR-Problem, und sei es nur, dass Einwohner großer Länder eine völlig andere Sichtweise vertraten als die kleiner Länder. D'Estaing betonte in seinen Zeitungsgeschichten, dass sich alles um den Bürger drehe. Er schrieb die Artikel zusammen mit seinen Stellvertretern Giuliano Amato und Jean-Luc de Haene.

19 ➤ Die Verfassung

Abbildung 19.2: Der Franzose Valéry Giscard d'Estaing, Vorsitzender des Europäischen Konvents, auf einer Pressekonferenz nach einer der Beratungssitzungen

Das Dreigespann ließ sich von der aus dem 18. Jahrhundert stammenden Federalist Papers inspirieren. Die Verfasser, selbst an der Schöpfung der Verfassung beteiligt, versuchten damals, die Amerikaner davon zu überzeugen, dass das Land einer starken Föderation bedurfte. Ob das eine gute Referenz für die europäische Sache gewesen ist, sei dahingestellt. Die Beziehung zwischen der zentralen Regierung und den einzelnen Staaten ist in den Vereinigten Staaten schließlich bis zum heutigen Tag ein Streitpunkt.

Als der Konvent noch mitten in der Arbeit war, steckten 18 kleinere EU- beziehungsweise Beitrittsländer ihre Köpfe zusammen, damit die Großen nicht alles unter sich ausmachen. Im April 2003, als ein Gipfeltreffen in Athen stattfand, haben sich die 18 zu einem »Protestfrühstück« zusammengesetzt. Zu ihrer großen Überraschung war noch jemand in Athen angereist: ein gewisser Giscard d'Estaing, der mit seiner eigenen Lobbyarbeit begonnen hatte, um die europäischen Topleute für seinen Verfassungsentwurf zu erwärmen.

Die Kritik gegenüber d'Estaing sah so aus, dass er permanent von einem fast schon erzielten Konsens sprach, während vor allem aus Sicht der kleinen Länder noch überhaupt kein Kompromiss in Sicht war.

Auch als sich im Dezember 2003 zeigte, dass die Regierungsoberhäupter sich nicht einigen konnten, ließ d'Estaing sich nicht ins Bockshorn jagen: Innerhalb von anderthalb Jahren gibt es eine Verfassung für Europa, erklärte er optimistisch auf einer Pressekonferenz. Er sagte, dass er gleichzeitig enttäuscht und voller Triumph sei, weil 90 Prozent seiner Vorschläge (nach seinem Dafürhalten) angenommen worden waren. Er sei froh, dass einige Vorschläge, die anfänglich auf Widerstand gestoßen seien, nun offenbar akzeptabel seien.

Einer der heiklen Punkte war ein fester Vorsitzender für den Rat der Europäischen Union. »Tja«, sagte d'Estaing, »wenn wir den jetzt schon gehabt hätten, hätten wir auch schon eine Einigung. Dieses Wochenende zeigt einmal mehr, dass wir einen festen Vorsitz der Union brauchen.« Ungeachtet der Kritik, auf die er stieß, glaubte der Franzose weiterhin an »sein« Projekt, denn: »Ich kann keine glaubwürdige Alternative sehen.«

Wann kommt die Verfassung?

Die Frage, wann die Verfassung nun in Kraft tritt, ist gar nicht so einfach zu beantworten. Der Stand der Dinge: Am 29. Oktober 2004 unterzeichneten alle Staats- und Regierungschefs der Europäischen Union und auch der drei Kandidatenländer den Vertrag über die Verfassung. Nun müssen aber Verträge von so weitreichender Bedeutung in jedem Land durch ein zusätzliches Verfahren ratifiziert werden. In Deutschland sollten der Bundestag und der Bundesrat mit einer Zwei-Drittel-Mehrheit zustimmen. Diese Hürde nahm die Verfassung problemlos. In anderen EU-Ländern ist aber eine Volksabstimmung vorgeschrieben. Diese Länder sind Dänemark, Frankreich, Großbritannien, Irland, Luxemburg, die Niederlande, Portugal und Spanien. Polen und Tschechien sind noch nicht ganz sicher, wie das Prozedere vor sich gehen soll. Nun haben die Niederlande und Frankreich in diesem Referendum die Verfassung abgelehnt. Also hat die EU ein Problem. Einige Staaten verschoben daraufhin die Volksabstimmungen auf unbestimmte Zeit. Dass die Verfassung wie ursprünglich geplant, am 1. November 2006 in Kraft tritt, ist wohl nicht mehr zu schaffen. Deshalb wurde die Frist auf Mitte 2007 verlängert. Wie die Verfassung jetzt überarbeitet wird, weiß heute also noch kein Mensch.

Europa in der Welt

In diesem Kapitel

- Die EU und die Vereinigten Staaten
- Die EU und die Dritte Welt
- Die EU und der Rest der Welt

In der erweiterten Europäischen Union wohnen eine halbe Milliarde Menschen. Das ist eine ganze Menge. Die EU ist zwar die größte ökonomische Macht der Welt, aber was die Bevölkerung angeht, umfasst die EU nur einen kleinen Teil der sechs Milliarden Einwohner unseres Planeten. Die Beziehungen zu den anderen Ländern in der Welt sind sehr wechselhaft. Europa hilft den weniger reichen Ländern; die Beziehungen zu den USA und zum Mittleren Osten sind manchmal gut, manchmal weniger gut.

Die Amerikaner wissen es nicht so recht

Die Amerikaner scheinen sich nicht so recht entscheiden zu können, ob sie Europa nun lieben oder ob sie die EU, die alles Mögliche behindert, lieber auf den Mond schießen sollen. Wenn es beispielsweise um den Welthandel geht, stehen sich Europa und die USA manchmal wie Streithähne gegenüber. Auch bei anderen Themen entstehen kleine Streitereien, wie zum Beispiel bei den Passagierdaten, die zur Bekämpfung des Terrorismus von der EU zur Verfügung gestellt werden sollen, wenn es nach dem Willen der Amerikaner geht.

Europa und die Verteidigung

Manchmal geht Europa seinen eigenen Weg und behindert damit ganz subtil die amerikanischen Pläne. Das gilt beispielsweise im Bereich der Verteidigungspolitik. Die Europäer wollen innerhalb der NATO eigenständige Planungskapazitäten und die Freiheit, eine eigene europäische Strategie zu verfolgen. Aber die Grundidee der NATO war ja nun gerade, dass Nordamerika und Westeuropa zusammenarbeiten sollen. Jetzt gibt es keinen gemeinsamen Feind mehr, und so zeigen sich die unterschiedlichen Interessenslagen immer deutlicher.

Es war sogar die Rede davon, eine eigene europäische Verteidigungsstrategie zu entwickeln. Es gab viele offene Fragen darüber, was genau eine Armee machen soll. Was muss beispielsweise passieren, wenn eines der europäischen Länder von außen angegriffen wird? Ist ein Angriff auf ein Land ein Angriff gegen die gesamte EU oder nicht? In der neuen Verfassung wird dieser Fall nicht explizit erwähnt, dieses Thema war noch viel zu heikel und wurde deshalb für einige Jahre vertagt.

Der Irakkrieg 2003, bei dem die Amerikaner den Irak angriffen, um Massenvernichtungswaffen zu finden, führte dazu, dass sich die europäischen Länder in der Frage, ob sie sich beteiligen wollten oder nicht, zutiefst gespalten waren. Die amerikanische Regierung höhnte damals: Ihr da in Europa seid doch eine Einheit oder haben wir da etwas falsch verstanden?

Kampf gegen den Terrorismus

Manchmal ist es völlig klar, wer im Namen Europas spricht, nämlich Brüssel. Das trifft zu, wenn es um europäisches Interessen geht, die diametral den amerikanischen gegenüberstehen, zum Beispiel im Fall des Austauschs sensibler Passagierdaten im Rahmen des Kampfes gegen den Terrorismus. Die europäischen Gesetze schützen die Privatsphäre der Bürger besser als die amerikanischen. Nun kommt es darauf an, wie Europa und Amerika erfolgreiche Verhandlungen darüber führen. Wie europäische Beamte das dann umsetzen, wird im Kapitel *Beamte in Europa* beschrieben.

Europa ist bei so einigen Punkten mit den USA im Clinch:

- ✔ **Informationen zur Religionsausübung.** Die Amerikaner wollen wissen, ob jemand einer bestimmten Religion angehört (wie dem Islam), den Europäern geht das zu weit.

- ✔ **Wie lange aufheben?** Die Amerikaner wollen die Daten acht Jahre aufbewahren, die EU findet, dass ein paar Wochen schon genug seien.

- ✔ **Der Zweck der Daten.** Die Europäer wollen, dass die Daten nur im Kampf gegen den Terrorismus eingesetzt werden und nicht für die Aufklärung anderer Straftaten.

- ✔ **Zugang zum Datenbestand.** Die EU will, dass Fluggesellschaften selbst die Daten übermitteln, ohne dass die Amerikaner von sich aus online Zugang zu beispielsweise den Buchungssystemen bekommen.

Wer spricht im Namen Europas?

Ein ums andere Mal zeigt sich, wie schwierig es ist, zu einer gemeinsamen Außenpolitik zu finden. Auf der einen Seite hat die EU einen Auslandskoordinator ernannt, der zu einem Außenminister heranwachsen soll, auf der anderen Seite wollen die Staaten ihr eigenes außenpolitisches Gesicht behalten.

Die großen drei haben ihre eigene Agenda. Großbritannien orientiert sich in der Außenpolitik schon seit Jahren an den Vereinigten Staaten, während Frankreich und Deutschland versuchen, eine Achse innerhalb Europas zu bilden. Die Franzosen hatten immer schon eine starke Neigung, einen eigenen Kurs zu fahren und sich nicht einem Gemeinschaftsverband zu unterwerfen. Die Deutschen schauen ostwärts.

In den meisten Problemen in der Weltpolitik ist Europa uneins. Es ist noch fraglich, ob mit dem

Beitritt osteuropäischer Länder, die noch vor zwanzig Jahren zum Warschauer Pakt gehörten, diese Spaltung schnell ein Ende finden wird. Die neuen Länder werden sich nicht so schnell erneut einer Vormundschaft unterstellen wollen, sondern Wert auf ihre eigene Linie legen.

Auch bei der Verteidigungspolitik scheint es schwierig zu sein, zu einer gemeinsamen Linie zu finden. Jetzt, nachdem die Bedrohung durch den Ostblock weggefallen ist, bleiben für die Militärs Aufgaben wie Friedenssicherung und humanitäre Operationen übrig. Aber auch darüber kann man unterschiedlicher Ansicht sein.

Alles in allem spricht Europa also nur selten mit einer Stimme. Solange die Mitgliedsstaaten keine Befugnisse an eine europäische »Regierung« übertragen, müssen in der Außenpolitik Kompromisse geschlossen werden. Und die europäische Tradition ist nun mal, dass nichts passiert, solange man sich nicht einig ist. Den Luxus kann man sich aber nicht immer leisten, wenn es um außenpolitische Beziehungen geht, und schon gar nicht bei militärischen Angelegenheiten.

Abbildung 20.1: Manchmal gelingt es nicht, alle auf eine Linie zu bekommen ... Hier im Bild sieht man UNO-Generalsekretär Kofi Annan mit dem EU-Auslandskoordinator Javier Solana während einer Krisensitzung im Februar 2003, um einen zweiten Golfkrieg zu verhindern – der danach doch ausbrechen sollte.

Hass-Liebe zwischen der EU und den USA

Das Verhältnis zwischen Europa und Amerika schwang im Laufe der Geschichte immer wieder hin und her: Manchmal gab es innige Liebe und starke Verbundenheit, zu anderen Zeiten erbitterte Gegensätze.

Es hängt viel von den Umständen ab. Nach dem Zweiten Weltkrieg haben die Vereinigten Staaten Europa geholfen, den Kontinent wiederaufzubauen. Nach den Anschlägen vom 11. September 2001 verlangen die Amerikaner von Europa mehr Unterstützung im Kampf gegen den Terrorismus.

Seit dem Wegfall der Berliner Mauer und des Eisernen Vorhangs positioniert sich Amerika als Weltpolizist, aber das kann manchmal ohne europäische Hilfe nicht realisiert werden.

- In Afghanistan wurde 2002 eine militärische Operation in Zusammenarbeit von Nordamerika und Europa ausgeführt.
- In Bosnien, wo das amerikanische Militär aktiv ist, werden Aufgaben an die EU übertragen.

Die Entwicklungsländer lieben Europa sehr wohl

Die Europäische Union ist der weltgrößte Geber von Entwicklungshilfe. Im Kapitel *Was mit Ihrem Geld passiert* wurde schon erwähnt, dass die Dritte Welt mit ungefähr fünf Milliarden Euro pro Jahr rechnen kann. Trotzdem gibt es auch Spannungen: Einerseits hilft die EU den armen Ländern, andererseits ist es jedoch nicht Sinn der Sache, dass zu viele Menschen aus der Dritten Welt nach Europa kommen. Europa bleibt auch bei der Aufhebung von Handelsbarrieren zurückhaltend. Der Fall dieser Schranken würde den armen Bauern auf der Südhalbkugel mehr helfen als ein paar Milliarden Euro Entwicklungshilfe. Wenn die Bauern ihre Produkte ohne Einschränkungen in den reichen Westen exportieren könnten, könnten sie gutes Geld verdienen. Europa hilft also, schützt aber gleichzeitig den eigenen Markt.

Förderung des Friedens

Europa befasst sich gern mit dem Frieden in der Welt, ob nun die Orte weit weg sind oder eher nah. So hat der Auslandskoordinator auch ein Auge darauf, was in der direkten Umgebung der EU geschieht.

In Serbien, kürzlich noch in einen Krieg verwickelt, geht die Demokratisierung nur schleppend voran. Als dort Anfang 2004 eine Minderheitsregierung an die Macht kommen sollte, hat sich die EU darüber besorgt ausgesprochen. EU-Beamte haben die Wahlen in Serbien Ende 2003 verfolgt und beobachten wachsam die möglichen Koalitionen. Javier Solana, der außenpolitische Vertreter der EU, hat erklärt, dass er gern eine reformorientierte Regierung sehen wolle. Auf den ersten Blick scheint es, als ob die EU ihre Nase in die Angelegenheiten eines Landes steckt, das nichts mit der EU zu schaffen hat, aber Serbien kommt in der näheren Zukunft für einen Beitritt in Frage. Es liegt immerhin in Europa, es gab Wahlen und wenn das Land auch die übrigen Bedingungen erfüllt, wird die EU einem möglichen Beitritt Serbiens wohlwollend gegenüberstehen.

Auch eine andere ehemals jugoslawische Republik, Kroatien, bereitet Sorge. Dieses Land kooperiert manchmal nicht ausreichend mit dem Jugoslawientribunal, das von Den Haag aus ehemalige Kriegsverbrecher verfolgt. Weil Kroatien sich angeblich weigert, Personen auszuliefern, hat die EU Sanktionen verhängt. Zwei Länder, Großbritannien und die Niederlande, weigern sich, das Assoziierungsabkommen mit Kroatien zu unterzeichnen. Keine Zusammenarbeit auf wirtschaftlichem Gebiet, solange die Kroaten nicht mit dem Tribunal kooperieren. Das sind alles Stadien im Schachspiel der Diplomatie. Die kroatische Regierung war wenig begeistert über diese »Strafe« der EU Ende 2003 – aber beide Seiten wollen die Spannungen auflösen. Auch für Kroatien gilt: Im Moment kooperiert das Land mit der EU, in der Zukunft soll es Mitglied der Union werden.

Europa geht gegen den Terrorismus vor

Auch beim Kampf gegen den Terrorismus ist Europa wachsam. Die Polizeiorganisation Europol hat gewarnt, dass Terroristen in den Mitgliedsstaaten der EU rekrutiert werden, vor allem in Deutschland, Frankreich, Großbritannien, Italien und Spanien. Dort zeigte sich im März 2004, wie auch ein gutes Jahr später in London, dass der Terrorismus bis nach Westeuropa vorgedrungen ist. Bei den beiden Bombenanschlägen auf Züge beziehungsweise die U-Bahn und einen Bus starben zusammen über 250 Menschen.

Die EU hat daraufhin jemanden ernannt, dessen Aufgabe es ist, die Zusammenarbeit zwischen den Geheimdiensten und den Polizeiapparaten zu koordinieren. Auch an den Rändern der EU liegt Unheil auf der Lauer: In Casablanca (Marokko) hat es Anschläge auf ein belgisches Konsulat, einen jüdischen Friedhof und ein spanisches Kulturzentrum gegeben. Auch in der Türkei sind Selbstmordanschläge durchgeführt worden, und es besteht der Verdacht, dass internationale terroristische Organisationen wie Al-Quaida sich in der Türkei niedergelassen haben. In Istanbul richteten sich die Selbstmordanschläge auf jüdische und britische Ziele.

Interpol hat unter anderem die Aufgabe, Informationen über diese Art von Taten zu sammeln, sie zu analysieren und die Mitgliedsstaaten der EU vor möglichen Anschlägen zu warnen.

Ein weiteres Beispiel ist Albanien. In diesem Land kann von einer stabilen politischen Situation keine Rede sein, und auch auf Albanien hat man in Brüssel ein wachsames Auge. Die EU ist besorgt über die politische Gewalt direkt an ihren Grenzen und versucht über Diplomatie und Äußerungen in der Presse, Albanien in Richtung gewaltloser demokratischer Strukturen zu steuern. Auch Albanien kann eines Tages für eine Mitgliedschaft in der EU in Frage kommen. Deshalb lassen EU-Funktionäre von Zeit zu Zeit durchschimmern: Es ist möglich, aber dann muss Albanien dafür sorgen, dass die heutigen EU-Mitglieder davon überzeugt sind, dass Albanien auch wirklich zu Europa gehört.

Flüchtlinge

Schon seit Jahren kommen Flüchtlinge aus vielen Teilen der Erde nach Europa. Hunderttausende von Menschen beantragen jedes Jahr Asyl in einem der EU-Länder. Die Spitzenreiter sind Großbritannien, Deutschland und Frankreich, wo sich jährlich zusammen mehr als 200.000 Menschen als Flüchtlinge melden. Insgesamt geht es um etwa 400.000 Anträge pro Jahr in der gesamten EU. Dazu kommen noch etwa eine halbe Millionen illegale Einwanderer, die gar nicht erst einen Antrag stellen, sondern einfach so einreisen und in Europa leben und arbeiten.

Da die Grenzkontrollen innerhalb der EU abgeschafft wurden, sind diese Menschen auch ein Thema für die Staaten, die im Zentrum der Europäischen Union liegen. Die Außengrenzen der EU müssen darum ein gemeinsames Projekt werden, sagen die Beratungsausschüsse, die sich in die Asylpolitik vertieft haben. Auch innerhalb der EU soll besser kontrolliert werden, ob jemand illegal anwesend ist. Arbeitgeber, die illegale Einwanderer in ihre Dienste nehmen, sollen härter bestraft werden.

Es kann aber auch sein, dass Flüchtlinge in Europa bald willkommen sein werden. Die »Berufsbevölkerung« vergreist, und es wird immer schwieriger, die Renten zu bezahlen. Die müssen ja von den Arbeitenden aufgebracht werden. Wenn die Anzahl der Berufstätigen abnimmt, wird dies immer schwieriger. Daher kommt es, dass man in den letzten Jahren immer häufiger Plädoyers dafür hört, Immigranten zuzulassen, vor allem, wenn sie über bestimmte Qualifikationen verfügen.

Nun kann es sein, dass ein Unternehmen oder eine Universität gerne einen Gast aus dem Ausland in seine oder ihre Dienste nehmen würde, dass der Gast jedoch nicht die geforderte Aufenthaltserlaubnis bekommt.

Die Geschichte eines brillanten 33-jährigen Flüchtlings aus Liberia ist ein gutes Beispiel. Er hat sechs Jahre auf eine Entscheidung der niederländischen Regierung warten müssen. In diesen sechs Jahren hat er fließend Niederländisch zu sprechen gelernt und sein Studium der Wirtschaftswissenschaften abgeschlossen. Die Erasmus-Universität in Rotterdam wollte den Mann gern einstellen. Ist nicht, sagte der Richter, denn er ist durch alle Instanzen gelaufen, ohne dass sein Asylantrag genehmigt worden wäre. Ausprozessiert heißt das grob übersetzte Wort aus dem Niederländischen für einen solchen Fall. Der Liberianer musste also abreisen. Arbeiten ist für ihn verboten. Er darf nicht am Arbeitsprozess teilnehmen und führt eine illegale Existenz, während er sehr wohl ein reiches Sozialleben führt. Es könnte gut fürs Zusammenleben sein, aber es darf nicht sein.

Wenn in Europa der Bedarf an Arbeitskräften wächst, wird sich die Diskussion über diese Art von Fällen vielleicht zum Positiven wenden.

Beziehungen zu anderen Ländern

Es gibt Dutzende von Ländern, die Nachbarn Europas sind, aber nicht Mitglied der EU werden können. Mit diesen Ländern schließt die EU Assoziierungsabkommen, meist um den Handel zu fördern. Dies gilt für Länder des Mittelmeergebietes sowie im Mittleren Osten.

Mittelmeergebiet

Die Länder rund ums Mittelmeer haben eine besondere Beziehung zu Europa. Es geht um Handel; Europa will eigentlich freien Handel mit diesen Ländern. Aber die EU will auch einen politischen Dialog führen und die Demokratie in diesen Ländern fördern. Es läuft eigentlich darauf hinaus, dass Europa versucht, seine Politik nach außen zu verbreiten und so die Welt ein bisschen besser zu machen, aber zugleich auch hin und wieder etwas zu verdienen.

Die folgenden Länder haben Assoziierungsabkommen mit der EU:

- Marokko
- Algerien
- Tunesien
- Ägypten
- Israel
- Jordanien
- Palästinensische Autonomiebehörde
- Libanon
- Syrien

Libyen sitzt im Wartezimmer. Das Land nimmt an Konferenzen teil, hat aber noch den Status eines Beobachters und kann erst wirklich an den Programmen teilnehmen, wenn die internationalen Sanktionen aufgehoben werden. Ein Anfang wurde von Großbritannien im März 2004 mit dem Besuch von Premierminister Tony Blair beim libyschen Führer Muamar al Ghaddafi gemacht. Der hat zu verstehen gegeben, dass er Massenvernichtungswaffen abschwören will, und sofort verbesserten sich die Handelsbeziehungen zwischen Libyen und einigen europäischen Ländern.

Die EU unterstützt die Entwicklung im Mittelmeerraum durch günstige Darlehen. Projekte im privaten Sektor werden so durch europäisches Geld gefördert. Das ist nicht nur nett gemeint, Europa hat auch ein Interesse daran, den Zustrom von Menschen aus den Ländern rund ums Mittelmeer einzudämmen.

Ländern, die Unterstützung bekommen, wird mit Geld und Fachwissen bei ihrer Entwicklung geholfen. Letztendlich ist das Ziel, dass der ökonomische Motor in Gang gebracht wird, damit die empfangenden Länder reicher werden, der Wohlstand wächst und der Handel mit dem Ausland zunimmt. Von Zeit zu Zeit tagt die EU mit den Ländern im Mittelmeerraum, um über die Zusammenarbeit zu reden.

Tomaten aus Marokko

Ein bekannter Deal zwischen Europa und einem nordafrikanischen Land ist das Handelsabkommen über den Tomatenexport aus Marokko. Das Abkommen ist gut für die Marokkaner, denn sie haben Zugang zum großen europäischen Markt. Auch für den Kunden ist es gut, denn die Tomaten aus Marokko sind ein gutes Stück billiger als die Produkte vom eigenen Grund und Boden. Und da liegt auch gleich der Nachteil: Die Tomatenanbauer in der EU werden von den marokkanischen Tomaten vom Markt gedrängt. Zum Ausgleich muss Marokko den Importtarif für Getreide aus der EU reduzieren. Aber davon haben die europäischen Treibhausbesitzer nichts. So gibt es bei jeder Regelung zwei Seiten der Medaille. Aus der Geschichte über die marokkanischen Tomaten wird deutlich, wie schwierig es ist, Handelsbeschränkungen wieder abzuschaffen. Die europäischen Tomatenbauern meckern, weil ihr Absatz innerhalb der EU. Aber sie realisieren gleichzeitig auch, dass Jammern sinnlos ist.

Der Mittlere Osten

Im Mittleren Osten unterhält die EU freundschaftliche Beziehungen unter anderem mit Israel. Nun ja, freundschaftlich ... Israel darf es nicht übertreiben. So will die EU, dass Exportprodukte, die aus den besetzten Gebieten kommen (die also von Kolonisten produziert worden sind), stärker besteuert werden. Es wird zusammengearbeitet, aber die Handelsbeziehungen werden auch benutzt, um von Zeit zu Zeit ein politisches Signal zu geben. Die EU ist der wichtigste Handelspartner Israels: Israel exportiert jährlich Waren für den Gegenwert von sieben Milliarden Euro in die EU-Länder. Mit diesem finanziellen Faktor im Hinterkopf gibt Israel den Forderungen aus Brüssel nach.

Es gibt viel Kritik über die Handelsbeziehungen zwischen der EU und Israel, weil es den Palästinensern in den besetzten Gebieten so erbärmlich geht und Israel, das seit 1967 das Westjordanland und den Gazastreifen besetzt hält, nicht gerade zimperlich mit der palästinensischen Bevölkerung umgeht. Es gibt viel gegenseitige Gewalt, die von Brüssel verurteilt wird. Zugleich ist der Konflikt dermaßen komplex, dass auch die EU nur wenig mehr tun kann, als ab und zu eine Erklärung abzugeben. In der Vergangenheit haben europäische Politiker durchaus versucht, als Vermittler zu fungieren, mit bis dato nur mäßigem Erfolg; jedenfalls führte es bisher nicht zu einem Durchbruch.

In der Zwischenzeit hält die EU zu beiden Parteien mit Handel und Hilfe Kontakt. Die Gebiete, in denen die Palästinenser leben, bekommen schon seit Jahren Unterstützung, um die Führung und die Demokratie zu stärken. Auch Bildung, Gesundheitsfürsorge und Infrastruktur werden mit Geldern der EU aufgebaut.

Das Schöne ist, dass Assoziierungsabkommen manchmal den Frieden etwas näher bringen können. Mit Syrien, einem arabischen Land, das sich anti-israelisch positioniert und weit davon entfernt ist eine Demokratie zu sein, hat die EU trotzdem nach jahrelangen Verhandlungen ein Abkommen über Handel und Bildung abgeschlossen. Die EU arbeitete mit Syrien genau seit dem Zeitpunkt zusammen, seit dem die Amerikaner damit drohten, Sanktionen gegen Syrien zu erlassen, unter anderem wegen der militärischen Anwesenheit Syriens im Libanon. Wenn man Handel betreibt, wird das Reden über solche Dinge auf einmal auch um einiges leichter.

Keine Todesstrafe bitte!

Innerhalb der Europäischen Union gibt es keine Todesstrafe. Länder, die diese noch nicht abgeschafft haben, können nicht Mitglied werden. Aber außerhalb der EU wird weiterhin zum Tode verurteilt und exekutiert, wie beispielsweise im Libanon. Dort drohten – zum ersten Mal seit 1998 –, drei Menschen hingerichtet zu werden. Das Land hatte schon fünf Jahre lang keine Todesurteile mehr vollstreckt, aber dieses »Moratorium« (das Aussetzen der Todesstrafe) wurde Anfang 2004 aufgehoben. Die EU bat den Präsidenten, sich dafür einzusetzen, dass die drei Mörder nicht exekutiert werden.

Der Rest der Welt

Die EU bemüht sich auch um den Rest der Welt. Bemühen ist vielleicht nicht ganz das richtige Wort, denn in manchen Fällen ist eher die Rede von diplomatischen und Handelsbeziehungen.

Dies gilt beispielsweise für China. Die europäischen Länder wollen gerne Geschäfte mit dieser gigantischen Wirtschaft machen, die stark wächst und in der 1,2 Milliarden Konsumenten jedes Jahr immer reicher werden. Aber andererseits ist es ein Problem, dass China keine Demokratie ist und dass die Bürger die dazugehörigen Rechte entbehren müssen. Die EU fährt einen Zickzackkurs zwischen Geschäftetreiben und Ermahnungen an China über nötige Reformen.

Seit 1989, als China mit Gewalt gegen demonstrierende Studenten auf dem Platz des Himmlischen Friedens vorging, gilt ein Waffenembargo. Das war eine politische Entscheidung, hinter der alle standen. 15 Jahre später wird über die Aufhebung des Embargos nachgedacht, so dass ein Land wie Frankreich lukrative Aufträge für seine Waffenindustrie an Land ziehen könnte. Auch Deutschland setzt sich in letzter Zeit engagiert für eine Aufhebung des Waffenembargos ein.

Diejenigen, die meinen, dass die Menschenrechte wichtiger sind als Handel, wollen an dem Embargo festhalten. Manche Länder sind prinzipientreuer, andere ethisch eher ambivalent.

An einer Sache wie dieser sieht man, wie schwierig es für die EU-Länder ist, eine gemeinsame Linie zu finden. Interessen und politische Prioritäten spielen für jeden Mitgliedsstaat eine andere Rolle. Wer viele Geschäfte mit China macht, wird etwa zum Schutz der Arbeitsplätze im eigenen Land etwas flexibler reagieren wollen.

Übrigens ist die EU regelmäßig bei von Zeit zu Zeit stattfindenden Treffen zwischen den chinesischen und europäischen Regierungschefs mit China mit von der Partie. Dann werden Fragen wie Handelsbeziehungen und Menschenrechte besprochen. 2003 einigte man sich beispielsweise darüber, dass Chinesen mit einem Touristenvisum in Europa einreisen dürfen, etwas, das vor 15 Jahren noch undenkbar gewesen wäre. Die EU, die Chinesen und weitere Länder haben auch einen Vertrag über ein weltweites satellitengestütztes Navigationssystem abgeschlossen (*Galileo Joint Undertaking* genannt, mehr unter www.galileoju.com). China beteiligt sich mit 200 Millionen Euro. Es geht um 30 Navigationssatelliten, die um die Erde kreisen und eine Alternative zum amerikanischen GPS-System (Global Positioning System) werden sollen.

Manchmal ist die Zusammenarbeit bitter nötig: In den letzten Jahren haben verschiedene Tierseuchen in Europa und im Rest der Welt zugeschlagen. Ein Beispiel neueren Datums ist die Vogelgrippe, die auch China in ihren Klauen hielt. Das Virus kann über Reisende leicht von einem Land ins andere eingeschleppt werden. Die Bekämpfung bedarf einer internationalen Koordination. Die EU schaltete ihren Veterinärausschuss ein, um Maßnahmen zu treffen, wie die Kontrolle von Gepäck und das Auslegen von Matten mit Desinfektionsmitteln, damit Flugpassagiere die EU mit sauberen Schuhen betreten konnten.

Man kann einfach die Grenzen für Produkte aus infizierten Ländern schließen, aber es ist natürlich besser, wenn man mit anderen Ländern besprechen kann, wie man das Problem löst. Die Chinesen haben beim Ausbruch des Virus Zehntausende von Tieren getötet. Experten aus der EU reisten in die infizierten Gebiete, um zusammen mit den chinesischen Kollegen herauszufinden, wie das Virus bekämpft werden kann und wie man verhindert, dass es auf den Menschen übertragen wird.

Strom-Deal mit Russland

In praktischen Dingen arbeiten die EU und Russland gern zusammen. 2003 wurden die Elektrizitätsnetze von Europa und Russland miteinander verbunden. Dadurch wurde es für europäische Länder möglich, Strom aus Russland zu kaufen und umgekehrt. 2007 muss der Strommarkt in der EU frei sein, was bedeutet, dass man von Lieferanten aus allen Ländern Strom kaufen kann. Russland und Europa können einander auch bei Störungsfällen in den Elektrizitätsnetzen helfen. Wenn der Strom in einem europäischen Land ausfällt, kann über einen Umweg Strom in Russland eingekauft werden.

Mit Russland – nach dem Beitritt der osteuropäischen Länder ein direkter Nachbar der EU – bestehen neue Bande. Russische Minister kommen regelmäßig zu Gipfeltreffen mit den führenden Köpfen der EU. Von den Geschäftsstellen in Brüssel werden allerdings die Vorgänge in Tschetschenien, wo es inzwischen Hunderttausende Toten gegeben hat, zutiefst bedauert und verurteilt.

Manchmal widersprechen die EU-Funktionäre sich übrigens, zum großen Vergnügen der Presse und – in diesem Fall – der Russen: Während des italienischen Vorsitzes in der zweiten Hälfte 2003 sagte Silvio Berlusconi gegenüber dem russischen

Präsidenten Vladimir Putin, dass das Eingreifen Russlands in Tschetschenien von der Presse völlig falsch beschrieben worden sei. Die Tatsachen seien – wie üblich – von der Presse völlig verdreht worden, so Berlusconi. Selbst Putin war verblüfft über diese unerwartete Unterstützung. Nach dem Auftreten von Berlusconi gab der Vorsitzende der Europäischen Kommission Romano Prodi seine eigene Erklärung ab; er nahm Abstand von seinem Landsmann, genau wie der außenpolitische Vertreter der EU, Javier Solana, der sagte: »Wir können das Verhalten Russlands in Tschetschenien nicht tolerieren und erachten es als völlig inakzeptabel.«

Was machen wir mit Liechtenstein?

In der EU geht es darum, auf eine gute Art zusammenzuarbeiten. Die Grundidee ist die, dass man zusammen weiter kommt als allein. Aber nun ja, manchmal schleppen Länder alte Leiden mit sich herum, kleine unangenehme Dinge aus der Vergangenheit, die einer guten Zusammenarbeit plötzlich im Weg stehen können.

Die EU hat ein Abkommen mit einigen Nicht-Mitgliedern für bessere Handelsbeziehungen geschlossen. Das gilt für Liechtenstein, Norwegen und Island. Die Erweiterung der EU führte zu einem kleinen Problem: Liechtenstein wollte nicht mehr mitmachen. Was war da los? Zwei der neuen Mitgliedsstaaten weigerten sich, Liechtenstein anzuerkennen. Nach dem Zweiten Weltkrieg wurde in Tschechien und der Slowakei (der ehemaligen Tschechoslowakei) viel Land enteignet: Davon war auch Prinz Hans-Adam von Liechtenstein betroffen. Nach guter europäischer Tradition wurde die Sache durchdiskutiert, so dass Liechtenstein letztendlich doch unterzeichnete. Das gemeinsame Interesse hat die Oberhand gewonnen. Ende gut, alles gut.

Teil V

Der Top-Ten-Teil

von Jos Collignon

In diesem Teil ...

... finden Sie drei Kapitel, in denen noch einmal die Vorurteile gegenüber der EU und der neuen Verfassung zusammengefasst werden. Auch die neuen EU-Länder lassen wir noch einmal kurz Revue passieren. Sie können diese Kapitel lesen, wenn Sie gerade ein bisschen Zeit übrig haben ...

Zehn Vorurteile über die EU

In diesem Kapitel

- Viele Vorurteile über die EU
- Berechtigte Vorurteile und unberechtigte
- Über einige (Vor-)Urteile kann man lange streiten
- Argumente für Befürworter und Gegner

Seien Sie mal ganz ehrlich. Auch Sie sind nicht frei von Vorurteilen, oder? Von allen Vorurteilen, die es über die EU gibt, werden in diesem Kapitel zehn herausgegriffen und kritisch beleuchtet. Was ist dran an ihnen?

Die EU kostet zu viel Geld

Diese Frage kann man auf unterschiedliche Weise betrachten, je nachdem, wie man »zu viel« definiert. Zu viel Geld pro Bürger? Zu viel Geld pro Land? Wird zu viel Geld für Zwecke ausgegeben, die nicht gut sind? Es kommt ganz darauf an, was man wichtig findet.

Wenn man den gesamten Haushalt von rund 100 Milliarden Euro durch die Anzahl der Einwohner der alten EU teilt, bezahlt jeder Bürger etwa 260 Euro pro Jahr. Nach der Erweiterung wird der Betrag etwa auf 300 Euro steigen. Das sind 25 Euro pro Monat, ein Betrag, der für jemanden in einem reichen westeuropäischen Land nicht viel sein mag, für einen Bewohner einer landwirtschaftlichen Region in einem neuen Mitgliedsstaat aber sehr wohl.

Einige Politiker konzentrieren sich auf die Frage, wie viel ihr Land bezahlt und wie viel es aus Brüssel zurückbekommt. Dann zeigt sich, dass die reichen Länder mehr bezahlen als die weniger reichen. Na ja, das ist logisch, dahinter steckt ja genau der Solidaritätsgedanke innerhalb Europas: Die Reichen helfen den Armen. Trotzdem jammern die Nettozahler wie beispielsweise Deutschland und die Niederlande, von denen prozentual gesehen der größte Anteil am Bruttoinlandsprodukt an die EU fließt. Für die Niederlande sind das 0,65 Prozent, während Deutschland 0,38 Prozent des Bruttoinlandsproduktes an die EU zahlt.

Es wird nun darüber diskutiert, ob eine Art Nettolimitierungsfaktor eingeführt werden muss, damit ein Land, das mehr bezahlt als erhält, nicht über ein bestimmtes Maximum gerät. Großbritannien hat schon 1984 eine solche Regelung gefordert und auch bekommen. »I want my money back«, sagte Margaret Thatcher damals. Dazu drosch sie ihre Handtasche auf den Tisch. Das beeindruckte die anwesenden Regierungschefs, auch den damals noch frisch in Amt und Würden stehenden Helmut Kohl, so sehr, dass sie der »Eisernen Lady« zusagten, dass Großbritannien zwei Drittel seiner Nettobeträge zurückerstattet bekomme. Das macht zurzeit

5,2 Milliarden Euro pro Jahr. Frau Thatcher ist wohl im Besitz der wertvollsten Handtasche der Welt. Die Europäische Kommission arbeitet nun an einem Plan, um zu verhindern, dass die Nettozahler unzufrieden werden. Das Problem ist, dass hierfür ein einstimmiger Beschluss nötig ist. Die Länder, die nun vom System profitieren, wollen womöglich keine Änderung.

Dann bleibt die Frage: Wird das Geld, das Brüssel in der Kasse hat, wohl sinnvoll verwendet? Wenn man nämlich der Meinung ist, dass das nicht der Fall sei, wird man die EU als Gesamtes wahrscheinlich auch zu teuer finden. Die größten Posten im Haushalt sind Landwirtschaft (45 Prozent) und die Strukturfonds (33 Prozent). Immer mehr geht die Meinung dahin, dass Landwirtschaftssubventionen nicht mehr zeitgemäß seien und abgebaut werden müssen. Mit den Strukturfonds – ungefähr ein Drittel des EU-Haushalts – ist das eine ganz andere Geschichte; dieses Geld fließt in weniger entwickelte Regionen, und ob die rund 30 Milliarden Euro pro Jahr sinnvoll verwendet werden, hängt von der Einstellung zum Solidaritätsgedanken ab sowie von der Frage, ob es richtig ist, dass die reichen Länder den armen helfen. Wenn man der Meinung ist, dass das nicht nötig ist, kann man sich noch mit dem Gedanken trösten, dass ein Land, das nun arm ist, später dank der europäischen Unterstützung mehr Wohlstand haben wird, wodurch der Handel gefördert wird, was letztendlich auch den reichen Ländern wieder zugute kommt.

Übrigens: Auch die Finanzkontrolleure der EU selbst haben manchmal so ihre Zweifel. Anfang 2004 seufzte der damalige Generaldirektor der Internen Buchprüfung, Jules Muis, dass noch so einiges im Argen liege. Die Buchprüfung ist eine interne Gruppe von Beamten, die Gelder und deren Verwendung im Auge behalten. Nach drei Jahren Fleiß hat der sich am Ende der Wahlperiode verabschiedende hohe Mann noch ein neues Kontrollsystem einführen können, etwas, wofür er speziell angeheuert worden war. Es versickert noch immer ziemlich viel Geld, und die Europäische Kommission verspricht schon seit Jahren Besserung, aber: »Das eine Loch wird mit einem anderen gestopft«, sagte Jules. Es wird ein neues Buchhaltungssystem geben, das eines der besten der Welt sein soll. »Der Entwurf für das neue System ist gut, aber ob es funktioniert, wissen wir erst in einigen Jahren.« Viel Vertrauen hat Muis nicht zum neuen System: »Die Kommission ist eine politische Einrichtung, die in einem Teufelskreis gefangen ist, in dem Optimismus in glattem Widerspruch zur Wirklichkeit steht«, seufzt er.

Die EU streitet sich ständig

Schon vom allerersten Beginn an, direkt nachdem die europäischen Regierungsoberhäupter beschlossen, zusammenzuarbeiten, hat es auch immer schon Uneinigkeit über Macht und Geld gegeben. Das geht bis heute so: Wer bezahlt am meisten, wer hat die meisten Stimmen, welches Land darf beitreten, was muss in der Verfassung stehen? Über alle Themen kann man sich leidenschaftlich uneinig sein, und in einer EU mit mehr als 20 Ländern und Kulturen scheint das Erreichen von Kompromissen eine Frage des langen Atems zu sein.

Konflikte werden oft auf die lange Bank geschoben, zurückgestellt, ausgeweitet, manchmal über Jahre voller Sitzungen und Verhandlungen hinweg. Aber wenn es dann einen Kompromiss gibt, jeder seinen Senf dazu abgegeben hat und alle Teilinteressen abgewogen wurden, gibt es auch einen Entschluss, der lange gültig bleibt und nicht mal eben so wieder verändert werden kann.

Um den Mitgliedsstaaten nicht immer das Gefühl zu geben, dass die EU eine Art Regierung ist, die über den Ländern und den Bürgern steht, wurde das Subsidiaritätsprinzip eingeführt. Es beinhaltet, dass Brüssel nur dann Dinge regelt, wenn das zu einem besseren Resultat führt, als wenn die Staaten sie selbst regeln würden. Dieses System hält die Brüsseler Regelungssucht einigermaßen im Zaum, aber auch so gerät manchmal noch einiges außer Kontrolle. In jeder Periode von zehn Jahren kann man ein Beispiel für einen Riesenkrach finden:

- 60er Jahre: Frankreich findet, dass eine europäische Superregierung im Entstehen begriffen ist, und bleibt aufgebracht ein halbes Jahr den Sitzungen fern.
- 70er Jahre: Gerangel zum Thema Landwirtschaft.
- 80er Jahre: Großbritannien will sein Geld zurück.
- 90er Jahre: Das Europäische Parlament kündigt der Kommission das Vertrauensverhältnis auf.

Auch im 21. Jahrhundert sind schon Konflikte entstanden:

- Frankreich und Deutschland machen beim Krieg gegen den Irak nicht mit.
- Uneinigkeit über die Verfassung für Europa
- Uneinigkeit über den Stabilitätspakt
- Uneinigkeit über die Abgaben der Länder an Brüssel

Auf den ersten Blick gibt es in der Tat ziemlich viel Streit, aber im vergangenen halben Jahrhundert sind auch sehr viele Entscheidungen getroffen worden, die alle Europäer betreffen, manchmal direkt im alltäglichen Leben. Diese ganzen Entscheidungen haben offensichtlich allen Europäern gut getan, wenn man das Wachstum des Wohlstands betrachtet. Mit anderen Worten: Wenn man alles zusammennimmt, sind aus all den Diskussionen und mühsam zustande gekommenen Übereinkünften doch eine Menge guter Dinge entstanden.

Die EU ist zu bürokratisch

Die Frage, ob die EU zu bürokratisch ist, können wir kurz und knapp beantworten: Ja, ist sie. Die Anzahl an Sitzungen und daraus hervorgehenden Dokumenten sind geradezu deprimierend. Wer sich ins Thema EU vertieft, muss aufpassen, dass er nicht in Nullkommanichts unter einem Berg von Papier begraben wird. Wenn man sich übrigens die Mühe macht, diese Papiere zu lesen, stolpert man über eine Menge von interessanten Themen. Aber ehrlicherweise muss man sagen, dass man auch Dokumente findet, bei denen sich die Frage aufdrängt, ob Beamte und Politiker darüber nun wirklich nachdenken müssen und ob den Bürgern damit gedient ist.

Was Prozeduren angeht: Sie dauern lang und sind komplex; wer etwas erreichen will, braucht ein großes Maß an Energie und Geduld, um alle Formulare auszufüllen, die Formalitäten zu erfüllen und genauestens alle Regeln einzuhalten.

Als ich mit der Arbeit an diesem Buch anfing, brauchte ich einen Zugangspass für die Gebäude der EU. Nach dem Ausfüllen der Formulare und dem Schreiben von erklärenden Briefen dauerte es einige Monate, bevor die Beamten, die meine Anfrage bearbeiteten, alle ihren Stempel darauf gesetzt hatten. Kurz vor der Weihnachtspause war dann alles in Ordnung: Ich bekam einen Zugangsausweis für das laufende Jahr. Da hätte ich dann noch ein paar Tage Spaß dran gehabt. Als ich sagte: Ich nehme an, dass ich automatisch einen Ausweis für das folgende Jahr bekomme, antwortete man mir: Nein, nein, dafür müssen Sie wieder eine neue Anfrage einreichen. Glücklicherweise war der Sicherheitsbeamte, der meinen Ausweis ausstellte, etwas praktischer gesinnt: Er gab mir einen Ausweis, der ab sofort bis Ende des folgenden Jahres galt. Seine Aufmerksamkeit ersparte mir einen erneuten Gang durch die Mühlen der Bürokratie.

Das ist ein einfaches Beispiel, aber wer zum Beispiel mit den Landwirtschaftssubventionen zu tun bekommt, muss sich – abgesehen vom Ausfüllen vieler Formulare – in die komplexen Regulierungen vertiefen. Wie lästig das auch sein mag, zum Teil ist die Bürokratie verständlich und gerechtfertigt: Immerhin geht es um Gemeinschaftsgeld, also muss es solide Verantwortlichkeiten geben.

Die EU mischt sich in alles ein

Brüssel kann sich auf der Basis des Subsidiaritätsprinzips nicht in alles einmischen. Trotzdem wurden im Laufe der Jahre eine Menge Richtlinien verabschiedet, die bei den Bürgern manchmal die Frage aufwerfen, ob es nicht alles ein bisschen zu bunt wird.

Wir wollen nicht, dass jemand in Brüssel bestimmt, wie groß unserer Busse sein dürfen, sagte mir eine britische Freundin einmal, als sie versuchte, mir ihre Abneigung gegen die Brüsseler Regelungssucht zu verdeutlichen. Es ist schon was dran, dass viele Richtlinien bis ins schon irrwitzig anmutende kleinste Detail vorschreiben, wie bestimmte Dinge zu handhaben sind.

Es wird erwartet, dass sich dieser Effekt verringern wird, jetzt wo die EU größer ist. Man kann nun mal nicht für 25 Länder mit einer sehr unterschiedlichen Geschichte und Kultur eine detaillierte Gesetzgebung erstellen. Die Gesetzgebung der Zukunft wird wohl eher in Form von Rahmenbestimmungen stattfinden, die in den Mitgliedsstaaten mit Leben zu füllen sein werden.

Schauen wir uns ein Beispiel aus der Praxis an: Nahrungsmittelsicherheit. Vereinfacht kann man sagen, dass ein Ei, das verkauft werden soll, bestimmte Anforderungen erfüllen muss. Daran muss sich dann jeder, vom Bauern bis zum Supermarkt, halten. Aber dann kommt die Kontrolle. Wenn etwas nicht in Ordnung ist mit einem Ei, wie findet man dann die Ursache heraus? Um das zu regeln, steht auf jedem Ei eine Nummer, die zeigt, woher das Ei kommt, damit man im Falle von Problemen die Ursache aufspüren kann. Zu detailliert? Urteilen Sie selbst.

Noch ein Beispiel: Schon 1979 hat die EU bestimmt, welche Anforderungen Marmelade erfüllen muss. Marmelade darf beispielsweise nur *Konfitüre* genannt werden, wenn bestimmte Inhaltsstoffe darin sind. In einem bestimmten Gebiet zeigte sich, dass ein lokales Produkt schon ewig als Konfitüre angeboten wurde, obwohl das seit 1979 nach den neuen Richtlinien nicht mehr erlaubt war. Übertriebene Einmischung oder Standardisierung zum Schutz wertvoller Produkte? Urteilen Sie selbst.

Oft hängt alles davon ab, wie die Interessen zu einem bestimmten Zeitpunkt liegen. Die EU arbeitet an einem Standardausweis für den Bereich der Gesundheitsfürsorge, der in ganz Europa Gültigkeit haben soll. Der Zweck des Ganzen ist der, dass es für den Bürger einfacher werden soll, medizinische Dienstleistungen in Anspruch zu nehmen, sei es, weil er im Urlaub ist oder weil er sich entschieden hat, eine bestimmte Behandlung außerhalb seines eigenen Landes vornehmen zu lassen. Auf den ersten Blick macht ein solcher Ausweis alles effizienter, für die Patienten, die medizinischen Dienstleister und die Versicherungen. Die Kehrseite der Medaille: Es muss eine zentrale Registrierung geben, was zu unerwünschter Kontrolle und Bürokratie führen kann. Gruppen, die sich für den Schutz der Privatsphäre engagieren, betrachten den Ausweis als eine Art europäischer Personalausweis.

Bei jeder Regelung gibt es Vor- und Nachteile. Darum ist es in vielen Fällen nicht möglich, schlichtweg das Etikett »gut« oder »schlecht« an eine Richtlinie zu tackern. Was für einen eine prima Sache ist, kann für den anderen ein Hindernis sein.

Die EU wird nie was Vernünftiges

Wer sich die europäische Zusammenarbeit von Jahr zu Jahr ansieht, kommt manchmal zwangsläufig zu dem Schluss, dass wenig erreicht wird. Viele Journalisten leiden unter diesem Pessimismus, vor allem, wenn sie wieder einmal eine lange Nacht im Presseraum des einen oder anderen Konferenzzentrums verbracht haben, wo die klugen Köpfe Europas wieder mal keine Einigung erzielen konnten.

Diese »Europaskeptiker« findet man links und rechts des politischen Spektrums. Wer links ist, sieht die europäische Zusammenarbeit als ein Bollwerk des Kapitalismus, einen Apparat, der dem Markt die Oberhand gibt, wo Schwächere oder Menschen, die dabei nicht mitmachen wollen, in arge Bedrängnis geraten. Wenn es nach diesen Leuten ginge, dürfte die EU morgen aufgelöst werden.

Kritiker von rechts befürchten das Entstehen einer Regierung über den Regierungen, eines großen, bürokratischen, zentralen Organs, das eine halbe Milliarde Menschen führt und die Eigenständigkeit der Nationen einschränkt. Auch diese Menschen hätten kein Problem damit, wenn die Rolle Brüssels stark eingeschränkt würde.

Wenn man sich in die europäische Zusammenarbeit vertieft, sieht man, dass einige Regelungen unzweifelhaft sehr gut sind. Zugleich ist das Ganze ein »Projekt« (so nennt die EU es selbst auch!), das nicht perfekt ist. Wann ist die EU fertig? Wenn wir eine europäische Regierung haben? Wenn wir den Wohlstand ehrlich verteilt haben? Wenn wir eine gemeinsame Außenpolitik haben? Oder wenn wirklich ein gemeinsamer Markt entstanden ist? Jeder legt seine eigenen Schwerpunkte fest. Für diejenigen, die die EU auf den Tod nicht ausstehen können, gibt es schlechte Nachrichten: Die Chance, dass die EU aufgrund Mangels an Erfolg abgeschafft wird, geht gegen null.

Die EU hilft den Bauern

Die Aussage, dass die EU Bauern hilft, ist wahr. Ganz einfach: Schon von Anfang an konnten die Bauern auf Hilfe rechnen. Wie allseits bekannt, hatte das vor einem halben Jahrhundert mit der Sicherstellung der Lebensmittelversorgung zu tun, ein Ziel, das heute nicht mehr relevant ist. Inzwischen gibt es schon seit Jahren eher ein Problem der Überproduktion.

Der Fokus der Agrarpolitik hat sich verschoben. Vor allem in den letzten Jahren konzentriert sich die EU zunehmend auf Nahrungsmittelsicherheit sowie Tier- und Umweltschutz. Viele Bauern erleben die Brüsseler Regulierungen als Klotz am Bein, jetzt, wo es Bestimmungen bezüglich Dünger, Umweltverschmutzung und Naturerhalt gibt. Fest steht, dass ohne Unterstützung aus Brüssel viele landwirtschaftliche Betriebe nicht überleben würden.

Die EU hilft also den Bauern, hat das immer schon getan und wird es auch noch eine ganze Reihe von Jahren weiterhin tun. In den neuen Mitgliedsstaaten stehen eine ganze Menge Modernisierungen an, und die EU hilft den Beitrittsländern hierbei. Das wird noch jahrelang Dutzende von Milliarden Euro kosten.

Im Marktdenken der EU ist aber das Ende der Subventionen sozusagen eingebaut: Es ist nämlich nicht der Sinn der Sache, dass ein Staat oder die EU einen einzelnen Sektor subventioniert. Im Prinzip müssen alle Teilnehmer am Markt auf eigenen Füßen stehen und miteinander konkurrieren, ohne finanzielle Unterstützung durch die Gemeinschaft.

Auch gibt es Druck von außen: Der Welthandel verlangt den Abbau und letztendlich die völlige Abschaffung staatlicher Unterstützung. Die EU muss das tun, und auch die USA. Auch in Amerika hat die Unterstützung der Landwirtschaft durch Subventionen eine lange Tradition. Langsam, aber sicher setzt sich jedoch die Erkenntnis durch, dass das nicht gerecht ist. Der Abbau der Subventionen dauert jedoch lange, weil die Staaten landwirtschaftliche Betriebe nicht von einem auf den anderen Tag im Regen stehen lassen wollen.

In Zukunft sieht es so aus, dass westliche Bauern ohne Subventionen auskommen und sich dem Wettbewerb mit ihren Kollegen aus den Ländern der Dritten Welt stellen müssen. Diesen Bauern wird die Möglichkeit gegeben werden, ihre Produkte in Europa anzubieten, und letztendlich muss dann von einem fairen Welthandel die Rede sein.

Schlussfolgerung: Die finanzielle Unterstützung der Bauern in Europa wird ein Ende finden, es ist nur noch nicht möglich, vorauszusagen, wann der letzte Euro an einen Bauern ausgezahlt werden wird.

Die EU macht die Reichen reicher

Bei jedem europäischen Gipfel gibt es einen »Gegengipfel« der Gegner der EU. Die sehen Brüssel als einen Verband zur Zusammenarbeit, bei dem die Wirtschaft und die eigenen Interessen wichtiger sind als Menschen. Die EU ist Teil des Großkapitals. Die WTO (Welthandelsorganisation) und der Internationale Währungsfonds (IWF) arbeiten Hand in Hand mit großen Unternehmen, Regierungen und anderen Konglomeraten mit viel Geld.

Nach Meinung der Globalisierungsgegner muss die Welt sozialer, umweltfreundlicher und gerechter werden. Ironischerweise machen diese Elemente auch Teile der europäischen Ideale aus. Offensichtlich läuft also hier etwas schief. Eine Reihe anti-europäischer Stimmen sagt, dass es mehr Kontrolle der Wirtschaft geben muss, um das freie Spiel der kapitalistischen Kräfte einigermaßen zu zügeln.

Europa geht an den normalen Bürgern vorbei. Der Bürger hat nichts zu sagen. Das Europäische Parlament muss mehr Macht im europäischen Spiel bekommen und sich mehr gegenüber den Bürgern verantworten, sagen die Aktivisten, die nichts von der EU halten.

Die Globalisierungsgegner vertreten außerdem die Meinung, dass Europa zu sehr am Gängelband der USA läuft. Das gilt nach ihrer Ansicht nicht nur für die Politik, sondern auch für das kritiklose Essen von »Fast Food«. Sie glauben, dass Hamburgerrestaurants boykottiert werden sollten, genau wie anderes Essen, das in Massenproduktion hergestellt wird.

Die EU hat zu viele Beamte

Um die Räder der EU am Laufen zu halten, bedarf es der Arbeit von 20.000 bis 30.000 Beamten, je nachdem, wie man zählt. Bei der Europäischen Kommission arbeiten rund 20.000 Menschen, beim Parlament 5.000 und bei anderen Institutionen und in anderen Städten (Luxemburg, Straßburg und andere) auch noch einmal 5.000.

Ist das viel? Wenn man sich an einem normalen Wochentag in der Mittagspause im Selbstbedienungsrestaurant des Europäischen Parlaments umsieht, kommt man schnell zu dem Schluss: Hier arbeiten unglaublich viele Menschen! Was tun die alle? Aber das ist natürlich eine sehr subjektive Wahrnehmung, die auf keinem fairen Vergleich beruht.

Die Größe des EU-Apparats wird oft mit dem Umfang einer Gemeindeverwaltung verglichen. Genau dann aber zeigt sich, dass in Brüssel im Verhältnis weniger Menschen arbeiten als in der Verwaltung einer mittelgroßen europäischen Stadt.

Die Frage, ob irgendwo zu viele Beamte sitzen, taucht von Zeit zu Zeit bei jeder Behörde auf. Ist das Ministerium zu groß? Können wir Aufgaben abstoßen? Was würde passieren, wenn wir diesen oder jenen Dienst auflösen?

Die Kritik an der Zahl der Beamten rührt wahrscheinlich zum Teil von dem Eindruck her, dass Brüssel sich auf umständliche Art mit Problemen beschäftigt, die auf den ersten Blick nicht weltbewegend sind. Zugleich bleiben große politische Fragen ungelöst. Das bringt die

Frage auf, was man eigentlich von einem Beamtenapparat hat, der vor allem mit sich selbst beschäftigt ist.

Weiter vorne in diesem Buch habe ich schon erörtert, was die Bürger nun eigentlich von der EU haben (siehe Kapitel 2) und dass Beamte meist mit Regulierungen, Verhandlungen und Plänen befasst sind, die ihren Widerhall in der Gesellschaft finden. Ohne Zweifel könnte es hier und da effizienter zugehen, während an anderen Stellen vielleicht gerade mehr Menschen nötig wären. Eines ist sicher: Die Diskussion über den Umfang des Beamtenapparats wird immer wieder geführt werden, am Stammtisch und von den EU-Skeptikern.

Die EU ist ein sozialistisches Projekt

Menschen, die der Meinung sind, dass die EU zu sozialistisch sei, können hierfür ausreichende Argumente finden, genau wie diejenigen, die der Ansicht sind, dass die EU ein kapitalistisches Projekt sei. Wenn Sie den Verfassungsentwurf für Europa zur Hand nehmen, finden Sie Textteile, mit denen beide Aussagen untermauert werden können. Sicher ist, dass im Verfassungsentwurf häufig die Worte »sozial« und »Solidarität« vorkommen.

Das Ideal der europäischen Zusammenarbeit besteht darin, dass jeder zu seinem Recht kommt und ein menschenwürdiges Leben führen kann. Dem Thema Solidarität sind in der Verfassung drei Seiten gewidmet, in denen es um die Rechte von Arbeitnehmern, um Kinderarbeit und um soziale Sicherheit geht. Die Schwächeren in der Gesellschaft müssen geschützt werden und Hilfe erhalten, wenn sie diese brauchen. Wer krank wird, ein Unglück erleidet oder arbeitslos wird, darf nicht einfach durchs Netz fallen.

Die Verfassung lässt sich auch über den Kampf gegen Armut und soziale Isolation aus. Wer kein Geld hat, hat Recht auf Beistand und Wohnraumbeschaffung. Auch hat jeder Anrecht auf Zugang zur Gesundheitsfürsorge.

Auf Arbeitsplätze bezogen steht in der Verfassung, dass die Staaten für Arbeit zu sorgen haben, aber auch für Schulen und Ausbildung. Im Kapitel über das Thema Sozialpolitik steht, dass es gute Arbeitsbedingungen und sozialen Schutz geben muss und dass all das durch einen sozialen Dialog zustande kommen muss.

Kurzum: In der Verfassung stehen zum sozialen Bereich Dinge, von denen ein rechtschaffener Kapitalist Alpträume bekommt. Ein Arbeitgeber, der keine Lust auf einen sozialen Dialog hat und die Gewerkschaften lieber links liegen lassen möchte, kommt nicht allzu weit.

Eine ganz andere Geschichte ist es, was von all diesen hehren Idealen in die Alltagspraxis einfließt. In wirtschaftlich schwierigen Zeiten werden Menschen entlassen, ob die Verfassung für Europa nun von Sozialpolitik spricht oder nicht. Der Arbeitnehmer, der überflüssig geworden ist, kann seinen Job nicht mit der Verfassung in der Hand zurückbekommen.

Die EU sorgt für Einheitsbrei

In gewissem Sinn sorgt die EU in der Tat für Standardisierung: Die Einführung des Euro ist hierfür vielleicht noch das beste Beispiel. Viele Menschen müssen sich an die neue Währung gewöhnen, aber die Grundidee ist die, dass die Standardisierung der europäischen Währung zu großen Kostenersparnissen und mehr Effizienz führt, wovon letztendlich alle Bürger und Unternehmen profitieren.

Auch andere, praktische Dinge, die standardisiert wurden, verbessern das Leben der Bürger: Denken Sie nur an die Sicherheit von Nahrungsmitteln und Produkten. Wenn ein CE-Zeichen auf einem Produkt steht, wissen Sie, dass es den europäischen Qualitäts- und Sicherheitsanforderungen entspricht.

Nach Meinung einiger ist die europäische Standardisierung inzwischen mehr zu einem hinderlichen und in manchen Fällen geradezu absurden Bemühen geworden. Für Menschen, die biologische Nahrungsmittel mögen, sind die ganzen E-Nummern, die man im Supermarkt auf den Verpackungen findet, alles andere als beruhigend, sondern im Gegenteil eine Bestätigung, dass die EU chemischen Mitteln in Nahrungsmitteln ihren Segen gibt.

Auch der Weg von Produzenten regionaler und lokaler Leckereien ist mit EU-Regeln gepflastert, durch die es plötzlich so scheint, als ob sie etwas herstellen, das keine EU-Genehmigung bekommen kann. Mitglieder des Europäischen Parlaments haben sich in der Vergangenheit dafür stark gemacht, dass Brüssel keinen Einheitsbrei schaffen darf, auch nicht wortwörtlich.

Zehn Zweifel an der Europäischen Verfassung

22

In diesem Kapitel

- Die neue Verfassung stößt an allen Fronten auf Kritik
- Uneinigkeit über die Verteilung von Macht und Geld
- Tritt die Verfassung in Kraft?

Sie ist zu christlich

Zur Frage, ob in der neuen Verfassung aufs Christentum zu verweisen ist, ist viel Staub aufgewirbelt worden. Europa hat eine christlich-humanistische Tradition und die, sagen die Befürworter, muss in der neuen Verfassung zum Ausdruck kommen. Viele Wähler in Europa und viele Politiker im Europäischen Parlament sind der christlich-demokratischen Fraktion verbunden, der größten im EP. Der Druck war also groß.

Trotzdem gibt es keinen Verweis auf den christlichen Glauben im Verfassungstext. In der Präambel (Einleitung) ist die Rede von der Inspiration durch das »kulturelle, religiöse und humanistische Erbe Europas, aus dem sich die unverletzlichen und unveräußerlichen Rechte des Menschen sowie Freiheit, Demokratie, Gleichheit und Rechtsstaatlichkeit als universelle Werte entwickelt haben ...«

Das ist eine rechte komplizierte Art auszudrücken, dass die religiösen Traditionen Europa zu dem gemacht haben, was es heute ist. Mit der Wahl dieser Formulierung wurde nicht auf Gott oder das Christentum verwiesen, aber jeder kann aus seinem eigenen Glauben heraus einsetzen, wie Religionen Europa ihren Stempel aufgedrückt haben.

Über die Kirchen steht etwas anderes in der Verfassung, was zu Beschwerden religiöser Gruppen geführt hat: »Die Union pflegt mit diesen Kirchen und Gemeinschaften in Anerkennung ihrer Identität und ihres besonderen Beitrags einen offenen, transparenten und regelmäßigen Dialog.«

Was »regelmäßig« bedeutet, ist nicht definiert. Das kann jeden Monat sein, aber auch einmal pro Jahr. Tatsache ist aber, dass die Kirchen hiermit einen offiziellen Platz in der Meinungsbildung in Brüssel bekommen haben. Wer mit den Kirchen reden wird, steht auch nicht da. Wie der Artikel also in der Praxis funktionieren soll, ist noch unklar.

Sie ist zu sozialistisch

Auch im vorigen Kapitel wurde hierzu schon etwas ausgeführt. Die Verfassung für Europa ist voller sozialistischer Ideale über Verteilung des Wohlstands und Solidarität. Auch hört man in Sitzungen des Europaparlaments und der Ausschüsse vieles, das einen denken lässt: »He, Europa sieht ganz wie ein großes soziales Projekt aus!«

Es fällt auf, dass man keines dieser Ideale erzwingen kann. Niemand kann sich ans Parlament oder den Gerichtshof wenden, weil er in soziale Bedrängnis geraten ist. Die Unterstützung für weniger gut entwickelte Regionen ist in eher großem Maßstab angelegt und hat nur selten direkten Einfluss auf das Einkommen von Individuen. Im Sinne einer Verteilung des Wohlstands ist kurzfristig nicht sehr viel von Sozialismus zu sehen. Dass eine Region, weil sie ärmer ist als der Durchschnitt in Europa, finanzielle Unterstützung bekommt, hilft natürlich auf lange Sicht, aber bietet jemandem, der kein ausreichendes Einkommen hat, wenig Trost.

Die Verbände haben fleißig Lobbyarbeit betrieben, um den sozialen Kontext der Verfassung sicherzustellen. Sie haben dafür plädiert, dass in der Diskussion über den Textentwurf eine Arbeitsgruppe Soziales Europa gebildet wird, um für soziale Elemente zu werben. Anfänglich gelang das nicht besonders gut, bis sie eine Postkartenaktion ins Leben riefen, um Giscard d'Estaing, den Vorsitzenden des Europäischen Konvents zu beeinflussen. Auf den Karten stand »A social Europe is a must«, und sie haben es sogar geschafft, den charmanten Franzosen selbst eine Karte unterschreiben zu lassen. Die Verbände sind mit ihren Aktionen zufrieden und sprechen über eine gelungene Lobbyarbeit. Offensichtlich sind sie der Meinung, dass die Verfassung für Europa sozial genug ist.

Sie ist zu kapitalistisch

Europa gibt dem Markt viel Raum. Viele Bußen, die die Europäische Kommission austeilt, haben mit der Behinderung des freien Marktes durch Regierungen oder Unternehmen zu tun. Es muss einen wirklichen freien Wettbewerb geben, ohne Unterstützung und ohne Absprachen unter Marktteilnehmern zu treffen. Es ist ein Kampf ums Überleben von jedem gegen jeden, bei dem der beste Spieler auf dem Markt gewinnt.

Anti-EU-Aktivisten sehen die Europäische Union dementsprechend als verlängerten Arm des kapitalistischen Systems, eine große Globalisierungsmaschine, die keine Rücksicht auf kleine Maßstäbe nimmt oder auf diejenigen, die in soziale Bedrängnis geraten.

Im Gegensatz zu den sozialen Idealen in der Verfassung können die Forderungen nach einem freien Markt sehr wohl erzwungen werden. Die Europäische Kommission hat Beamte, die kontrollieren, ob der freie Wettbewerb behindert wird. Daneben brauchen Unternehmen für solche Dinge wie Fusionen die Zustimmung aus Brüssel. Der freie Verkehr von Personen, Gütern, Dienstleistungen und Kapital ist inzwischen Realität.

Wenn man die Bilanz aufstellt, kommen erfolgreiche Unternehmer besser weg als weniger erfolgreiche. In der neuen Verfassung steht, dass die Mitgliedsstaaten sich zum Ziel setzen, die Schaffung von Arbeitsplätzen zu fördern und die Lebensumstände zu verbessern. Ferner wird ausgesagt, dass sozialer Schutz und der soziale Dialog durch den Binnenmarkt stimuliert werden, weil die sozialen Systeme durch die Kräfte des freien Marktes harmonisiert werden. Damit ist gemeint, dass Mitgliedsstaaten ihre sozialen Netze aufeinander abstimmen sollen und dass die Kräfte des freien Marktes diese Entwicklung fördern sollen.

Sie ist zu kompliziert

Die Verfassung für Europa ist voller Abstraktionen, die einem den Gedanken aufdrängen: »Alles schön und gut, aber was habe ich davon?« Die Verfassung ist »inspiriert vom Willen des Bürgers«, steht irgendwo am Anfang. Nun, ich weiß nicht, ob man Sie angerufen hat, mich jedenfalls hat man nicht gefragt.

Natürlich tauchen in der Verfassung viele Begriffe wie Gerechtigkeit, Menschenwürde, Freiheit, Gleichheit und Solidarität auf. Auch das sind recht wohl klingende Worte, die vielleicht in eine Verfassung gehören, die aber im alltäglichen Leben ziemlich untergehen können.

Ein anderer Punkt, der die Verfassung schwer verständlich macht, ist die Komplexität von Prozeduren. Wer geglaubt hat, dass in Brüssel alles schneller, dynamischer und effizienter werden würde, lag weit daneben. Auch die Verfassung ist ein Balanceakt zwischen den europäischen Institutionen, wobei präzise darauf geachtet wurde, dass alles gerecht abläuft. In der Praxis bedeutet das: keine hastigen Entscheidungen, jede Menge Beratschlagung, viel Beratung – und nicht ein einfaches System, in dem schlicht nur die meisten Stimmen gelten.

»Die Würde des Menschen ist unantastbar. Sie ist zu achten und zu schützen.« Das ist schon wieder so ein wundervoller Satz, der sowohl im Grundgesetz der Bundesrepublik als auch im Verfassungsentwurf für die Europäische Union steht, bei dem man sich fragt, wie denn dem Schutz der Menschenwürde Gestalt gegeben wird. Was passiert, wenn ich mich in meiner Menschenwürde verletzt fühle? Kann ich dann, mit der Verfassung für Europa in meiner Hand, zur örtlichen Polizeidienststelle gehen und stehenden Fußes Schutz verlangen? Ich vermute, dass die Polizei Sie zuerst einmal nicht verstehen wird und anschließend ganz fürchterlich wird lachen müssen.

Sie tut zu wenig gegen die internationale Kriminalität

Auch für Kriminelle ist die Abschaffung der Grenzen äußerst praktisch. Und auch die Einführung des Euro macht einen Unterschied beim »Geschäftemachen«. Für lange Zeit war es fast unmöglich, im europäischen Verband gegen kriminelle Organisationen vorzugehen. Frauenhändler, Drogendealer und andere kriminelle Organisationen hatten freies Spiel. Alle Beschlüsse rund um die Justiz und die Innenpolitik bedurften der Einstimmigkeit. Das wird mit der neuen Verfassung anders sein. Über eine ganze Reihe von Dingen kann mit einer einfachen oder qualifizierten Mehrheit entschieden werden, und nur, wenn es um sehr eingreifende Dinge geht, muss nach wie vor Einstimmigkeit herrschen. Das bedeutet, dass ein einzelnes Land nicht mehr alles blockieren kann wie früher.

Die Zusammenarbeit auf den Gebieten der Justiz und der Innenpolitik beinhaltet unter anderem:

✔ Polizei und Justiz arbeiten im Kampf gegen Kriminalität zusammen.

✔ Länder werden die Urteile von Richtern gegenseitig anerkennen.

✔ Es werden Mindeststrafen für terroristische Aktionen, Menschenhandel, sexuelle Ausbeutung von Frauen und Kindern, Drogen- und Waffenhandel sowie das organisierte Verbrechen eingeführt.

Kriminelle Organisationen, denen es gelingt, die Grenzen zu überschreiten, brauchen keine Grenzkontrollen mehr zu befürchten, wenn sie von einem EU-Land in ein anderes reisen. Dementsprechend wird es eine intensivere Zusammenarbeit zwischen Polizei und Justiz innerhalb der EU-Länder geben müssen, denn es sieht so aus, dass die Freiheiten, die für brave Bürger gelten, auch noch immer von weniger braven Bürgern ausgenutzt werden können.

Sie kostet den Bürger zu viel Geld

Es gibt Menschen, die befürchten, dass die Annahme der Verfassung und die damit zusammenhängende Erweiterung der Europäischen Union den Bürger viel Geld kosten wird. Auf die eine oder andere Art lebt die Angst fort, dass die reicheren westeuropäischen Länder tief in die Tasche greifen müssen, um den neuen EU-Ländern finanziell unter die Arme zu greifen.

Tatsächlich ist es so, dass die Europäische Kommission 2004 vorgeschlagen hat, den Haushalt von 100 Milliarden auf 150 zu erhöhen. Das hat mit der Erweiterung zu tun, bedeutet aber nicht, dass dieses Extrageld direkt zu den neuen Mitgliedern fließt. Durch die Erweiterung nehmen schlichtweg die Verwaltungskosten zu. Ein Teil des Geldes, das für die Strukturfonds, ist tatsächlich für die weniger entwickelten Gebiete gedacht, und es liegt auf der Hand, dass davon vor allem die osteuropäischen Länder profitieren werden.

Nehmen wir einmal an, dass die gesamte Haushaltserhöhung von den Bürgern der 15 alten Mitgliedsstaaten aufgebracht werden müsste. Was würde das dann kosten? Was müsste der Bürger durchschnittlich aus seinem Einkommen bezahlen, wenn die 50 Milliarden Euro auf die 380 Millionen Einwohner der alten Union umgelegt würden? Die Antwort lautet: 131 Euro pro Jahr. Dabei ist noch nicht berücksichtigt, dass die Bevölkerungen der neuen Mitgliedsstaaten ebenfalls an der EU mitbezahlen, die 131 Euro sind also eine sehr grobe Schätzung.

Schon an anderer Stelle in diesem Buch wurde festgestellt, dass sich die Erweiterung langfristig für alle Einwohner von Europa günstig auswirken wird, sowohl für die reicheren als auch die ärmeren Gebiete. Die Steigerung in der Entwicklung, die Zunahme des Handels und die Möglichkeiten des Marktes kommen allen zugute, sagt die EU. Im Zweifel also vielleicht für die »angeklagten« Rechenkünstler aus Brüssel ...

Sie könnte besser sein

Ein Kollektiv von Enthusiasten hat sich gründlich mit dem Verfassungsentwurf auseinander gesetzt und sich eine Alternative ausgedacht. Auf den ersten Blick beinhaltet der Text dieselben Ideale wie der Verfassungsentwurf, den der Europäische Konvent erarbeitet hat. Siehe auch www.pceu.org.

Die wichtigsten Abweichungen vom offiziellen Text sind die folgenden:

- ✔ Die Bürger müssen den europäischen Prozess kontrollieren und können sich »im extremsten Fall« von den Europapolitikern befreien (wie das funktionieren soll, steht nicht da).
- ✔ Der Bürger hat das Recht auf säkularen Schulunterricht (ohne Religion also).
- ✔ Ein demokratisch gewählter Vertreter muss sein Amt vorübergehend niederlegen, wenn Zweifel an seiner Integrität aufkommen.
- ✔ Jede national anerkannte Sprache ist eine offizielle Sprache der Europäischen Union (also auch Bayrisch oder Friesisch).
- ✔ Das Europäische Parlament hat maximal 500 Mitglieder, und die Länder haben nur vier garantierte Sitze. Abgesehen davon kommen Menschen nur ins Europäische Parlament, wenn sie die meisten Stimmen zusammenbringen. Die Wahlbeteiligung wird damit also zu einem bestimmenden Faktor: Das Land, in dem die Bürger in großer Anzahl zu den Urnen gehen, bekommt die meisten Sitze.
- ✔ Neben dem Parlament wird ein Europäischer Senat gegründet.
- ✔ Es wird eine europäische Regierung unter der Leitung eines Europapräsidenten geben, der für fünf Jahre gewählt wird. Die Mitgliedsstaaten treten ihre Macht für bestimmte politische Bereiche an die Europaregierung ab.
- ✔ Ein Mitgliedsstaat, der sich nicht an die Spielregeln hält, kann ausgeschlossen werden.

Es ist interessant, die Alternativverfassung zu lesen, auch schon deshalb, weil sie erheblich kürzer und klarer ist als die offizielle Verfassung für Europa. Die ist ein Werk von gut 300 Seiten, während die Alternativverfassung gerade mal 13 Seiten umfasst.

Aber einer Anzahl von Ländern in der EU würde es bei dieser Alternativverfassung eiskalt den Rücken herunterlaufen, weil sie viel weiter geht als die vom Europäischen Konvent entworfene. Die meisten Regierungen mögen gar nicht daran denken, dass es eine Regierung über ihnen geben könnte.

Sie gibt den großen Ländern die Macht

Die großen Länder haben innerhalb der EU die meiste Macht. Der einzige Zeitraum, zu dem das vielleicht anders gewesen ist, lag zu Beginn, als die Gemeinschaft noch aus sechs Mitgliedern bestand. Da hatten die kleineren Staaten auch noch relativ viel zu sagen. Mit der Erweiterung sind einige kleine Länder hinzugekommen.

Bekommen die großen Länder durch die neue Verfassung mehr Macht? Sie haben mehr Stimmen als die Kleinen, aber das war schon immer so. Neu ist, dass bestimmte Beschlüsse nur mit einer so genannten qualifizierten Mehrheit gefasst werden können. Im Kapitel *Kompromisse, Kompromisse und nochmals Kompromisse* steht ausführlich erklärt, was das bedeutet, aber kurz gefasst läuft es darauf hinaus, dass die großen Länder nichts gegen den Willen der kleinen Länder durchdrücken können.

Es gibt eine andere Entwicklung, die den drei großen Ländern eine bestimmte Macht gibt. Es geht um eine Zusammenarbeit, die unabhängig von der Europäischen Union entstanden ist. Frankreich, Deutschland und Großbritannien beratschlagen regelmäßig untereinander, was von den anderen EU-Ländern mit Misstrauen beäugt wird. Die Treffen haben keinen offiziellen Charakter. Nirgends steht geschrieben, dass das nicht erlaubt ist, die EU kann nichts dagegen tun. Was hecken die drei da aus, ohne die anderen Länder mit einzubeziehen? Ist das ein neuer Machtfaktor in Europa?

Wie sich die Folgen der innigen Bande zwischen den Regierungschefs von Frankreich, Deutschland und Großbritannien bei den »echten« Gipfeltreffen der EU äußern werden, bleibt abzuwarten. Wenn diese drei Länder Dinge durchsetzen wollen, über die sie sich untereinander einig sind, wird das auf Widerstand stoßen. Ein anderer Aspekt ist der, dass es noch drei große Länder gibt, die von diesem exklusiven Club ausgeschlossen sind: Italien, Spanien und Polen. Vor allem das letztgenannte Land hat schon mehrfach deutlich gemacht, dass es nicht die Rolle des fünften Rads am Wagen zu spielen gedenkt.

Ob die lachenden Gesichter, die wir zurzeit sehen, bedeuten, dass Berlin, London und Paris auch in Zukunft in allen Punkten die besten Freunde sein werden, wird sich zeigen. Es kann mir nichts, dir nichts auch passieren, dass die Interessen plötzlich nicht mehr parallel verlaufen.

Die vorläufige Schlussfolgerung ist dann auch diese: Die drei großen Länder in der EU haben Macht, aber die scheint durch die Verfassung für Europa in bestimmten Punkten eher eingeschränkt zu werden als erweitert.

Sie macht das Leben schwieriger

Die EU bekommt in immer mehr Bereichen Macht und Einfluss auf das Leben der Bürger. Von Spielzeug bis zum Nahrungsmittel, von Verkehr bis zum Geld, das wir in unseren Brieftaschen haben: Brüssel mischt sich ein. Sehr viele Menschen finden das beklagenswert. Sie haben das Gefühl, dass ein bürokratischer Apparat, der weit von ihnen entfernt steht und auf den sie keinen Einfluss haben, Regie über ihr Leben führt. Wer dieses Gefühl sehr stark hat und sich regelmäßig damit auseinander setzt, wird sich ziemlich schlecht fühlen.

Für alle anderen sprechen die Zahlen wohl eher die Fantasie an. Der Wohlstand in diesem Erdteil ist nachweislich gestiegen, unter anderem auch durch das Wegfallen der Grenzen. Neue

Länder sehen nach einigen Jahren den großen Einfluss, den die Mitgliedschaft in der EU auf die Wirtschaft hat. In den südeuropäischen Ländern ist alles enorm vorwärts gegangen und es ist zu erwarten, dass dies auch in den neuen Mitgliedsländern in Osteuropa geschehen wird.

Das bedeutet natürlich nicht, dass das Leben für jedermann automatisch besser geworden ist. Nicht jeder profitiert von einem steigenden Wohlstand. Es gibt auch Gruppierungen, die nichts mit dem Markt zu tun haben wollen und die die meisten EU-Richtlinien vor dem Hintergrund des kapitalistischen Systems betrachten. Diese Menschen weisen darauf hin, dass Europa zwar reicher wird, dass dies aber zulasten der armen Länder geht, allen guten Absichten zum Trotz.

Es ist deutlich, dass Gruppierungen wie EuroDusnie eine Minderheit vertreten. Ich persönlich fand den beim EU-Gipfel 1997 ins Leben gerufenen Slogan »EU rot op« (frei zu übersetzen mit »EU, mach dich vom Acker«) einen klasse Einfall, aber ich denke, dass das dahinter stehende Gefühl, das durch den Slogan in Worte gefasst wurde, von der Mehrheit der Europäer nicht geteilt wird. Ich bin aber davon überzeugt, dass die Mehrheit der Europäer manchmal eine Stinkwut auf die EU hat, aus allen möglichen Gründen, die in diesem Buch benannt worden sind: die Trägheit, die Bürokratie, die Geldverschwendung, und was einem sonst noch alles einfallen mag. Wenn aber ein Volksentscheid mit der Frage »Wollen Sie die EU auflösen?« gehalten würde, wird die Mehrheit wohl mit »Nein« antworten.

Für diejenigen, die ihre Regierung und ihre Bevölkerung trotzdem davon überzeugen wollen, dass die europäische Zusammenarbeit ihrem Land nichts einbringt, gibt es Hoffnung: In der neuen Verfassung ist bestimmt worden, dass ein Land auch aus der EU wieder austreten kann.

Sie wird nie in Kraft treten

In vielen Ländern standen Volksabstimmungen auf dem Programm, um der Bevölkerung Gelegenheit zu geben, ihre Meinung über die neue Verfassung für Europa zum Ausdruck zu bringen. Weil 2003 die Verhandlungen zwischen den Regierungschefs scheiterten, entstand eine unsichere Situation. Die Volksabstimmungen wurden aufgeschoben, und jeder fragte sich, wie es nun mit dem recht vollständigen Gesetzestext, der inzwischen vorlag, weitergehen sollte.

Dann lehnten die Franzosen und die Niederländer die Verfassung in diesen Referenden auch noch ab. Die Katastrophe war perfekt. En Trostpflaster für die Eurokraten mag sein, dass die Luxemburger danach noch mehrheitlich für die Annahme des Entwurfs stimmten. Nun ist die Verfassung fürs Erste verschoben. Eigentlich weiß niemand so genau, wie es weitergehen soll. Vielleicht wird der Text lediglich überarbeitet und der Bevölkerung noch einmal vorgelegt, vielleicht ist das ganze Projekt gestorben. Der vorhergesehene Termin 2006 kann mit Sicherheit nicht mehr eingehalten werden. Das ist aber auch das Einzige, was gewiss ist.

Zehn neue Länder der EU

In diesem Kapitel

- Hohe Erwartungen der Beitrittsländer
- Entwicklung der einzelnen Länder

Na, bekommen Sie alle zusammen? Die so genannten Beitrittsländer? Hier stellen Sie sich einmal kurz vor.

Estland

Estland hat ungefähr anderthalb Millionen Einwohner. Estnisch gehört zu den finno-ugrischen Sprachen. Das heißt, es ist mit dem Finnischen und dem Ungarischen verwandt. Die Republik ist 1918 entstanden, doch ist das Land in den vergangenen acht Jahrhunderten noch keine 35 Jahre unabhängig gewesen. Schon 1940 marschierte die Sowjetunion in den kleinen baltischen Staat ein.

Estland war lange Zeit Teil der Sowjetunion, und jetzt, wo das Land wieder unabhängig ist, leben dort noch viele Russen: 30 bis 40 Prozent der Bevölkerung. Das führt zu überraschend wenig Problemen. Seit das Land sich von der Sowjetunion gelöst hat – inzwischen ist das gut zehn Jahre her –, ist jeder kräftig mit Arbeiten beschäftigt. Es sind Hunderte neuer Unternehmen gegründet worden, und an Bewerber wird die Anforderung gestellt, dass sie Englisch und Finnisch sprechen müssen, um Touristen bedienen zu können. Niemand hat Zeit für einen ethnischen Konflikt. Die einzige unabdingbare Bedingung, die an die Russen (und andere) gestellt wird, ist, dass sie die Sprache beherrschen.

In Estland hat sich die Bevölkerung in einem Volksentscheid dazu äußern können, ob das Land der EU beitritt. Die Wähler waren sehr angetan: 67 Prozent wollten gern zur EU gehören. Der Volksbefragung war eine Kampagne vorausgegangen, in der die Gegner versuchten, die Esten nervös zu machen: Wir sind nun endlich von Russland weg, warum sollten wir uns erneut einem supranationalen Staat unterwerfen?

Die Esten entschieden sich, auf Nummer Sicher zu gehen. Die Wirtschaft ist dynamisch, Estland ist schon seit Jahren die erfolgreichste ehemalige Sowjetrepublik und hat eine Wachstumsrate von fünf Prozent pro Jahr. Wenn das so weitergeht, ist das Einkommen der Esten innerhalb von 15 Jahren auf europäischem Niveau. Ein paar Monate vor dem Beitritt hat die Europäische Kommission konstatiert, dass die gleiche Behandlung von Männern und Frauen in Estland noch nicht so umgesetzt wird, wie es sein sollte; auch die Umsetzung der gegenseitigen Anerkennung von Berufsqualifikationen im Gesundheitssystem lasse noch zu wünschen übrig. Letzteres ist wichtig für Berufstätige, die in einem anderen Land im Gesundheitssystem arbeiten wollen.

Lettland

Lettland liegt eingeklemmt zwischen Estland und Litauen. Hier wohnen 2,4 Millionen Menschen, die eine eigene Sprache haben, das Lettische, das zur indoeuropäischen Sprachfamilie gehört. Auch die Letten haben angegeben, gern zur EU gehören zu wollen: Zwei Drittel der Bevölkerung stimmten bei einer Volksentscheidung dafür. Auch die Letten hatten ihre Zweifel. Müssen wir uns nach der Loslösung von der Sowjetunion nun wieder einem großen Machtblock anschließen? Letztendlich gab für viele Letten den Ausschlag, dass eine EU-Mitgliedschaft einen guten Schutz gegenüber Russland darstellt. In Lettland gibt es hohe Erwartungen, bleibt noch die Hoffnung, dass die EU die alle erfüllen kann.

Beinahe wäre es beim Volksentscheid noch schief gegangen, weil viele Letten noch von der rechten Regierung unter der Leitung von Premier Einars Repçse die Nase gestrichen voll hatten. Dieser Mann war zwar recht entschlussfreudig, aber auch ziemlich autokratisch, was schon monatelang für Spannungen gesorgt hatte. Für kurze Zeit schien es so, als würden die Letten ihre Unzufriedenheit mit Repçse im Volksentscheid eine Rolle spielen lassen, aber das ist glücklicherweise dann doch nicht geschehen. Direkt nach dem Volksentscheid wurde von den vier Koalitionsparteien der Rücktritt von Repçse gefordert.

Abgesehen von diesen internen Zwischenfällen wissen die Letten noch nicht so genau, was sie da angefangen haben. In der Landwirtschaft wird noch mit Pferden gearbeitet, ein heftiger Kontrast zu den landwirtschaftlichen Hightechbetrieben im Westen Europas. Die lettische Wirtschaft entwickelt sich, aber Lettland ist immer noch das ärmste der 25 EU-Länder. Wird Lettland die hohen Ansprüche erfüllen können, die durch die europäischen Regelungen verlangt werden?

Kurz vor dem Beitritt Lettlands zeigte sich, dass der Agrarsektor noch nicht den europäischen Ansprüchen genügt. Auch die Umsetzung der Mehrwertsteuer und des Zolls war noch nicht in Ordnung. Und Lettland muss die gegenseitige Anerkennung von Berufsqualifikationen noch verbessern. Es gibt also noch viel zu tun, und es gibt in den Augen der Letten eine Menge Risiken bei der EU-Mitgliedschaft. Das Risiko, nicht mitzumachen, während alle Nachbarn sehr wohl Mitglied werden, wurde jedoch als größer angesehen.

Litauen

Litauen ist der südlichste und mit 3,7 Millionen Einwohnern der größte der baltischen Staaten. Auch Litauen hat eine eigene Amtssprache. Dieses Land beherbergt eine der ältesten Universitäten Europas, die 1579 in der Hauptstadt Vlinius gegründet wurde.

Das Wirtschaftswachstum in Litauen führte zu Komplimenten seitens der Europäischen Kommission. Nur die staatlichen Behörden müssen besser funktionieren, und auch das Rentensystem der Litauer ist verbesserungsbedürftig. Die Kommission konstatiert, dass Litauen alle Verwaltungseinrichtungen so in Ordnung gebracht hat, dass der acquis communitaire (die bestehende europäische Gesetzgebung) umgesetzt werden kann.

Inzwischen hat Litauen, wie man das bei »jungen« Republiken häufiger beobachten kann, mit innenpolitischen Unruhen zu kämpfen. Der Präsident bekam es Anfang 2004 mit einer parlamentarischen Untersuchungskommission zu tun, die herausfinden sollte, ob er Verbindungen zur russischen Mafia und zum Geheimdienst hatte. Rolanda Paksas ist ein recht bunter Polit-Vogel, der schon zweimal zum Rücktritt gezwungen wurde und innerhalb von sechs Jahren Mitglied dreier verschiedener politischer Parteien gewesen ist. Die Tatsache, dass Paksas enge Bande mit Russland hat, gefällt vielen Litauern nicht, sie wollen gerade loskommen von den ehemaligen Machthabern in ihrem Land.

Ein paar Monate vor der Erweiterung zeigte sich, dass Litauen noch im Sektor Fischerei und bei der gegenseitigen Anerkennung von Berufsqualifikationen nachzuarbeiten hatte.

Polen

Polen ist mit beinahe 39 Millionen Einwohnern das größte neue EU-Land. Polen hat eine herrliche Natur; ein Drittel des Landes besteht aus Wäldern, in denen noch viele Wildtiere leben. Das Land ist ein beliebtes Reiseziel für Touristen, die Natur und Wintersport genießen. Bis hierhin die guten Nachrichten. Diplomaten in Brüssel sagten, dass Polen bei weitem am schlechtesten auf den Beitritt zur EU vorbereitet war.

Anfang 2004 bekam Polen von der Europäischen Kommission noch ein dickes »Ungenügend«: Der freie Verkehr von Personen lief nicht entsprechend der EU-Bestimmungen, und dasselbe galt für Berufsqualifikationen im Gesundheitssystem. Ferner fragte sich die Kommission, ob Polen seine Administration schon so ausreichend auf Vordermann gebracht hatte, um Landwirtschaftssubventionen zu empfangen. Auch die Kontrolle bei lebenden Tieren, vom Bauern bis zum Schlachthof, erfüllte noch nicht die Bedingungen.

Im Extremfall hätte das bedeuten können, dass der größte Teil der ungefähr 2.000 kleinen Schlachtereien schlicht und ergreifend hätte schließen müssen, weil sie nicht dem europäischen Standard entsprachen. Die Alternative zur Schließung wäre auch nicht verlockend gewesen: ein völliges Verbot für den polnischen Export von Fleisch.

Polnische Intellektuelle sprachen sich besorgt darüber aus, dass so etwas zu einer EU führen könnte, in der Polen und andere Länder in der Entwicklung zurückbleiben, während sich eine dynamische Vorhut von Ländern schneller entwickelt. Sie mahnten, dass Polen langfristig zu einem Europa gehöre, in dem Freiheit, Gleichheit und Solidarität eine wichtige Rolle spielen, und dass Polen auch die Gelegenheit gegeben werden müsse, dies zu erfüllen. Die Intellektuellen machten ihre Gefühle in einem offenen Brief an eine Reihe von polnischen Zeitungen deutlich, der auch in Westeuropa abgedruckt wurde.

Ein anderes polnisches Problem sind die Staatsfinanzen. Viele Bereiche in der Gesellschaft rechnen mit der Unterstützung des Staates: Minenarbeiter, Arbeitslose, Polizeibeamte, Feuerwehrmänner und Arbeiter in staatlichen Betrieben. All diese Gruppierungen verlangen von der Regierung Geld, die dies nur bezahlen kann, indem sie Darlehen aufnimmt. Ein Viertel der Ausgaben des polnischen Haushalts stammt aus Krediten. Die Folgen sind offensichtlich:

Die Staatsschulden von Polen erhöhen sich in rasendem Tempo, und das, während nach europäischen Regeln die maximale Höhe der staatlichen Verschuldung bei 60 Prozent des Bruttoinlandsproduktes liegen darf.

Die einzige Methode, mit der die Regierung dieses Problem lösen kann, ist die Einführung drastischer Sparmaßnahmen. Viel Geld fließt ins Sozialsystem: Das durchschnittliche Renteneintrittsalter liegt bei 57 Jahren, und anderthalb Millionen Polen erhalten Unterstützung wegen Arbeitsunfähigkeit. Eine andere Methode, die Ausgaben zu verringern, wäre der Abbau einer Reihe von Führungspositionen im Staatsapparat: 10 Prozent der politischen Führungsebene müssten weg.

Der Beitritt Polens verursachte ein kleines Problem mit dem Nachbarland Ukraine. Genau in dem Moment, als die Beziehung anfing, etwas besser zu werden, und die Einwohner ohne Probleme die Grenze überschreiten konnten, wurde es nötig, eine Visumspflicht einzuführen. Polen wurde EU-Mitglied, die Ukraine nicht. Um die Probleme zu mildern, wurde die Regelung abgeschwächt: Polen, die in die Ukraine reisen, brauchen kein Visum, und umgekehrt bekommen die Ukrainer ein Visum für Polen gratis. Der andere große Ostnachbar von Polen war da weniger kompromissbereit: Weißrussland berechnet 50 Euro für ein Visum.

Tschechische Republik

Tschechien ist ein Land, das die Fantasie anregt: Vaclav Havel kommt dort her, genau wie der Autor Franz Kafka, der Komponist Gustav Mahler und der Filmregisseur Milos Forman, dessen Film *Amadeus* in Prag aufgenommen wurde. Wer in Prag herumläuft, wähnt sich im Mittelalter. In der »Goldenen Stadt« trifft man an allen Ecken und Enden auf Kunst und Kultur.

In der Tschechischen Republik, wie das Land offiziell heißt, wohnen gut zehn Millionen Menschen. Nach dem Fall der Berliner Mauer vollzog sich in der ehemaligen Tschechoslowakei unter dem Autor und späteren Präsidenten Vaclav Havel eine samtene Revolution. 1993 gingen Tschechien und die Slowakei friedlich auseinander, um als zwei unabhängige Länder ihrer eigenen Wege zu gehen.

Kurz vor dem Beitritt Tschechiens zur EU ließ Prag wissen, dass man von der Angst der Westeuropäer, von Arbeitnehmern aus dem Osten überrollt zu werden, so gar nichts halte. Die alten EU-Mitgliedsstaaten hatten jeder ihren eigenen Standpunkt zum erwarteten Zustrom von Arbeitskräften. Das eine Land öffnete lediglich bestimmte Sektoren seines Arbeitsmarktes, das andere strebte eine zeitliche Verzögerung an. Prag fand, dass das alles falsche Signale seien. Wir werden Mitglied der EU und damit basta.

Es ist nicht weiter verwunderlich, dass die Tschechen die in Aussicht stehenden Perspektiven beibehalten wollen. Eines der großen Probleme, mit denen die Tschechische Republik zu kämpfen hat, ist das Rentensystem. Noch ist es so, dass die Einkommen von Rentnern von der arbeitenden Bevölkerung aufgebracht werden, es gibt also keine Rücklagen, aus denen die Älteren bezahlt werden können. Dieses System muss dringend verändert werden, und das ist nur möglich, wenn mehr Geld verdient wird, von dem Rentenbeiträge einbehalten werden können, damit ein Spartopf aufgebaut werden kann.

Fest steht, dass die Tschechen für ihr Leben gern Geschäfte mit Westeuropa machen, und auch umgekehrt ist das der Fall: Unternehmen sehen Tschechien als einen noch unerforschten Markt, in dem unglaubliche Möglichkeiten brachliegen. In einer ganzen Reihe von Städten eröffnen Unternehmen aus den alten EU-Mitgliedsstaaten Niederlassungen, und es wird in Läden, Büros und gewerblich genutzte Gebäude investiert.

Bis hierhin die in allen Farben schillernde Zukunft, nun zurück zur Realität: Die Europäische Kommission fand in den Monaten vor dem Beitritt Tschechiens, dass doch noch das ein oder andere am Gesundheitssystem zu tun sei. Auch der Straßentransport war noch nicht auf europäischem Niveau geregelt und die Nahrungsmittelindustrie musste besser kontrolliert werden.

Slowakische Republik

Die Slowakei ist der kleine Zwillingsbruder von Tschechien, der nach dem Zusammenbruch des Kommunismus 1993 eigene Wege gegangen ist. Die Slowakei ist mit rund fünf Millionen Einwohnern ungefähr halb so groß wie die Tschechische Republik. Das Land hat eine eigene Sprache, und seine Geschichte ist eng mit der des südlichen Nachbarn Ungarn verknüpft. Weil die Slowakei vielfach mit Invasionen zu tun gehabt hat, sind dort hoch oben auf Berggipfeln viele Burgen mit einer atemberaubenden Aussicht zu finden.

Die Slowakei hat eine starke Stahlindustrie. Das bringt das Land in eine delikate Situation, denn einer der größten Stahlproduzenten im Land ist in amerikanischer Hand und sorgt für einen tüchtigen Streit zwischen der EU und den USA. Die Position des slowakisch-amerikanischen Unternehmens war auf dem europäischen Markt zu stark, unter anderem aufgrund von Steuervorteilen. Das hat dazu geführt, dass die Europäische Kommission der Slowakei auf die Finger geklopft hat und dieses Problem bei den Beitrittsverhandlungen eine Rolle spielte.

Die Slowakei will sich gerne an die Brüsseler Spielregeln halten, aber das darf keine Arbeitsplätze kosten. 14.000 Mitarbeiter drohten entlassen zu werden, falls die Slowakei die für die Amerikaner günstigen Absprachen mit dem Stahlunternehmen nicht weiterhin erfüllt hätte. Auch für Brüssel war das ein Dilemma: Jeder Mitgliedsstaat muss die Regeln des freien Marktes respektieren, aber ein Verlust von vielen Arbeitsplätzen als Folge ist natürlich auch nicht im Sinne des Erfinders.

Den Berichten der Europäischen Kommission zur Vorbereitung des Beitritts der Slowakei war – wenig überraschend – zu entnehmen, dass das Land Schwierigkeiten habe, die Anforderungen für den Stahlsektor zu erfüllen und auch die Verwaltung von Agrarsubventionen noch nicht das Gelbe vom Ei seien. Die Slowaken sahen es auch mit der Kontrolle der Nahrungsmittelindustrie nicht so eng.

Die gute Nachricht für die kleine Republik war, dass sich auch hier westliche Investoren gerne engagierten. Immobilienmakler sehen in der Slowakei (genau wie in Tschechien) viel Potenzial und erwarten, dass dort ein blühender Markt entsteht.

Genau wie Tschechien hat die Slowakei Probleme mit ihrem Rentensystem, aber die Slowaken glauben, eine Lösung für das Füllen eines Spartopfes zu haben: Das staatliche Gasunternehmen wurde verkauft, und das brachte zwei Milliarden Dollar ein. Dieses Geld kann wunderbar fürs Rentensystem eingesetzt werden.

Ungarn

In Ungarn leben zehn Millionen Menschen, die eine Sprache sprechen, die sehr eigen ist. Sie ist lediglich mit dem Finnischen und dem Estnischen verwandt. Traditionell ziehen die ungarischen Seen viele Touristen an, genau wie der historische Teil der Hauptstadt Budapest (Buda) und der zweite Teil der Stadt (Pest), der auf der anderen Seite der Donau liegt und für seine warmen und heilkräftigen Quellen bekannt ist.

In Ungarn wütet eine heftige politische Diskussion über die Staatsfinanzen. Es gibt ein Haushaltsdefizit, das der Einführung des Euro im Weg stehen könnte. Die steht aber erst 2008 an. Für 2006 sind Wahlen geplant, und einige Politiker finden einen Wahlerfolg wichtiger, als anderen europäischen Ländern entgegenzukommen.

Das Haushaltsdefizit 2003 betrug 5,6 Prozent, während das Maximum entsprechend der europäischen Regeln nur bei drei Prozent liegen darf. Die Kaufkraft der Ungarn hat aufgrund strenger wirtschaftlicher Maßnahmen der Regierung kräftig abgenommen.

Ungarn war in den neun Monaten vor seinem Beitritt zur EU noch nicht mit der Verwaltung der Agrarsubventionen und der Entwicklung ländlicher Regionen auf dem geforderten Standard. Die ungarische Nahrungsmittelindustrie musste sich auch anstrengen, um die EU-Standards zu erfüllen.

Slowenien

Slowenien ist ein kleines Land mit zwei Millionen Einwohnern, das über eine reiche Kultur verfügt: In der Hauptstadt Ljubljana ist viel Barockarchitektur zu sehen, und im Sommer gibt es viele Festivals. Der Ort Lipizza, nahe der italienischen Grenze, ist wegen der Lipizzaner-Pferde bekannt. Die Stadt ist schon seit 1580 ein Weltzentrum des Dressurreitens.

Slowenien ist ein populäres Touristenziel. Die Touristikbranche erwartete, dass nach dem Beitritt noch mehr Europäer nach Slowenien reisen. Man kann dort Wintersport zusammen mit 1,6 Millionen anderen Schneejüngern betreiben, die sich jedes Jahr auf Sloweniens Pisten vergnügen,.

Slowenien ist die einzige ehemalige jugoslawische Republik, die jetzt schon Mitglied der EU werden durfte. Kroatien, Mazedonien, Bosnien und Serbien-Montenegro müssen noch abwarten, ob sie in den Club aufgenommen werden. Die EU-Regierenden hatten nur im Fall von Slowenien genügend Vertrauen, dass die so genannten *Kopenhagenkriterien* erfüllt werden: Demokratie, Menschenrechte und die Wirtschaft müssen zu den geltenden EU-Bestimmungen passen.

Die Slowenen verdienen durchschnittlich zwei Drittel eines durchschnittlichen EU-Bürgers. Damit ist Slowenien ein relativ reiches Land, nach Zypern das reichste der Beitrittsländer. Die Vorbereitungen des Landes sind gut verlaufen: Slowenien hatte die besten Noten. Vor dem Beitritt hat die Kommission nur einen Punkt angemerkt, der verbessert werden müsse: die gegenseitige Anerkennung von Berufsqualifikationen. Ansonsten erfüllt Slowenien angemessen die EU-Bestimmungen.

Malta

Malta ist eine Insel im Mittelmeer etwas südlich von Sizilien. Eigentlich ist das nicht korrekt: Malta ist ein Archipel von drei Inseln. Neben Malta selbst gibt es noch Gozo, das größenmäßig ein Drittel von Malta ausmacht, und das Inselchen Comino, das zwei Quadratkilometer groß ist. Auf Malta sind Tempel zu finden, die 4.000 Jahre alt sind und auf der Liste des Weltkulturerbes der UNESCO stehen.

Auf den Inseln leben 390.000 Menschen, die seit dem 9. Jahrhundert eine eigene Sprache haben, Maltesisch, das seit dem 1. Mai 2004 eine der Amtssprachen der EU ist. Die meisten Malter sprechen aber auch Englisch.

Die Einkommen sind niedriger als der europäische Durchschnitt. Wichtige Einkommensquelle ist der Tourismus, aber Malta will sich auf ein neues Business ausrichten: Es will sich zum »Nabel des Mittelmeers« entwickeln. Die Chancen sind gut, der Arbeitsmarkt auf Malta ist sehr flexibel.

Die Europäische Kommission merkte vor dem Beitritt Maltas Folgendes an: Malta hat Mühe, die Verwaltung für die Agrarsubventionen auf Vordermann zu bringen. Auch die maritime Sicherheit ist unzureichend, und der Staat zahlt finanzielle Hilfsmittel an die Schiffsbauindustrie, was nicht den europäischen Regeln entspricht. Die Kommission übte auch Kritik am Außenhandel und wegen der Handhabung biologischen Abfalls auf Malta.

Zypern

In Zypern leben 864.000 Menschen. Zypern ist das reichste der beitretenden Länder, mit einem durchschnittlichen Jahreseinkommen von 17.100 Euro pro Kopf; das sind 76 Prozent des EU-Durchschnitts. Die Einwohner sind genauso wohlhabend wie die Portugiesen und verdienen mehr als die Griechen. Seit 1974, als türkische Truppen einmarschierten, ist die Insel in zwei Teile aufgeteilt: Der Norden ist türkisch, der Süden griechisch. Dazwischen sind Truppen der Vereinten Nationen stationiert, um den Frieden zu sichern. Die von der Türkei ausgerufene türkische Republik Nordzypern wird einzig und allein von der Türkei anerkannt.

Der Generalsekretär der UNO, Kofi Annan, versuchte kurz vor dem Beitritt der Insel zur EU, Griechenland und die Türkei so weit zu bringen, ein Abkommen über Zypern zu schließen. Ein geteiltes Land als neues EU-Mitglied, das sollte nicht sein. Als die Gespräche scheiterten, wurde der türkische Teil kein EU-Mitglied, der Süden aber wohl.

Die türkische Regierung ist sich deutlich des Problems bewusst und hat Brüssel mehrfach ans Herz gelegt, dass die Zypernfrage entschieden gelöst werden müsse. Die türkischen Einwohner von Zypern wollen nichts lieber als zur EU gehören; wenn aus dem Beitritt nichts wird, geraten sie in wirtschaftliche Isolation.

Für die Türkei gibt es noch einen Grund, warum das keine verlockende Option ist: Das Land wird ziemlich dumm dastehen, wenn es nicht im Stande ist, friedlich mit einem anderen EU-Mitglied zusammenzuleben. Der Beitritt der Türkei selbst rückt damit auch nicht unbedingt näher. 1999 hat die EU beschlossen, dass Beitrittsverhandlungen mit der Türkei erst anfangen können, wenn die Zypernfrage gelöst ist. Inzwischen steht den Verhandlungen nichts mehr im Wege. Sie sollen am 3. Oktober 2005 beginnen. Die Türkei kann mit dem möglichen Beitritt jedoch nicht vor 2014 rechnen.

Vor dem Beitritt hatte auch Zypern noch einige Probleme zu lösen: Die Verwaltung der Agrarsubventionen, der Außenhandel und die maritime Sicherheit mussten auf EU-Standard gebracht werden.

Stichwortverzeichnis

A

A-Beamter 75, 288
Abhörversuch 175
Acquis communitaire 305, 376
Adenauer, Konrad 43
AEJ 263
Afghanistan 80, 83, 346
Agrarpolitik 103, 110, 362
Akkreditierung 264
    Lobbyist 266
Aktivist 63, 82, 276, 327
Akzo Nobel 200
Al-Quaida 127
Albanien 347
Alicante 215
Allianz der Liberalen und Demokraten für
    Europa 237
Alternativverfassung 371
Amsterdam, Vertrag von 181, 334
Amt
    für amtliche Veröffentlichungen 139
    für Betrugsbekämpfung 137
    für humanitäre Hilfe 136
    für Zusammenarbeit 136
Amtliche Veröffentlichung 139
Andriessen, Frans 112, 182
Anger 214
Annan, Kofi 319, 345, 381
Anstellung
    befristete 278
Anwesenheitsliste 76
Apartheid 82
Arbeitgeber 326
Arbeitsplatz 59, 68, 134
Arbeitsschutz 58
Armee 315
Assistent 162
Assoziierungsabkommen 347, 349, 351
AStV 250
Asyl
    Antrag 348
    Politik 177, 193, 348
Asymmetrische Sprachenregelung 298
Atatürk, Kemal 320
Atomenergie 42, 129, 178
Auditdienst 140
Außen- und Sicherheitspolitik 178
Außengrenze 318
Außenminister 146, 332
Außenminister der EU 256
Außenpolitik 146, 180, 344
Auslandskoordinator 344, 345, 346
Ausschuss 236
    des Parlaments 163
    für Standardisierung 265
    Haushalt 251
    Haushaltskontrolle 251
    Komitologie 239
    Lobbyist 231
    Rolle der 230
Ausschuss der Regionen 212, 215, 225, 226, 324
Ausschuss der Weisen 159

B

Bürger 233
Balkan 44, 46, 72, 80, 82
Balkenende, Jan Peter 87
Bank of England 91, 101
Barroso, José Manuel 125
B-Beamter 288
Beamter 75, 239, 277
    Anzahl 363
    Aufgaben 283
    Einkommen 75
    Ernennung 278
    Gehalt 288
    Kündigung 289
    Lohnskala 288
    Steuern 291
    Voraussetzung 277
    Werdegang 277
Befristete Anstellung 278

Begrenzte Sprachenregelung 298
Beichtstuhlverfahren 176
Beitrittsländer
    Landwirtschaft 312
Beitrittsverhandlung 305, 314, 323
    Türkei 320, 382
Benelux-Markenamt 213
Benelux-Musteramt 214
Beratung
    Beamte 239
    im eigenen Land 240
    in den Ausschüssen 243
    in der Partei 237
Beratungsverfahren 239
Berichterstatter 153, 164
Berlaymont-Gebäude 126
Berliner Mauer 46, 48, 325
Berlusconi, Silvio 121, 155, 252, 352
Berthelot, René 145
Bewerbung
    Beamter 277
    Sprache 278
Bilbao 214
Binnenmarkt 131
Blair, Tony 349
Bosal 201
Bosman, Jean-Marc 199
Bosman-Urteil 199
Bosnien 46, 82, 346, 380
Bové, José 63
Brüssel 73, 205
Broek, Hans van den 160
BSE 63, 110, 185
    USA 185
Buchprüfung 358
Buitenen, Paul van 158, 288, 289
Bulgarien 321
Bundesverfassungsgericht 195
Bürgerbeauftragter 165
    europäischer 212
Büro für Statistik 138
Bürokratie 359
    Subvention 360
Butterberg 62, 112
Böger, Reimer 164

C

C-Beamter 288
CE-Symbol 54, 253, 365
China 182, 351
Chirac, Jacques 47, 87, 238
Christdemokraten 235, 260
Churchill, Winston 33, 43, 182
Concours 277, 279
    Antworten 281
    Fragen 279
    Vorbereitungskurse 282
COREPER 144, 250
Cresson, Edith 145, 158

D

Datenschutz
    Reisende in die USA 286
Delegationsvorsitzender 164
Demonstration 274
    Bauern 275
Dienst
    Übersetzung 141
    Auditdienst 140
    Dolmetschen 141
    Gebäude, Anlagen und Logistik 143
    Haushalt 140
    Informatik 143
    juristischer 142
    Personal und Verwaltung 142
Dolmetscher 293, 294
Dritte Welt 346
    Handelsbarrieren 346
Drogenpolitik 47
Dublin 215
Duisenberg, Wim 91

E

E-Nummer 227, 365
EAGFL 68
EAP 277
ECHO 82, 136
Ecofin 91, 150, 175
Ecu 92
EDD 261

Stichwortverzeichnis

EG 104
EGKS 34, 41, 43, 44, 45, 154, 178, 333, 334
Eichel, Hans 87
Eigenmittel 38
Einigung 251
Einmischung 360
Einstimmigkeit 174, 178, 247, 333
    Idee der 247
    Verfassung 257
Einwanderungspolitik 177
Eiserner Vorhang 42, 48
ELDR 261
Elektrizität 352
EMRK 316
Energie 52, 239
    Handel mit 128
Entschädigungsmaßnahme 313
Entwicklungshilfe 80, 84, 136, 177, 319, 346
Entwicklungshilfepolitik 81
Ernennung
    Beamte 278
Erweiterung 34, 35, 36, 39, 40, 42, 49, 72, 77, 78, 110, 122, 124, 137, 153, 173, 181, 301, 305
    Ausschüsse 324
    EDD 261
    ELDR 261
    Haushalt 357
    Kommissar 323
    Sitzverteilung 179
    Sprachen 296
    Vorphase 326
    zweite Phase 259
ESA 129
ESF 68
Estland 375
ETUC 327
EURATOM 42
Euro 41, 51, 85, 87, 90, 91, 92, 93, 180, 213, 365
    Einführung 92, 180
    Gastronomie 99
    Großbritannien 101
Eurobarometer 139
Euroeinführung 177
Europäische Agentur für den Wiederaufbau 214
Europäische Agentur für Sicherheit und Gesundheitsschutz am Arbeitsplatz 58, 214
Europäische Arzneimittelagentur 214

Europäische Behörde für Lebensmittelsicherheit 129
Europäische Beobachtungsstelle für Drogen und Drogensucht 214
Europäische Investitionsbank 212
Europäische Kommission 176
Europäische Menschenrechtskonvention 210, 264
Europäischer Fonds für regionale Entwicklung 68
Europäischer Gerichtshof für Menschenrechte 210
Europäischer Gewerkschaftsbund 233
Europäischer Konvent 50, 57, 140, 256, 306, 329, 330, 339, 340, 368, 371
    Website 340
Europäischer Rechnungshof 70, 72, 105, 106, 206, 212
Europäischer Wirtschafts- und Sozialausschuss 215, 225
Europäisches Patentamt 213, 271
Europäische Stelle zur Beobachtung von Rassismus und Fremdenfeindlichkeit 215
Europäische Stiftung für Berufsbildung 215
Europäische Stiftung zur Verbesserung der Lebens- und Arbeitsbedingungen 215
Europäisches Zentrum für die Förderung der Berufsbildung 214
Europäische Umweltagentur 214
Europäische Wirtschaftsgemeinschaft 178
Europäische Zentralbank 86, 88, 91, 177, 213
    Präsident 91
Europarat 150, 183, 210, 212, 317
    Türkei 317
Europatag 45
EuropeAid 136
Europol 213
Eurostat 138, 257
Eurosystem 90
EVP 260
EWG 34, 205
Externe Maßnahme 72

F

Fünfjahresplan 143, 221
Finanzielle Haushaltsführung 37
    Beiträge 38
    Umsatzsteuer 38
    Verteilung 71
    Zölle 38
Finanzinstrument für die Ausrichtung der Fischerei 68
Firmenjurist 200
Fischerei 68, 80, 134, 333
Flagge
    Anzahl der Sterne 265
Folter 317
Forschung 129
Fraktion 236, 261
    Übersicht 261
Frankfurt 213
Freiheit 131
Friedensförderung 45, 48, 81, 135, 136, 346, 351

G

G8 125
Garantierter Preis 61
Gaulle, Charles de 248
Geheimhaltung 192, 200
Gemeinschaftssteuer 73, 75, 291
Generalanwalt 195
Generaldirektion 35, 82, 112, 121, 126, 244
    Übersetzung 141
    Außenbeziehungen 135
    Beschäftigung, soziale Angelegenheiten und Chancengleichheit 134
    Bildung und Kultur 133
    Binnenmarkt und Dienstleistungen 131
    Entwicklung 136
    Erweiterung 77, 137, 323, 324
    Fischerei und maritime Angelegenheiten 134
    Forschung 129
    Gemeinsame Forschungsstelle 129
    Gesundheit und Verbraucherschutz 129
    Handel 135
    Informationsgesellschaft 131
    Justiz, Freiheit und Sicherheit 131
    Landwirtschaft und ländliche Entwicklung 132
    Presse 265
    Presse und Kommunikation 138
    Regionalpolitik 133
    Steuern und Zollunion 127
    Umwelt 132
    Unternehmen und Industrie 133
    Verkehr und Energie 128
    Wettbewerb 127
    Wirtschaft und Finanzen 127
Generalsekretariat der Kommission 140
Gericht erster Instanz 36, 193, 204
    Aufgaben 194
    Geltungsbereich 194
    Prozessdauer 194
Gerichtshof 34, 36, 121, 142, 147, 148, 149, 150, 177, 189, 212
    Anzahl der Prozesse 202
    Anzahl der Richter 202
    Aufgaben 189
    Beratung 192
    Erweiterung 202
    Geltungsbereich 194
    Generalanwalt 195
    Mitarbeiter 196
    nationales Recht 193
    Prozessdauer 193
    Richter 193, 195
    Schlussantrag 195
    Sprache 202
    Verfassung 204
    Zukunft des 202
Gesamtbudget 71
Gesetz
    nationales 308
    Umsetzung 308
Gesetzesentwurf 243
Gesetzgebung 161, 226, 242
    Verfahren 242
    Vorbereitung 161
Gesundheit 129
Gesundheitswesen 59, 186, 361
Gewerkschaft 327
Ghaddafi, Muamar al 349
Giscard d'Estaing, Valéry 340, 368

Stichwortverzeichnis

Globalisierungsgegner 276, 363
Gründungsvertrag 132
Grüne 236, 261
Greenspan, Alan 91
Grundrecht 197, 334
GUE/NGL 261

H

Hübner, Danuta 311
Harmonisierungsamt für den Binnenmarkt
  (Marken, Muster und Modelle) 215
Haushalt 72, 77, 121, 145, 184, 251, 357
  Erweiterung 370
  Genehmigung 149
  Landwirtschaft 358
  Posten 358
  Strukturfonds 358, 370
Haushaltsdefizit 85, 86, 87, 88, 97, 147, 151, 176,
  241
  Großbritannien 101
Havel, Vaclav 378
Hémicycle 162, 208
Heranführung
  Beitrittsländer 323
Heranführungshilfe 38, 71, 73, 77, 311
Humanitäre Hilfe 82, 83, 136
  Korruption 315

I

Immigrant 348
Immigration 319
Inflation 85, 95, 98
  Großbritannien 101
Information 233
Informationszentrum für Infektionskrankheiten 59
Initiativrecht 36, 143, 178, 221, 224
Innenpolitik
  der Mitgliedsstaaten 177
Innenpolitische Angelegenheiten 178
Innenpolitische Maßnahme 72
Interne Dienste 140
Interpol 347
Investitionsbank
  Europäische 212

Irakkrieg 146, 248, 344
Israel 350

J

Journalist 263
  Akkreditierung 264
Jugend 135
Jurisprudenz 192, 305
Juristischer Dienst 196
Justiz 131, 178
Justus Lipsius 175

K

Kalter Krieg 48
Katastrophenhilfe 133
Keynes-Politik 97
Kind
  Rechte 335
Kirche 318
Klonen 334
Komitologie 239, 240
Kommissar 257
  Anzahl 256
Kommission 35
  Führungsposition 124
  Generalsekretariat 140
  Macht 149
  Rechte 148
  Präsident 125
Kompromiss 251, 254
  Richtlinie 253
  Wert 253
  Zustandekommen 250
Konsultationsverfahren 225
Konsumenteninteresse 40, 53, 55, 62, 93, 97, 98,
  108
Kooperationsverfahren 225
Kopenhagen 214
Kopenhagenkriterien 380
Korruption 137, 160, 305, 313, 318
  Beitrittsländer 313
  Rangliste der Länder 313
  Rumänien 321
  Subventionen 315
  Wohlstand 314

Index 314
    Entwicklungsländer 315
Kosovo 46, 82
Kriminalität 47, 213, 370
Kroatien 46, 82, 347, 380
Kunst
    im Parlament 272
Kurden 317

L

Länderbericht 324
Landwirtschaft 39, 40, 61, 62, 63, 65, 68, 71, 79, 103, 104, 105, 109, 110, 116, 124, 145, 177, 333, 362
    Beitrittsländer 312
    Entwicklungsländer 114
    Generaldirektion 132
    Nutzfläche 117
    Protektion 107
    Subvention 61, 103, 240
Landwirtschaftsrat 175
Lettland 376
Liberale 236, 261
    Allianz der Liberalen und Demokraten für Europa 237
Libyen 349
Liechtenstein 353
Lissabon 214
Lissabonstrategie 68, 131, 133, 230, 260
Litauen 376
Lobbyarbeit 266
Lobbyist 208, 232, 259
    Übersicht 266
    Arbeitsweise 269
    Aufgabe 268
    Ausschuss 231
    Gruppen 267
    Straßburg 269
    Verfassung 368
London 214
Luxemburg 36, 205, 208
    Institutionen in 212

M

München 213
Maastricht
    Vertrag von 54, 85
Maastricht, Vertrag von 177, 180, 334
Malta 381
Marks & Spencer 201
Marokko 350
Marshall-Plan 33
Maul- und Klauenseuche 63, 107
Maut 128
Mazedonien 46, 380
Mehrheit
    qualifizierte 333
Menschenrechte 136, 305, 316
    China 352
    Europarat 317
    Türkei 316
    und Handelsbeziehungen 351
    Verfassung 316
Menschenrechtskonvention
    Europäische 210
Microsoft 201
Militär 315
Ministerrunde 176
Mitentscheidungsverfahren 35, 149, 161, 223, 225, 226
Mitgliedsstaat
    Einfluss der EU 184
    kleiner 182
Mittelmeergebiet 349
Mittlerer Osten 81, 318, 343, 350
Moldawien 183
Monetäre Rücklage 73

N

Nahrungsmittelsicherheit 50, 52, 55, 63, 112, 116, 124, 129, 310
    Eier 360
    Konfitüre 361
    Marmelade 361
Nettolimitierungsfaktor 357
Nettozahler 38, 357
NI 261

Niederlassung
    Firmen 100, 200, 201, 233
    Recht auf freie N. 201
Nitratrichtlinie 255
Nizza, Vertrag von 334

O

OLAF 72, 137
Oostlander, Arie 318, 320

P

Paksas, Rolanda 377
Palästinenser 350
Paris, Vertrag von 334
Parlament 35, 153
    Ausstattung 169
    Befugnisse 156
    Besucher 272
    Diskussionen im 244
    Kunst im 272
    Macht des 160
    Mitglieder 259
    Rechte 156
    Sitze 77
    Versammlungsort 205
    Wahl 169
    Wahlbeteiligung 171
Parlamentarier 76, 77, 153, 167, 208, 242
    Überblick 262
    Anzahl 211, 259
    Arbeit 160
    Beratungen 237
    Einkommen 74, 75, 241
    Gesetzgebung 161
PGA 328
Polen 258, 372, 377
Politischer Beraterstab 141
Präjudizielle Rechtssache 192, 194, 198, 204
Präsident der EU 256, 330, 332
Prag 216
Praktikum 272
    Beitrittsländer 311
Preisabsprache 127, 186
Preisbindung 186
Presse 263

    Berichte 265
Privatsphäre
    Gesundheitswesen 361
    Schutz der 344
Prodi, Romano 121, 238, 239, 252, 311, 353
Putin, Vladimir 353

Q

Qualifizierte Mehrheit 167, 174, 249, 257, 258, 333

R

Rahmenbestimmung 222, 360
Rahmengesetzgebung 310
Rat 175
Rat der Europäischen Union 150, 173
Rechnungshof 137
Rechtssache
    präjudizielle 192, 194, 198, 204
Regel
    Umsetzung 308
Regelungsverfahren 240
Relaissprache 299, 300
Religionsausübung 318
Repşe, Einars 376
Restrukturierung 134
Richtlinie 242, 254
    Entstehen 221
    Kompromiss 253
    Nationales Recht 227
    Umsetzung 255
    Umsetzung in den Mitgliedsstaaten 242
    Zustandekommen 36
Rom
    Vertrag von 34
Rom, Vertrag von 104, 186, 334
RSPCA 233
Rumänien 321
Russland 321, 352

S

Süd-Süd-Handel 135
Santer, Jacques 158
Schülerpraktikum 272

Schlussantrag 195
Schröder, Ilka 262
Schutzmaßregel 324
Schweinepest 111
Serbien 46, 82, 346
Serbien-Montenegro 380
Sicherheit 50, 131, 150
Sicherheitspolitik 146, 173
Sitzungssaal 205
Slowakei 379
Slowakische Republik 379
Slowenien 46, 380
Soares, Mario 262
Solana, Javier 146, 345, 346, 353
Solidarität
    Verts/ALE 261
Solidaritätsfonds 133
Sortenamt 214
Sowjetunion 48
Sozialdemokraten 260
SPE 260
Sprache 293
Sprachendienst 293, 298
    Kosten 300
Sprachenregelung
    asymmetrische 298
    begrenzte 298
Sprachenregime 298
Ständiger Vertreter 250
Staatssicherheitsgericht 316
Stabilitätspakt 86, 98, 147, 151, 176, 255
Stabilitätsplanung 184
Standardisierung 54, 265, 365
    Nahrungsmittelsicherheit 365
Steuererhebung
    Beamte 291
Stimmenverteilung 249
Straßburg 35, 73, 77
    Atmosphäre 207
    Lobbyarbeit 269
    Neubaukosten 211
Straßburg-Woche 208
Straßenbenutzungsgebühr 128
Streit 358
Strukturfonds 39, 40, 66, 67, 69, 71, 79, 133, 170, 310, 324
Studentenpraktikum 272

Subsidiaritätsprinzip 123, 156, 170, 177, 359, 360
Subvention 55, 65, 66, 107
    Abschaffung 109, 110, 112, 114, 116, 117, 132, 362
    Agrarprodukte 61
    Beitrittsländer 313
    Demokratieförderung 325
    Fischerei 134
    Korruption 315
    Landwirtschaft 39, 61, 62, 63, 64, 65, 71, 103, 105, 109, 111, 115, 132, 240, 312
    Nahrungsmittelqualität 312
    Produkte 111, 112, 114
    Regionalpolitik 133
    Renten 284
    Skigebiet 117
    Tabak 65
    Tierschutz 312
    Umwelt 312
Syrien 351

T

Türkei 47, 82, 135, 260, 309, 315, 317, 319, 347
    Folter 317
    Militär 318
    Religionsfreiheit 318
Tadschikistan 83
Terrorismus 47, 127, 129
    Kampf gegen 344, 347
Thatcher, Margaret 357
Thessaloniki 214
Tierkrankheit 64, 110, 185
    China 352
Tierschutz 112, 116, 129, 132, 233
Tierversuch 233
Todesstrafe 308, 351
Totale Symmetrie 298
Transfersumme 199
Transparency International 313
Trichet, Jean-Claude 91
Tschechische Republik 378
Turin 215

U

Übersetzer 293
  Überprüfer 294
UEN 261
Umwelt 50, 52, 58, 64, 70, 73, 80, 110, 112, 116, 132, 177, 310, 335
Umweltschutz 310
  Verts/ALE 261
Umzug Brüssel–Straßburg 209
  Gepäck 209, 210
  Kosten 210, 211
  Strecke 210
Ungarn 380
UNICE 233
Unterschied
  in den Kulturen 166
  zwischen neuen und alten Mitgliedsstaaten 178
USA 33, 48, 63, 65, 88, 91, 99, 108, 115, 136, 182, 321, 343
  Landwirtschaft 362
  und EU 343, 344
  Verhältnis zu 346

V

Verfügung 223
Verfassung 33, 50, 57, 140, 157, 167, 197, 249, 256, 306, 329, 364
  Alternativentwurf 371
  Annahme 257
  Arbeitsplätze 364, 369
  Austrittsrecht 373
  Bürger 335
  Christentum 367
  Definition von Europa 337
  Einstimmigkeit 333
  Euro 337
  Funktionäre 256
  Gerangel um 252
  Gerichtshof 204
  Gesundheitswesen 364
  Gottesbezug 330
  Grundrechte 334
  Inkrafttreten 330, 373
  Kinder 335
  Kirchen 367
  Komplexität 369
  Kompromisse 256
  Kosten 370
  Kriminalität 369
  Machtverteilung 371
  Menschenrechte 316
  Menschenwürde 369
  Mitglieder 319
  Politik der Union 337
  Präambel 57, 331, 336
  qualifizierte Mehrheit 333
  Rechte 337
  Solidarität 364, 368
  Sozialpolitik 364
  Stabilitätspakt 337
  Stellung der Kirchen 331
  Textentwurf 334
  Verhandlungen über 307
  Verteidung 343
  verwerfen 257
  Vetorecht 257, 329
  Vorsitzender 332
  Wohlstand 368
  Zusammenfassen der Verträge 333
  Zweifel an 367
Vergütung 72, 73, 74, 75, 241
  Beamte 288
  Beamter 289
Verheugen, Günter 313
Verhofstadt, Guy 238
Verkehrsnetzwerk 128
Verlässlichkeitserklärung 72
Vermittlungsausschuss 149, 225, 226
Verordnung 36, 114, 148, 223
Versammlungsort 174
  Luxemburg 206
  Straßburg 206
Verteidigungshaushalt 316
Verteidigungspolitik 177, 343, 345
Vertrag
  von Amsterdam 334
  von Maastricht 334
  von Nizza 334
  von Paris 334
  von Rom 334

Vertreter
  Regionen 270
Verts/ALE 261
Verwaltungskosten 72
Verwaltungsverfahren 239
Vetorecht 167, 170, 178, 182, 247, 249, 333
  Abschaffung 257
Volksabstimmung
  Verfassung 373
Vorsitzender 174

W

Währung 333
Wachstum
  Beitrittsländer 311
Wahl 242
Wahlkampfzeit 241
Weltmarkt 40, 62, 64, 84, 88, 95, 97, 103, 108, 113
Wettbewerb 127, 186
WHO 59
Wien 215

Wirtschafts- und Finanzausschuss 216
Wissensbasierte Wirtschaft 68, 72, 131, 133, 260
Wohlstand 57, 81, 84
  Ausgleich 40, 48, 66, 67
  Beitrittsländer 323
  GUE/NGL 261
  Mittelmeerländer 350
  Wachstum 40, 42, 49, 50, 66
Wohlstandsgefälle 178
WTO 65, 110, 115, 135, 363

Z

Zahlungsverkehr 90
Zalm, Gerrit 87
Zentralbank
  Europäische 86
Zoll 38, 51, 62, 64, 96, 127, 128
Zustimmungsverfahren 224
Zypern 47, 309, 316, 381
Zypernfrage 382